消费者权益保护法

作者简介

王兴运,西北政法大学教授、硕士生导师,西北政法大学经济法研究中心主任。中国经济法学研究会理事、陕西省经济法学研究会秘书长,西安市物价协会副会长。主要著述有:《弱势群体权益保护法论纲》《经济法若干理论问题研究》《市场三法诸论》《经济法学》(主编)、《经济法学原理》(主编)、《产品安全法》(主编)、《中国质检法教程》(副主编)、《竞争法学》(合著)等。

21世纪法学系列教材

经济法系列

消费者权益保护法

王兴运 著

图书在版编目(CIP)数据

消费者权益保护法 / 王兴运著. —北京:北京大学出版社,2015.1
(21世纪法学系列教材·经济法系列)
ISBN 978-7-301-25281-9

Ⅰ.①消… Ⅱ.①王… Ⅲ.①消费者权益保护法—中国—高等学校—教材 Ⅳ.①D923.8

中国版本图书馆CIP数据核字(2014)第305088号

书　　　名	消费者权益保护法
著作责任者	王兴运　著
责任编辑	郭栋磊
标准书号	ISBN 978-7-301-25281-9/D·3748
出版发行	北京大学出版社
地　　　址	北京市海淀区成府路205号　100871
网　　　址	http://www.pup.cn
电子信箱	law@pup.pku.edu.cn
新浪微博	@北京大学出版社　@北大出版社法律图书
电　　　话	邮购部 62752015　发行部 62750672　编辑部 62752027
印刷者	北京宏伟双华印刷有限公司
经销者	新华书店
	730毫米×980毫米　16开本　19印张　350千字
	2015年1月第1版　2022年9月第7次印刷
定　　　价	38.00元

未经许可,不得以任何方式复制或抄袭本书之部分或全部内容。
版权所有,侵权必究
举报电话: 010-62752024　电子信箱: fd@pup.pku.edu.cn
图书如有印装质量问题,请与出版部联系,电话: 010-62756370

前　言

新《消费者权益保护法》已于 2013 年 10 月 25 日颁布实施。为了更好地理解和领会新《消费者权益保护法》的基本精神，贯彻和落实新《消费者权益保护法》的基本规定，同时也为了加强《消费者权益保护法》的教学和研究，专门编写了这本教材。

本教材立足我国社会主义市场经济和消费者权益保护的实际，针对我国消费现实，理论联系实际，紧扣新《消费者权益保护法》的法律规定，深入浅出，通俗易懂，对新《消费者权益保护法》作了深入、细致的探讨和研究。

本教材具有以下三个基本特点：

第一，新颖。本教材以新《消费者权益保护法》为蓝本，以权利基础、权利解析、权利保护和权利救济四部分为基本支柱，体例新颖，易教、易学、易记、易用。

第二，全面。本教材十分注重新《消费者权益保护法》的法律解读，对新《消费者权益保护法》进行了逐章、逐条、逐款的讲解和介绍，甚至是反复地讲解和介绍，全面性显现。

第三，实用。本教材十分重视消费者权益保护的法律实践，重视具体消费者权益保护问题的法律解决，重视保护制度、保护措施的实际效果，重视现实保护方法的法律提炼，重视消费者权益保护的法律指引，实用性很强。

由于时间紧张，水平有限，本教材编写中的不到、不妥，甚至是错误的地方在所难免，恳请广大读者予以谅解，同时更期待学界同仁的批评与指正！

王兴运
2014 年 9 月 20 日

目 录

第一编 权利基础

第一章 消费与消费观 …………………………………………… (1)
　　第一节 消费 ……………………………………………………… (1)
　　第二节 消费观 …………………………………………………… (3)

第二章 消费者与消费准则 ……………………………………… (6)
　　第一节 消费者 …………………………………………………… (6)
　　第二节 消费准则 ………………………………………………… (13)

第三章 经营者与经营准则 ……………………………………… (17)
　　第一节 经营者 …………………………………………………… (17)
　　第二节 经营准则 ………………………………………………… (21)

第四章 消费政策与消费法律 …………………………………… (25)
　　第一节 消费政策 ………………………………………………… (25)
　　第二节 消费者权益保护法的含义、目的与特点 ……………… (31)
　　第三节 消费者权益保护法的法律体系与基本原则 …………… (33)
　　第四节 消费法律关系 …………………………………………… (36)

第五章 消费法律与弱势法律 …………………………………… (40)
　　第一节 消费者权益保护法在弱势法中的地位 ………………… (40)
　　第二节 消费者权益的弱势法保护 ……………………………… (45)

第二编 权利解析

第六章 消费者权利(总述) ……………………………………… (55)
　　第一节 消费者权利的含义与特征 ……………………………… (55)
　　第二节 消费者权利的形成与发展 ……………………………… (59)
　　第三节 消费者权利的性质 ……………………………………… (60)

第四节　消费者权利的构成 …………………………………… (63)
　　第五节　消费者权利的扩张 …………………………………… (65)

第七章　消费者权利(分述) ……………………………………… (70)
　　第一节　安全保障权 …………………………………………… (70)
　　第二节　知悉真情权 …………………………………………… (76)
　　第三节　自主选择权 …………………………………………… (82)
　　第四节　公平交易权 …………………………………………… (87)
　　第五节　获得赔偿权 …………………………………………… (94)
　　第六节　结社权 ………………………………………………… (99)
　　第七节　获取知识权 …………………………………………… (102)
　　第八节　受尊重权 ……………………………………………… (105)
　　第九节　监督权 ………………………………………………… (109)
　　第十节　反悔权 ………………………………………………… (114)
　　第十一节　个人信息受保护权 ………………………………… (122)

第三编　权利保护

第八章　消费者权利保护概述 …………………………………… (131)
　　第一节　消费者权益保护运动 ………………………………… (131)
　　第二节　消费者权利保护的基本要素 ………………………… (136)

第九章　消费者权利的国家保护 ………………………………… (138)
　　第一节　制定消费者权益保护法律 …………………………… (138)
　　第二节　制定强制性标准 ……………………………………… (140)

第十章　消费者权利的政府保护 ………………………………… (143)
　　第一节　制定保护消费者权益的行政法规与行政规章 ……… (143)
　　第二节　组织和领导消费者权利保护工作 …………………… (144)
　　第三节　实施市场监督检查 …………………………………… (149)

第十一章　消费者权利的消费者组织保护 ……………………… (153)
　　第一节　消费者组织概述 ……………………………………… (153)
　　第二节　消费者协会 …………………………………………… (156)
　　第三节　中国消费者协会 ……………………………………… (158)

第十二章 消费者权利的经营者保护 (166)
- 第一节 依法经营的义务 (166)
- 第二节 接受消费者监督的义务 (168)
- 第三节 保障产品质量的义务 (172)
- 第四节 保障经营场所安全的义务 (178)
- 第五节 标明名称和标记的义务 (183)
- 第六节 明码标价的义务 (186)
- 第七节 依法进行商品或服务宣传的义务 (188)
- 第八节 通报与消除产品安全危险的义务 (192)
- 第九节 解答消费者询问的义务 (195)
- 第十节 强制信息披露义务 (197)
- 第十一节 提供购货单据或服务凭证的义务 (201)
- 第十二节 依法收集和使用个人信息的义务 (205)
- 第十三节 尊重消费者的义务 (208)
- 第十四节 依法履行消费合同的义务 (211)
- 第十五节 承担举证责任的义务 (214)

第十三章 消费者权利的自我保护 (220)
- 第一节 增强权利自我保护意识 (220)
- 第二节 学习权利自我保护知识 (222)
- 第三节 提升权利自我保护能力 (224)

第四编 权利救济

第十四章 概述 (231)
- 第一节 权利救济手段:法律责任请求权 (231)
- 第二节 法律责任请求权的实施主体、途径与内容 (232)

第十五章 救济内容:民事责任 (234)
- 第一节 民事责任主体 (234)
- 第二节 产品"三包"责任 (237)
- 第三节 产品侵权责任 (244)
- 第四节 惩罚性赔偿责任 (250)
- 第五节 缺陷产品召回责任 (257)

第十六章　救济内容:行政责任和刑事责任 …………………………（267）
　　第一节　行政责任 ……………………………………………（267）
　　第二节　刑事责任 ……………………………………………（273）

第十七章　救济途径:消费诉讼 ……………………………………（283）
　　第一节　小额消费诉讼 ………………………………………（283）
　　第二节　消费共同诉讼与消费团体诉讼 ……………………（287）
　　第三节　公益诉讼 ……………………………………………（291）

第一编 权利基础

第一章 消费与消费观

内容提要：生产决定消费，同时，消费对生产又有重要的反作用，促进生产发展，拉动经济增长。但是，消费对生产的促进和经济的拉动作用是有条件的。只有不超越现实社会生产能力，同时，又是合理的适度消费才是生产发展的真正动力；那种过度的、不合理的超前消费、高消费或是滞后消费则会阻碍生产发展。我国是一个发展中国家，生产力水平比较低，还处于社会主义初级阶段，因此，消费要与国情相适应，既不超前也不滞后的适度消费，才会有利于国民经济的健康发展。

消费有生产消费和生活消费之分。《消费者权益保护法》中的消费主要是指生活消费，即为生活之需要而消耗物质财富。在生活消费中，由于消费者对消费的性质、目的、价值和意义等的认识和理解不同，因而，与之相适应的消费观也各不相同。我们要树立正确的消费观，倡导适度消费行为，反对奢靡和浪费行为。

教学重点：消费观。

第一节 消　　费

一、消费的含义与分类

消费有广义和狭义之分。广义的消费泛指一切为了生产和生活需要而消耗物质财富；狭义的消费仅指生活消费，是指为生活之需要而消耗物质财富。

（一）生产消费

生产消费是指人们使用和消耗各种生产要素，进行物资资料和劳务生产的行为和过程。生产消费过程既是劳动力要素的消耗过程，又是生产资料要素的消耗过程。其中生产资料的消费是生产的客体的消费，主要是物质资料使用价值不断降低和丧失的过程，如原料、燃料、辅助材料和机器、厂房、工具等的使用价值的丧失。这种物质资料在本身使用价值降低和丧失中形成新产品,形成新的价值;劳动力的消费是生产的主体的消费。生产消费是生产资料和劳动力结合的过程,它不仅是保存生产资料使用价值的唯一手段,而且也是增加社会财富、扩大再生产的重要途径。

(二) 生活消费

通常讲的消费,是指个人消费,往往是对生产结果——产品的消费。生产消费是生活消费的基础,决定生活消费;反过来,生活消费又会影响、促进生产消费,二者相辅相成,不可或缺。本书主要研究生活消费,并以此为起点研究消费者权益保护法。生活消费中,我们尤应关注绿色消费。[①]

二、生活消费的基本类型

按照消费计划程度的不同,生活消费可以分为以下三种类型:

(一) 计划型

即按家庭收入的实际情况和夫妻生活目标制订计划,消费时大致按计划进行,非常理智,很少出现盲目和突击性消费。

(二) 随意型

即完全按个人喜好和临时兴趣进行消费,较少考虑整体消费效益。钱多多花,钱少少花是这部分人的突出特点,较易出现盲目、冲动和浪费性消费。

(三) 节俭型

即消费时精打细算,能省即省,并且善于利用再生性消费。这一类型的消费方式能够使家庭逐渐殷实,然而,过于节俭的意识有时可能因过量购买便宜货而造成积压性消费。

这三种消费方式都各有利弊。过分按计划消费,遇到临时性的消费时有可能错过好产品,尤其是会成为消费的奴隶,如房奴[②]、车奴[③]就是这样过分计划的产物。年轻的夫妻大多喜欢随意型消费,但没有计划的随意消费有可能导致入不敷出,影响夫妻关系。节俭型的消费大多是老年人的选择,但同样适用于年轻的家庭,适当的节俭可以带来可观的效益。

[①] 绿色消费,也称可持续消费。是指一种以适度节制消费,避免或减少对环境的破坏,崇尚自然和保护生态等为特征的新型消费行为和过程。绿色消费包括的内容非常宽泛,其重点是"绿色生活,环保选购",不仅包括绿色产品,还包括资源的回收利用、能源的有效使用、对生存环境和物种的保护等,可以说其涵盖生产行为、消费行为的方方面面。

[②] 房奴,即是房屋的奴隶。是指城镇居民抵押贷款购房,在生命黄金时期中的 20～30 年,每年用占可支配收入的 40%～50% 甚至更高的比例偿还贷款本息,从而造成居民家庭生活的长期压力,影响正常消费,使得家庭生活质量下降,甚至让人感受到奴役般的压抑。

[③] 车奴。指的是那些没有消费私家车的经济能力,但是通过分期付款或者说是消费不起私家车保养费用却买了与自己经济实力不匹配的车的一类人。

第二节 消费观

一、消费观概述

消费观是指人们对消费水平、消费方式等问题的总的态度和总的看法。与生产观、交换观和分配观一样,消费观是经济伦理的重要组成部分。作为一种观念,消费观是社会经济现实在人们头脑中的反映,但它一旦形成又会反作用于社会经济,并对其产生深刻而重大的影响。因此,我们有必要深入研究各种消费观及其特点、作用和变化规律,以确立正确的消费观念,建立合理的生活方式,并以此促进社会主义市场经济的健康运行和持续发展。

中外经济思想史上存在三种消费观——节俭消费观、奢靡消费观和适度消费观。节俭消费观和奢靡消费观具有合理因素和积极作用,也存在消极因素和负面影响。适度消费观既汲取了前两种消费观的合理营养,又摒弃了两种消费观的不合理因素,是我们应该坚持和奉行的消费观。

(一) 节俭消费观

节俭消费观就是主张人们在消费时应最大限度地节约物质财富,减少甚至杜绝浪费的一种消费观。这是人类历史上形成最早、影响最深、历时最长的一种消费观。可以说,自人类产生至今,这种消费观都或多或少、或强或弱地影响着人们的消费行为和消费方式。

(二) 奢靡消费观

奢靡消费观是一种与节俭消费观完全对立的消费观。它主张消费者大量地、无节制地占有和消耗物质财富,以满足自身的需求和欲望。从短期看,在社会总需求小于社会总供给,矛盾的主要方面不是生产而是消费的条件下,奢侈消费对经济发展,尤其是对扩大就业不无益处,但从长期看,它所产生的弊端相当巨大,后果不堪设想。因此,奢靡消费观是一种既有积极因素又有消极因素的消费观,是一种消极因素大于积极因素的消费观,因而它不可能成为我们信奉的消费观。

(三) 适度消费观

适度消费观认为,消费者在消费时不仅要考虑自身效用的最大化,而且要考虑他人利益乃至社会的利益;不仅要考虑当代人的利益,而且要考虑子孙后代的利益。这是一种既吸收了上述两种消费观的合理因素,又摒弃了它们的消极因素的消费观;是一种既不主张对物质财富一味节约吝惜,又不赞成对物质财富毫无节制地消耗滥用的消费观;是一种使消费者既不为清贫所迫,又不为物质所累的消费观。总之,这种消费观克服了前两种消费观的偏颇,体现了人类的理性精神和道德自律,符合现代社会经济发展的要求,是一种理想的消费观。

二、树立正确的消费观

所谓正确的消费观,简单讲就是合乎科学的消费观念、消费方式、消费结构和消费行为。树立科学的消费观念是科学消费的前提。科学的消费观念是根据经济文化发展水平,从实际出发,自觉地运用科学知识进行合理消费,以促进消费者的身心健康和全面发展的一种消费态度和消费观念。科学的消费观把实现人的身心健康和全面发展作为评价一切消费活动是否合理的最高标准,并把这一标准贯彻到衣、食、住、行、乐等与人的生活有关的各种消费形式中去,使各种消费形式从不同的方面都为人的身心健康和全面发展服务。

(一)树立科学的消费观是人民群众健康生活的需要

科学消费观认为,消费的目的,应该是为了满足人们物质和精神生活的合理需要。近年来,理论界和一些行政管理部门在研究消费时过多地强调消费对经济的促进作用,而较少强调消费本身的意义,似乎消费的目的完全是为了满足生产的需要。比如,餐饮消费的目的应当是健康、方便、美味,如果是为了促进生产,那就必然是消费得越多越好,其结果必然是导致人们肥胖病、高血压、高血脂、高血糖,严重影响身体健康。疾病增加虽然有利于带动药品制造业、医疗服务业的发展,但这种带动是以降低人们的生活质量和浪费资源为代价的,因此,根本不应是我们需要的。

(二)树立科学的消费观是建设世界工厂的需要

节俭是中华民族的传统美德。但是,目前却有一种否定节俭、鼓励浪费型消费的倾向。持这种观点的人认为,只有每个人都尽可能多地消费,经济才能走出低谷,走向更加充分就业和繁荣的平衡。但是,他们却没有想到,我们即使不考虑浪费型消费具有浪费资源、破坏环境的一面,也必须考虑浪费型消费对生产的负面影响。当浪费型消费成为时尚时,生产中的浪费现象必将充斥企业。这是因为,人的行为具有一贯性的特征,一个生活节俭的人在生产中往往也会注重节约,降低成本,而且会在节约上开动脑筋,不断想出降低成本的新方法。只有把我们的职工都培养成这样的人,我们的产品竞争力才会不断提高,我们的企业也才能在竞争中不断走向强大,并在国际竞争中立于不败之地。

(三)树立科学的消费观是促进科学技术进步的需要

企业在开发新产品和降低生产成本的新工艺、新技术过程中,必须要有外部压力,才能激发出内在动力。如果需求旺盛,市场供不应求,企业就会感不到外部的压力,也就不会产生内在的动力。一般来说,一个产品或一种技术的市场饱和时,也就是新产品新技术即将出现的时候。如果政府通过政策刺激市场需求,鼓励浪费型消费,就会推迟新产品、新技术的出现,从而延缓技术进步的速度,推迟产业结构的升级。当然，那些从长远看有利于资源利用和环境保护的产品和技术需求，在开发初期需要政府通过政策给予扶持，但不应鼓励一般性消费，更不应鼓励浪费型消费。

（四）树立科学的消费观是保护环境和有效利用资源的需要

我们都知道，我国是一个资源大国，但却是一个人均资源的小国。据有关资料，目前世界石油资源仅够开采50年，我国石油资源可开采时间更短，我国蕴藏丰富的煤炭资源也仅够开采80多年，其他金属资源更加短缺。因此，保护资源、提高资源的有效利用率，应作为我国发展经济的一条基本原则。从经济循环的链条看，消费是整个链条的最后一环，因此，消费环节的浪费是对能源和资源最大的浪费。浪费型消费比浪费型生产更加有害。因此，要建立节约型社会，就必须提倡消费领域的节约，就必须在全社会倡导科学的消费观。

思考题

近年来，很多餐饮服务企业都要求顾客"按需取食"，倡导"光盘行动"，对"取多食少""不当剩餐"者收取一定数额的"浪费金"。对于商家的这一做法，有些顾客表示理解，有些顾客双手赞成、拍手叫好，而有些顾客则竭力反对。在反对这一做法的顾客中，比较一致的理由是"钱是我的，想怎么吃就怎么吃，想吃多少就吃多少，他人无权干涉。"请依据本章消费观之基本理论，谈谈你对上述事件的认识。

第二章　消费者与消费准则

内容提要：消费者，与生产者和销售者相对应，是消费活动的参加者，是消费法律关系的缔结者，也是消费者权利的享有者。关于消费者的含义，我国《消费者权益保护法》未作出明确的规定，只是在第2条规定："消费者为生活消费需要购买、使用商品或者接受服务，其权益受本法保护；本法未作规定的，受其他有关法律、法规保护。"不仅如此，法学界对消费者的含义也存在着不同的认识，各种不同的理解、认识和界定随处可见。我们认为，消费者是为生活需要合法取得、使用生活资料或者接受生活的自然人。

"无规矩不成方圆。"任何活动都应当遵守一定的行为准则和行为规范。消费活动作为人类活动之一，也有自身的行为准则和行为规范。文明消费、健康消费、节约消费和保护环境等便是消费活动的基本行为准则和行为规范。

教学重点：消费者。

第一节　消　费　者

一、既有规定

消费者，与生产者和销售者相对应，是消费活动的参加者，是消费法律关系的缔结者，也是消费者权利的享有者。何谓消费者，国际组织、国家立法和法律词典中均对其有直接而明确的权威界定、法律规定和学理解释。

（一）国际组织方面

国际标准化组织的界定是：消费者是"为了个人目的购买或使用商品和服务的个体社会成员。"欧盟的界定是：消费者"是指基于行业或职业之外的目的而购买商品或接受服务的私人。"（《关于合同义务的法律适用公约》）"消费者是出于非职业目的的缔结合同的自然人。"（《不公平消费合同条款指令》）"消费者是基于非行业或职业目的而购买商品或接受服务的人。"（《关于管辖的布鲁塞尔公约》）"消费者是指为了行业、业务或职业以外的目的购买商品或接受服务的任何自然人。"（《电子商务指令》）

（二）国家立法方面

很多国家都通过立法明确界定了消费者的含义。有的国家立法规定："本法所称'消费者'仅指个人（从事经营或为经营而成为合同当事人的场合除外)。"(日本2004年《消费契约法》)有的国家立法规定:"消费者是指非因自己经营业务而接受由供货商在日常营业中向他和要求为他提供商品或劳务的个人。"(英国1974年《消费者信用法》)"消费者是指一方当事人在与另一方从事交易时,不是专门从事商业,也不能使人认为其是专门从事商业的人。"(英国1977年《货物买卖法》)"消费者通常是出于私人使用或消费目的而购买商品或服务的人。"(英国1987《消费者保护法》)有的国家立法规定:"所谓消费者是指从卖主或从生产经营者那里购买商品和接受服务的个人。"(泰国1979年《消费者保护法》)我国台湾地区立法则规定,消费者是"以消费为目的而为交易,使用商品或接受服务者。"(中国台湾地区1994年"消费者权益保护法")

(三) 学理解释方面

美国《布莱克法律词典》的定义是:"所谓消费者,是指从事消费之人,亦即购买、使用、持有以及处理物品或服务之人。"《牛津法律辞典》的定义是:消费者是指"那些购买、获得、使用各种商品和服务(包括住房)的人"。

我国《消费者权益保护法》(第2条)对消费者未进行专门的界定,只是规定:"消费者为生活消费需要购买、使用商品或者接受服务,其权益受本法保护;本法未作规定的,受其他有关法律、法规保护。"但是,我国很多地方立法中都对消费者作出了直接而明确的法律规定,如根据福建省《保护消费者合法权益条例》的规定,消费者是"有偿获得商品和接受服务用于生活需要的社会成员";江苏省《保护消费者权益条例》规定,消费者是"有偿获得商品和服务用于生活需要的单位和个人"。上海市《保护消费者合法权益条例》规定:"本条例所称的消费者,是指为物质、文化生活需要购买、使用商品或者接受服务的单位和个人,其权益受国家法律、法规和本条例的保护。"湖南省《消费者权益保护条例》规定:"本条例所称消费者,只指为生活消费需要购买、使用商品或者接受服务的单位和个人。"江西省《实施〈中华人民共和国消费者权益保护法〉办法》规定:"本办法所称的消费者,是指为生活消费需要购买、使用商品或者接受服务的个人和单位。"黑龙江省《消费者权益保护条例》规定:"本条例所称的消费者,是指为生活消费需要而购买、使用商品或者接受服务的个人和单位。"贵州省《消费者权益保护条例》规定:"本条例所称消费者是指有偿获得商品和接受服务直接用于物质、文化生活需要的单位和个人。"河南省《消费者权益保护条例》规定:"本条例所称的消费者,是指为生活消费需要购买、使用商品或者接受服务的个人和单位。"

由此看来,尽管国际组织、国家(地方)立法和学理解释对消费者的定义不尽相同,但是,在消费者权益保护法律(规)中以专条(款)直接而明确的定义消费者却已经成为各国(地区、地方)立法者的一个立法共识。

二、学术争鸣

由于我国《消费者权益保护法》未对消费者做出直接而明确的规定,因而导致了法学界对消费者含义的大讨论。

有的研究者认为,消费者的含义包括以下方面内容:(1) 消费者是购买、使用商品或者接受服务的自然人;(2) 消费者购买、使用的商品或接受的服务是由经营者提供的;(3) 消费者是为满足生活需要而进行生活消费活动的人。① 有的研究者认为:"消费者是指非以盈利为目的的购买商品或者接受服务的人。"② 有的研究者认为,"消费者是指为满足个人或家庭的生活需要而购买、使用商品或接受服务的自然人。"③有的研究者认为:"消费者即法学意义上的消费者则专指从事生活消费活动的人,即为满足为生活消费需要购买、使用商品或者接受服务的个体社会成员。"④有的研究者认为,仅仅关注行为人购买商品或者接受服务是否用于生活消费还不全面,还必须考虑行为人购买商品或者接受服务是否支付了对价,只有行为人购买商品或者接受服务不仅用于生活消费,还必须是因购买商品或者接受服务而支付了对价(有偿),其才属于消费者,即消费者必须是支付了对价的生活消费者。⑤ 关于消费者的含义,法学界的观点众多,限于篇幅,本书不一一赘述。

从上述法学界的定义可以看出,研究者定义消费者的基点、模式、倾向是各不相同的。

三、本书观点

定义消费者应当考虑以下几个方面的因素:

(一) 主体形态

消费者的主体形态即消费者的主体范围。关于消费者的主体形态,国际社会普遍认为仅指非单位主体,或称个人,或称私人,或称个体社会成员,或称个人及家庭,或称自然人。

我国一些学者认为,消费者的主体形态除非单位主体之外,还应当包括单位主体。如有人就认为:"所谓消费者,是指为生活消费需要购买、使用商品或者接受服务的个人和单位。"⑥此种观点,无论是在《消费者权益保护法》的制定过

---

① 李昌麒:《经济法学》,中国政法大学出版社2008年版,第310—311页。
② 王利明:《消费者的概念及消费者权益保护法的调整范围》,载《政治与法律》2002年第2期。
③ 张严方:《消费者保护法研究》,法律出版社2002年版,第119页。
④ 符启林:《消费者权益保护法概论》,南海出版公司2002年版,第2页。
⑤ 李凌燕:《消费信用法律研究》,法律出版社2000年版,第5—7页。
⑥ 徐小飞:《消费者权益救济法律问题研究》,载中国民商法律网,访问时间:2008年12月4日。

程中,还是在该法的适用过程中,均有少数学者坚持。与此同时,我国多数消费者权益保护地方立法也持此种观点。如上海市《保护消费者合法权益条例》第2条第1款规定:"本条例所称的消费者,是指为物质、文化生活需要购买、使用商品或者接受服务的单位和个人,其权益受国家法律、法规和本条例的保护。"湖南省《消费者权益保护条例》第2条规定:"本条例所称消费者,只指为生活消费需要购买、使用商品或者接受服务的单位和个人。"江西省《实施〈中华人民共和国消费者权益保护法〉办法》第2条第1款规定:"本办法所称的消费者,是指为生活消费需要购买、使用商品或者接受服务的个人和单位。"黑龙江省《消费者权益保护条例》第2条第1款规定:"本条例所称的消费者,是指为生活消费需要而购买、使用商品或者接受服务的个人和单位。"贵州省《消费者权益保护条例》第2条第1款规定:"本条例所称消费者是指有偿获得商品和接受服务直接用于物质、文化生活需要的单位和个人。"河南省《消费者权益保护条例》第2条第1款规定:"本条例所称的消费者,是指为生活消费需要购买、使用商品或者接受服务的个人和单位。"深圳经济特区《实施〈中华人民共和国消费者权益保护法〉办法》第2条第1款规定:"本办法所称消费者,是指为生活消费购买、使用商品或者接受服务的个人和单位。"海南省《实施〈中华人民共和国消费者权益保护法〉办法》第2条规定:"本办法所称消费者,是指为物质、文化生活需要而购买、使用商品或者接受服务的单位和个人。"

本书认为,从主体形态上来讲,消费者只能为自然人。其理由有二:

第一,消费者(权益)保护法属弱势法的范畴,保护的是弱势者的权益。在购买、使用商品或者接受服务过程中,生产商、销售商是强势群体,与其对应的弱势群体只有自然人,他们在任何时间、任何地点、任何条件下都处于弱势地位;相反,单位主体与生产商、销售商相比并不一定处于弱势地位,有时甚至还可能处于强势地位。如果将单位主体纳入《消费者权益保护法》的保护范围,既削弱了《消费者权益保护法》的弱势保护性,也会冲淡对真正弱势群体——自然人的法律保护。

第二,单位主体无法将消费活动进行到底。消费活动是一个由购买与使用组成的、连续的活动。一般情况下,单位主体可能购买商品或者服务,但是,却无法直接使用商品或者服务,只有将购买的商品或者服务直接或者间接的交(卖、赠、分配)给自然人,这种消费活动才能进行到底。如果将单位主体纳入消法的主体范围,既割裂了消费活动的整体性,也增加了《消费者权益保护法》适用的判断难度。

有鉴于此,我们认为:(1)消费者的主体范围只能是自然人,而且其主体资格不受民法自然人权利能力、行为能力和责任能力的限制;(2)单位主体购买商品或服务的行为应当受《合同法》的调整;(3)单位购买,交付自然人使用的仍受《消费者权益保护法》的调整。

（二）活动范围

活动范围即消费活动发生的领域。关于消费活动的发生领域，国际社会普遍认为，消费活动发生在商品（购买、使用）和服务（接受）两大领域。这样的划分使消费活动的发生领域明晰化和具体化，因而是有益的。但是，我们认为，如用"生活资料"和"生活服务"分别替换"商品"和"服务"则更有利于消费者权益的保护。

第一，关于用"生活资料"替换"商品"的问题。生活资料，亦称"消费资料"或"消费品"，是指用来满足人们物质和文化生活需要的社会产品。按满足人们需要层次的不同，生活资料可以分为生存资料（如衣、食、住、用等方面的基本消费品）、发展资料（如用于发展体力、智力的体育、文化用品等）、享受资料（如营养品、保健品、华丽服饰、艺术珍藏品等）。

我们主张用"生活资料"替换"商品"，其理由有三：（1）生活资料与生产资料相对，更能够体现消费活动的非生产性，更有利于消费活动的质的界定，进而使消费活动的外延固定化；（2）生活资料的外延大于商品的外延，既包括商品性生活资料，也包括非商品性生活资料，用生活资料替换商品之后有利于扩大《消费者权益保护法》的保护圈，能够在更大范围内保护消费者的合法权益；（3）有利于与我国《消费者权益保护法》第 62 条的规定前后呼应，保持一致。我国《消费者权益保护法》第 62 条规定："农民购买、使用直接用于农业生产的生产资料，参照本法执行。"用"生活资料"和"生活服务"替换"商品"和"服务"后，就可使法律用语保持前后一致。

用"生活资料"替换"商品"后，应当强调和注意的是：（1）应当严格、科学、合理地划分生产资料和生活资料，否则，会不恰当地扩大《消费者权益保护法》的适用范围；（2）应当谨防将生活资料等同于生活必需品的现象，否则，又会不恰当地缩小消法的适用范围；（3）清楚"农民购买、使用直接用于农业生产的生产资料，参照本法执行"的真正原因。

第二，关于用"生活服务"替换"服务"的问题。用"生活服务"替换"服务"，一是为了与生产服务相区别，进而明确《消费者权益保护法》保护的服务的外延；二是为了使服务的内涵进一步具体化、明晰化。

服务是个人或社会组织直接或凭借某种工具、设备、设施、媒体等所做的工作或进行的一种经济活动。生活服务属于服务的范畴，与生产服务一起构成服务的两大支柱。

当今社会之消费已经逐步从商品消费向服务消费转变，服务的多样性，尤其是生活服务的多样性彰显着现代社会的时代特征，进而也越来越受到人们的注意。自我国 1993 年《消费者权益保护法》颁布以来，法学界对生活服务领域的消费者权益保护问题进行了广泛的探讨和深入的研究,并取得了许多有益的研究成果。

关于生活服务的范围,学术界还有不同的认识。我们认为,《国民经济行业分类》中F类到T类的内容均应列入生活服务的范围。《国民经济行业分类》(GB/T 4754-2002)中自F类到T类的内容包括以下内容,共计16大类,具体包括:(1)交通运输、仓储和邮政业;(2)信息传输、计算机服务和软件业;(3)批发和零售业;(4)批发业、零售业;(5)住宿和餐饮;(6)金融业;(7)房地产业;(8)租赁和商务服务业;(9)科学研究、技术服务和地质勘查业;(10)水利、环境和公共设施管理业;(11)居民服务和其他服务业;(12)教育;(13)卫生、社会保障和社会福利业;(14)文化、体育和娱乐业;(15)公共管理和社会组织;(16)国际组织。

尽管法学界对于生活服务的范围还有不同的认识,但是,具体的研究却一刻也没有停止。目前,学术界已经对医疗服务、旅游服务、金融服务、电信服务、咨询服务、房地产与物业服务、教育服务、培训服务、网络服务、家政服务等众多生活服务领域中的消费问题以及消费者权益的法律保护问题进行了专门的探讨和研究。这些研究,对于完善特定领域消费中的消费者权保护发挥了积极的作用,社会效果显著。

(三)活动方式

活动方式即消费活动发生的具体形式。在定义消费者时应否介入活动方式因素,立法和理论研究都给予了肯定的回答,只是在消费活动发生的具体形式上,法学界还有不同的认识。一些研究者认为,消费法律关系必须建立在有偿的基础上,"购买商品或者接受服务而支付了对价的自然人才属于消费者"[1],其权益才能够受到《消费者权益保护法》的保护,"不支付任何代价而接受经营者赠与的商品或者提供的服务则不属于消费者的范围,……不应适用《消费者权益保护法》,而应当按照其他法律规定得到救济。"[2]

本书认为,上述有偿理论失之偏颇:

(1)人为地割裂了有偿和无偿的联系。追求利益最大化是资本的实质,经营者任何时候都不会做赔本的生意。无偿的赠品、奖品、试用品都因有偿购买而生,都与有偿共消长,绝对无偿的、永远无偿的、针对所有人无偿的情况是根本不存在的。我们认为,无偿中的有偿比有偿中的无偿更能说明资本的实质和经营者的用心。因此,决不能将无偿人为地排除在《消费者权益保护法》保护之外。

(2)不符合最大限度保护消费者权益的基本原则。最大限度地保护消费者

---

[1] 李凌燕:《消费信用法律研究》,法律出版社2000年版,第5—7页。
[2] 李昌麒:《经济法学》,中国政法大学出版社2007年版,第311页。

权益是《消费者权益保护法》的基本原则之一。将无偿取得商品、使用商品或者接受服务的情况排除在《消费者权益保护法》的保护之外,会在一定程度上缩小《消费者权益保护法》的保护范围,也就无法贯彻最大限度保护消费者权益的基本原则。因此,我们认为,决不能将无偿人为地排除在消法保护之外。

考虑到有偿和无偿的不可分割性,考虑到更好地贯彻《消费者权益保护法》最大限度保护消费者权益的基本原则,我们主张,在消费活动发生的具体形式应当用"取得"取代"购买"。

(四) 活动目的

活动目的即购买、使用生活资料或者接受生活服务的目的。在定义消费者时,不少研究者认为应当考虑主观动机和目的[1],"消费者是指非以盈利为目的的购买商品或者接受服务的人。"[2]"消费者是指以非生产消费需要而购买、使用商品或接受服务的自然人。这就排除了生产消费的目的,把除此之外其他个人目的的消费者全部纳入《消费者权益保护法》的保护范围。"[3]依此观点,如果行为者购买商品或者接受服务的动机是为了生活消费,而不是其他,其就是消费者,否则就不是。王海等"职业打假者"之所以不应被视为消费者,道理正在于此。

本书赞成这种观点,同时认为,判断是否是"为生活需要"应当采用不同的标准。具体判断标准为:

(1) 在生活资料的购买、使用中,应当以购买、使用的生活资料的数量为判断标准。当购买、使用的生活资料的数量明显超出个人或者家庭的实际需要时即可认定为非"为生活需要"。

(2) 在生活服务的接受中,其判断标准应当为"合法的生存与发展所必需"。凡接受合法的服务均应认定为"为生活需要"。

与"主观论"或"主观学说"相反,不少研究者认为,在定义消费者时不应当考虑其主观动机和目的[4],认为:"消费者定义应采用商品推定原则,即不以购买者的动机和目的来界定消费者的身份,而是以购买的商品或服务具有生活消费的属性。"[5]"无论从《消费者权益保护法》的立法宗旨,还是从比较法的角度看,认定消费者应以'限定生活消费'的客观标准为准,而不能理解为以'为生活消费需要'的主观消费目的或动机。……'为生活消费需要'是为了把生活消费同生产消费、消费者同经营者区别开来,把《消费者权益保护法》调整的范围限定

---

[1] 这一主张,在学术界也被称为"主观论"或"主观学说"。
[2] 王利明:《消费者的概念及消费者权益保护法的调整范围》,载《政治与法律》2002年第2期。
[3] 唐春江:《论中国消费者权益保护法的完善》,载中国民商法律网,访问日期2013年2月6日。
[4] 这一主张,在学术界也被称为"客观论"或"客观学说"。
[5] 李龙钢:《消费者定义应采取商品推定原则》,载《中国工商管理研究》2009年第3期。

于生活消费,而不是为判断其主观动机。"①

有利于市场的净化和职业打假者(人)的培养是客观论最有利的理论支撑。本书认为,这一理论支撑的应用性较差,无法经受消费实践的考验。

第一,消费诉讼往往是个案诉讼,被诉讼主体和被诉讼商品都处于点的位置而非面的位置,点问题的解决并不等于面问题的解决。同时,由于消费诉讼的周期性,必然造成诉讼尚未结束,假货却已销售完毕的情况,所以,通过买假然后诉讼的"诉讼打假模式"根本达不到打假的效果,进而实现净化市场的目的。

第二,职业打假者(人)的提法很值得商榷。

(1)倡导职业打假,愿望很好,但很容易淡化政府部门,尤其是工商行政管理部门的打假职责,甚至会干扰政府部门打假的整体计划、部署和安排,影响政府效能的发挥。

(2)既然是职业打假,那么其基点应当呈现公益性和志愿性。但是,时下的打假者绝大多数都毫无公心,目的就是为了获得成倍(过去是双倍,现在是3倍)的经济赔偿。如此下去,职业打假必然会失去原有的意义,甚至会发展成一股难以控制和矫正的诉讼势力。

(3)既然是职业打假,那么,就应当是一种有组织的行动,有技术支撑的行动。但时下的打假者既无组织,也无技术支撑,尤其是法律技术的支撑,随意性很强。无数事实表明,任何无组织、无技术支撑行动的社会效益都是较差的,甚至是有害的。

有鉴于此,我们认为,在消费者的定义中必须强调生活资料购买人、使用人和服务接受人的主观动机和目的。通过上述探讨和研究,本书认为:消费者是为生活需要合法取得、使用生活资料或者接受生活的自然人。

第二节 消 费 准 则

一、文明消费

文明是人类的文化、精神发展到一定历史阶段的产物,是标志社会进步程度的概念。所谓文明消费是指以保护消费者健康和节约资源为主旨,符合人的健康和环境保护标准的各种消费行为的总称,核心是可持续性消费。文明消费包括以下几项基本内容:

(一)合理消费

消费是人对物的享用,而物的性质、规模是由社会生产力水平所决定的,超

---

① 李昌麒:《经济法学》,中国政法大学出版社2007年版,第311页。

越社会生产力水平的消费是无根基的。固然,人们可以根据自己的收入水平自由选择多样化、个性化的消费方式,但是,消费并不是随心所欲的。科学的消费观要求人们根据社会生产力发展状况调整自己的需要,合理消费。它服从于社会主义现代化建设的要求,鼓励人们正确认识消费,自觉抛弃落后、畸形的消费观念。

(二) 可持续消费

自然是消费的源泉,人类应当正确地对待自然,将消费纳入到生态系统之内,形成节约资源和保护生态环境的消费模式,以"取之有度"的态度利用自然资源。可持续消费观就是一种提倡遵循生态规律、注重环境因素,努力调节消费与生态承载力之间的矛盾,鼓励节约资源、保护环境的消费方式,是一种从生态伦理角度对消费进行理性审视,维护人类生存发展的文明消费观。这样,人们就不会为了猎奇、怪异的消费需要而剥夺其他物种的生命,不会无视生态的承载力。

(三) 适度消费

适度消费观主张节制欲望、适度消费。消费不足或消费过度都是不可取的。前者无法提供人类正常生活需要的消费品,使人应该有的健康体魄与健全智力达不到应有的水平;后者将消费作为人生活的唯一目的,从而奢侈无度、挥霍浪费,不但会降低物本身的使用价值,还会伤害人的健康,影响人的价值实现。

适度消费是消费行为的理性姿态,是以人为本的消费。它将消费与人的全面发展有机结合起来,要求人们正确选择真正适合自身真实需要的消费品,按照有利于自己身体健康、心智健全、创造力充分而自由施展的要求去消费,并在消费活动中逐渐成熟起来。因而,这样的消费是人摆脱贪婪与自私,有计划、有步骤地调整与改善消费结构,积极寻求生命意义的活动。

(四) 精神文化消费

人的消费不仅包括物质性消费,还包括精神文化消费。精神文化消费以善的、美的形式净化人的心灵,是人格、人的尊严、人的自由实现的重要途径,它使人的消费折射出人类崇高的精神之光。

文明消费观重视精神文化消费,主张通过高尚的精神文化产品提高人的文明素质。在精神文化消费中,人们一方面在生存条件、生命尊严得到改善的基础上接受着精神文化成果的熏陶,使原有的思想状态发生质的变化;另一方面在理解精神文化成果时,又不断在头脑中进行新的建构,将负载于消费品中的精神内容内化于心灵之中,并且通过审慎的思考发掘其内在价值。这是一种高层次的消费,体现了人的本质要求。精神文化消费激励人们自觉摒除低俗、愚昧、颓废的消费模式,从而使生活趋于美好,消费方式趋于文明。

目前,在旅游、购物、出行、就餐、观赏、婚庆、殡葬等众多消费领域我们都应当倡导文明消费行为。

二、健康消费

健康消费是指消费者在消费能力允许的条件下,按照追求效用最大化原则进行的消费。健康消费有利于推动生产、拉动经济,有利于形成健康向上的良好风气,有利于个人的成长、成才、成事。

概括而言,健康消费包括以下内容:

(一) 合理合法、正当消费

消费虽然是个人行为,但必须符合法律的要求,这样才能在满足个人需求的同时又不损害国家、集体和个人的利益。可以说,合理合法、正当消费是社会主义社会中健康消费的一个前提条件。

(二) 量体裁衣、适度消费

健康消费中,消费的额度应该是有节制的,对消费者个人是无害的。这里的适度,就是要根据自己的财产状况、经济收入,符合自己的实际承受力。

(三) 注重效果、有益消费

人有丰富的精神世界,有无限的智力潜能。所以,作为一个追求高尚生活的人,包括消费活动在内的一切活动都应该有益于个人的全面发展和社会的全面进步。因此,可以说注重效果、有益消费应该是健康消费的终极目标。

为达到健康消费之目的,在实际消费中我们应当努力防止和克服以下几种不健康的消费行为:(1) 入不敷出的超度消费行为;(2) 攀富比阔的虚荣消费行为;(3) 贪图享乐的奢靡消费行为;(4) 乱拉关系的庸俗消费行为。

三、节约消费

勤俭节约是人类永恒的主题,也是中华民族的传统美德。新中国成立后,勤俭建国成为建设国家的一项基本方针。在改革开放和现代化建设的新时期,同样需要全体公民朴素节俭,珍惜财富,合理地使用财富。也就是说,在任何时候,我们都要厉行节约,反对浪费。

节约消费就是反对浪费,提倡低消耗、高质量的消费,主要包括以下两项内容:(1) 要最大限度地少消耗自然资源,更多地满足消费者的需要;(2) 最大限度地缓解消费与资源的矛盾,更好地促进消费增长和持续发展。

节约消费,要求我们必须节约一滴水、节约一度电、节约一张纸、节约一粒米,提倡循环用水、提倡使用节能产品、提倡使用可再生材料、提倡使用公共交通工具、提倡简朴的生活方式和适度消费,从身边做起,从点滴小事做起,牢固树立"节约资源,人人有责"的意识,培养节约型消费观,养成节约资源、爱护环境的意识和良好的行为习惯。

四、保护环境

保护环境是指消费者在消费活动中应承担起应有的环境义务,其基本含义是尊重自然、保护自然,使人类的消费活动服从生态系统能量流动和物质循环的客观规律,不因个人消费活动而影响生态系统的良性循环,从而损害社会和谐与社会的全面进步,其核心是倡导绿色消费。

绿色消费是从满足生态需要出发,以有益健康和保护生态环境为基本内涵,符合人的健康和环境保护标准的各种消费行为和消费方式的统称。国际上公认的绿色消费有三层含义:(1)倡导消费者在消费时选择未被污染或有助于公众健康的绿色产品;(2)在消费过程中注重对废弃物的处置;(3)引导消费者转变消费观念,崇尚自然、追求健康,在追求生活舒适的同时,注重环保、节约资源和能源,实现可持续消费。

为达到环境保护的目的,在消费实践中,我们要尽可能购买(大量)散装的物品,购买可循环使用的产品,购买二手的或者翻新的物品,购买水流小的淋浴喷头,购买简洁的日光灯,购买轮胎要选寿命长的或者翻新的,不购或少购买一次性产品,使用可充电的电池,使用能量利用率高的用品,使用天然的、无公害的物品代替化学制品。

思考题

目前,家庭装饰、装修已经成为广大民众家庭生活的必备和不可或缺。在装饰、装修中,有些家庭是委托装修服务公司进行装修,有些则是亲自装修。两种装修方式各有利弊,各有千秋。但是,共同的一点是都要购买装饰、装修材料,如水泥、沙子、砖块、木材、油漆、瓷砖、木地板等。这些装饰、装修材料,有些是合格的,能够保障广大民众人身健康和生命安全的;有些则相反,极有可能甚至必然给广大民众造成不应有的损害。资料显示,在对装饰、装修的投诉中,对装饰、装修材料的投诉就占到三成以上。

请运用本章消费者之基本理论,论述装饰、装修材料投诉与纠纷应当适用《消费者权益保护法》的必然性问题。

第三章 经营者与经营准则

内容摘要：经营者是与消费者相对应的消费法律关系主体,是经营活动的实施者。何为经营者？我国《消费者权益保护法》未予以明确。但是,在《反不正当竞争法》中却有明确的规定。该法第2条第3款规定:"本法所称的经营者,是指从事商品经营或者营利性服务(以下所称商品包括服务)的法人、其他经济组织和个人。"

概括而言,经营者包括生产者和销售者两类。生产者,又可称生产商、厂家,是指从事产品(包括服务)生产活动的法人、其他经济组织和个人;销售者,又可称销售商、商家,是指从事产品(包括服务)销售活动的法人、其他经济组织和个人。

消费者在消费过程中应当遵守一定的行为规范和行为规则;同样,经营者在经营活动中也应当遵守一定的行为规范和行为规则。自愿、平等、公平和诚实信用是经营者应当遵守的基本行为规范和行为准则。

教学重点：经营准则。

第一节 经 营 者

一、经营者的含义

经营者是重要的消费法律关系主体。关于经营者的含义,学术界还有不同的认识。我国《反不正当竞争法》第2条规定:"经营者是指从事商品经营或者营利性服务的法人、社会组织和个人。"这一规定,为经营者的含义给出了法律的界定。

所谓商品经营,是指以营利为目的的商品交换活动;而营利性服务则是指以营利为目的,以提供劳务为特征的经营活动。依照国家有关法律、法规的规定,这里的法人包括企业法人和实行企业化经营管理,依法具有从事经营活动资格的事业单位法人,以及从事营利性活动并依法取得经营资格的社会团体法人。其他经济组织则是指不具备法人资格,但依法可以从事营利性活动和商品经营活动的社会组织。个人则主要是指依法能够从事商品经营或营利性服务的自然人和个体工商户①。

二、经营者的市场进入

市场进入是指市场经营主体通过自身需要，进入其尚未进入的区域市场或新产业领域的行为和过程。

经营者的市场进入必须遵守国家的市场准入制度。所谓市场准入制度，是有关国家和政府准许公民和法人进入市场，从事商品生产经营活动的条件和程序规则的各种制度和规范的总称。市场准入包括一般市场准入制度和特殊市场准入制度两种。

（一）一般市场准入制度

我国一般市场准入制度包括一般市场主体的市场准入和交易对象的市场准入两方面的内容，其基本特点主要表现为：

（1）规定一般主体都能以独立的身份和平等的条件取得主体资格，进入市场从事相关的市场活动。

（2）对于一般主体准入的登记采取较为宽松的制度，政府干预相对较少。

（二）特殊市场准入制度

所谓特殊行业，主要是指涉及国家利益或社会公共利益的行业。这些行业主要包括与人们身体健康息息相关的药品生产经营企业和食品生产经营企业、与公共安全和生命财产安全相关的危险品生产企业、与国家经济宏观调控相关的金融业、与有限资源开发利用相关的文物经营企业，还有一些垄断行业，如通讯服务经营企业和烟草经营企业等。

特殊市场准入制度有以下几个显著特点：

（1）多为一些行业规范，专业性强，对立法技术要求较高。

（2）国家逐步放宽对一些经济领域的管制，逐步加强对与公共安全和人们身体健康息息相关领域的监管。

（3）有关特殊市场准入立法的范围相当广泛。

三、经营者的市场运行

市场运行是经营者从事经济活动的核心。经营者的市场运行必须严格遵守法律的规定，恪守诚实信用的商业道德和行业规范，贯彻公平、公正和公开的市场原则，向消费者提供质量合格、价格合理、计量正确的商品或服务，认真执行进

---

① 个体工商户，是指有经营能力并依照《个体工商户条例》的规定经工商行政管理部门登记，从事工商业经营的公民。《个体工商户条例》第 2 条第 1 款规定："有经营能力的公民，依照本条例规定经工商行政管理部门登记，从事工商业经营的，为个体工商户。"

货检查验收制度、品质保持制度和产品标志、标识制度。

（一）进货检查验收制度

进货检查验收制度是指为净化流通领域，杜绝和减少质量不合格的产品，销售者在进货时应当对所购进的商品进行检查、验收的一种制度。进货进查验收制度的核心是"时""查""验"。

（1）时。即进货时，是从时间范畴上规定这一制度。这一时间界限使进货检查验收制度既区别于生产者的保障性义务，也不同于销售者"应当采取措施，保障销售产品的质量"这一保障性义务。前者发生在进货前，后者发生在进货后。

（2）查。是指销售商凭借感观或者借助其他必要的检查仪器、工具、手段对所购产品的质量、数量、包装等方面进行一般性检查和实质性检查，侧重于所购产品的本身。

（3）验。是指销售商根据法律的规定或合同的约定，对所购产品的合格证、检验证、出厂证、说明书、维修卡、保单、线路图等资料进行验收，侧重于所购产品的附带资料。

"时""查""验"三环节完成后，销售商、生产商（或供货商）应当共同在进货检查验收单上签名、盖章并在一定期限内予以保存。

（二）品质保持制度

品质保持制度是指经营者，尤其是销售商应当采取措施，保持销售产品的质量不致回落，即销售者应当根据产品的特点，采取必要的防雨、防晒、防霉变，对某些特殊产品采取控制温度、湿度等措施，保障产品的质量状况。

法律规定销售者负有保持销售产品质量的义务，可以促使销售者增强对产品质量负责的责任感，有助于他们加强产品质量管理工作，增加对保证产品质量的技术条件的投入，加速产品流通，防止产品质量在经销期间失效、变质，从而保护用户和消费者的合法权益。

（三）产品标识制度

产品标识，是指表明产品的名称、产地、生产厂厂名、厂址、产品质量状况、保存期限等信息情况的表述和指标。产品标识可以标注在产品上，也可以标注在产品的包装上。包装，是指在流通过程中盛装、裹装、捆扎、保护产品的容器、材料及辅助物等的总称。

关于产品标识，《产品质量法》第27条和第28条作了明确的规定。这一规定包括以下内容：

第一，产品或者其包装上的标识必须真实，并符合下列要求：（1）有产品质量检验合格证明；（2）有中文标明的产品名称、生产厂厂名和厂址；（3）根据产品的特点和使用要求，需要标明产品规格、等级、所含主要成份的名称和含量的，用中文相应予以标明;需要事先让消费者知晓的,应当在外包装上标明,或者预先向消费者提供有关资料;(4)限期使用的产品,应当在显著位置清晰地标明生产日期和安全使用期或者失效日期;(5)使用不当,容易造成产品本身损坏或者可能危及人身、财产安全的产品,应当有警示标志或者中文警示说明。

裸装的食品和其他根据产品的特点难以附加标识的裸装产品,可以不附加产品标识。

第二,易碎、易燃、易爆、有毒、有腐蚀性、有放射性等危险物品以及储运中不能倒置和其他有特殊要求的产品,其包装质量必须符合相应要求,依照国家有关规定作出警示标志或者中文警示说明,标明储运注意事项。

四、经营者的市场退出

有市场的进入,就会有市场的退出。市场进入是市场经营活动的起点,市场退出是市场经营活动的终点,二者构成了一个闭合的经营活动系统。

(一) 市场退出的含义

市场退出制度一般由市场主体退出制度、业务退出制度和产品退出制度构成。其中,市场主体退出是指市场主体不再成为市场产品的供给者而退出市场交易和竞争领域,丧失了从事市场交易活动的资格;业务退出是指市场主体丧失了在部分市场的资格,但保留或转为其他市场的资格;产品退出是指市场主体生产的商品不再在市场上经销而撤出市场领域。

(二) 经营者退出市场的方式

经营者退出市场又称经营者的终止或者是经营者法律主体资格的消灭。从退出方式来讲,主要有以下几种:

一是,主动退出。主动退出是经营者的自愿退出,可分为单一主体的自愿退出和复合主体的自愿退出。

(1)单一主体的自愿退出。是指基于某一经营者主观意志而导致的退出。这种主动退出的原因也有主观原因和客观原因之分,前者如有关企业发现了盈利更高的机会,而主动转移到其他产业或市场;后者如原企业章程规定的经营任务已经完成或章程规定的存续期已经届满便自行解散。

(2)复合主体的自愿退出。主要指企业间的兼并、合并等。在兼并中,被兼并企业主体资格消灭,实际上也就是已经退出市场。在合并中,情况比较复杂。在吸收合并中,与兼并相同,被合并企业主体资格丧失,实际上已经退出市场;在新设合并中,合并双方的主体资格均被消灭,双双退出市场,而新成立的企业则成为新的市场主体。

二是,被动退出。被动退出是相对于主动退出而言的一种企业退出形式。导致被动退出的原因主要有以下几种:

(1) 基于行政原因的被动退出。引发这种退出方式的原因主要有：工商行政管理部门吊销经营者的营业执照；经营者的主管机关或上级机关依照法律规定、章程或实际需要撤销或解散该经营者组织。

(2) 基于司法原因的被动退出。基于司法原因的被动退出主要是指破产。

破产，是关于债务人在不能清偿到期债务时，经债务人或债权人向有管辖权的法院提出申请，由法院经过审理依法宣告债务人破产，并将债务人的全部财产公平清偿给所有债仅人的法定程序。

为规范企业破产程序，公平地清理债权债务，保护债权人和债务人的合法权益，维护社会主义市场经济秩序，2006年8月27日第十届全国人民代表大会常务委员会通过并颁布了《企业破产法》，自2007年6月1日起施行。

不管是主动退出还是被动退出，企业的终止都不能是无声无息的，需要履行特定的程序，维护债权人利益和国家税务秩序。实践中应当尽量避免企业倒闭或被责令停业后陷于无人问津、责任人逃匿、财产流失等非正常状态。

清算①和注销登记②这两个程序是市场退出的必经程序，其他特殊的退出方式各有自身特殊的程序，例如，破产中还有破产申请、和解、重整等程序，国有企业自行解散中还有向上级主管机关申请和等待审批的程序等。

第二节　经营准则

一、自愿、平等、公平

自愿、平等、公平是经营者所应当遵守的最重要和最基础的经营准则。自愿、平等、公平成为经营者的经营准则，既是市场经济的当然要求，也是消费者的共同希冀。

(一) 自愿

自愿是指经营者提供商品或者服务必须遵守自愿协商的原则，尊重消费者的意愿，不能将自己的意志强加给消费者，消费者有选择交易与否、和谁交易、在什么时间交易的权利和自由。任何以欺诈、强迫、威胁等违背消费者主观意志进行交易的行为均为不正当竞争行为，都为法律所禁止。

经营者提供商品或者服务，有下列行为之一的，均可认定为违反自愿原则的

---

① 清算，是终结现存的法律关系，处理其剩余财产，使之归于消灭的程序。清算是一种法律程序，未经清算就自行终止的行为是没有法律效力的，不受法律保护。

② 注销登记是指登记主管机关依法对歇业，被撤销，宣告破产或者因其他原因终止营业的企业，取消企业法人资格或经营权的执法行为。经登记主管机关核准后，收缴《企业法人营业执照》及副本，收缴公章，撤销其注册号。

行为:

(1) 利用对交易对方不利的条件、环境等,威胁交易对方接受高价商品或者服务。

(2) 以指定种类、数量、范围等限定方式,强迫交易对方接受高价商品或者服务。

(3) 以搭售或者附加不合理条件等限定方式,强迫交易对方接受高价商品或者服务。

(4) 以视同交易对方默认接受等方式,变相强迫交易对方接受高价商品或者服务。

(5) 借助行政性权力,强迫交易对方接受高价商品或者服务。

(6) 强迫交易对方接受高价商品或者服务的其他行为。

(二) 平等

平等泛指人们在社会、政治、经济、法律等方面享有相等待遇。法律上的平等,主要是指适用法律平等,即经营者和消费者在法律适用上一律平等。

经营者提供商品或者服务,有下列行为之一的,均可认定为违反平等原则的行为:

(1) 区别对待行为。如按照消费者的性别、年龄、职业、消费数量、消费数额、消费频率等的不同将消费者进行分类,并依此为依据确定商品或者服务的质量、态度、价格等就是典型的区别对待行为。

(2) 侵犯消费者人身权行为。消费者的人身、人格以及风俗习惯受法律的保护。搜查消费者的身体或者所携带的财物的行为、限制消费者人身自由的行为、侵犯消费者风俗习惯的行为均是违反平等原则的行为。

(三) 公平

公平是指对一切有关的人公正、平等的对待。《消费者权益保护法》上的公平是指经营者向消费者提供商品或者服务应当做到质量合格、计量正确、价格合理。三者的统一即公平,三者有所或缺即为不公平。

在消费实践中,消费者的支出与所得是否成正比例是判断公平与否的基本标准。质次价高、短斤少两、虚标高价、偷梁换柱等都是典型的不公平行为。

二、诚实信用

诚实信用原则是民事活动的基本原则之一。在消费者权益保护法中就是要求经营者在提供商品或者服务过程中应当讲究信用,信守诺言、诚实不欺,在不损害消费者等其他主体利益的前提下追求自己的利益,否则,将获得不利的法律评价。诚实信用原则,是市场经济活动中形成的道德规则,是商品交换的客观经济规律的要求的反映。同时,它也是社会主义市场经济法制观念的具体体现。

诚实信用是由诚实和信用两方面的内容构成的一个统一体,诚实是前提,信用是保障。

(一) 诚实

诚实是真实表达主体所拥有信息的行为。诚实意味着实事求是,表里如一,说实话,办实事,不虚伪,不夸大其辞,不文过饰非。诚实,对自己而言,意味着不自欺,内心坦坦荡荡,不说违心话,不做违心事;对他人而言,意味着诚恳实在,不说假话,不做假事,言行一致,践守诺言。

目前,不少经营者在提供商品或者服务的过程中或多或少的存在不诚实的行为。根据《欺诈消费者行为处罚方法》的规定,下列行为均属不诚实的行为:

(1) 销售掺杂、掺假,以假充真,以次充好的商品的。

(2) 采取虚假或者其他不正当手段使销售的商品分量不足的。

(3) 销售"处理品""残次品""等外品"等商品而谎称是正品的。

(4) 以虚假的"清仓价""甩卖价""最低价""优惠价"或者其他欺骗性价格表示销售商品的。

(5) 以虚假的商品说明、商品标准、实物样品等方式销售商品的。

(6) 不以自己的真实名称和标记销售商品的。

(7) 采取雇佣他人等方式进行欺骗性的销售诱导的。

(8) 作虚假的现场演示和说明的。

(9) 利用广播、电视、电影、报刊等大众传播媒介对商品作虚假宣传的。

(10) 骗取消费者预付款的。

(11) 利用邮购销售骗取价款而不提供或者不按照约定条件提供商品的。

(12) 以虚假的"有奖销售""还本销售"等方式销售商品的。

(13) 以其他虚假或者不正当手段欺诈消费者的行为。

同时,《欺诈消费者行为处罚方法》还将经营者在向消费者提供商品中,不能证明自己确非欺骗、误导消费者的以下几种行为视为不诚实的行为:

(1) 销售失效、变质商品的。

(2) 销售侵犯他人注册商标权的商品的。

(3) 销售伪造产地、伪造或者冒用他人的企业名称或者姓名的商品的。

(4) 销售伪造或者冒用他人商品特有的名称、包装、装潢的商品的。

(5) 销售伪造或者冒用认证标志、名优标志等质量标志的商品的。

(二) 信用

信用的意思是能够履行诺言而取得的信任,包括两个方面的含义,一是履行诺言的能力,二是承担不能履行诺言后果的能力,即责任能力。

目前,不少经营者在提供商品或者服务的过程中都或多或少存在信用差的现象。经营者对消费者的信用能力差,主要表现为:

(1) 履约能力差,如不履约、迟延履约、替代履约等。

(2) 承担不履约的能力差,如不提供售后服务,无法提供合格的售后服务,无力承担赔偿责任等。

思考题

1. 谈谈你对"无证(照)"经营、"占道"经营、"超经营范围"经营等现象的认识。

2. 下面是某旅游公司的《出境旅游合同》中的第3条内容,请根据本章"诚信经营"之基本理论,评价该条款。

附:《旅游合同》第三条内容

第三条:旅游项目:华东五市七日游

第一天,北京→南京。晚上住火车上。自北京乘下午的火车(硬卧)赴南京。

第二天,南京→无锡。晚上住无锡。早晨抵南京后游览总统府,车游长江大桥、逛夫子庙市场、秦淮河风光、领略秦淮古迹的遗韵、自费品尝秦淮小吃。乘车赴无锡。

第三天,无锡→苏州。晚上住苏州。早餐后参拜世界最高的露天大佛(88米)——灵山大佛(门票自理)、远观中国三大淡水湖之一——太湖、观紫砂茶艺馆、珍珠苑。乘车赴苏州。

第四天,苏州→杭州。晚上住杭州。早餐后游览世界文化遗产著名园林——藕园、听苏州评弹、游览姑苏城外寒山寺、观普明塔院、听古钟怀旧。游览茅盾故里——乌镇水乡(门票自理)。乘车赴杭州,河坊街自由活动(餐自理)。

第五天,杭州→上海。晚上住上海。早餐后乘船游览西湖、游览灵隐寺飞来峰(不进庙)、品龙井茶、观三潭印月、苏堤春晓、参观丝绸表演,乘车赴上海。

第六天,上海→北京。晚上住火车上。早餐后,逛城隍庙集市、观东方明珠电视塔及金茂大厦外景、南浦大桥、浦东新区、外滩、南京路自由活动、自费品尝当地小吃南翔小笼包、酒酿圆子、蟹黄包等。下午乘火车返回北京。

第七天,抵达北京。结束愉快的华东之旅。

第四章 消费政策与消费法律

内容摘要：消费政策是国家根据一定的经济发展形势和运行状况制定的意在使消费机制正常运行，使社会消费顺利进行得以实现的各项方针、制度规定及具体措施的总和。

消费法律，即消费者权益保护法，是调整消费关系的法律规范的总称，是重要的经济法部门，在我国社会主义法律体系中占有重要的位置。从本质属性上来讲，消费者权益保护法既是权利法，也是保障法。

消费者权益保护法所调整的消费关系包括三方面的社会关系：一是消费者与经营者之间所结成的商品和服务提供关系；二是消费者与国家、政府部门和社会组织所结成的消费者权益保护关系；三是国家、政府部门、社会组织和个人与经营者之间所结成的消费监督管理关系。其中，商品和服务提供关系是基础性消费关系。消费政策指引消费法律，消费法律贯彻消费政策，我们必须处理好二者之间的辩证关系。

教学重点：(1) 消费政策；(2) 消费者权益保护法的含义与特点；(3) 消费者权益保护法的基本原则。

第一节 消费政策

一、消费政策概述

消费政策属于经济政策的范畴，是一项基本的经济政策，与竞争政策形成了促进消费、带动经济增长的两翼。

(一) 消费政策的含义

消费政策是国家根据一定的经济发展形势和运行状况制定的意在使消费机制正常运行，使社会消费顺利进行得以实现的各项方针、制度规定及具体措施的总和。

消费政策包含着宏观消费政策、微观消费政策和与消费相关的政策的政策体系。其中宏观消费政策包括财税政策、货币政策、价格政策；微观消费政策包括消费引导、消费教育、消费信用、消费者权益保护等。

(二) 消费政策与相关政策的比较

消费政策与经济政策、竞争政策的关系十分密切，既有明显的区别，又有紧密的联系。

第一,消费政策与经济政策。经济政策是指国家或政党为实现一定的政治和经济任务,或为指导和调节经济活动,所规定的在经济生活上的行动准则和措施,主要包括产业政策、土地政策、资源与能源政策、财政与税收政策、货币政策、贸易政策、环保政策、人口与发展政策等。

国家或政党制定的经济政策主要有:(1)制定经济和社会发展战略、方针,制定产业政策,以控制社会总供给和总需求的平衡,规划和调整产业布局;(2)制定财政政策、货币政策、财政与信贷综合平衡政策,调节积累与消费之间的比例关系,实现社会财力总供给和总需求的平衡,控制货币发行,制止通货膨胀;(3)制定收入分配政策,引导消费需求的方向,改善消费的结构,从而使积累基金与消费基金保持适当的比例关系,防止通货膨胀的产生。

可以看出,经济政策的范围和外延要大于消费政策。因此,消费政策要服从于经济政策。

第二,消费政策与竞争政策。竞争主要是两个或两个以上的企业在特定的市场上通过提供同类或类似的商品或劳务,为争夺市场地位或顾客而作的较量,并产生优胜劣汰的结果。竞争政策则是指政府为保护和促进市场经济中的有效竞争而采取的行动措施、制定的法规条例和设立的监督实施机构的总和。与其他经济政策相比,竞争政策的一个重要特征是,它通常以有关控制竞争的法律为基础。换句话说,有关控制市场竞争的法律本身就构成了竞争政策的基本内容。

可以看出,消费政策和竞争政策都是以消费为核心的政策,有所不同的是,前者旨在加强消费者的消费力,即增加消费者的购买力,而后者则旨在加强消费的市场力,即产品保障能力。两者从不同的角度促进着消费的进行,带动经济的发展,是经济腾飞的两翼,不可或缺。

二、我国的消费政策

我国的消费政策是立足于社会主义市场经济初级阶段的消费政策,其制定与实施都必须符合我国生产力发展水平、经济发展水平和消费市场的实际。

(一)我国消费政策的制定

制定我国消费政策时,应当处理和解决好以下几个问题:

(1)制定消费政策的出发点问题。"消费者主权"是国际社会制定消费政策的出发点,也应当成为我国消费政策制定的出发点。

"消费者主权"与"生产者主权"相对应,是诠释市场上消费者和生产者关系的一个概念,其基本含义是指消费者在市场中居于主导地位,当生产者与消费者利益发生矛盾时,生产者应服从消费者的利益。因此,制定消费政策必须把消费者的利益放在第一位,以不断增加消费者利益,提高消费效益为政策的根本出发点。

(2) 制定消费政策的基本原则问题。我国的经济发展史告诉我们,无论是"滞后消费",还是"超前消费",都不适合我国的现实国情,唯有坚持"适度消费"原则,使消费水平的增长和社会再生产提供的条件及其发展的客观要求相适应,才能确保国民经济的持续快速健康发展。因此,在制定我国消费政策时一定要坚持"适度消费"的原则。

(3) 制定消费政策的国际化问题。"入世"以后,会有更多物美价廉的消费品涌入国内市场,在营销方式、国际时尚以及多种风格文化的影响下,我国将加快融入"消费国际化"的步伐。在这种情况下,消费政策的调整思路将不可能是"关门"调整,而是进入了"开门"调整的新时期。因此,制定消费政策必须站在面向世界面向未来的高度上进行,必须面向世界,适应消费品市场竞争的国际化。

(4) 消费政策各项措施的衔接配合问题。近年来,我国扩大消费的政策既要刺激消费,又要刺激投资;既要促进居民即期消费,又出台了多项剥离人们当前福利待遇的政策措施。导致部分消费政策效应相互抵消,不利于消费政策更好地发挥作用。因此,制定消费政策时,必须总揽全局,使消费政策的各项政策措施相互配合,形成合力,才能达到最优的效果。

(5) 消费政策目标监测体系的建立问题。居民消费行为不仅受生产力发展水平和经济体制的影响,而且要受地理环境、生活习惯和宗教文化等多种因素的制约,因此,仅靠定性的分析难以实现对消费经济的准确把握。这样一来,我们就必须依照消费水平、消费结构、消费方式各自的特点,确定相应的监测目标,将消费经济的发展变化量化,并以此作为衡量消费经济变化的标准和制定政策的依据。

(二) 我国消费政策的历史发展

我国消费政策的发展变化大致经历了以下几个阶段:

第一,重积累、轻消费阶段(1949—1978 年)。在新中国成立之初,国民经济基础极为薄弱,为了在资金稀缺的情况下实施重工业发展战略,政府选择了高度集中的计划经济体制。在计划经济体制下,政府对资源严格控制,主要采取统收统支的方法来筹集建设所需资金。政府限制消费品的生产,优先发展生产资料,从而导致社会产品的种类单一、匮乏,并对消费品实行定量配给,凭票供应,大部分消费品以福利性、实物性、集团性进入消费过程,非定量的部分非常少。

可以说这个阶段,整个宏观环境有利于积累资金发展工业,消费处于被压制的地位,更不用奢望政府采取鼓励消费的政策。

第二,消费调整阶段(1979—1991 年)。自 1978 年党的十一届三中全会确定实行改革开放政策,各项经济体制改革逐步推进。从消费品的供给来看,行政配置逐渐取消,商品价格慢慢放开,商品化的程度提高,居民的消费选择自由度增加,居民的消费行为由计划者的统一调配转变为居民自身的分散决策。由于城镇居民、农民收入的增加和消费品工业的发展,重积累、轻消费的阶段基本结束。

在这一阶段的中期,通货膨胀严重,"抢购风"盛行,不少城市的商品被抢购一空,全国的经济形势日益紧张。为此,1988年9月国务院提出用"更稳健"的步伐实行物价改革,暂停激进的放价措施,而且采取严厉措施限制消费需求,如提高利率,推出定期存款保值贴补措施以增加城乡居民储蓄,还有采用了压缩集团消费、加强对工资和奖金的管理、推行住宅商品化等多种措施,这些全国的经济形势才稳定下来。但国家进行的紧缩性的宏观经济政策使国内市场出现疲软,居民收入下降导致居民的消费增长幅度开始下降,耐心消费品的购买势头得到抑制。

第三,消费适度阶段(1992—1997年)。1993年,中共十四大确定了以社会主义市场经济体制作为经济体制改革的目标,我国掀起了新一轮的经济建设和改革开放的高潮。1992年下半年出现了经济过热现象,投资需求和消费需求急剧扩张,总需求超过了总供给。为抑制增长过快的消费需求,1994年,国务院组织相关部委展开了新中国成立以来第一次全国性消费基金大检查,要求各级政府加强现金管理,严禁用公款搞高消费和把公款转化为个人消费基金,控制会议费支出。1999年,由于国家的一系列适度的调控政策,国民经济扭转了高通胀的局面,顺利实现"软着陆"。

第四,鼓励消费的政策阶段(1998—今)。在国民经济顺利实现"软着陆"后,市场供求关系进一步从卖方市场转向买方市场,内需不足的问题突显。而且在1997年下半年爆发的亚洲金融危机的外部影响下,我国的外需减少,加上我国经济生活中的一些深层次问题暴发出来,社会需求不足的矛盾日益显著,供求关系发生了根本性的转变。据国内贸易局1997年下半年对613种商品的统计,市场上供不应求的商品仅有10种,仅占1.6%,供求基本平衡的商品占66.6%,供过于求的商品占31.8%。到1998年,供不应求的商品基本消失。为此,国家实施了一系列扩大内需的政策以保持国民经济持续快速发展,这时我国的消费调控政策也出现了大的转变,出台了一系列的扩大消费需求的政策。

(三)我国消费政策的贯彻与实施

我国刺激消费,拉动内需的消费政策体现在货币政策、财政政策、收入政策、社会保障政策等经济政策中。为实现消费政策的基本目标,我们必须做好以下几个方面的工作:

第一,转变消费观念。转变消费观念,包括政府消费观念的转变和消费者消费观念的转变。

（1）从政府角度来讲,就是要明确树立降低投资率,提高消费率①的观念。提高消费率有积极的提高方式,也有消极的提高方式。消极地提高消费率是从压缩投资入手,很可能以降低经济增长为实现投资与消费关系协调的代价;积极地提高消费率是从扩大消费入手,使消费增长快于投资增长,实现较快经济增长下的投资与消费协调。因此,我们应当从我国现阶段经济是需求导向型经济的基本特征出发,积极地提高消费率。

（2）从消费者角度讲,是要逐渐告别节衣缩食的消费观。我们要在观念上划清两个界限:一是消费与浪费的界限,提倡消费,反对浪费;二是合理消费与过度消费的界限,提倡合理消费,防止过度消费。随着社会的发展和消费水平的提高,"吃讲营养,穿讲漂亮,用讲高档,住讲宽敞,行讲便当",应该理所当然地成为绝大多数居民的消费观。这一观念的确立,则很大程度上依赖于由政府导向的各种宣传媒体的引导。

第二,提高居民收入。收入是消费的前提。因此,我们应当千方百计地提高居民收入。提高居民收入包括提高城镇居民收入和提高农村居民收入两部分内容。在提高城镇居民收入方面可以逐步推行以下制度:(1)以财政支出增加行政事业单位职工工资(这一点在 2001 年初已开始实施);(2)以财政经费增加下岗职工生活补贴和失业救济金;(3)提高企业最低工资限定;(4)规定企业收入每增长 2%,企业职工工资相应增长 1%。在提高农村居民收入方面可以逐步推行以下制度:(1)进一步提高农产品收购价,增加农产品出口补贴,这部分支出由财政承担;(2)切实减轻农民负担,关键是精简乡村各级机构;(3)加大农村人口转移的力度,加快农村城镇化建设步伐。

以上制度是直接提高居民收入的办法,而通过税收减税杠杆的运用,则可以间接提高居民的收入。具体措施是:(1)适度降低企业和个人所得税率;(2)提高出口退税率;(3)大幅度降低消费税。

第三,降低居民支出预期。当前,我国正在进行的以住房、医疗、教育、失业养老保险四项改革为主要内容的福利保障制度改革,极大地增加了个人不确定未来支出,表现为储蓄快速增长。因此,我们应当对上述四项制定改革计划,循序渐进,减少共振力度;在改革舆论宣传上,尽可能地具体化、数量化、透明化,让居民对未来支出数量心中大体有数;有关机构可着手编制不同收入、不同年龄的消费者未来 10 年和 20 年的年预期支出参照量,最大限度地使未来支出中不确定部分转为确定部分。

---

① 消费率又称最终消费率,是指一个国家或地区在一定时期内(通常为 1 年)的最终消费(用于居民个人消费和社会消费的总额)占当年 GDP 的比率。它反映了一个国家生产的产品用于最终消费的比重,是衡量国民经济中消费比重的重要指标。一般按现行价格计算。其公式为:消费率 =(消费基金/GDP)×100%。其中,消费基金包括居民消费和政府消费。目前,消费率过低是我国经济的一个突出问题。

同时,还应当加强政府引导热点商品价格合理化。比如购买汽车,除了燃料、维修费外,还需支付购置税、消费税、保险金、养路费、车船税、路桥费等等,一辆车平均每月支出费用高达 2000 元。不合理的高价,极大地提高了居民的支出预期。因此,政府应当通过立法大幅度削砍热点消费品中的不必要的税费,实行成本加规定利润率的售价。

第四,构造金融支持。金融对消费的支持包括消费信用和降低利率,前者直接增加消费资金,后者间接增加消费资金。

我国消费信用自 20 世纪 90 年代以来有了初步发展,但由于贷款条件相对苛刻,贷款利率较高,贷款范围狭窄等原因,致使消费信用还没有从本质上对我国的消费市场发生影响。从另一个角度讲,我国目前的消费信用,在很大程度上仅仅是银行为扩大本身业务量增加收益而采取的行为,而不是扩大消费的举措,这是一个十分要不得的观念。因此,政府必须进行政策协调,并逐步从以下几个方面完善消费金融支持:(1) 迅速并大力扩大消费信贷的品种;(2) 改变目前消费信贷利率高于存款利率 200% 以上的严重不合理局面,使两者利差小于 50%;(3) 尽早使个人信用记录制度面向全体消费者;(4) 适时恢复个人综合消费贷款;(5) 尽可能地普及个人支票消费;(6) 消除贷记卡办卡的过多限制;(7) 大力增加和完善消费场所的 POS 结算设备;(8) 在过去连续多次降息的基础上,适时继续降低存贷款利息率。

第五,培育消费热点。消费热点即一个时期中对某类消费品的相对集中消费。目前大家比较公认的已形成的消费热点是住房、信息、旅游、文化教育,正在形成的消费热点有汽车、健身、租赁和无形消费(品牌消费)等。在不同时期有不同的消费热点,同一时期的不同消费群体也可以有不同消费热点,像 20 世纪 80 年代那样全国一个热点(家用电器)的局面,是特殊背景下的特殊现象,以后不会再出现。消费热点一旦形成,具有强大的示范效应,从而极大地促进即期消费。发现和等待消费热点是被动的,重在主动培育消费热点。因此,建议政府应当设立专门机构,在充分调查论证的基础上做好以下几个方面的工作:(1) 推出适合不同年龄和收入群体的消费热点导向;(2) 加强舆论引导,必要时进行有意识的消费品进口引导,使其形成交替持续的消费热点。

第六,倡导绿色消费。人类的消费需求,不仅包含物质文化的需求,还应包含同样是基本性的并极其重要的生态需求,即良好的生存发展环境。良好的环境主要依赖于生产环节减少污染排放,但消费者群体也可以通过少买或不买非环保产品,从而形成对提供非环保产品的生产者的压力和对提供环保产品的生产者的动力。

当然,绿色消费由于环保要求加入成本而势必提高产品价格,从而对增加消费产生负作用。但是,其一,这是可持续消费的必由之路;其二,按 WTO 修改后的国际补贴与反补贴规则,环保产品的补贴属于不可申诉的补贴范围,政府可以名正言顺地对环保产品提供专项补贴和低息贷款。因此,政府应当对大量的主要消费品作出绿色和非绿色区分,并通过以下途径调动消费者购买绿色产品的积极性:(1)给绿色消费品生产以强有力的政策支持,确保其价格不高于或略高于同类非绿色消费品;(2)开展声势浩大的绿色消费宣传,鼓励消费者购买绿色产品,实行绿色消费积分制,积满一定分值,可获政府不同等级的绿色荣誉奖状和奖励。

第二节 消费者权益保护法的含义、目的与特点

一、消费者权益保护法的含义

消费者权益保护法是调整消费关系的法律规范的总称。所谓消费关系是指消费者在消费过程中与特定主体所结成的社会关系。概括而言,消费关系主要包括以下三方面的社会关系。

(一)消费者与经营者之间所结成的商品和服务提供关系

消费者与经营者之间所结成的商品和服务提供关系是基础性消费关系,决定其他层面的消费关系。

这一层面的社会关系,具体又包括两种更加具体的社会关系,一种是基于商品的提供而产生的社会关系,另一种是基于服务的提供而产生的社会关系。在这两种具体的社会关系中,经营者是商品和服务的提供者,消费者是商品和服务的接受者,二者主体地位平等,权利义务对等,交易机会均等,相互之间应当相互尊重、理解和协作,经营者应当按照法律规定、合同约定和商业惯例的要求向消费者提供商品和服务,不得强迫消费者进行交易,不得强买强卖,不得实施不公平交易行为;消费者应当按照法律的规定、合同的约定和商业惯例的要求进行消费,不得在法律的规定之外要求经营者提供商品和服务。

(二)消费者与国家、政府部门和社会组织所结成的消费者权益保护关系

消费者与国家、政府部门和社会组织所结成的消费者权益保护关系基于商品和服务提供关系而产生,并保障该种社会关系的健康发展。

这一层面的社会关系,具体又包括三种更加具体的社会关系:(1)国家在保护消费者权益过程中与消费者结成的消费权益保障关系,具体来讲是指国家在消费者权益保障立法过程中与消费者结成的消费权益保障关系;(2)政府部门在保护消费者权益过程中与消费者结成的消费权益保障关系,具体来讲是指政府部门在实施消费者权益保障法的过程中与消费者所结成的消费权益保障关系;(3)消费者协会在保护消费者权益过程中与消费者结成的消费权益保障关

系,具体来讲是指消费者协会在履行职能过程中与消费者所结成的消费权益保障关系。

(三) 国家、政府部门、社会组织和个人与经营者之间所结成的消费监督管理关系

国家、政府部门、社会组织和个人与经营者之间所结成的消费监督管理关系旨在对经营者提供商品或提供服务的活动进行监督与管理,确保消费基础关系的健康发展,切实维护消费者的合法权益。

在消费监督管理关系中,国家机关和政府部门对经营者的监督为有权监督,而社会组织与公民个人对经营者的监督为社会监督。同时,享有消费管理权的只能是国家机关和政府部门,社会组织和公民个人只有监督权,而无管理权。

二、消费者权益保护法的立法目的

《消费者权益保护法》第1条开宗明义,明确规定制定该法是为了保护消费者的合法权益,维护社会经济秩序,促进社会主义市场经济健康发展。消费者权益保护法的立法目的,包含以下三层含义:

(一) 保护消费者的合法权益

通过《消费者权益保护法》的颁布,明确了消费者的权利,确立和加强了保护消费者权益的法律基础,弥补了原有法律、法规在保障消费者权益方面的不足与缺陷。我国现有法律、法规中有不少内容涉及消费者权益保护,如《民法通则》《产品质量法》《食品安全法》《价格法》《广告法》《反不正当竞争法》《反垄断法》等,但是对于因提供和接受服务而发生的消费者权益受损害的问题,只有在《消费者权益保护法》中作出了全面而明确的规定。

(二) 维护社会经济秩序

良好的市场经济秩序对于经营活动的展开和消费者权益的保护都是十分重要的。《消费者权益保护法》通过规定经营者的消费者权益保护义务,规范经营者与消费者的交易行为等措施维护良好的社会主义市场经济秩序。

(三) 促进社会主义市场经济健康发展

当前,社会的生产和消费的关系密不可分,结构合理、健康发展的消费无疑会促进生产的均衡发展。没有消费,也就没有市场,进而也就不会有生产和销售。因此,保护消费者合法权益,促进消费增长,最终将有利于市场经济的健康发展。

三、消费者权益保护法的特点

《消费者权益保护法》的特点体现在以下两个方面:

(一)《消费者权益保护法》是权利法

《消费者权益保护法》是权利法案,重在对消费者的权利进行保护。《消费者权利保护法》的要义之一就是依法赋予、保护和救济消费者的权利,其特点有:

《消费者权益保护法》赋予了消费者众多的权利,包括安全保障权、知悉真情权、自主选择权、公平交易权、依法获赔权、个人信息受保护权、无条件退货权、依法结社权、求教获知权、人身以及人格尊严受尊重权、依法监督权等多项法定权利。而且这些权利还一直处于扩大状态,会越来越多,越来越具体,越来越切合实际。

《消费者权利保护法》之所以依法赋予消费者权利,是因为处于弱势地位的消费者不可能凭借自身实力和努力获得权利。依法赋予消费者权利能够最大限度地平衡消费者和经营者之间的强弱对比关系,和谐消费者与经营者之间的关系,促进消费市场的持续繁荣,保障社会主义市场经济的健康发展。

(二) 消费者权益保护法是保护法

《消费者权益保护法》是保护法体系中的重要一员,地位如同《妇女权益保护法》《老年权益保护法》《未成年人权益保护法》《残疾人权益保护法》《流浪者权益保护法》《劳工者权益保护法》一样,同属于保护法的范畴。之所以要对消费者权益进行保护,皆因其是弱势群体的缘故。

《消费者权益保护法》对消费者权益的保护,从保护内容来看是多方面,既保护消费者的人身权利,也保护其财产权利;从保护主体来看是多元的,既有经营者的保护,也有国家、政府和消费者协会的保护;从保护手段上来看,既有直接的保护,也有间接的保护;从保护措施上来看,既有民事方面的保护,也有行政和刑事的保护;从保护方式上来看,既有和解协商保护,也有行政调解、仲裁和诉讼保护;从保护过程来看,既有事先保护,也有事中和事后保护。总而言之,《消费者权益保护法》对消费者权益的保护是全面的、彻底的。也惟由此,消费者权益才能够得到真正的保护。

第三节 消费者权益保护法的法律体系与基本原则

一、法律体系

消费者权益保护法的法律体系,是指全部消费者权益保护法律规范依照一定的规则和要求形成的一种逻辑结合体。消费者权益保护法体系是我国社会主义法律体系的重要组成部分,在我国社会主义法律体系中占有重要的位置。消费者权益保护法法律体系主要由以下四个部分组成。

(一) 法律

消费者权益保护法律有保护基本法和其他法律中的消费者权益保护条款共同组成。

(1) 消费者权益保护基本法。即 1993 年 10 月 31 日第八届全国人民代表大会常务委员会第四次会议通过、2013 年 10 月 25 日第十二届全国人民代表大会常务委员会第五次会议修订的《中华人民共和国消费者权益保护法》。该法典是消费者权益保护的基本法,其目的是为保护消费者的合法权益,维护社会经济秩序,促进社会主义市场经济健康发展。目前,我国《消费者权益保护法》共分八章63条。第一章是总则;第二章是消费者的权利;第三章是经营者的义务;第四章是国家对消费者合法权益的保护;第五章是消费者组织;第六章是争议的解决;第七章是法律责任;第八章是附则。

(2) 其他法律中的消费者权益保护条款。我国《民法通则》《产品质量法》《食品安全法》《药品管理法》《价格法》《广告法》《反不正当竞争法》《反垄断法》等相关法律中有很多专门保护消费者合法权益的条款,这些条款是消费者权益保护法律的重要组成部分。

值得注意的是,《消费者权益保护法》在我国保护消费者法律体系中具有统帅的地位,相当于消费者权益保护的总纲。原则上,凡涉及消费者权益保护的法律问题,只要《消费者权益保护法》有规定的,要依据《消费者权益保护法》的规定;如果《消费者权益保护法》的规定与其他法律规定不一致时,要优先依据《消费者权益保护法》的规定;《消费者权益保护法》中没有明确规定的,可以依据其他相关的法律来保护消费者的合法权益。

(二) 行政法规

行政法规是国务院为领导和管理国家各项行政工作,根据宪法和法律,并且按照《行政法规制定程序条例》的规定而制定的政治、经济、教育、科技、文化、外事等各类法规的总称。

(三) 行政规章

行政规章是指国务院各部委以及各省、自治区、直辖市的人民政府和省、自治区的人民政府所在地的市以及国务院批准的较大市的人民政府根据宪法、法律和行政法规等制定和发布的规范性文件。

(四) 司法解释

依法有权作出的具有普遍司法效力的解释叫做司法解释。在我国,司法解释主要是指最高人民法院和最高人民检察院依照职权所作出的具有普遍司法效力的解释。

目前,最高人民法院发布的保护消费者权益的司法解释主要有:《关于审理人身损害赔偿案件适用法律若干问题的解释》(2003 年 12 月 26 日发布)、《关于审理不正当竞争民事案件应用法律若干问题的解释》(2007年1月11日发布)、《关于适用〈中华人民共和国合同法〉若干问题的解释》(2009年2月9日发布)、《关于审理物业服务纠纷案件具体应用法律若干问题的解释》(2009年5月15日发布)、《关于审理因垄断行为引发的民事纠纷案件应用法律若干问题的规定》(2012年5月3日发布)、《关于审理买卖合同纠纷案件适用法律问题的解释》(2012年5月10日发布)等。

二、基本原则

基本原则是整个消费者权益保护法所适用的,体现该法基本精神、基本价值的原则。国家保护消费者权益不受侵害原则和全社会共同保护消费者合法权益原则是消费者权益保护法的基本原则。

(一) 国家保护消费者权益不受侵害原则

国家是消费者权益最重要的保护者。因此,我国《消费者权益保护法》第5条明确规定:"国家保护消费者的合法权益不受侵害。国家采取措施,保障消费者依法行使权利,维护消费者的合法权益。"

国家保护消费者权益不受侵害原则的内容十分广泛,主要包括:

(1) 不能将消费者的合法权益与国家利益、社会利益相割裂,甚至完全对立起来。

(2) 国家对消费者的合法权益不受侵害负有法律义务,有关国家机关要履行法定职责,加强监督,预防和及时制止危害消费者人身、财产安全的行为,惩处经营者在提供商品和服务过程中侵害消费者合法权益的违法犯罪行为。

(3) 国家采取措施,保障消费者依法行使权利,维护消费者的合法权益。

就国家采取措施,保障消费者依法行使权利,维护消费者的合法权益而言,主要是要求国家:

(1) 不断完善消费者权益保护立法。

(2) 根据经济、文化发展水平,为消费者创造和提供良好的消费环境和消费条件,帮助、指导和教育消费者提高自我保护意识,不断提升消费者的消费能力。

(3) 在消费者合法权益受到侵害时,提供必要的法律帮助。

(二) 全社会共同保护消费者合法权益原则

我国《消费者权益保护法》第6条规定:"保护消费者的合法权益是全社会的共同责任。"所谓全社会共同保护消费者的合法权益就是在国家保护的基础上将对消费者权益的保护扩大到全社会的范围,动用一切社会力量,对经营者及其他可能或实际侵害消费者的行为进行预防、控制、规范、与监督。具体来讲就是,国家机关、政府部门、行业协会、消费者组织、大众传播媒介和个人总动员对损害消费者合法权益的行为进行监督、检查。

保护消费者的合法权益是全社会的共同责任。主要是指企业的诚信自律之责、政府的监管之责、消费者的自我保护和媒体、消协等的社会监督之责。其中企业是第一责任人。因为企业是市场的经营主体,是商品或服务的提供者,是消费者直接交往的对象,消费者权利能否得到保障,经营者义务能否恰当履行,都与经营者的行为有着最直接的关系。因此,企业在消费者权益保障问题上,责任尤其重大,应诚信经营,守法经营,严把质量关,承担有关社会责任,在创造企业利润的同时,要切实维护好消费者利益。各级人民政府及有关部门是市场监管的主体,应认真履行市场监管的职责,进一步加大市场的监管力度,完善有关消费者保护的法律、法规和规章制度,切实保护消费者的合法权益。消费者是市场的消费主体,要不断增强自我保护意识,鉴假、识假、抵制假冒伪劣,提升权益自我保护能力,依法维护自身的合法权益。同时,要适应形势发展的要求,树立先进的消费观念和消费方式,科学、合理、文明消费。新闻媒体和消费者协会是保护消费者权益的一支重要力量,应充分发挥社会监督的责任。

第四节 消费法律关系

一、消费法律关系的含义

消费法律关系是消费法律规范调整消费关系而形成的法律后果,属经济法律关系的范畴。消费法律关系包括以下三方面的内容:

(一) 消费者与经营者之间的关系

消费者与经营者之间的关系是基于商品销售或者服务提供而形成的关系,是消费法律关系的基础,又可称基础性消费法律关系。离开消费者与经营者之间的关系,其他方面的消费法律关系也就失去了存在的价值和意义。

(二) 消费者与国家、政府、社会组织之间的关系

消费者与国家、政府、社会组织之间的关系是基于这些主体对消费者权益的保障而形成的关系,是消费关系的保障,又可称保障性消费法律关系。这种保障,既可以是保护性保障,也可以是支持性保障;既可以是直接的保障,也可以是间接的保障。保障性消费法律关系对于整个消费法律关系的作用和价值十分重大,离开了保障,任何消费法律关系都不可能持续、健康的发展。

(三) 国家、政府、社会组织与经营者之间的关系

国家、政府、社会组织与经营者之间的关系是基于这些主体对经营者经营活动监督管理而形成的关系,是对消费关系的监管,又可称为监管性消费法律关系。这种监管,既有宏观的监管,也有微观的监管;既有对主体组织情况的监管,也有对经营行为方面的监管;既有对商品情况的监管,也有对服务情况的监管。

离开监管,经营秩序就会陷入一片混乱,消费者权益就不可避免地会受到侵犯。因此,我们必须注意监管性消费法律关系的探讨和研究。

二、消费法律关系的构成

法学界普遍认为,法律关系由主体、客体和内容三要素构成。[①] 为了与学术界保持一致,本书以"三要素"说的理论探讨消费法律关系的构成。

(一) 主体

消费法律关系的主体众多。这些主体,可以分为三类,第一类是消费者;第二类是经营者;第三类是国家、政府和社会组织。其中,第一类主体为权利类主体,第二、第三类主体为义务类主体。

(二) 客体

消费法律关系的客体可以分为两类,第一类是商品,第二类是服务。

第一,商品。商品可以按照不同的标准进行分类。目前,法学界普遍搬用民法物的划分标准对商品进行划分,进而将商品划分为有形商品和无形商品;可以移动的商品和不可移动的商品;原商品和再生商品等。

本书认为,结合《消费者权益保护法》的规定和消费实际,对消费法律关系中的客体可以作如下分类:

(1) 可以将商品划分为耐用商品和易耗商品两类。如《消费者权益保护法》第 23 条第 3 款就对耐用商品作出了专门规定。该条规定:"经营者提供的机动车、计算机、电视机、电冰箱、空调器、洗衣机等耐用商品或者装饰装修等服务,消费者自接受商品或者服务之日起 6 个月内发现瑕疵,发生争议的,由经营者承担有关瑕疵的举证责任。"

(2) 也可以将商品划分为普通商品和特种(殊)商品两类。其中,特种(殊)商品,又可称为特种设备,是指涉及生命安全、危险性较大的锅炉、压力容器、压力管道、电梯、起重机械、客运索道、大型游乐设施。特种设备可分为承压类特种设备、机电类特种设备和其他类别的特种设备等三类。[②] 除特种(殊)商品以外的产品为普通商品。

第二,服务。同商品一样,服务也可以按照不同的标准进行划分。一般认为,服务可以划分为 15 类。关于服务的划分,请参考第二章第一节"消费者"的

[①] 法律关系三要素说的理论来自前苏联。在前苏联还有其他不同的主张,有的学者认为法律关系由主体、客体、权利、义务四要素构成;有的学者认为法律关系由主体、权利和义务三要素构成;有的学者认为法律关系由权利、义务二要素构成。在我国,也有学者认为法律关系由主体、客体两要素构成(参见王兴运:《挑战公理:法律关系三要素说批判》,载《河北法学》2001 年第 5 期)。

[②] 近几年间,电梯、校车、大型游乐设施等伤害消费者的事件不断出现,客观上要求我们必须将特种(殊)商品纳入《消费者权益保护法》的调整范围,切实保护消费者的合法权益。

相关内容。

（三）内容

消费法律关系的内容即消费法律关系主体所享有的权利和所承担的义务。根据《消费者权益保护法》的规定，消费者始终是、永远是、绝对是权利主体，享有11项权利。国家、政府、社会组织和经营者始终是、永远是、绝对是义务主体，承担法律规定的义务。

三、消费法律关系的特点

同其他法律关系相比，消费法律关系具有以下三个明显的特征：

（一）主体的特定化

消费法律关系始终以消费者和经营者为主体的两极，并以此为基础展开消费法律关系，而且消费者始终是、永远是、绝对是权利主体，经营者始终是、永远是、绝对是义务主体。国家、政府、社会组织的保障活动和监管活动都围绕着消费者和经营者进行，而且，这种活动的进行十分有规律，即对消费者的权利进行保护，对经营者的义务履行进行监督和管理。离开消费者，尤其是离开消费者和经营者的二极对称，消费法律关系既不可能产生，也不会发展和变化。

（二）客体的大众化

消费法律关系中的客体，无论是商品，还是服务都必须是大众商品和大众服务，即大众消费品。如果该商品或者服务只是为满足极少数甚至是某个人的需要，如个人定制的商品或者服务，那么，即使出了问题，产生了纠纷，也只能适用合同法等其他法律，而不能适用消费者权益保护法。根据《消费者权益保护法》第25条的规定，消费者定作的商品不适用无条件退货制度就是这个道理。

（三）义务的多元化

消费法律关系中的义务呈现出多元化的趋势。有些义务依据合同法理论确定，如经营者的多项义务；有些义务依据职责和职权理论确定，如政府和社会组织的义务；有些义务则依据职能理论确定，如国家的义务。这些义务从不同层面和角度保障消费法律关系的健康发展和消费者权益的切实实现。

思考题

1. 运用本章消费政策之基本理论，评述我国消费政策中的"补贴政策"。

附：我国家电补贴资料

各项补贴对消费的拉动作用非常明显。以家电下乡政策为例，从2007年在三省一市试点到2009年推广至全国。据官方统计，截至2013年9月底的数据显示，共发放补贴759亿元，全国家电下乡产品销售2.75亿件，销售金额6598亿元，如此计算，平均1元的补贴"撬动"了8.69元的家电下乡产品。2009年至2011年实行"家电以旧换新"期间,中央财政累计安排补贴资金320亿元。据商务部统计,仅2011年,全国家电以旧换新共销售五大类新家电9248万台,拉动直接消费3420多亿元。

2. 在法学界,一些研究者基于以下理由,认为消费者权益保护法属民法的范畴,是民法的当然组成部分。

(1) 消费者与经营者主体地位平等。

(2) 消费合同属一种民事合同。

(3) 消费者与经营者的交易贯彻"平等、自愿、等价、有偿、诚实信用"的民法原则。

(4) 消费关系的内容主要是财产关系和人身关系。

(5) 协商和解是处理消费纠纷,解决消费矛盾最主要和最通常的方法。

请结合本章介绍之基本理论,谈谈你对上述观点的认识。

3. "服务"是消费法律关系的客体,"服务"的内容也十分广泛,《消费者权益保护法》调整很多服务关系,如交通运输服务、旅游服务、餐饮服务、商品零售服务、美容美发服务等。但是,对于一些服务是否受《消费者权益保护法》的调整问题,法学界还有不同的认识。如对教育服务、医疗服务、培训服务等是否受《消费者权益保护法》的调整就存在很多、很大的争论。

请运用本章之基本理论,谈谈你对这些服务是否受《消费者权益保护法》调整问题的认识。

第五章 消费法律与弱势法律①

内容摘要: 弱势法律,即弱势群体权益保护法则是指调整弱势群体权益保护关系的法律规范的总称。一般而言,弱势群体权益保护法由弱势地区开发法、弱势行业扶助法、弱势企业促进法和弱势自然人保护法四部分组成。

弱势群体,泛指依靠法律之规定而不是靠自身实力或市场竞争来获取权益、维护权益的群体,是相对于强势群体而言的一个特殊群体,包括弱势地区、弱势行业、弱势企业和弱势自然人等内容。

在社会主义市场经济条件下,我们必须运用法律手段,采取限权、加权、平权等措施保护弱势群体的合法权益。其中,限权措施和加权措施是基础性措施,平权措施是目标性措施。

消费法律是弱势法律的当然组成部分,属于弱势自然人保护法的范畴,在弱势群体权益保护法中占有重要的地位。

教学重点:(1) 保护弱势群体权益的基本原则;(2) 保护弱势群体权益的法律措施。

第一节 消费者权益保护法在弱势法中的地位

一、弱势群体的含义与特征

弱势群体是任何时代、任何社会都存在的一种社会现象,而且它的存在非常特殊,必须予以特别的关注。

(一) 弱势群体的含义

关于弱势群体的界定,学者们定义不一。有的研究者认为:"弱势群体是指由于自然、经济、社会和文化方面的低下状态而难以像正常人那样去化解社会问题造成的压力,导致其陷入困境、处于不利社会地位的人群或阶层。"②有的研究者认为:"那些常处于不利地位的社会群体被称为弱势群体。弱势主要表现为经济力量、政治力量的低下。"③有的研究者认为:"弱势群体是一个相对的概念,

---

① 参见王兴运:《弱势群体权益保护法论纲》,中国检察出版社2006年版,"第一编:弱势群体权益保护法原理"。
② 张敏杰:《中国弱势群体研究》,长春出版社2003年版,第21页。
③ 王思斌:《社会工作导论》,北京大学出版社1998年版,第17页。

在具有可比性的前提下,一部分人群(通常是少数)比另一部分(通常是多数)在经济、文化、体能、智能、处境等方面处于一种相对不利的地位,例如,与青壮年相比的少年儿童和老人,与男子相比的妇女,与健康人相比的残疾人,与就业者相比的失业人员,与有正常收入者相比的贫困者,与主流文化群体相比的亚文化群体,与多数民族相比的少数民族,与自由公民相比的失去自由或者限制自由的公民,等等。"①"弱势群体是相对于强势群体(或优势群体)而言的。保护弱势群体就意味着调节弱势群体和强势群体之间的利益关系。弱势群体和强势群体之间的关系,是客观的实体性伦理关系。如男女、长幼的差别,有先天的自然基础,其强弱之势在个别和个别小群体之间可能有所变易,有巾帼不让须眉,还有少年英雄辈出,但总体的男强女弱、长强幼弱的差别是不能改变的。"②"弱势群体是指社会上的部分人,由于先天或者后天的条件制约,缺乏较强的竞争力,不能或只能很少地占有社会资源,因此,只能获得或者不能获得较好的社会职业,使其收入分配较少或很少,只能过着水平较低的、主要是维持生存的生活,同时,缺乏抵抗种种风险的能力,也缺乏依靠自己努力来改善其境遇的可能性,并在政治上、经济上和心理上都处于社会边缘。"③李昌麒教授则倾向于"把弱势群体的法学定义置于我国已经制定或者应当制定的体现对弱者保护的具体法律中加以特定化。如特定的下岗职工、失业者、进城农民工、退休人员等。"④类似的定义还很多,篇幅所限,不一一列举。尽管学者们对弱势群体的定义各不相同,但有一点是相同的,这就是大家均将丧失或无劳动能力的自然人或自然人群体视为弱势群体的唯一构成主体,并在此基础上对弱势群体进行了定义。

(二) 弱势群体的特征

我们认为,弱势群体应是一个具有相对性、广泛性、集合性的概念。

(1) 弱势群体是一个相对性的概念。"弱势"是相对于"强势"而言的。有"强势"就必然有"弱势",反之亦然,二者是矛盾的统一体。比如,男人与女人相比,女人就是弱势主体;健康人与残疾人相比,残疾人就是弱势主体;成年人与未成年人相比,未成年人就是弱势主体;大股东与中小股东相比,中小股东就是弱势主体;……弱势与强势正是在这种相互比较中具有了各自的鲜明的特点和个性。

(2) 弱势群体是一个广泛性的概念。强弱对比无处不在,无时不有。强弱对比的这一特点决定了弱势群体必然是一个具有广泛性的概念。除了自然人领域存在着强弱对比外,在其他领域一样存在着强弱对比。比如,目前在我国,城

---

① 李林:《法制社会与弱势群体的人权保护》,载《前线》2001 年第 5 期。
② 宋希仁:《保护弱势群体是"德治"的应有之义》,载《前线》2001 年第 5 期。
③ 沈立人:《中国弱势群体》,民主与法制出版社 2005 年版,第 24 页。
④ 李昌麒:《弱势群体保护法律问题研究》,载《中国法学》2004 年第 2 期。

市与农村相比,农村就处于弱势;东部与西部相比,西部就处于弱势;工业与农业相比,农业就处于弱势;大企业与中小企业相比,中小企业就处于弱势。因此,将弱势群体仅仅局限在自然人领域,不利于对弱势群体的全面研究,同时也会束缚我们的手脚。

(3) 弱势群体是一个集合性的概念。弱势群体强调的是"群体",是一个集合性概念。也就是说,弱势群体不是一个弱势者,也不是一些弱势者,而是全部弱势者的集合。这一特点要求在弱势群体的保护中,对每一个弱势者的权益都应该保护,而且应该是平等地保护。

基于此,我们认为,弱势群体,泛指依靠法律之规定而不是靠自身实力或市场竞争来获取权益、维护权益的群体,是相对于强势群体而言的一个特殊群体,包括弱势地区、弱势行业、弱势企业和弱势自然人。

二、弱势群体权益保护法的含义及特征

弱势群体权益保护法是指调整弱势群体权益保护关系的法律规范的总称。弱势群体权益保护法的规范体系非常广泛,包括一切对弱势群体权益进行专门性保护的法律规范。

弱势群体权益具有以下两个明显的法律特征:

(一) 权利义务非一致性

权利和义务是两个基本的法律范畴,而权利义务相一致,则是马克思主义权利义务观的精髓和核心。其基本要点是:享受权利就必须承担义务,承担义务就必须享受权利;没有无义务的权利,也没有无权利的义务。但是,如果也要求弱势群体按照此观点那样享有权利而且承担义务,那么,他们将永远无法摆脱自己的弱势地位。因此,弱势群体权益保护法在立法时就对马克思权利义务相一致的权利义务观做了变通。这种变通不是对马克思权利义务观的背叛,而是一种发展,是马克思主义"具体问题具体分析"思想的现实体现,其核心是将权利义务的非一致性作为立法的基点,即对弱势群体只做权利性规定,而对相对应的强势群体则只做义务性的规定。如在《消费者权益保护法》中,立法者规定,消费者依法享有 11 项权利,却未规定消费者应当承担什么义务;而对国家机关、政府部门、社会团体、经营者都只规定了应尽的义务,却未规定相应的权利。在《残疾人保障法》中也只规定"残疾人在政治、经济、文化、社会和家庭生活等方面享有同其他公民平等的权利",但却未规定残疾人应承担的义务。所有的弱势群体权益保护法都采用或基本采用这一立法模式进行立法。这是弱势群体权益保护法的一个显著特点。

值得说明的是,我们所说的权利义务非一致,是仅就一部具体的弱势群体权益保护法而言的,并不是说,弱势群体在我国现行的法律体系中什么义务都不承担。实际上,在所有的弱势群体权益保护法中,任何一个弱势群体都要按照我国法律的基本要求承担"不滥用权利"以及其他相应的社会义务。

权利义务非一致性模式,在有些弱势群体权益保护立法中以抽象的形式出现,在有些弱势群体权益保护法中则以具体的形式出现;有些立法具体规定了义务主体的义务,有些立法则具体规定了弱势群体的权利。这两种形式各有利弊,应根据弱势群体的不同加以选择。但从我国的现行立法来看,对这一模式作出原则的规定,同时,既规定弱势群体的权利,又规定义务主体的义务的情况比较常见。

(二) 义务主体多元性

保护弱势群体权益是一项长期、复杂而艰巨的社会工程,非某一主体之力而能为,需要全社会的齐心协力和通力合作,具有很强的社会性。针对弱势群体权益保护的这一特点,多数弱势群体权益保护法中明确规定了多个义务主体。这些主体几乎涵盖了所有的法律主体,有国家、社会、政府部门、司法机关,也有学校、家庭、企业、社区,还有地区、社团和慈善机构,非常广泛。

义务主体的多元性并不表明在对弱势群体权益保护的过程中,多个主体在职责上没有分工。恰恰相反,多主体进行多层次的保护,"多而不乱",才是义务主体多元性的实质。为了切实、全面地保护弱势群体权益,在每部现行的弱势群体权益保护法中,都对保护主体做了层次上的划分,并对各自的职责做了具体的分工,层次很分明,职责也很明确。这一点,从法典对保护主体的先后次序安排上就能够看得十分清楚。明白这一点十分重要,有助于我们识别谁是主要的保护主体,谁是次要的保护主体,也有助于我们对保护主体履行义务情况进行监督。

三、弱势群体权益保护法的构成

我国保护弱势群体权益的法律体系由以下四部分构成:一是弱势地区开发法;二是弱势行业扶助法;三是弱势企业促进法;四是弱势自然人保护法。

(一) 弱势地区开发法

弱势地区泛指老、少、边、穷等欠发达地区,如我国的西部。由于这些地区的贫穷和落后大多是因自然、历史、制度等原因造成的,所以,国家有义务对之进行开发,有义务使这些地区脱贫致富。我国目前没有制定形式意义上的"弱势地区开发法",但却制定了不少实质意义上的弱势地区开发法规,即大量的旨在开发弱势地区的行政法规等。如2000年国务院颁布的《关于实施西部大开发若干政策措施的通知》,以及2002年颁布的《关于西部大开发若干政策措施的实施意见》、2004年颁布的《进一步推进西部大开发的若干意见》等。它们是我国弱势地区开发法律体系的重要组成部分。这些法律规范的实践,为统一的《弱势地区开发法》的制定奠定了坚实的法律基础。我们有理由相信,《弱势地区开发法》的制定只是一个时间的问题。

(二) 弱势行业扶持法

弱势行业是指经济效益增长缓慢,其发展受自然与社会环境影响和制约较大、经济效益较差的行业。在我国,农业是典型的弱势行业。新中国成立后,尤其是改革开放以后,党中央和国务院一直都十分关心、重视、扶持农业的发展。1993年7月2日,第八届全国人民代表大会常务委员会第二次会议通过并颁布了《中华人民共和国农业法》。该法第2条强调:"国家坚持以农业为基础发展国民经济的方针。国家采取措施,保障农业的稳定发展。"同时,对农业经营管理体制、农业生产、农产品流通、农业投入、农业科技与农业教育、农业资源与农业环境保护等有关农业发展的重大问题作了明确、具体的规定。除农业外,我国的教育业也是弱势行业。为扶持这一行业,我国《宪法》第19条规定:"国家发展社会主义的教育事业,提高全国人民的科学文化水平。国家举办各种学校,普及初等义务教育,发展中等教育、职业教育和高等教育,并且发展学前教育。国家发展各种教育设施,扫除文盲,对工人、农民、国家工作人员和其他劳动者进行政治、文化、科学、技术、业务的教育,鼓励自学成才。国家鼓励集体经济组织、国家企事业组织和其他社会力量依照法律规定举办各种教育事业。"与此同时,在此基础上还颁布了《教育法》《义务教育法》《高等教育法》《民办教育促进法》《职业教育法》等扶持和振兴教育的法律、法规。依靠这些法律的扶持,我国的农业、教育等弱势行业得到了长足的发展。

(三) 中小企业促进法

与大型企业相比,中小企业处于弱势,国家应采取措施促进中小企业的发展。改革开放以后,党中央和国务院一直都很重视中小企业的发展问题,1999年6月1日国家经济贸易委员会印发了《关于建立中小企业信用担保体系试点的指导意见》,2000年4月25日国家经济贸易委员会印发了《关于培育中小企业社会化服务体系若干问题的意见》,2000年7月6日国家经济贸易委员会印发了《关于鼓励和促进中小企业发展的若干政策意见》,2000年10月24日财政部、对外贸易经济合作部印发了《中小企业国际市场开拓资金管理(试行)办法》,2001年3月26日财政部印发了《中小企业融资担保机构风险管理暂行办法》。在此基础上,2002年6月29日,第九届全国人民代表大会常务委员会第二十八次会议通过并颁布了《中华人民共和国中小企业促进法》。该法第3条强调:"国家对中小企业实行积极扶持、加强引导、完善服务、依法规范、保障权益的方针,为中小企业创立和发展创造有利的环境。"同时,对资金支持、创业扶持、技术创新、市场开拓、社会服务等方面的问题作了具体的规定。可以说,我国以《中华人民共和国中小企业促进法》为基本法的促进中小企业发展的法律体系已经形成。这些法律、法规的颁布和实施对中小企业的创立和发展起了巨大的推动作用。

（四）弱势自然人保护法

弱势自然人是弱势群体中最广泛的群体，也是最弱的群体，最应该受到法律的保护。新中国成立以后，在党中央和国务院的高度重视下，全社会都非常关心弱势自然人权益的保护问题，政府机关也采取了许多切实可行的措施解决弱势自然人的生产、生活方面的困难，帮助他们脱贫致富。改革开放以后，党中央和国务院更加重视运用法律手段保护弱势自然人的权益，陆陆续续颁布了许多保护弱势自然人权益的法律、法规。从总的方面来看，我国弱势自然人保护法基本上由两部分构成：一部分是专门性的法律和法规，如《消费者权益保护法》《劳动法》《未成年人保护法》《老年人权益保障法》《妇女权益保障法》《残疾人权益保障法》《城市居民最低生活保障条例》等；一部分是综合性法律和法规中的保护条款，如《农业法》中保护农民权益的条款、《公司法》中保护中小股东权益的条款、《工会法》中保护工人权益的条款等。就目前的立法现状来看，我国保护弱势个人权益的法律已渐成体系，并在继续完善之中。

从以上弱势群体权益保护法的构成来看，消费者权益保护法属于弱势自然人保护法的范畴，是弱势群体权益保护法的重要组成部分。

第二节　消费者权益的弱势法保护

一、保护弱势群体权益的重要性

同情弱者，扶助贫者，是人类的天性，也是人类文明的标志。经济的发展、社会的进步要求我们必须对弱势群体的权益进行特别的保护。

（一）保护弱势群体权益是社会进步与发展的整体性的必然要求

社会是一个有机的整体，弱势群体是社会有机整体的一部分。因此，社会的进步与发展也应该是整体的，既包括强势群体的进步与发展，也包括弱势群体的进步与发展。强势群体一枝独秀的社会是畸形发展的社会，是难以持续长久的社会，只有强势群体与弱势群体共同富裕、进步、发展、文明的社会才是人类理想美好的社会。正是因为这样，党和政府才号召我们走共同富裕的道路。

弱势群体存在于任何社会的任何阶段，存在于广泛的领域，数量又很大，是全社会关注的重点问题之一。由于弱势群体之弱大都是因自然、生理、制度、政策等社会原因造成的，而并非弱势群体自身之过错造成的，同时，他们靠自身实力或市场竞争又无法获取权益、维护权益。所以，社会就要给予他们以特别的关爱，缩小他们与强势群体之间的差别，给予他们一个与强势群体一样的生存、发展、进步的空间和平台。只有这样,弱势群体和强势群体才能够和平共处,经济才能发展,社会才能进步。否则,弱势群体与强势群体之间的距离就会越拉越大,就有可能形成尖锐的对立,甚至形成敌视、攻击、相互报复社会的不稳定因素。

(二) 保护弱势群体权益是矛盾对立统一规律的必然要求

世界充满着矛盾。矛盾的对立和统一推动着世界的前进与发展。在现实世界中,弱势群体与强势群体便是一对具体而特殊的矛盾关系,形似水与舟,既对立,又统一。在这对矛盾关系中,弱势群体是矛盾的主要方面,是"水"。水能载舟,也能覆舟。强势群体是矛盾的次要方面,是"舟"。舟必须置于水上,才能漂浮、远航,才不会沉没。也就是说,强势群体不能脱离弱势群体而孤立存在。离开弱势群体,强势群体既不能称"强",也无法存在。因而,强势群体对弱势群体的远离、歧视、限制、欺凌、掠夺,其实就是断自己的后路,毁自己的前程。这种涸泽而渔的短视行为加剧和激化了他们与弱势群体之间的矛盾,拉大了他们与弱势群体之间的差距,轻者会毁掉一个企业的前程,重者会毁掉一个地区、一个行业,甚至一个国家的前程。因此,保护弱势群体的权益,消除弱势群体与强势群体之间的对立情绪,防止弱势群体与强势群体之间的矛盾激化,对于加强弱势群体与强势群体的统一和共存,促进经济的发展和社会的进步,便显得十分重要和必要。

(三) 保护弱势群体权益是法律价值目标实现的必然要求

公平是人类社会的永恒追求,法律则是促进和实现人类公平的根本保证。从实质意义上来讲,法律的重要作用和基本价值目标就是促进、保障公平的实现,并在此基础上实现人类的共同进步、共同发展、共同繁荣。但是,在现实社会中,诸如富者越来越富,贫者越来越贫;强者越来越强、弱者越来越弱等不公平现象还大量地存在着。这一现实的存在,对贫者、弱者极不公平,对富者、强者也极为不利,对社会的不断进步与健康发展是极为有害的,也说明,法律的基本价值目标还未完全实现。因而,必须加强法制建设,以法律手段促进和保障人类公平目标的实现。具体来讲,就是要制定切实可行的保护弱势群体权益的法律、法规,采取积极、具体、有效的法律措施缩小贫富之间的差别,协调弱势群体和强势群体之间的关系,促进弱势群体与强势群体的共同进步和发展。只有这样,法律的基本价值目标才能实现,人类才能共同繁荣、共同富裕。

二、保护弱势群体权益的基本原则

基本原则是对立法、执法和司法以及守法活动都具有指导意义和运用价值的指导思想和基本准则。保护弱势群体权益的基本原则有以下几个:

(一) 政策保护与法律保护相结合的原则

法律是由国家制定的,并由国家强制力保证其实施的行为规范,而政策是"一定社会集团为实现一定利益或完成一定任务而确定的原则和行为准则。"① 法治社会决定了法律在社会生活中的地位和作用,也决定了依法保护弱势群体权益的重要性。法律的刚性、稳定性和规范性最终使"依法保护"成为弱势群体权益的重要方法,也逐渐成为弱势群体权益保护的基本原则。这一点必须坚持和肯定。但是,我们在强调和重视法律的作用时,也绝不能忽视和否认政策的力量和作用。在我国,政策往往是法律的先导,而法律则往往是政策的补充、延伸和具体化。弱势群体权益保护往往涉及社会生活诸多方面的问题,如人权、土地、人口、社保、家庭、企业、政治、经济、文化、科技、文化等问题,是一个综合性的社会问题。这些问题汇集在一起,复杂、多变,如一开始就直接以法律规范之,显然十分困难。但是,针对某一或某些问题,制定某项保护政策则是切实可行的。如改革开放之初,为了解放农村生产力,促进农村经济发展,在对待始自安徽凤阳小岗村的农村联产承包制的问题上,就是政策先行,而不是法律先行。当然,一项政策要长期、更好地发挥作用,用法律固定之则是行之有效的办法。但是,我们绝不能因为政策在弱势群体权益保护中的作用巨大,就将之推向极致,甚至推向代替和取代法律的位置。在这一点上,历史的教训是十分深刻的。

政策与法律的关系问题是法学研究中的重要问题,也是弱势群体权益保护法研究中的一个重要问题。政策和法律在弱势群体权益的保护中,同等重要,不可偏废任何一方。它们在不同领域、不同层面,以不同的理念和角度保护着弱势群体的合法权益。二者的关系要求我们,在弱势群体权益的保护中,既要反对法律虚无主义,也要反对政策虚无主义。

(二) 保障生存与促进发展并重原则

保障生存就是确保弱势群体生存权的实现,促进发展就是确保弱势群体发展权的实现。因而,保障生存与促进发展并重实际上就是生存权与发展权并重。在弱势群体权益保护的过程中,保护他们的生存权与保护他们的发展权同等重要。

保障生存和促进发展并重作为弱势群体权益保护的基本原则,与经济发展紧密相连,在不同的经济发展阶段上有不同的侧重点。如我国改革开放以前,生产力落后,经济不发达,因而国家对弱势群体权益的保护,主要侧重于对生存权的保护;而改革开放以后,我国经济发展迅速,成绩举世瞩目,因而国家在对弱势群体权益的保护上则更加侧重于对发展权的保护。根据经济发展的不同阶段,适时调整保护的侧重点,对于切实保护弱势群体权益有着十分重要的意义。

---

① 周永坤:《法理学——全球视野》,法律出版社2000年版,第183页。

目前,我国对生存权的保护主要是对弱势群体予以直接的货币和实物救济,对发展权的保护则主要通过政策倾斜、行政和财政支持、放权、减(免)税、优惠、让利等开发性扶弱措施来实现的。在保护政策和保护措施的制定中,我们要统筹考虑,因地制宜,具体问题具体分析,既要考虑经济发展水平的因素,又要考虑弱势群体的生活和生产的实际需要,还要考虑它的社会效应,针对不同的弱势群体制定出不同的、具有可操作性的政策和措施。

(三) 保障水平与经济发展水平相适应原则

经济基础决定上层建筑。一切政策、法律的制定都必须与经济发展水平保持一致。只有保持一致,才能切实可行,才能达到预期的社会效应。一切脱离经济实际的做法,都是"水中月,镜中花",在实践中都难逃失败的厄运。

弱势之弱,首先是经济之弱,核心是经济之弱。因而,对弱势的帮扶也应该从经济帮扶开始,并应把经济帮扶作为重点。弱势之经济之弱解决了,政治、文化、科技、家庭生活等方面的弱势才能随之解决。

经济帮扶的力度,在很大程度上取决于国家、社会、企业和个人的经济实力,因而对弱势群体的保障就应当与一定的经济发展水平相适应。"高于经济发展水平的社会保障,势必给经济的发展背上沉重的包袱,阻碍经济的发展;而低于经济发展水平的社会保障,则并不能真正起到预期的作用,还会引发一些社会矛盾。"①

(四) 公平优先兼顾效率原则

社会经济发展过程中的不公平和缺乏效率是弱势群体产生与蔓延的根本原因。因而,保护弱势群体权益,最重要的就是要克服和根除社会经济发展过程中的不公平现象和缺乏效率现象,坚决贯彻公平与效率的原则。贯彻公平与效率的原则,首先要贯彻公平原则,同时还要兼顾效率的原则。

第一,公平原则

关于公平原则,法学界还有不同的认识。有的研究者认为:"所谓公平,简单地说,就是平等。但是,这种平等不能仅仅等同于相同。它包括:(1) 机会均等;(2) 规则相同;(3) 允许结果不同。"②有的研究者认为:"公平,是指在承认经济主体的资源和个人禀赋等方面差异的前提下而追求的一种结果上的公平,即实质公平。"③有的研究者则认为:"公平与公正,是指经济发确保进入市场的经营主体(商人)经济机会均等和经济平等。"④

本书认为,弱势群体权益保护法中的公平包括两个方面的内容:

---

① 林嘉:《社会保障法的理念、实践与创新》,中国人民大学出版社2002年版,第44页。
② 刘隆亨:《经济发概论》,北京大学出版社2001年版,第58页。
③ 李昌麒:《经济法学》,中国政法大学出版社1999年版,第85页。
④ 王保树:《经济法原理》,社会科学出版社2000年版,第49页。

(1) 地位平等。即主体地位平等,它要求任何强势群体都不得对弱势群体进行歧视,更不得以大欺小,以强凌弱,以富压贫。

(2) 机会均等。即生存和发展的机会均等,它要求国家向社会提供的生存和发展机会必须向包括弱势群体在内的所有主体开放,除了政策和法律有特别规定外,不得以任何理由和借口或附加任何条件阻止弱势群体享有这些生存和发展的机会。

第二,效率原则

同公平原则一样,效率原则也是弱势群体权益保护法的基本原则。这是因为任何一个公平、自由、正义、有序的社会必然是一个高效的社会。没有效率的社会无论如何也算不上一个理想的社会。

"效率"一词可以在多种意义上使用,例如"办事效率高""有效率观念""富有效率""经济效率"等。在弱势群体权益保护法中,效率可以表述为:以最小的时间和资源消耗取得同样多的保护(救助、促进、扶持与开发)效果。弱势群体权益保护法所要体现的效率,一方面是要使各单个保护主体能够充分发挥其能力,不必付出无谓的保护成本;另一方面则要保证由各保护主体组成的整个社会肌体协调运行,减少摩擦,实现整体的最佳效益。

三、保护弱势群体权益的法律措施

采取何种措施保护弱势群体权益,多数人主张平均分配和杀富济贫。但是,无数历史事实证明,这一思想和主张具有很大的消极性和危害性。它扼杀了强势群体的财富创造积极性,助长了弱势群体的懒惰思想,泯灭了弱势群体的进取心,阻碍了社会生产力的发展、制约了社会的进步,因而必须批判和抛弃。在社会主义市场经济条件下,必须运用法律手段,采取限权、加权、平权等措施保护弱势群体的合法权益。其中,限权措施和加权措施是基础性措施,平权措施是目标性措施。

(一) 限权措施

任何权利都是有限度的权利,任何权利的行使都不得超越一定的范围和限度,否则,就会给他人的权益造成损害。弱势群体权益受损在很大程度上就是因为强势群体的权利膨胀造成的。因此,依法适度限制强势群体的权利是保护弱势群体权益的重要措施。我国法律规定中的垄断的禁止、国有股一股独大的防范、所得税的累进征收、女方在怀孕期间和分娩后1年内男方不得提出离婚、产品责任中的举证倒置等规定都是具体的限权措施。

这些限权措施,将强势群体的权利行使限定在了一定的范围内和一定的程度上,有效地防止了权利的滥用,也极大限度地保护了弱势群体的合法权益。

运用禁止性规定保护弱势群体的合法权益是一种直接的办法,也是一种最具有保护力的手段,在我国现行法律、法规中应用非常普遍。例如,为了保护妇女、儿童(包括婴儿)和老人的合法权益,我国《婚姻法》第21条关于"禁止溺婴、遗弃和其他残害婴儿的行为"的规定《刑法》也专门规定了"拐卖妇女、儿童罪"(第240条)、"拐骗儿童罪"(第262条)和"遗弃罪"(第261条)。)2002年9月18日,国务院还专门发布了《禁止使用童工规定》。为保护劳动者的合法权益,《劳动法》第12条明确规定:"劳动者就业,不因民族、种族、性别、宗教信仰不同而受歧视。"第13条规定:"妇女享有与男子平等的就业权利。在录用职工时,除国家规定的不适合妇女的工种或者岗位外,不得以性别为由拒绝录用妇女或者提高对妇女的录用标准。"为保护农民和农村集体经济组织的合法权益,《农业法》第67条特别规定:"任何机关或者单位不得以任何方式向农民或者农业生产经营组织进行摊派。"该法第71条规定:"国家依法征收农民集体所有的土地,应当保护农民和农村集体经济组织的合法权益,依法给予农民和农村集体经济组织征地补偿,任何单位和个人不得截留、挪用征地补偿费用。"为保护消费者的合法权益,《消费者权益保护法》第26条第2款特别规定:"经营者不得以格式条款、通知、声明、店堂告示等方式,作出排除或者限制消费者权利、减轻或者免除经营者责任、加重消费者责任等对消费者不公平、不合理的规定,不得利用格式条款并借助技术手段强制交易。"第27条规定:"经营者不得对消费者进行侮辱、诽谤,不得搜查消费者的身体及其携带的物品,不得侵犯消费者的人身自由。"诸如此类的禁止性规定还有很多,在此不一一列举。

禁止强势群体为一定行为,是保护弱势群体合法权益的一项重要措施。在这种禁止性规定之下,弱势群体的生存权和发展权,人身权和财产权就可以得到相应的保障。

(二) 加权措施

加权措施与限权措施相对应,是一个问题的两个方面。只有既限制强势群体的权利,又增加弱势群体的权利,弱势群体与强势群体才可能寻找到一个平衡点,才可能处于同一个平台。通过加权,在由强势群体和弱势群体构成的法律关系中,弱势群体便可能始终处于主体的权利一端,强势群体则应处于主体的义务一端。例如,为了保护消费者的合法权益,我国《消费者权益保护法》对消费者规定了权利(共11项),对经营者、社会组织、国家机关则规定了义务(22项)。可以说,我国《消费者权益保护法》是并用加权措施和限权措施保护弱势群体(消费者)权益的典范。值得强调的是,加权措施因其追求的目标是平权,因而,不存在产生弱势群体之特权的问题,也不存在违反权利与义务相一致原则的问题。

加权措施的立法表现主要有权利性规定、优惠性规定、例外性规定、豁免性规定和扶持性规定等。

(1) 权利性规定。权利性规定即只为弱势群体设定权利,而不为其规定义务的方式来保护弱势群体的权益,是权利义务非一致性原则的具体应用。权利性规定是最重要的加权性保护措施,也是弱势群体权益保护法中最具特色的保护措施,在各具体的弱势群体保护法律规范中都有运用。如在我国《妇女权益保障法》中,分别规定了妇女的政治权利、文化教育权利、劳动权利、财产权利、人身权利和婚姻家庭权利,同时,还规定了侵犯妇女上述权利的法律责任,但却没有专门为妇女设定相应的法律义务;在《老年人权益保障法》中,也是设定了老年人在家庭赡养与扶养、社会保障、参与社会发展等领域所享有的权利,同时,也规定了侵犯上述权利的法律责任,但仍未专门为老年人设定相应的法律责任。这种权利义务的规定模式是所有弱势群体权益保护法规定的通用模式,便于弱势群体享有权利和行使权利,每一具体立法都应当遵从这一模式进行弱势群体权益的保护。通过这一模式的运用,弱势群体可以在相应领域获得更多的权利,受到更大程度上的保护。目前,我们要加大这一立法模式的运用力度,将其运用到更加广大的领域。只有这样,弱势群体权益保护法才能发挥应有的作用,也才能真正地成为弱势群体权益保护法。

(2) 优惠性规定。即对义务履行所作的减、免、缓等规定。这种优惠规定在弱势群体权益保护法中运用普遍,对弱势群体权益的保护也具有很大的促进作用。如《法律援助条例》第 2 条规定:"符合本条例规定的公民,可以依照本条例获得法律咨询、代理、刑事辩护等无偿法律服务。"这些优惠性规定,极大地减轻了弱势群体义务履行的负担和压力,也间接地促进了权益的实现,因此,应加以推广。目前,我国在优惠性的法律规定上,还存在适用面窄、优惠幅度小、优惠程序繁琐等许多不足,在今后的立法中应予以纠正和弥补。

(3) 例外性规定。在我国现行立法中,针对弱势群体有很多"适用例外"规定。如为了保护妇女和婴儿的合法权益,我国《婚姻法》便在坚持"婚姻自由""男女平等"基本原则的同时,在第 34 条明确规定:"女方在怀孕期间、分娩后 1 年内或终止妊娠后 6 个月内,男方不得提出离婚。女方提出离婚的,不在此限。"为保护未成年人的合法权益,我国刑法也在坚持"法律面前人人平等"和"罪刑相适应"原则的同时,在第 49 条规定:"犯罪的时候不满 18 周岁的人和审判的时候怀孕的妇女,不适用死刑。"这种例外规定,既可以看做是对部门法基本原则的补充和完善,也可以看做是部门法基本原则的特别适用,其目的就是为了对弱势群体权益进行特别保护。这种例外性的规定,有利于弱势群体权益在特殊情况下的实现。

(4) 豁免性规定。行为人对自己的行为后果负责,对自己的行为后果承担法律责任,这是法律的基本精神。但是,在有些特殊情况下,行为人和责任人是分离的,即行为人并不承担责任,而责任人却并不是行为人。实际上,也就是免除了行为人的法律责任。这种免除在大多数情况下是针对弱势群体,是对弱势群体法律责任的一种免除。这种豁免性规定在许多法律、法规中都有明确的规定。如《民法通则》第133条就规定:"无民事行为能力人、限制民事行为能力人造成他人损害的,由监护人承担民事责任。"《刑法》第49条也规定:"犯罪的时候不满18周岁的人和审判的时候怀孕的妇女,不适用死刑。"免除弱势群体的责任或改由相对应的强势群体(如监护人、管理人、饲养人)承担这种责任,既保护了权益受损者的利益,也保护了弱势者的权益,更能够增强强势群体的责任心。

(5)扶持性规定。扶持性规定既有实物性的,也有政策性的,其目的是保障弱势群体正常的生存与发展。《失业保险条例》《城市居民最低生活保障条例》《最低工资规定》《农村五保供养工作条例》等法律、法规中都有对弱势群体权益生存权和发展权进行保护的特别规定。如《城市居民最低生活保障条例》第2条第1款规定:"持有非农业户口的城市居民,凡共同生活的家庭成员人均收入低于当地城市居民最低生活保障标准的,均有从当地人民政府获得基本生活物质帮助的权利。"《最低工资规定》第12条第1款规定:"在劳动者提供正常劳动的情况下,用人单位应支付给劳动者的工资在剔除下列各项以后,不得低于当地最低工资标准:(一)延长工作时间工资;(二)中班、夜班、高温、低温、井下、有毒有害等特殊工作环境、条件下的津贴;(三)法律、法规和国家规定的劳动者福利待遇等。"1994年1月23日,国务院专门发布了《农村五保供养工作条例》。这些扶持性的法律、法规确保了上述这些自然人的生存权问题。

(三) 平权措施

由于限权措施和加权措施的追求目标就是平权,因而,平权措施就成了一项最重要、最根本的保护弱势群体权益的法律措施。所谓平权,就是让弱势群体与强势群体享有同等的权利,拥有相同的机会。只有运用平权措施保护弱势群体的权益,弱势群体才不会永远地弱下去,也才有可能由弱变强,才能从根本上保护弱势群体的权益。平权措施的内容十分丰富,包括坚持马克思主义的平等观,认真贯彻权利与义务相一致的原则,反对特权和强权;建立、健全法律主体制度,平等地对待一切主体,禁绝主体歧视;制定科学的市场准入制度,赋予弱势群体和强势群体均等的竞争机会,反对剥夺、限制弱势群体竞争机会的行为;在起点、过程和终点的全过程中贯彻公平原则,变形式公平为实质公平等内容。

限权措施、加权措施和平权措施是三种不同的保护措施,但是,三者的联系却十分密切。在保护弱势群体权益的过程中,同时运用三种保护措施,对弱势群体权益的保护会更全面、更充分、更有效。

四、消费者权益的弱势法保护

消费者权益的弱势法保护主要是通过加权措施进行的。我国1993年的《消费者权益保护法》赋予了消费者9项权利,而2013年的《消费者权益保护法》则将消费者权利增加到了11项,这一过程就是加权的过程。

消费者权利的增加是历史的必然。我们必须针对我国市场经济的现实的消费实际,参考和借鉴发达国家消费者权益保护法的立法经验,在消费者权利扩张理论的指导下,不断丰富消费者的权利内容,不断完善消费者权利体系。

思考题

1. 结合本章弱势群体权益保护法之基本理论,谈谈你对弱势自然人保护法的认识。

2. 对弱势群体的保护,有国家的保护,有政府的保护,有社会组织的保护,有经营者的保护,也有慈善者个人的保护,请结合陈光标行为谈谈你对消费者慈善保护的认识。

附:陈光标及其事迹简介

陈光标(1968年—　),自称陈低碳,江苏泗洪人,中国企业家,现任江苏黄埔再生资源利用公司董事长。陈光标在2007年全年共捐出1.81亿人民币,在由《公益时报》举办的"2008中国慈善排行榜"中居首,自此而有了"中国首善"的称号。

多年来,陈光标领导江苏黄埔公司诚信做企业,守法经营,积极履行企业社会责任,变废为宝、保护环境,并投身社会慈善公益事业,至今已累计捐赠款物超过9亿元,位居中国慈善家前列。

陈光标还积极推动慈善理念的传播,提出"投身慈善乐在其中""慈善不分国界,不分民族,不分信仰"等慈善观念,高调做慈善的他希望通过自己的大力弘扬,能带动更多的和他一样的富人加入到行善的队伍中来,带动全天下有能力帮助别人的人以各种方式来表达善意。2010年9月,他宣布死后捐出全部财产。

因他从事善行时,每每必高调大力宣传,期许能够带动更多的人一起加入慈善行业当中,但与古谚所云的"为善不欲人知"相违而引发了不少争议,褒贬不一。

第二编 权利解析

第六章 消费者权利(总述)

内容摘要:消费者权利是消费者依据消费者权益保护法的规定实现和保护自身人身权和财产权能力或资格的集合。这一集合包含三方面的含义:(1) 消费者在《消费者权益保护法》规定的范围内,可以根据自己的主观自愿,自由地进行各种消费活动;(2) 消费者为保证实现自己的权益,可以依据《消费者权益保护法》规定,要求负有消费者权利保护义务的主体相应地作为或者不作为;(3) 当自身权益受到经营者的侵害时,可以请求国家机关、政府部门和社会组织的保护,有权要求经营者承担相应的法律责任。

消费者权利经历了一个从少到多,从不完善到逐步完整的过程。最初,消费者享有的权利很少,仅包括安全保障权、知悉真情权、自主选择权和被尊重权。随着消费者权利运动的不断高涨和蓬勃发展,消费者权利也不断增多,而且渐成体系。

教学重点:(1) 消费者权利的含义与特征;(2) 消费者权利的扩张。

第一节 消费者权利的含义与特征

一、消费者权利的含义

消费者权利,又称消费者权,是从权利主体——消费者的角度提出的权利概念。

关于消费者权利的含义,在我国学术界主要有两种定义模式,一种为"能力或资格模式",如有的研究者认为:"消费者权利,是消费者为进行生活消费应该安全、公平的获得基本的食物,衣物,住宅,医疗和教育等的权利,实质是以生存权为主的基本人权。"[①]一种为"概括或总结模式",如有的研究者认为:"消费者

---

① 漆多俊:《经济法学》,武汉大学出版社1999年版,第189页。

的权利,是指消费者在消费活动中,即在购买、使用商品和接受服务过程中,依照法律规定所享有的各项权利"。①"能力或资格模式"基于"法律上的权利,是设定或隐含在法律规范之中,主体依法为或不为一定行为以实现其利益的能力或资格"②,注重消费者权利的质;"概括或总结模式"基于现行《消费者权益保护法》对消费者权利的立法规定,注重消费者权利的量。

任何事物都是质与量的统一体,消费者权利也不例外。有鉴于此,本书认为,消费者权利应为消费者依据《消费者权益保护法》的规定实现和保护自身人身权和财产权能力或资格的集合。这一集合包含三方面的含义:(1)消费者在《消费者权益保护法》规定的范围内,可以根据自己的主观自愿,自由地进行各种消费活动;(2)消费者为保证实现自己的权益,可以依据《消费者权益保护法》的规定,要求负有消费者权利保护义务的主体相应地作为或者不作为;(3)当自身权益受到经营者的侵害时,可以请求国家机关、政府部门和社会组织的保护,有权要求经营者承担相应的法律责任。

准确把握消费者权利概念的同时,我们认为,还需要把它同"消费者利益""消费者权益"区别开来。

消费者利益是指消费者在社会分配、交换、消费中可以获得的物质收入和有助于自身物质、文化消费的条件。这种利益,有的受法律保障,有的可能不受法律保障。《消费者权益保护法》的重要功能和目的之一,就是明确消费者在一定的社会经济发展阶段究竟应该享有何种利益以及在何种程度上享有利益,进而通过规定权利,赋予消费者为或不为一定行为的能力和资格,来实现对消费者的保护。

消费者权益是我国消费者保护中的特有概念。"权益"是权利和利益的合称。虽然有学者提出,"把法律上的权利与利益并提,不仅逻辑上不通,而且就消费者利益的保护来说也是不够全面的。"③但不管怎么说,这一概念已得到了广泛的认同,并最终被《消费者权益保护法》所确认。

二、消费者权利的特点

同其他权利相比较,消费者权利具有以下三个明显的特点:
(一)消费者权利是一项弱势性权利
弱势群体,"是泛指由不同原因形成的、靠法律之特别规定而不是靠自身实力或市场竞争来获取权益、维护权益的社会群体,是相对于强势群体,又区别于

---

① 李昌麒:《经济法学》,中国政法大学出版社 2007 年版,第 314 页。
② 张文显:《法理学》,高等教育出版社 1999 年版,第 86 页。
③ 谢次昌:《消费者保护法通论》,中国法制出版社 1994 年版,第 118—119 页。

劣势群体的一个特殊社会群体。"①在消费法律关系中,生产者、销售者始终处于强势地位,而消费者则始终处于弱势地位,地位极其不平等。

一般而言,消费者的弱势主要表现在经济和信息两个方面:

(1) 经济方面。在现代商品经济社会,就消费领域而言,绝大多数消费者与生产者和销售者相比,在经济实力上明显处于弱势地位,而且是绝对的、始终的处于弱势地位。这种弱势地位几乎是无法改变的,甚至可能会越拉越大。这一点无需理论证明和推导,事实足以说明一切。消费者经济上的弱势主要表现在经济发展方面的弱势、购买(支付)力方面的弱势、经济承受力方面的弱势、抗通胀方面的弱势以及经济救济能力方面的弱势等。

(2) 信息方面。及时、全面、充分地获取商品或者服务信息是消费者进行消费的前提。一般而言,信息获取量的多少和质的高低直接关系到消费者权利的实现。但是,由于消费领域信息不对称现象的客观存在,所以,消费者始终是信息获取上的弱势者。信息不对称的客观存在不仅使消费者在与生产者、销售者交易的过程中处于弱势地位,而且还会出现著名经济学家阿克洛夫所阐述的"逆向选择"②,出现劣货驱逐良货的现象,消费者也会因此享受不到质优价廉的商品。

消费者信息获取上的弱势地位主要表现在获取手段上的弱势性和获取内容上的弱势性。获取手段上的弱势性是指消费者由于知识和技能的限制而无法获取消费所需的相关信息;获取内容上的弱势性是指由于生产商和销售商不提供或不及时提供充分、全面、有效的信息而导致消费者无法获取消费所需的信息。

消费者经济方面和信息方面的弱势性使得消费者权利也呈现出弱势性的特征。消费者权利的弱势性主要表现在:

(1) 极易受到侵害。消费者权利是与国家、政府、社会组织和经营者的义务相对应的一项权利,是依赖这些义务主体的作为行为来实现的一项权利。因此,任何义务主体的义务不履行、不及时履行、不适当履行都会妨碍消费者权利的实现,甚至会给消费者权利造成不应有的损害。

(2) 救济困难。权利救济问题是消费者权益保护中的一道难题。从救济能力来讲,弱势自救很难,其权利的救济只能由强势群体进行,尤其是需要经营者的救济。消费者权利受到损害后,不管是与经营者协商,向消费者协会投诉或者是向工商行政部门申诉,还是向法院提起诉讼,困难都很多,救济都很难,要么遭

---

① 王兴运:《弱势群体权益保护法论纲》,中国检察出版社2006年版,第10页。
② 逆向选择,为信息不对称所造成市场资源配置扭曲的现象。如按常规,降低商品的价格,该商品的需求量就会增加;提高商品的价格,该商品的供给量就会增加。但是,由于信息的不完全性和机会主义行为,有时候降低商品的价格,消费者也不会做出增加购买的选择,提高价格,生产者也不会增加供给的现象。所以,叫"逆向选择"。

到拒绝,要么要漫长等待。所有这些都使消费者权利的救济变得异常艰难,甚至根本得不到救济。

(二) 消费者权利是一项无差别性权利

消费者在享有、行使消费者权利时,不受民法自然人行为能力的限制,同时不受性别、年龄、民族、职业、职务(称)、文化程度、居住状况、经济状况、婚姻状况、宗教信仰等的限制,只考虑其自然人的属性,此乃消费者权利的无差别性。

依民法基本理论,自然人依行为能力之不同可以分为完全行为能力人、限制行为能力人和无行为能力人三类。根据我国《民法通则》第12条第2款的规定,年龄不满10周岁的未成年人和精神绝对不健全的成年人为无行为能力人,其民事活动只能由他的法定代理人代为进行;否则,无效。依此规定,年龄不满10周岁的未成年人打酱油、买蔬菜、订蛋糕的行为都应当认为是无效的民事行为;依此推理,生活中的众多消费,年龄不满10周岁的未成年人都不能亲自而为,只能由其法定代理人代为进行。这显然是荒唐的和不现实的。本书认为,上述年龄不满10周岁的未成年人实际上都是消费者,其行为其实都是消费者的消费行为。如此以来,假之以消费者权益保护法理论,运用消费者权利的无差别理论就很容易解释上述行为的必要性、合理性、合法性和有效性。

承认消费者权利的无差别性可以将消费者权益保护法的主体保护范围扩展到所有的自然人,有利于贯彻最大限度保护消费者权益的基本原则,同时也有利于解释众多无行为能力人消费行为的合理性、合法性和有效性,不仅具有一定的理论价值,而且具有一定的社会意义。

(三) 消费者权利是一项非义务性权利

权利义务相一致,享有权利就应当承担义务,承担义务就应当享有权利,此乃马克思主义权利义务观的基本精神和内容。但是,在消费者与经营者(生产者和销售者)建立的消费者法律关系中,我们发现,权利和义务呈现出分离的状态,即消费者始终(相对于经营者)是权利主体,无对应的义务。据此,我们认为,消费者权是一项非义务性权利。

我们认为消费者权是一项非义务性权利,只是说相对于经营者,消费者不承担义务,并不是说消费者不承担任何义务。其实,消费者在享有消费者权利的同时还应当承担两项法律义务,一项是不得滥用权利的义务;一项是承担社会责任的义务。

(1) 不得滥用权利的义务。权利不得滥用原则通常作为民法的基本原则出自《民法通则》的规定当中。我国《民法通则》第7条规定:"民事活动应当尊重社会公德,不得损害社会公共利益,破坏国家经济计划,扰乱社会经济秩序。"这一条没有使用"权利不得滥用"的字眼,但学者通常认为这一条是有关权利不得滥用原则的规定。"禁止权利滥用原则要求权利人在不损害他人利益和社会利益的前提下,追求自己的利益,从而在当事人之间的利益关系和当事人与社会之间的利益关系中实现平衡。"①

(2) 承担社会责任的义务。在保护消费者权利的运动中,消费者逐渐认识到了保护权利的同时,也应尽到自己的一份责任。于是消费者运动的国际协调机构"国际消费者联盟"于1979年提出消费者拥有8项权利的同时,还提出了5项消费者的"责任"。这5项消费者的责任是:第一,批评性意识,指对商品、服务的用途、价格、质量产生敏感意识,持有怀疑态度的意识;第二,自我主张与行动,指消费者自作主张、进行公平交易的责任;第三,社会责任,指消费者要时刻意识到自己的消费行为对他人的影响,特别是对弱者的影响;第四,环境意识,指消费者要认识到自己的消费行为对环境的影响;第五,团结合作,指为拥护、促进消费者的利益,作为消费者要团结一心、互相合作。

这5项责任伴随着权利提出后,得到了广大消费者的积极响应,英国发起了"绿色消费者"活动,一些国家还通过立法加以提倡。例如,日本从1983年开始,在其《保护消费者基本法》的历次修订中,都明确规定了消费者的责任。日本的"消费者责任"是指消费者对靠自己的自由判断所采取的行动、所进行的选择必须负责。1990年以后,《日本消费者权益保护法》要求环保型生活,消费者的责任意识进一步得到了加强。2004年修订该法,名称改为《保护消费者基本法》,在第7条规定了消费者的两项任务:"(1) 消费者应当努力主动地学习与其消费生活有关的必要知识及收集必要的信息等,自主且合理的行动;(2) 消费者应当努力考虑合理保护与消费生活相关的环境安全及知识产权等。"以唤醒消费者的责任意识。

第二节　消费者权利的形成与发展

一、消费者权利的提出

消费者权利经历了一个由提出到逐步得到认同再到不断发展的过程。早在工业革命之前,由于商品生产和交换还不发达,交易过程较为简单,因此,当时消费者权利问题并不突出。18世纪末,工业革命的浪潮席卷全球,生产高度发展,技术日益进步,产销过程日益复杂化,这时,消费者问题便突出出来了,并发展成为现代资本主义国家严重的社会问题之一。

最早提出消费者权利说的,是一些资本主义国家的经济学家,他们从经济学角度提出了"消费者主权论",强调消费者在社会生产中的支配地位,这一主张

---

① 陈华彬:《物权法原理》,国家行政学院出版社1998年版,第222页。

为消费者权利的提出奠定了坚实的理论基础。

"消费者权利"的明确概括,是在 20 世纪 60 年代美国消费者运动再度兴起的背景下,美国总统肯尼迪于 1962 年 3 月 15 日向国会提出的"消费者权利咨文"中首次出现的。肯尼迪在该咨文中强调"每一个人都是消费者",并提出消费者的 4 项基本权利:安全权、知悉权、选择权、被尊重权。1969 年,尼克松总统又补充了"方便救济的权利"。1975 年,福特总统又添加"接受消费者教育的权利"。[1] 以此为先河,世界各国也纷纷将消费者权利的内容通过立法明确加以规定。

二、消费者权利的发展

1968 年,日本率先制订了《保护消费者基本法》,规定了对消费者各种权利进行保护的措施,从而使消费者权利成为受法律保护的不得为其他任何人随意剥夺的法定权利。

有鉴于消费者权益保护的国际化趋势,1985 年 4 月 9 日,联合国大会通过了《保护消费者准则》。其中提出了"消费者的八项权利:得到必需的物资和服务借以生存的权利、享有公平的价格待遇和选择的权利、安全保障权、获得足够资料的权利、寻求咨询的权利、获得公平赔偿和法律帮助的权利、获得消费者教育的权利、享有健康环境的权利。"这些权利被称为"消费者的人权"。[2]

综上所述,我们可以看出,从消费者权利提出以后,消费者权利的内容不断得到充实和完善,从一般的保障安全,交易公平等领域逐步扩大到消费者的教育,消费者组织的设立,消费环境改善及政府决策参与等各个方面。此外,消费者权利的保障体系亦越来越严密,保护消费者利益已被视为国家和有关社会组织的基本职责。

第三节 消费者权利的性质

一、概述

消费者权利的性质,即消费者权利的属性。正确认识消费者权利的性质,对于准确定位《消费者权益保护法》具有十分重大的理论价值和社会意义。关于消费者权利的性质,我国学术界主要有两种不同的观点:一种观点可概称为"民事权利观",该观点认为消费者权利属于民事权利的范畴;一种观点可概称为"人权观",该观点认为消费者权利属于人权的范畴。

---

[1] 孙颖:《消费者保护法律体系研究》,中国政法大学出版社 2007 年版,第 15 页。
[2] 沈晓倩:《消费者权利刍议》,载《山西经济管理干部学院院报》2000 年第 3 期。

二、"民事权利观"下的消费者权利

此种观点认为消费者权利属民事权利的范畴,并运用民事权利理论开展对消费者权利的研究,学术影响较大。

(一)学术争论

在民法学和经济法学界,很多研究者都认为,消费者权利从性质上来讲属于一项民事权利。但是,在这种统一认识之下,又有认识上的差异。

一是,认为消费者权利是民事权力之一种,与其他民事权利无异。如张严方女士就持此种观点。她认为"事实上,消费者权利为民事权利即私权之一种:消费者权利的主体是消费者,其义务主体是经营者,两者皆为私法(民法)上的主体,即此种权利是发生在私法上主体间的权利,故其当然具有私法性质"。[①] 其基本理论依据是:消费者权利是消费者和经营者之间的权利关系,其地位的平等性和适用法律的民事性决定了消费者权利是一项民事权利。

二是,认为消费者权利是民事权利,但是,却是一项特殊的民事权利。这一观点的研究者,强调消费者权利的民事性,但同时更强调消费者权利是一项特殊民事权利。他们认为,消费者权利同一般民事权利相比有很大的不同。如李昌麒教授、许明月教授就从理论上总结了消费者权利区别与传统民事权利的特征:(1)消费者的权利是消费者所享有的权利,即消费者身份是享有消费者权利的前提;(2)消费者的权利通常是法定权利,即由法律的直接规定而产生;(3)消费者的权利是法律基于消费者的弱者地位而特别赋予的权利,体现了法律对消费者特殊保护的立场。[②]

(二)本书的观点

本书认为,消费者权利实质上属于民事权利的观点有失偏颇,值得商榷。

(1)消费法律关系是一种新型的法律关系,泛指消费者与相关消法主体之间的关系。在消费法律关系中,消费者对应的不仅仅是经营者(包括生产者和销售者)。除了消费者与经营者的对应关系之外,还存在消费者与国家机关之间的对应关系,消费者与政府部门之间的对应关系,消费者与社会团体之间的对应关系,甚至还存在消费者与检法两院等司法机关之间的对应关系。所有这些对应关系的客观存在是因为消费者权益保护义务主体众多的缘故。既然消费者的对应主体众多,那么,仅从消费者与经营者的对应关系中总结、概括和抽象消费者权利性质的做法显然是犯了以偏概全的错误。

(2)在消费过程中,表面上看生产者、销售者与消费者之间是一种平等主体

[①] 张严方:《消费者保护法研究》,法律出版社 2003 年版,第 564 页。
[②] 李昌麒,许明月:《消费者保护法》,法律出版社 1997 年版,第 76—77 页。

之间的合同关系。但是,由于交易双方力量悬殊,因此,二者的平等只是一种形式意义上的平等,是被平等掩盖着的一种强者对弱者的不平等关系。消费者权利正是以这种强者对弱者的不平等关系为基础,其目的在于对消费者的弱者地位予以补救。因此,我们认为,简单地以消费者与经营者处于平等地位就认为消费者权利是一项民事权利的观点也是值得商榷的。

(3) 消费者权利是一项集合性权利,是同一性质的权利的集合。但是,在现行《消费者权益保护法》所规定的权利中,有些权利,如依法结社权、依法监督权等,明显不具有民事权利的特征。所以,笼统地、不加区别地认为所有消费者权利都是民事性权利,都具有民事权利特征的观点在理论上也难以自圆其说。

因此,本书认为,消费者权利是一项民事权利的观点难以自圆其说,消费者权利是一项特殊民事权利的观点就更加值得商榷了。

三、"人权观"下的消费者权利

人权是指,人仅因其为人而应享有的权利。1948 年 12 月 10 日第三届联合国大会通过了《世界人权宣言》。该宣言是国际社会第一次就人权作出的世界性宣言,对于指导和促进全人类的人权事业发挥了极其重要的作用。

《世界人权宣言》提出:"人人生而自由,在尊严和权利上一律平等;人人都有资格享受本《宣言》所载的一切权利和自由,不论其种族、肤色、性别、语言、财产、宗教、政治或其他见解、国籍或其他出身、身份。这些权利和自由可分为公民权利和政治权利以及经济、社会和文化权利两大类。"其中,公民权利和政治权利包括:生命权、人身权、不受奴役和酷刑权、人格权、法律面前人人平等权、无罪推定权、财产权、婚姻家庭权、思想良心和宗教自由权、参政权和选举权等等;经济、社会和文化权利包括:工作权、同工同酬权、休息和定期带薪休假权、组织和参加工会权、受教育权、社会保障和享受适当生活水准权、参加文化生活权等。应当强调的是,上述人权的基本内容仅仅是一种最低限的保障,在现代文明社会中,这显然是远远不够的。因此,近些年来,又出现了很多对人权的扩充,其中最主要的扩充是将发展权①纳入人权范畴。

经济法学界多数研究者赞同消费者权是人权(生存权与发展权)的观点,其基本理由是:(1) "消费者权利符合人权的实质性要求";(2) "消费者权利主要

---

① "发展权"最早是 1970 年联合国人权委员会委员卡巴·穆巴耶在一篇题为《作为一项人权的发展权》的演讲中被提出,并立即受到了广大发展中国家的强烈支持。1979 年,第三十四届联合国大会在第 34/46 号决议中确认,发展权是一项人权,平等发展的机会是各个国家的天赋权利,也是个人的天赋权利。1986 年,联合国大会第 41/128 号决议通过了《发展权利宣言》,对发展权的主体、内涵、地位、保护方式和实现途径等基本内容作了全面的阐释。1993 年的《维也纳宣言和行动纲领》再次重申发展权是一项不可剥夺的人权,从而使发展权的概念更加全面、系统。

体现为人权中的经济、社会和文化权利";(3)"消费者权利在一些国家上升为宪法性权利"。① 本书基本赞同消费者权利是人权的观点,并提出以生活权涵括生存权和发展权的建议:(1)人的最低生活保障(护)是人权的基本精神,而《消费者权益保护法》也以生活消费为立法基点和确权基点,二者都强调人的生活性,只是在层级上有所不同。(2)以生活权涵括生存权和发展权既便于与"生活需要""生活资料""生活服务"等保持一致,也便于"生活"一词词意在《消费者权益保护法》中保持一致。(3)以生活权涵括生存权和发展权便于从静态和动态两个方面对消费者权利的研究,可以适应瞬息万变的经济和社会的发展需要,有利于提升消费者的适应性。

第四节 消费者权利的构成

一、立法规定

根据1993年我国《消费者权益保护法》的规定,消费者享有安全保障权、知悉真情权、自主选择权、公平交易权、获得赔偿权、结社权、获取知识权、人格尊严及风俗习惯受尊重权和监督批评权等9项基本权利。

(一) 安全保障权

安全保障权,是指消费者在购买、使用商品和接受服务时所享有的人身和财产安全不受损害的权利。安全保障权是消费者最关心、最基本、最重要的权利,各个国家的消费立法都将之作为首要权利加以规定。

(二) 知悉真情权

知悉真情权,又可称为了解权、知情权,是指消费者享有知悉其购买、使用的商品或者接受服务的真实情况的权利。该项权利的设定旨在消除消费者和经营者的信息不对称给消费者带来的不利影响。

(三) 自主选择权

自主选择是指消费者享有自愿和自由选择商品或者服务的权利。自主选择权由主观自愿权和客观自由权构成。选择的自愿性可理解为一切消费事宜均由消费者自己决定,不受任何外力的影响、制约和左右。选择的自由性是指消费者的消费行为(具体指选择行为)仅受自己主观意志的支配,经营者不得进行禁止、剥夺、限制或者干涉。自由性是自愿性的必然反映和当然要求。

---

① 钟瑞华:《论消费者权利的性质》,载《法大评论》2005年6月第4卷。

（四）公平交易权

公平交易权是指消费者在购买商品或者接受服务时享有的获得质量保证和价格合理、计量正确等公平交易条件的权利。公平交易权的核心是消费者以一定数量的货币可以换得同等价值的商品或服务，这也是衡量消费者的利益是否得到保护的重要标志。

（五）获得赔偿权

获得赔偿权是指消费者在因购买、使用商品或者接受服务受到人身、财产损害时，依法享有要求获得赔偿的权利。获得赔偿权是弥补消费者所受损害的必不可少的救济性权利。

（六）结社权

结社权是指消费者为维护自己的利益，组织消费者团体的权利，它是宪法规定的结社权在消费领域的具体体现，它是随着消费者运动的兴起而在法律上的必然表现。消费者组织是消费者结社权的基本形式，在我国消费者组织主要是指消费者协会。

（七）获取知识权

获取知识权是从知悉真情权中引申出来的一种消费者权利。它指的是消费者所享有的获得有关消费和消费者权益保护方面的知识的权利。消费知识主要指有关商品和服务的知识，消费者权益保护知识主要是指有关消费权益保护方面及权益受到损害时如何有效解决方面的法律知识。

（八）受尊重权

所谓消费者受尊重权，又称人格尊严及风俗习惯受尊重权，是指消费者在购买、使用商品和接受服务时，享有其人格尊严、民族风俗习惯得到尊重的权利。尊重消费者人格尊严和民族风俗习惯，是社会文明进步的表现，也是尊重和保障人权的重要内容。

（九）监督批评权

监督权，是指消费者享有对商品和服务以及保护消费者权利工作进行监督的权利。依据我国《消费者权益保护法》的规定，消费者监督权包括批评、建议权，控告、检举权和申诉权等三项权利。

二、学术探讨

1993 年我国《消费者权益保护法》颁布以后，很多学者都十分重视消费者权利的构成研究，都从不同的视角、运用不同的方法对消费者权利的构成进行了探讨和研究。有的研究者从比较法的角度，通过比较中外消费者权利的构成，提出了完善我国消费者权利体系建设的合理性建议；有的研究者从权利扩张的角度，立足于我国社会主义市场经济初级阶段的实际，面向网络经济和信息时代，通过借鉴国外先进的立法经验,提出了应当对我国消费者权利进行扩张的建议,如不少研究者都提出在我国消费者权利体系中应当增加反悔权、个人信息保护权、消费者信用权的内容;有的研究者则从法律实践的角度,通过对具体消费者权利的研究,结合实际,针对现行《消费者权益保护法》的立法规定,提出了诸多完善该消费者权利的建议和意见。

上述研究十分必要,理论价值和社会意义十分明显。但是,本书也认为,在消费者权利构成的研究中仅有这些研究是不够的,还应当予以拓展。拓展是多方面,消费者权利内在逻辑结构研究便是其中的一项重要内容。本书认为,消费者权利在内容安排上应当按照消费者消费的自然心理顺序和行为顺序进行安排,从而避免拼盘式安排和反逻辑安排的错误。依此,本书认为,消费者权利的体系构成和内容安排可依序分成四组:

第一组:安全保障权、人格尊严和民族风俗习惯受尊重权、个人信息受保护权、信用保护权。消费者在消费时,首先希望能够获得安全可靠的商品或者服务,同时,希望人格、尊严、风俗、个人信息、信用等权利不受侵犯。这是他们的追求,也是他们的愿望。

第二组:知悉真情权、自主选择权、公平交易权、反悔权、获取知识权、监督批评权。消费者在消费时,希望商品或者服务的真实情况是公开的,是可以事先了解和指导消费的;在此基础上,消费者希望:(1) 能够自愿、自由地选择商品或者服务;选择商品或者服务的提供者;选择买与不买、买多与买少;甚至应当允许反悔;(2) 商品或者服务货真价实;(3) 售后服务完善;(4) 允许提出批评和建议。

第三组:获得赔偿权。假如商品或者服务给消费者造成损害,或者影响其使用,或者给消费者造成人身、财产损害,消费者希望经营者能够依法承担责任,对自己进行救济。同时希望,救济应当根据损失情况和程度之不同而定,或者进行"三包",或者进行"侵权赔偿",或者进行"惩罚性赔偿"。

第四组:结社权。消费者属弱势群体,其力量,尤其是单个消费者的力量是十分有限的。因此,消费者希望能够有一个专门替消费者说话、给消费者办事、切实维护消费者合法权益的社会组织。

第五节 消费者权利的扩张

一、消费者权利扩张之理论基础

消费者权利扩张运动深受弱势消费者群体特别保护理论、权利倾斜性配置理论、消费者增权理论的影响。

(一) 弱势消费者群体权益特别保护理论的影响

同情弱者,扶助贫者,是人类的天性,也是人类文明和社会进步的标志。但是,我们决不要片面地认识弱势群体权益的保护问题。保护弱势群体权益,不仅仅是为了弱势群体自己。强势群体强势的持续,国民经济的持续发展和繁荣,人类社会的不断进步都要求我们必须对弱势群体的权益进行特别的保护。我们必须从战略的高度,以长远的眼光来看待弱势群体权益的保护问题,否则,必将陷入难以自拔的发展泥潭。

在商品的生产或者服务的提供中,弱势消费者起着决定性的作用。没有消费者消费的发展就没有生产和销售的发展;没有消费者消费的持续就没有生产和销售的持续。消费决定生产,这是市场经济的铁律。因此,在市场经济条件下,我们一定要重视弱势消费者权益的保护问题。

(二) 权利倾斜性配置理论的影响

《消费者权益保护法》对消费者和经营者双方之间的利益关系的调整,采取了不同于民商法对一般买卖关系调整时所采用的对双方当事人利益均等保护的做法,而是以保护消费者的利益为立法宗旨,赋予消费者以更多的权利,赋予经营者以更严格的义务,在消费者与经营者之间的利益关系调整上明显向消费者倾斜。

《消费者权益保护法》之所以具有这种利益倾斜性的特点,主要是因为消费关系存在事实上的不平等和利益不均衡,需要通过这种特别的法律对这种事实上的不平等和利益不平衡加以矫正。消费者和经营者之间,本应是一种平等主体之间的民事关系,双方当事人应通过自愿、平等、协商进行交易,从而实现双方利益均衡,维护各自的利益。但是,由于在现实的社会经济生活中,消费者与经营者存在信息不对称,经济实力强弱的差别,消费者总是处于弱者地位,而经营者始终处于强势地位,使本应平等的消费关系成为一种事实上的不平等关系,消费者往往不得不屈从于经营者的意愿和条件,因而造成消费交易中消费者与经营者的利益不平衡。"对于这种不平衡,民法这种价值中立、对等保护的做法毫无助意,需要采用利益倾斜的特别法来完成。消费者保护法正是为了解决消费者与经营者之间事实上的不平等和利益不均衡而制定的法,因而具有明显的利益倾斜的特点。"[①]正是在《消费者权益保护法》的影响下,人们才逐渐接受了弱者倾斜保护的理念与实践。而1994年颁布的《劳动法》、2002年颁布的《中小企业促进法》、2007年颁布的《劳动合同法》等一系列充分体现着弱者保护和倾斜保护的法律,与《消费者权益保护法》一道,共同推进了这一理念的全面确立。

---

① 金福海:《消费者法论》,北京大学出版社2005年版,第10页。

(三) 消费者增权理论的影响

近年来,国外学术界提出的消费者增权理论,是西方社会科学中增权这一关键概念在消费者权益保护研究领域的扩展。一般而言,"所谓增权是指增进或者提升个体或者群体的权力或权能的过程,随着个体或群体权力、权能的增强,就会提高个体或群体独立应对和处置自身事务的能力。"[①]增权理论认为,增权涉及主体和受体两方面,增权主体一般是掌握着权力资源的组织或机构,如国家或社会机构;增权受体是因各种原因而处于无权或权力减弱状态下的个人或群体,这些个人和群体主要是社会边缘群体和弱势群体。例如,相对于经营者来说,消费者是弱势群体也属于需要增权的群体。消费者增权是指通过某些法律或政策措施来提高消费者的经济支配力和政治权利,以及增强消费者的独立自主消费能力和维权能力的过程。当前,国外学者有关消费者增权的研究主要集中在"消费者教育"领域,即如何提高消费者获取商品信息等的能力。

按照消费者增权理论,消费者增权中面临着三个主要问题需要解决,即消费者增权主体、增权内容和增权方式。在西方消费者增权理论中,增权主体应当是国家或消费者组织等非营利组织。增权内容,即所增强或提升的消费者权能,通常是消费者本身所拥有的判断、选择消费品的能力以及规避消费风险的能力等技能。而增权方式主要是通过消费者教育,以及信息供给等来弥补经营者与消费者的信息不对称,从而提升消费者判断和选择的能力。

在我国,消费者自我保护权能的提升主要依靠国家和消费者组织来推进,消费者增权的模式也主要有信息供给型和制度供给型两种。在消费者增权初期,信息供给型增权可以发挥更大作用,即国家和消费者组织通过消费者教育等方式提升消费者掌握消费信息的能力。但是,随着市场化进程步伐加快,仅仅通过提升消费者信息能力的增权模式显现出了其所固有的局限性。相反,以制度供给为主要内容的消费者增权模式能够更加有效地维护消费者的权益,这种制度供给模式的消费者增权的核心是通过法律制度来保护消费者的权益。

于是,从20世纪80年代的地方立法开始,我国的消费者权益保护立法模式不断完善,形成了中央与地方的双重多角度全方位的保护模式。随着市场经济趋于稳定和规范,消费领域也出现了大量的新问题,这些问题需要适时地修改和完善现行的相关法律、法规,以更好地维护消费者权利。

二、消费者权利扩张的基本内容

消费者权利扩张的基本内容,也称消费者权利的外延扩张、权利量的扩张。我国《消费者权益保护法》所规定的消费者享有的9项权利已经远远不能满足

---

① 陈树强:《增权:社会工作理论与实践新视角》,载《社会学研究》2005年第3期。

消费的需要,应当进一步扩充。关于消费者权利的扩张范围,很多研究者认为,应当尽快以立法方式确立消费者反悔权、个人信息受保护权等两项权利。

我国学术界探讨和研究的成果以及科学、合理的建议,受到了立法机关的高度重视,在新的《消费者权益保护法》中设专条规定了消费者反悔权和个人信息受保护权。

(一) 消费者反悔权

消费者反悔权,又称无因退货权或无条件退货权,是指消费者在商品交易合同成立生效、支付价款取得商品后,依法或依约定在一定期限内享有的无偿且无条件解除合同并退货而不必承担违约责任的权利。

关于消费者反悔权,新的《消费者权益保护法》第 25 条作出了如下规定:

(1) 经营者采用网络、电视、电话、邮购等方式销售商品,消费者有权自收到商品之日起 7 日内退货,且无需说明理由,但下列商品除外:消费者定作的;鲜活易腐的;在线下载或者消费者拆封的音像制品、计算机软件等数字化商品;交付的报纸、期刊。

(2) 除前款所列商品外,其他根据商品性质并经消费者在购买时确认不宜退货的商品,不适用无理由退货。

(3) 消费者退货的商品应当完好。经营者应当自收到退回商品之日起 7 日内返还消费者支付的商品价款。退回商品的运费由消费者承担;经营者和消费者另有约定的,按照约定。

(二) 个人信息受保护权

个人信息受保护权是指个人对个人信息所享有的支配、控制和排除他人侵害的权利。个人信息受保护权,从其内容上来看,包括信息决定权、信息保密权、信息查询权、信息更正权、信息封锁权、信息删除权和报酬请求权。

关于个人信息受保护权,新的《消费者权益保护法》第 29 条作出了如下规定:

(1) 经营者收集、使用消费者个人信息,应当遵循合法、正当、必要的原则,明示收集、使用信息的目的、方式和范围,并经消费者同意。经营者收集、使用消费者个人信息,应当公开其收集、使用规则,不得违反法律、法规的规定和双方的约定收集、使用信息。

(2) 经营者及其工作人员对收集的消费者个人信息必须严格保密,不得泄露、出售或者非法向他人提供。经营者应当采取技术措施和其他必要措施,确保信息安全,防止消费者个人信息泄露、丢失。在发生或者可能发生信息泄露、丢失的情况时,应当立即采取补救措施。

(3) 经营者未经消费者同意或者请求,或者消费者明确表示拒绝的,不得向其发送商业性信息。

当然,消费者权利扩张的步伐是不会停止的。随着市场经济的发展和《消费者权益保护法》的不断完善,消费者权利还会扩张到更广阔的领域,更多的消费者权利会呈现在消费者面前。

思考题

1. 消费者权利的扩张是一种趋势,但是,随着消费者权利的扩张,消费者权利限制的问题也被同时提出。谈谈你对消费者权利限制的认识。

2. 随着消费者权能的不断扩张,消费者权利的数量越来越多。这些越来越多的权利不断地丰富着消费者权利体系的内容,同时,也给消费者权利体系的建立提出了越来越多的挑战。如何科学地建立消费者的权利体系,谈谈你的看法。

第七章 消费者权利(分述)

内容提要:消费者享有哪些权利?权利的内容如何?权利的行使要求是什么?权利的实现模式是什么?这些问题是《消费者权益保护法》要回答的首要问题和核心问题。

根据《消费者权益保护法》第二章的规定,消费者在购买商品或者接受服务过程中享有安全保障权、知悉真情权、自主选择权、公平交易权、获得赔偿权、结社权、获取知识权、受尊重权、监督批评权和个人信息受保护权等项权利。其中,个人信息受保护权是一项新增加的消费者权利。

同时,根据《消费者权益保护法》第25条的规定,我们可以推导出消费者享有无条件退货,即反悔的权利。如此以来,根据我国《消费者权益保护法》第二章和第25条的规定,我国消费者所享有的消费权利就达到了11项。

教学重点:(1)知悉真情权;(2)自主选择权;(3)反悔权。

第一节 安全保障权

一、安全保障权的含义

安全保障权,是指消费者在购买、使用商品和接受服务时所享有的人身和财产安全不受损害的权利。安全保障权是消费者最关心、最基本、最重要的权利,各个国家的消费立法都将之作为首要权利加以规定。我国《消费者权益保护法》第7条也明确规定:"消费者在购买、使用商品和接受服务时享有人身、财产安全不受损害的权利。消费者有权要求经营者提供的商品和服务,符合保障人身、财产安全的要求。"

二、安全保障权的内容

安全保障权包括人身安全权和财产安全权两方面的内容。

(一)人身安全权

人身安全权是指消费者的生命权、健康权,即消费者在购买、使用商品和接受服务时,享有保持身体各器官及其机能的完整以及生命不受危害的权利。

概括而言,人身安全权包括:

(1)消费者的生命安全权,即消费者的生命不受到损害。

（2）消费者的健康安全权，即消费者的身体健康不受到损害。

（二）财产安全权

财产安全权是指消费者在购买、使用商品和接受服务时享有其财产不受侵害的权利。这里的财产不仅仅指消费者购买、使用的商品本身的安全，还包括除该商品以外的其他财产的安全。财产安全权包括两个方面权利：

（1）消费者购买、使用商品和接受服务本身的财产安全。

（2）消费者购买、使用商品之外的财产安全，即不仅包括消费者购买、使用的商品或接受的服务本身的安全，还包括除购买、使用的商品或接受的服务之外的其他财产的安全。

三、安全保障权的基本特点

安全保障权同其他消费者权利相比具有以下几个明显的特征：

（一）安全保障权涵盖消费者的整个消费环节和消费方面

在消费者权利中，安全保障权的涵括力是最强的，纵向到底，横向到边，无所不在，无处不在，影响力极大。

（1）安全保障权贯穿于整个消费环节。安全保障权不单是指消费者在购买商品或接受服务时享有人身和财产不受侵害的权利，还包括消费者从进入消费场所，到讨价还价，再到达成消费协议，最后到使用商品或接受服务的全过程的动态安全。简言之，安全保障权涵括售前、售中以及售后的合理期间，具有时间的一贯性和空间的立体性。

（2）消费者安全权涵括所有消费方面。安全保障权不仅指向消费者购买和使用的商品或者服务，而且指向消费环境，包括硬环境和软环境。换句话说，也就是商品或者服务本身的安全不能取代消费环境的安全。消费者在商家丢失钱财、遭受意外伤害，都属于安全保障权受侵害的表现形式。

（二）安全保障权不以消费合同的是否存在为必要条件

安全保障权的权利主体是消费者，不以消费者与经营者有消费合同关系为必要条件。在消费合同订立前的阶段、消费者的家庭成员、受赠予人、共同使用者等，以及虽然无意进行消费，但进入经营场所的自然人，都应受到安全保障权的保障和庇护。

（三）消费者的安全保障权与经营者的安全保障义务互为表里

与消费者安全保障权相对应的是经营者对消费者的安全保障义务，后者是前者得以实现的根本前提。因此，我国《消费者权益保护法》第18条在规定消费者安全权的同时，也专门规定了经营者对消费者的安全保障义务。

根据该条规定，经营者应当保证其提供的商品或者服务符合保障人身、财产安全的要求。对可能危及人身、财产安全的商品和服务，应当向消费者作出真实的说明和明确的警示,并说明和标明正确使用商品或者接受服务的方法以及防止危害发生的方法。经营者发现其提供的商品或者服务存在严重缺陷,即使正确使用商品或者接受服务仍然可能对人身、财产安全造成危害的,应当立即向有关行政部门报告和告知消费者,并采取防止危害发生的措施。

经营者的安全保障义务既包括硬件方面(如场地、场所、设备、设施、装饰物、悬挂物、绿化物、景区护栏、电子支付系统中的加密措施、安保措施等)的安全保障义务,也包括软件(如管理规章、制度);既包括商品或者服务自身的安全,也包括经营场所的安全。

四、我国安全保障权存在的问题

在消费者安全权保障方面,目前存在的主要问题是:

(一) 立法不完善

我国消费者安全保障权立法不完善是不争的事实。这一不争的事实主要表现在两个方面:

(1) 操作性较差。《消费者权益保护法》是我国保障消费者安全保障权的基本依据。但是,其现有的规定简单、笼统又抽象,难以操作,其司法实践的效果自然是不尽如人意。不仅如此,一些行政法规、规章和司法解释也同样存在操作性差的情况。如最高人民法院《关于审理人身损害赔偿案件适用法律若干问题的解释》第6条第1款中的规定便存在这样的情况。该款规定:"从事住宿、餐饮、娱乐等经营活动或者其他社会活动的自然人、法人、其他组织,未尽合理限度范围内的安全保障义务致使他人遭受人身损害,赔偿权利人请求其承担相应赔偿责任的,人民法院应予以支持。"但是,由于其对"合理限度范围"未进行具体规定和解释,因而其实践效果是可想而知的。

(2) 立法空白较多。随着社会政治经济的全面发展,在新兴的领域消费者的维权也遇到了新的问题。例如,在电子商务活动中,因个人信息泄露而带来的消费者人身与财产安全隐患比比皆是,而我国在这一领域对消费者安全权的保障立法至今还是空白,因而导致网络消费而带来的维权纠纷也与日俱增。现实要求我们必须加快这一领域的专门立法。

(二) 政府监管不力

根据《消费者权益保护法》的规定,政府部门在社会主义经济生活中是"督导员"的角色,应当对市场中的消费行为实行监督与惩治并举的政策,对于可预见的消费过程中的问题采取先期预防为主,后期整治为辅的手段。然而,在实际的操作过程中,作为职能部门的政府所施加的监督力度是远远不够的,如近期我国三氯氰胺奶粉卷土重来,让政府的公众信赖度大打折扣。同时,由于管理不善,没有严格执行对产品生产、销售环节的监控,各企业试图与法律打擦边球,和政府玩"躲猫猫",进而导致众多的危害消费者人身安全的事件屡禁不止。

(三) 经营者的道德丧失和法律意识淡薄

公共道德的一步步沦陷,致使经营者的眼中只有自身利益的最大化。当他们的目标变成最大限度的积累资本和财富时,逐步忽略对消费者权益的保障便不可避免,更有甚者,对于法律规定的消费者应有的安全保障权益毫不顾忌,从不考虑消费者安全。近些年来,随着我国市场经济的发展,很多经营者开始动"歪念头",导致了假冒伪劣产品在社会上的泛滥,对消费者的安全保障权构成了严重的威胁,消费者对商品质量的投诉始终高居榜首。与此同时,为了更多的赚取商业利益,很多行业通过制定不平等条款限制消费者的权利行使,实际上都严重侵犯了消费者的安全保障权。

五、侵犯安全保障权的行为表现

在实际生活中,侵害消费者安全权的现象非常普遍,通常表现在以下几个方面:

(一) 在产品尤其是食品中添加有毒有害物质

例如,为了牟取非法利润,招徕顾客,一些不法分子在普通白酒中加"敌敌畏"冒充"茅台";用福尔马林泡"毛肚""凤爪""水产品"(如海参、鱿鱼等);在菜油中掺柴油,出售变质、发霉的各种食物;在奶粉中添加"三聚氰胺";在棉被中添加"玻璃丝"等。这些商品不仅不能满足人们的正常需要,反而会损害人们的身体健康,甚至会致消费者死亡。

食品是指各种供人食用或者饮用的成品和原料,以及包括按照传统既是食品又是药品的物品。但是以治疗为目的的物品不认为是食品。有毒有害物质是指在其生产、使用或处置的任何阶段,都具有会对人、其他生物或环境带来潜在危害特性的物质。我国将有毒有害物质分为剧毒物质、致癌物质、高毒物质、中毒物质和低毒物质等几类。

(二) 制造销售假药、劣药

药物本来是用来治病救人的,但是一些不法分子为了赚钱,置人们的生命健康于不顾,以非药物冒充药物,病人服用后,根本不能对病情产生缓解及解除作用,甚至会延误疾病的治疗;有些假药中还掺杂有害成分,不仅耽误治病,而且使病情加剧。例如,一些不法分子用泥土、鸡饲料、淀粉或廉价药品加上伪装,冒充抗生素及名贵药品出售,曾造成消费者中毒或死亡。

药品,是指用于预防、治疗、诊断人的疾病,有目的地调节人的生理机能并规定有适应症或者功能主治、用法和用量的物质,包括中药材、中药饮片、中成药、化学原料药及其制剂、抗生素、生化药品、放射性药品、血清、疫苗、血液制品和诊断药品等。根据我国《药品管理法》第 48 条的规定,有下列情形之一的,为假药：(1) 药品所含成份与国家药品标准规定的成份不符的；(2) 以非药品冒充药品或者以他种药品冒充此种药品的。有下列情形之一的药品，按假药论处：(1) 国务院药品监督管理部门规定禁止使用的；(2) 依照本法必须批准而未经批准生产、进口，或者依照本法必须检验而未经检验即销售的；(3) 变质的；(4) 被污染的；(5) 使用依照本法必须取得批准文号而未取得批准文号的原料药生产的；(6) 所标明的适应症或者功能主治超出规定范围的。

根据《药品管理法》第49条的规定，药品成份的含量不符合国家药品标准的，为劣药。有下列情形之一的药品，按劣药论处：(1) 未标明有效期或者更改有效期的；(2) 不注明或者更改生产批号的；(3) 超过有效期的；(4) 直接接触药品的包装材料和容器未经批准的；(5) 擅自添加着色剂、防腐剂、香料、矫味剂及辅料的；(6) 其他不符合药品标准规定的。

(三) 出售过期、变质的产品，尤其是过期、变质的食品

近几年，出售过期、变质的食品等侵犯消费者安全权的现象也时有发生，有些经营者甚至将已经过期的食品打上新的日期，欺骗消费者。

过期食品是指超过保质期的食品；变质食品是指食品在一定的环境因素下，因微生物的作用使食品失去原有的营养价值、组织性状以及色、香、味，转变成为不符合卫生要求的食品。

(四) 机电产品等商品缺乏安全保障

电子产品等商品缺乏安全保障给消费者造成的损害是十分巨大的。这些年来，一些地方曾发生了多起电视机、电冰箱等家用电器爆炸伤人和电风扇、电热毯、电热杯、洗衣机等漏电致人伤亡的事件。在这种伤害中，多人伤亡的事故时有发生。

机电产品是指使用机械、电器、电子设备所生产的各类农具机械、电器、电子性能的生产设备和生活用机具。

(五) 化妆品有毒有害

随着时代的发展，人们对美的追求也渐为时尚，化妆品致人损害的案件也越来越多。有些"生发水"不仅没有生出头发，反而使原有的头发脱得精光；一些"润肤膏"不仅不能美容反而致人容貌毁损，还有些化妆品甚至含有致癌、致畸、致突变的有害物质。

化妆品，有普通用途化妆品和特殊用途化妆品之分。一般用途化妆品是指以涂擦、喷洒或者其他类似的方法，散布于人体表面任何部位（皮肤、毛发、指甲、口唇等），以达到清洁、消除不良气味、护肤、美容和修饰目的的日用化学工业产品；特殊用途化妆品是指用于育发、染发、烫发、脱毛、美乳、健美、除臭、祛斑、防晒的化妆品。

（六）服务方式不安全

如理发师使用工具不当或者不消毒致顾客受伤或者被传染疾病；浴室水温过高烫伤顾客；浴室地板没有防滑功能或防滑设施致顾客摔伤等；服务员操作失误致伤消费者甚至致死消费者等。

（七）营业场所和环境存在的安全隐患导致的安全事故

如有些旅馆房屋楼梯老化、腐朽、陡峭致顾客摔伤；地板湿滑导致消费者摔伤；吊灯、天花板脱落导致消费者被砸伤；电梯夹伤消费者；商品、饭店、旅馆电源外露导致顾客触电等等。

（八）第三人造成的伤害

近年来，在经营场所发生的第三人损害消费者权益案件日益增多，如消费者在餐厅消费时因第三人设置的炸弹爆炸而伤亡、消费者入住宾馆被第三人杀害、消费者在商场消费时被第三人抢劫、顾客在浴场被第三人刺伤等案件。在以往的司法实践中，这类由于第三人侵权甚至犯罪导致用户人身或财产受到损害的案件，在受害人向第三人或犯罪分子求偿不能转而向经营者索赔时，经营者往往以自身未实施侵权行为由进行抗辩；相同的案件在不同法院审理的结果大相径庭。对于上述事件，作为直接加害人的第三人是直接、主要责任人，但是，并不能排除经营者的一切义务和责任。经营者应该承担保障消费者安全的义务；如果未尽到这一义务，未为消费者提供符合安全保障的经营场所和环境，一旦发生对消费者的侵权行为，消费者有权向经营者索赔，而经营者也应当依法承担相应的赔偿责任。

六、安全保障权的实现

安全保障权只有通过众多法律主体的共同努力才能实现，其实现的途径也各不相同。

（一）生产经营者切实履行安全保障义务

在消费领域，消费者主要是与提供商品或服务的生产者及销售者发生法律关系，因此，消费者安全保障权是相对于生产者和销售者而言的。很多时候消费者对人身、财产安全的要求不会自动实现，而要依赖于生产者、经营者切实履行相关安全保障义务。消费者安全保障权对生产经营者来讲即是其安全保障义务。因此，离开了生产者、销售者的存在与配合，消费者也就无从主张其安全权。这就要求生产经营者要切实保证其所提供的产品、服务具备合理的安全性。

（二）国家对消费交易活动的有效管理

目前，在消费者安全保障权领域，我国制定了一系列法律、法规，如《消费者权益保护法》《产品质量法》《餐饮服务食品安全监督管理办法》（2010年3月4日卫生部发布）《重大活动餐饮服务食品安全监督管理规范》（2011年2月25日国家食品药品监督管理局发布)《药品经营质量管理规范》(2000年4月30日国家药品监督管理局发布)《化妆品卫生监督条例》(1989年9月26国务院发布)《城市燃气安全管理规定》(1991年3月30日建设部、劳动部、公安部发布)等等。这些安全管理规范是国家对消费者交易进行必要干预的法律依据,为国家对消费安全进行有效管理提供了一系列法律手段。概括起来,这些手段可以分为四种:标准化管理、许可证管理、安全认证管理、商品和服务的标示管理。国家通过这几种管理手段,可对涉及消费者人身安全和健康的产品和服务制订强制性的各项安全标准,强行要求经营者的商品和服务达到相应的安全标准,从而实现保障消费者安全权的功能;防止不安全商品和服务进入市场,为消费交易安全创造条件;通过标示的管理,可以让消费者警惕那些不安全的商品和服务,避免消费者的安全保障权受到侵害。

(三) 消费者自身维权意识的提高

消费者安全保障权的实现不能仅仅依赖于生产经营者履行安全保障义务和政府加强有效监管,还要有赖于消费者自我维权意识的提高。当前,很多消费者因为消费数额小,诉讼程序复杂且成本高等问题而放弃维权,这是很不明智的。消费者的自我维权不仅有利于维护法律的权威,同时,对生产经营者也是一种潜在的约束,能够很好地控制侵权案件的发生;对建立良好市场经济秩序也起到了推波助澜的作用,是生产者、销售者履行安全保障义务的助推剂。因此,消费者应该尽可能地普及相关法律知识,了解纠纷解决途径,积极主动维权,努力做好自我保护。

第二节 知悉真情权

一、知悉真情权的含义与特征

没有了解,就没有消费。了解商品或者服务的真实情况是一切消费活动的起点。因而,知悉真情权也就成了消费者所享有的一项基础性权利。

(一) 知悉真情权的含义

知悉真情权,又可称为了解权、知情权,是指消费者享有知悉其购买,使用的商品或者接受服务的真实情况的权利。该项权利的设定旨在消除消费者和经营者的信息不对称给消费者带来的不利影响。知悉真情权对于消费者来讲是十分重要的,它是消费者是否购买商品和接受服务的前提。唯有保障此项权利,才能保障消费者在与经营者签约时做到知己知彼,并表达其真实的意思,也才能保障交易的顺利进行。

(二) 知悉真情权的特征

同其他消费者权利相比,消费者知悉真情权具有以下几个明显的法律特征:

（1）从行为状态上来看，消费者知情权贯穿于消费者购买（使用）前、购买（使用）中和购买（使用）后全部过程。消费者购买、使用应该理解为一个连续发生的行为过程，即购买前、购买中的"潜在消费者"应当包括在"消费者"之列，不能将"消费者"仅仅理解为"购买、使用过"商品或者"接受过"服务的群体。

（2）从具体知情事项上来看，消费者知情权包括关于商品或服务的基本情况、有关技术状况的表示以及有关销售状况等众多内容。凡是消费者在选购、使用商品或服务过程中与正确的判断、选择、使用等有直接联系的信息，消费者都有权利了解。在因特网时代，为平衡消费者与经营者在掌握信息方面的不对称性，防止经营者逃避责任，侵害消费者的合法权益，世界各国立法和司法实践还强调由经营者主动承担信息披露义务，即要求经营者必须真实、准确、全面地向消费者提供相关信息。

（3）从权利的相关环节来看，消费者知情权贯穿消费者的保障安全权、自主选择权、公平交易权、获得赔偿权、结社权、获知权、人格尊严和民族风俗习惯受尊重权和监督批评权等权利体系之中，甚至完全涵盖了"消费者获得有关知识权"等项权利。

（4）从权利的法律保障手段上来看，涉及民事、行政与刑事多方面的法律保护。为保护消费者的知情权，我国相关的民事和商事法律规范中有许多满足消费者知情权的规定。除了《消费者权益保护法》以外，我国《广告法》《反不正当竞争法》《食品安全法》《食品广告发布暂行规定》《刑法》及其司法解释等作出了多方面法律保护的规定。

二、知悉真情权的主体

消费者知情权的主体范围，学术界绝大多数研究者认为是消费者本人，即商品的购买者与服务的接受者。我们认为，这种认识有失偏颇，过于狭窄。从消费实践的角度来讲，消费者知情权的主体应当包括以下几类主体：

（一）消费者本人

消费者本人是商品的购买者和服务的接受者，因而是最为重要和不可或缺的知情权主体。离开消费者本人，了解和告知也就失去了载体和意义。多数情况下，消费者本人就是某一消费法律关系中唯一的知情权主体，也是经营者履行告知义务的唯一对象。因此，在知情权保护中，最重要的就是保护消费者本人的知情权。

（二）消费者本人的家庭成员

在一般情况下，消费者是当然的和唯一的知情权主体。但是，在一些特殊消费中，除消费者之外，使其家庭成员也成为知悉真情权的主体会更人性，更合理，更可行，如在医疗消费中，医生向病人家属通报病情比向患者本人通报病情更有利于患者的治疗和康复。至于享有知情权的家庭成员的数量要视具体的消费情况而定,可能是少数,也可能是多数,还可能是全部。

(三) 消费者所在的单位

有些消费,除涉消费者本人之外,还会涉及消费者所在的单位。如在医疗、进修、培训等很多消费中,都会涉及单位的费用支出和报销,岗位的设定与人员安排等问题,因而,赋予消费者所在单位以知情权,有利于单位对消费行为的监督,有利于优化单位内部的人事管理,也有利于单位费用支出和报销的公开与透明。基于此,我们认为,消费者所在的单位也是重要的知情权主体。

三、知悉真情权的内容

我国《消费者权益保护法》第 8 条规定:"消费者享有知悉其购买、使用的商品或者接受的服务的真实情况的权利。消费者有权根据商品或者服务的不同情况,要求经营者提供商品的价格、产地、生产者、用途、性能、规格、等级、主要成份、生产日期、有效期限、检验合格证明、使用方法说明书、售后服务,或者服务的内容、规格、费用等有关情况。"根据该规定,我国消费者知悉真情权的具体内容大致分为三方面:

(一) 有关商品或服务的一些基本信息

商品或者服务的基本信息是消费者应当了解和经营者应当告知的基础信息,对于消费者的消费至关重要,不可或缺。概括而言,商品的基本信息包括商品的名称、商标、产地、生产者名称、生产日期、保质期限等;服务基本信息包括服务的内容、规格、费用等有关情况。

(二) 商品或服务的相关技术信息

经营者除了应当向消费者告知商品和服务的基本信息之外,还应当告知相关的技术信息。这些技术信息包括商品的外观、用途、性能、等级、规格、有效期限、所含成分、使用说明书、检验合格证书等。

(三) 售后服务信息

售后服务,是指生产企业、经销商把产品(或服务)销售给消费者之后,为消费者提供的一系列服务,包括产品介绍、送货、安装、调试、维修、技术培训、上门服务等。在市场激烈竞争的今天,随着消费者维权意识的提高和消费观念的变化,消费者在选购产品时,不仅注意到产品实体本身,在同类产品的质量、性能、价格等相似的情况下,更加重视产品的售后服务。因此,企业在提供价廉物美的产品的同时,向消费者提供完善的售后服务,已成为现代企业市场竞争的新焦点。

售后服务主要包括以下内容:

(1) 代为消费者安装、调试产品。

(2) 根据消费者要求,进行有关使用等方面的技术指导。

（3）保证维修附件、零配件、消耗材料的供应。

（4）负责维修服务。其中维修可以是上门维修，也可以是在制定的维修地点进行维修。

（5）对产品实行"三包"，即包修、包换、包退（现在许多人认为产品售后服务就是"三包"，这是一种狭义的理解）。

（6）处理消费者来信来访，解答消费者的咨询。同时用各种方式征集消费者对产品质量的意见，并根据情况及时予以改进。

四、知悉真情权的实现方式

经营者告知和消费者了解是消费者知悉真情权实现的基本方式。

（一）经营者告知

告知义务是指生产经营者对其所提供的产品的有关情况，诸如产品的质量、特性、功能、使用方法、注意事项等给以充分的、必要的、确切的说明和介绍的义务。从消费者权益保护的角度看，它是与消费者知情权相对应的保障消费者知情权实现的义务。其基本功能是从生产经营者发生义务的层面防止出现消费者在对于产品的质量、安全性能和正确使用不了解的情况下接受经营者提供的产品或服务，而不能实现其期待利益，甚至使其人身与财产陷入不合理危险之中。

经营者的告知，主要包括三项内容：

（1）信息告知。经营者对其所经营的商品或提供的服务具有深厚的专业知识，消费者尽管通过广告、产品说明书、包装等途径对商品或服务的信息有了一定的了解，但其所获取的信息终究是有限的。特别对于医疗服务合同、教育服务合同、保险合同、金融服务合同、专业培训合同等专业性更强的合同，消费者所知道的相关知识就更为有限了。因此，经营者提供的信息成为消费者获取知识的一个重要途径。

（2）警示说明。警示说明是信息的一种，但又不同于一般信息，指的是那些即使消费者按照正确的方法使用但仍可能危及人身、财产安全的信息。所涉及的商品包括食品、药品、化妆品、电器、易燃易爆品和具有危险性的机械产品等，所涉及的服务包括饮食、交通运输、旅游、娱乐等。经营者应对这些商品或服务作出警示标志或提供警示说明。例如，对易燃易爆品应加注易燃易爆标志；旅游区对没有开放或易发生危险的旅游景点应作出禁止游人涉入的警示标志或者说明。

（3）瑕疵告知义务。由于技术手段或经营者能力等客观和主观原因，经营者提供的商品或服务可能存在各种缺陷，缺陷可能是表面的，也可能是隐秘的，可能是品质瑕疵，也可能是权利瑕疵。经营者的瑕疵告知义务系指经营者对其提供的商品或服务的各种瑕疵应明示告知消费者。事实上，许多经营者为了取得交易的成功,往往不会告知甚至隐瞒商品或服务的瑕疵,从而给消费者造成损害。对于经营者疏于履行此项义务的,应对消费者造成的损害负责赔偿。

但是,值得注意的是,经营者的告知不管是哪方面的告知,都必须是真实告知。所谓真实,包含两层含义:一是关于所提供商品或者服务的全面、正确的信息,既不避实就虚,也不夸大编造;二是经营者应遵循诚实信用原则,提供信息不带有任何欺诈的情节。

(二) 消费者了解

消费者可以通过咨询、查阅、观看等方式了解商品或者服务的有关方面的真实情况。

(1) 咨询。咨询是指受过专业训练的咨询者依据有关理论,针对来访者的问题,运用专业的语言和方法,帮助来访者解决疑惑。通过向经营者咨询,消费者就可以获得有关商品或者服务的信息以及其他相关情况。经营者回答消费者的咨询应当使用通俗易懂的语言、词汇、术语、比喻,并应当保障咨询的清楚、明确、具体,杜绝和减少模糊不清、模棱两可的情况。

(2) 查阅。查阅一般来讲是检索、阅读相关资料的活动。消费者除了可以通过咨询方式获得商品或者服务的相关信息外,还可以通过阅读企业介绍、产品说明书、产品推介单等书面资料的方式了解产品或者服务的相关信息。通过查阅方式了解产品或者服务的相关信息十分重要,因为这些信息具有全面性,相比较而言更加准确、清楚。所以,应当引起消费者的注意和重视。

(3) 观看。观看主要观看经营者的商品或者服务演示,并通过观看商品或者服务演示获得商品或者服务的相关信息。

商品或者服务演示是充分显示商品或者服务品质的一种方式,因而受到经营者的注意和重视。在观看演示过程中,消费者应当注意观察商品或者服务的各项指标和性能,并以此指导商品购买或者服务接受活动,谨防上当受骗。

五、侵犯知悉真情权的行为表现

消费实践中,经营者侵犯消费者知悉真情权的行为是多种多样的,归纳起来,集中表现在以下几个方面:

(一) 经营者不履行标明商品或服务真实名称和标记的义务

《消费者权益保护法》第 21 条规定:"经营者应当标明其真实名称和标记"。但是,在实际销售中,不少销售者要么不标明真实名称、地址,不使用商品标记,要么使用虚假的名称、地址和商品标记,"山寨商品"满天飞,尤其是进口商品不进行中文标记和标注的现象更是十分普遍。这些行为,便是侵犯消费者知情权的行为。目前,这种行为普遍地存在着,应当引起广大消费者的注意和重视。

（二）经营者违背诚实信用原则,实施欺诈行为,侵犯消费者的知情权

法律明确规定消费者有权知悉商品或者服务的情况,更为重要的是消费者有权知悉商品或服务的真实情况,经营者也有提供真实信息的法定义务。然而,在消费实践中,经营者为了单方面获得利润,故意隐瞒不告知消费者有关商品或者服务真实情况的现象却时常出现。这些行为,违背了诚实信用原则,构成对消费者的欺诈,侵犯了消费者的知情权。

（三）经营者对消费者的询问置之不理,不履行告知义务

消费者在购买、使用商品或者接受服务时,有权询问和了解商品或者服务的信息情况。消费者的询问权、咨询权是知情权的内容之一,是被《消费者权益保护法》明确规定的,是消费者在消费活动中不可或缺的一个环节。

但是,由于法律对消费者享有知情权仅作出了原则性规定,至于经营者如何履行,应该履行到何种程度,没有完全履行应承担什么样的责任等问题,法律没有作出明确具体规定。这样一来,出现经营者对消费者的询问态度生硬,置之不理,不愿多做解释,不做明确答复,似是而非的现象便不可避免。实践中,上述经营者不愿理、不想理、不全理的行为均侵犯了对消费者的知情权。

六、知悉真情权的行使限制

法律规定,消费者有权通过询问经营者来了解商品的品质等相关内容,但是法律又规定,经营者有权通过商业秘密保护的形式来隐藏商品的有关信息,如配方、成分、构成等内容。这样一来,就会产生消费者虽然有权问,但是制造商也有权不说的局面。这便造成了消费者知悉真情权和经营者商业秘密保护权之间的矛盾与冲突问题。

现实生活中已经有不少的案例可能涉及商业秘密保护和消费者知悉权的冲突。例如:前些年震惊全国的"三鹿奶粉"事件,如果不是数名儿童中毒,估计在奶粉中加三聚氰胺还会当成商业秘密一样存续下去;"霸王洗发露"配方中含有致癌物,制造商如果要把配方当成商业秘密加以保护,那么消费者就有可能无法行使知悉权,从而继续使用这一含有有害物质的产品。现实中,商业秘密保护权和消费者知悉权冲突还会有更加复杂的形态等着我们去发现。但是,这些冲突切切实实发生在我们的生活之中,与社会大众的切身利益息息相关,必须尽快地、合理地解决。

本书认为,解决二者冲突的方法是明确规定经营者享有商业秘密权应负的义务和责任。即经营者应当保证依据商业秘密产出的商品和服务对广大消费者没有损害,否则,就应当披露其商业秘密。

第三节 自主选择权[①]

一、自主选择权的含义

自主选择权是消费者权利的重要内容之一。关于其含义,目前法学界还有不同的认识。有的研究者从语义学角度进行界定,认为"自主选择权是指消费者享有的自主选择商品或者服务的权利……"。[②] 有的研究者从法律规定的权利角度进行界定,认为自主选择权"就是国家法律规定或者确认的公民为生活消费而购买、使用商品或者接受服务时享有的不可剥夺的权利"[③]。有的研究者则是从消费者主观自愿的角度进行界定,认为"消费者的选择权是指消费者根据自己的意愿自主地选择其购买的商品及接受服务的权利"[④]。可以看出,上述定义实际上均未对自主选择权、尤其是对"自主"一词进行实质上的界定。这些定义,无法使消费者准确把握自主选择权的内涵进而正确运用自主选择权进行消费,也不利于国家、社会组织对侵犯消费者自主选择权的行为进行认定和打击。我们认为,自主选择权作为一种消费权利,是指消费者根据自己的主观自愿,在法律规定的范围内所享有的自由选择商品或者服务,实现其消费利益的一种手段,它由主观自愿权和客观自由权两种具体权利构成。

二、自主选择权的特征

同其他消费权利相比,自主选择权具有以下两个明显的特点:

（一）选择的自愿性

选择的自愿性可理解为一切消费事宜均由消费者自己决定,不受任何外力的影响、制约和左右。消费者购买商品或者服务的动机是各不相同的。有的是为了满足自己的生活需要,有的是为了满足自己的发展需要,有的则是为了满足家庭或者他人的需要。需要产生意识。需要不需要,需要什么,需要多少,什么时候需要,只有消费者自己最清楚、最明白。同时,这种需要只有由自己来决定时,需要才能实际地、真正地得到满足,任何外力介入——影响、制约或者左右——都会导致"需要"的变形,都不会使消费者的需要真正得到实现和满足。所以,保证消费者在选择商品或者服务时的自愿性便成了保护消费者自主选择权的第一要义。

[①] 王兴运:《"自主选择权"探析》,载《理论导刊》2005 年第 4 期。
[②] 杨紫烜、徐杰:《经济法学》,北京大学出版社 2001 年版,第 267 页。
[③] 吕春燕:《经济法律原理与实务》,清华大学出版社 2002 年版,第 301 页。
[④] 沈萍:《怎样维护消费者权益》,四川辞书出版社 2001 年版,第 189 页。

(二) 选择的自由性

选择的自由性是指消费者的消费行为具体指选择行为仅受自己主观意志的支配,经营者不得进行禁止、剥夺、限制或者干涉。自由性是自愿性的必然反映和当然要求。它要求有关消费选择行为的实施与否以及消费选择行为实施的场合、时间、方式、代价、过程等问题均应由消费者自己来决定。具体来讲就是,消费者在什么时间购买,在买与不买、接受与不接受、使用还是拒绝使用、买多还是买少、以什么样的价格购买等问题上均是自由的,经营者的禁止、剥夺、限制和干涉的行为均是违法和无效的。

三、自主选择权的基本内容

关于自主选择权的内容,我国《消费者权益保护法》第9条规定:"消费者享有自主选择商品或者服务的权利。消费者有权自主选择提供商品或者服务的经营者,自主选择商品品种或者服务方式,自主决定购买或者不购买任何一种商品、接受或者不接受任何一项服务。消费者在自主选择商品或者服务时,有权进行比较、鉴别和挑选。"

根据该条规定,自主选择权包括以下几个方面的内容:

(1) 消费者有权根据自己的主观意愿和实际需要选择商品或者服务,他人不得干涉。

(2) 消费者有权自由地选择作为其交易对象的经营者,购买其商品或者接受其服务,任何经营者不得强迫消费者接受其提供的商品或者服务。

(3) 消费者对经营者提供的商品或服务有权进行比较、鉴别、挑选,购买自己满意的商品或者服务。

(4) 消费者有权选择商品品种或服务方式。

四、自主选择权的行使

自主选择权的行使是一个动态的行为过程。我国《消费者权益保护法》是从行为的行使要求和行为的行使限制两方面对选择行为的行使做出规定的。

(一) 自主选择权的行使要求

"权利永远不能超出社会的经济结构以及由经济结构所制约的社会文化发展"[①],它既是具体的,又是相对的。任何将权利抽象化、绝对化、超社会化的倾向和观点都是错误的。马克思主义的权利观要求我们,在权利行使时一定要充分注意和考虑到权利的这一特点,否则就是对法律的背叛,对权利的亵渎。具体到自主选择权的行使上,就是要求消费者在行使这一权利时应遵循以下原则:

---

① 《马克思恩格斯选集》(第一卷),人民出版社1992年版,第327页。

第一,依法行使的原则。自主选择权是一种法定权利,因而,在行使这一权利时必须依法行使。依法行使包括两方面的含义:(1)是指所行使权利的内容必须是由法律明确规定的;(2)是指行使权利的程序必须符合法律的具体要求。违反以上要求便是对自主选择权的滥用,应该承担权利滥用的法律责任。

第二,相对行使的原则。相对行使的原则是说自主选择权的行使应有一定的限度,超越了这一限度就是权利的滥用。"所谓权利的限度,是指一种权利的行使,有它特定的地点、场合、时间,也即权利行使的空间和时间的条件。"这是因为,"……权利如同任何其他事物一样,也是有限度的。拥有了权利的同时,也就意味着拥有了限度。"[1]这一原则要求:

(1)自主选择权的行使必须严格地在法律规定的范围内进行,必须按照法律的要求行使,并应当遵守法律的具体规定。

(2)消费者在行使自主选择权的时候,不得损害国家的、社会的、集体的利益和其他公民的合法权利和自由。

(3)消费者在行使自主选择权时,应充分考虑我国的基本国情,经济发展现状,市场发育的程度,经营者的素质和消费者权益保护的程度等因素,不能向经营者提出过多、过分、过于苛刻的要求,也不能盲目地和无原则地以国际、其他发达国家的标准要求我国经营者,而是应依法、合理地要求经营者所提供产品的质量、使用期限、服务态度、服务环境等,只有这样才能保障和实现自己的消费权益。

(二)自主选择权的行使限度

依据《宪法》和《消费者权益保护法》的规定,遵循依法、相对的原则,结合我国消费活动的具体实践,消费者在以下情况下自主选择权的行使应受到一定的限制。

(1)商品的自然属性所决定的。消费者在购买商品或者接受服务时应当遵守商品的"最小化规则",即当商品已经处于自然状态下的最小值时,就不能再切割,否则,就会影响到经营者的经营和消费者的消费。如"一瓶啤酒""一盒烟""一个西红柿""一个馒头"等均已处于最小化状态,消费者就不能要求经营者对这些商品进行再次分割以满足自身的需要。当然,这些最小化状态也是相对的,可以改变的,但前提是经营者同意,如"冬瓜"销售中,经营者就应消费者的要求对商品进行了更小化的划分。

(2)经营者有明确规定或告知的。经营者在提供商品或者服务的过程中,出于保守商业秘密、保证消费者安全等原因的考虑,可以以明示的方式对消费者的自主选择权做出某种限制,甚至是取消,如"禁止入内""谢绝参观""不得拍

---

[1] 刘作翔:《权利冲突的几个理论问题》,载《中国法学》2005年第2期。

摄""严禁逗留"等。这些告知内容非常明确、清楚,只要告知内容不违背法律之规定,不悖于公认的商业惯例或商业道德,消费者就必须遵守。但是,如果这些告知本身是违背法律、商业惯例或商业道德的,则是对消费者自主选择权的一种侵犯,经营者应依法承担法律责任。

(3)商业惯例和商业习惯有要求的。市场经济是规则经济。在这诸多的交易规则中,有相当一部分属于大家公认并自觉遵守的商业惯例和习惯。这些商业惯例和习惯,不管是成文的,还是不成文的,都深深地根植于市场经济的现实,潜移默化于经营者和消费者的心中,保障着交易的顺利进行。购买者多时的"排队购买"规则,公交服务中的"坐、站票同价"规则,牲畜交易中的"卖牲(口)不卖缰(绳)"规则等都是大家非常熟悉的商业惯例和习惯。对于这些商业惯例和习惯,消费者不得以行使自主选择权为由要求经营者更改,更不得无理取闹。只有这样,才能保障交易的顺利进行,维护正常的交易秩序。

(4)超越经营对象、范围、时间、条件和风险的。在现代市场经济条件下,经营者的经营往往是格式化的。这一格式化充分地反映在经营对象、经营范围、经营时间、经营条件和经营风险上。消费者不得以行使自主选择权为由强求经营者超越这一格式提供商品或服务。消费者强求经营者提供经营范围以外的商品或者服务,强求在非营业时间提供商品或服务,强求向非经营对象提供商品或服务,强求经营者在不具备提供条件时提供商品或服务,强求经营者超越经营风险提供商品或者服务等行为均是对自主选择权的滥用。在上述情况下,针对消费者滥用自主选择权的行为,经营者有"拒绝权"。进而,"拒绝权"也成了经营者在消费者权益保护法中所享有的特色权利。

五、侵犯自主选择权的表现及其防范

经营者侵犯消费者自主选择权的行为既可能侵犯消费者的主观自愿权,也可能侵犯消费者的客观自由权,形式多样,原因复杂,消费者应当仔细甄别,认真防范,积极维权。

(一)侵犯自主选择权行为的表现

随着我国改革开放的不断深入和经济的飞速发展,消费品市场空前繁荣,供应充盈,买方市场已经或基本形成。这一市场状况既为消费者自主选择权的充分行使提供了条件,也使消费自主选择权得到了很大满足。但是,由于我国市场经济体制还未完全建立,消费者权益还未得到切实的尊重和保护,所以,在消费实践中,侵犯消费者自主选择权的行为还时有发生,在一定的范围内还相当严重。由于自主选择权包括主观自愿权和客观自由权两项具体的权利,所以侵犯消费者自主选择权的行为也可以分为对消费者主观自愿权的侵犯和对客观自由权的侵犯两大类:前者是指对消费者主观自愿的违背和强迫,后者是指对消费者客观自由的禁止、限制、剥夺或者附加不合理的条件。具体来讲,在消费实践中,典型的侵犯消费者自主选择权的行为主要有以下几种表现:

(1) 基于地域或部门之利益,有些地方政府与经营者联合滥发购物票证,强迫消费者购买某一经营者或某一经营店的商品,或者接受某一特定之服务;以本地本企业生产的实物充抵职工的工资。这种"以物抵资"的做法实际上就是将消费者不需要的商品强行卖给他们。

(2) 许多经营者在出售优质品、名牌品、畅销品时强行搭售劣质或滞销的商品。

(3) 将某些商品价格计入另一畅销商品的价格之中,而以奖品的形式送给消费者,将两种本无多大联系的商品组合在一起出售。

(4) 利用预售、邮购、有奖销售等形式向消费者推销假冒伪劣商品。

(5) 因销售者在挑选后表示不购买而受保安、营业人员辱骂、殴打的情况。

(6) 一些旅馆、饭店在车站、码头设置服务点,不等旅客问清情况就连拖带拉地弄到旅馆,强迫其支付高房价,接受劣质服务的情况等等。

(二) 侵犯自主选择权行为的防范

侵犯消费者自主选择权的行为,有的给消费者的财产造成了损害,有的给消费者的人身造成了损害,危害很大。为切实保护消费者的自主选择权,对于种种严重侵犯消费者合法权益的行为,必须以法律为重要手段进行积极有效的防范。

一是,立法防范。健全立法是防止侵犯消费者自主选择权行为的前提。我国《消费者权益保护法》对消费者自主选择权的内容做了界定,但是对侵犯消费者自主选择权的行为却未做具体的规定。这样的立法体例时常使国家行政机关和司法机关的执法无法可依,不利于对侵犯消费者自主选择权行为的认定和处理,因此,必须予以修正。借鉴国外发达国家的立法例,本书认为,我国应在《消费者权益保护法》中的"自主选择权"条款下具体列举侵犯消费者自主选择权的行为。只有这样,才能够为正确认定和及时处理侵犯自主选择权的行为提供充分的法律依据,做到"有法可依"。

二是,执法防范。加强执法是防范侵犯消费者自主选择权行为的关键。加强执法包括预防和处理两个方面。

(1) 预防。我国《消费者权益保护法》强调,各级人民政府应当加强监督,预防危害消费者人身、财产安全行为的发生,及时制止危害消费者人身、财产安全的行为。在预防中,宣传是必不可少的手段。通过宣传可以提高广大消费者对侵犯自主选择权行为的识别能力和防范能力。因此,各级政府职能部门和消费者协会应当通过多种多样的形式,经常性地向消费者进行宣传。这种宣传从内容上来讲,应当具有较大的涵括性,既应当有对商品和服务的宣传,也应当有对政策和法律的宣传;既应当有表扬性的内容,也应当有批评性的内容;既应当有对侵犯消费者自主选择权行为的揭露,也应当有对侵犯消费者自主选择权经营者的曝光。只有这样,才能真正起到预防的作用。

(2)处理。要保护消费者的自主选择权就必须对侵犯消费者自主选择权的行为进行必要和及时的处理。我国《消费者权益保护法》明确要求,各级人民政府工商管理部门和其他有关行政部门应当依照法律、法规的规定,在各自的职责范围内,采取措施,保护消费者的合法权益。各级人民政府职能部门应当根据这一法律规定,加大对侵犯消费者自主选择权行为的查处和处理力度,发现一例,解决一例,及时解决侵犯消费者权益的纠纷。只有这样,才能有效地遏制和减少侵犯消费者自主选择权的行为。

三是,自我防范。内因是事物发生质变的关键,外因只有通过内因才能发挥作用。在消费实践中,消费者处于消费的最前沿,是侵权行为的具体受害对象,因此,提高和增强消费者的自身防范能力显得十分重要。

(1)要通过各种方式,不断提高对侵犯自主选择权行为的辨别和识别能力,尽量避免权利的被侵犯。

(2)一旦权利受到侵犯,应勇敢地拿起法律的武器进行维权,绝不能忍气吞声或听之任之。否则,实施侵权行为的经营者便会更加有恃无恐。根据我国《消费者权益保护法》的规定,消费者遇到自主选择权受到侵害的情况,可以与经营者协商和解,也可以请求消费者协会调解,或向有关行政部门申诉,根据与经营者达成的仲裁协议提请仲裁机构裁,还可以直接向人民法院提起诉讼。

总之,立法防范、执法防范和自我防范是防范、遏制和减少侵犯消费者自主选择权行为的三种重要措施,相辅相成,不可或缺。只有不断地健全立法,严格执法,提高和增强消费者的自我防范能力,消费者的自主选择权才能得到真正的保护。

第四节　公平交易权

一、公平交易权的含义

公平交易,一般是指交易双方在符合市场交易规则及商业交易习惯基础上所进行的自愿、平等、公正、合理的交易活动或行为。公平交易具有以下几个特点:

(一)公认性

公平交易是人们在长期的交易历史发展过程中逐步形成的,也就是说交易是由最初的不公平逐渐走向公平的。同时,公平交易的规则和标准,也是在长期的交易中形成的,并为人们所熟知和认可,被社会广泛公认、采用和遵守。人们常说的,遵守公认的商业道德,指的就是长期形成的被交易者广泛公认的交易习惯、规则和标准,体现了公平交易所具有的社会公认性。

(二) 真实性

公平交易是交易双方真实意思表示一致的活动过程。双方在公平交易中所体现的意志本身必须是真实的,不得有欺诈、胁迫等不真实意志或意思表示的存在。任何交易一旦失去了真实,就必然形成一种不公平的交易。因此,真实性可以说是一切公平交易所必须具有的基本特征。

(三) 合法性

在现代市场交易中,为了保护交易的公平与公正,不仅要求交易行为趋向法律化、规范化与合同化,而且对交易方式、交易对象、交易内容与交易程序也都要求逐步实现法律化、制度化与规范化。衡量市场交易是否公平的重要标准,就在于交易本身是否合法,是否符合法律、法规的规定与要求。

(四) 合理性

公平交易的核心就是交易过程和交易结果的公平与合理。公平交易所体现的合理性,是交易双方针对交易对象所实现的一种等价有偿、平等、互利的买卖过程。这种公平、合理,是交易双方围绕交易对象价值与使用价值的相互让渡而展开的。此过程要求交易双方不仅享有权利,而且承担义务,权利义务具有相对性和等价互利性,即交易双方在交易对象的取得以及其货币支付在价值上要大致相等,不允许严重显失公平或明显有利于某一方的情况发生。因此,公平交易的合理性是相对的,而不是绝对的。

(五) 竞争性

公平交易不是自然形成的,而是在公平竞争条件下进行并得以实现的。因此,公平交易本身就具有竞争性,它是公平竞争的结果,而公平竞争是公平交易的前提与内在要求,没有公平竞争的交易不可能是公平的。[①]

基于对公平交易的认识,我们对公平交易权作如下界定:是消费者在购买商品或者接受服务时享有的获得质量保证和价格合理、计量正确等公平交易条件的权利。公平交易权的核心是消费者以一定数量的货币可以换得同等价值的商品或服务,这也是衡量消费者的利益是否得到保护的重要标志。除此之外,衡量某种消费是否是一种公平交易,还包括在交易过程中,消费者是否得到实际上的满足或心理的满足、当事人是否出于自愿、有无强制性交易或歧视性交易的行为等。

---

① 常斯:《对消费者公平交易权的理解》,载《学理论》2012 年第 12 期。

二、公平交易权的基本内容

《消费者权益保护法》第 10 条第 1 款规定,消费者享有公平交易的权利。同时,第 2 款又规定,消费者在购买商品或者接受服务时,有权获得质量保障、价格合理、计量正确等公平交易条件,有权拒绝经营者的强制交易行为。根据该条第 2 款的规定,消费者公平交易权的内容主要包括以下两项内容:

(一) 有权获得质量保障、价格合理、计量正确等公平交易条件

公平交易条件是指保证公平交易的基本要素,离开了这些基本要素,公平交易就无法谈起。我国《消费者权益保护法》设定的公平交易保证要素有三:一是质量,二是价格,三是计量。

(1) 质量保障。质量是指商品或者服务的优劣程度,它反映着商品或者服务的使用价值。质量保障是指消费者有权要求商品应当具备公众普遍认为其应当具备的功能,即商品应具有适销性。如食品应能够食用,药品应具有一定的治愈疾病的效用,家用电器应具有其一般应具备的功能等等。质量保障是消费者在购买商品或接受服务时对经营者的基本要求,这是关系到人体健康和人身安全的重大问题。

(2) 价格合理。价格是商品或者服务的货币表现,它反映出等价交换,质价相符,货值其价的尺度。价格合理是指消费者有权要求商品按质论价,商品的价格应当与质量保持一致,优质高价、劣质低价。商品价格的确定应根据其成本及合理的利润水平来决定,不得漫天要价、谋取暴利。价格合理充分地体现了等价交换的原则。

(3) 计量正确。计量是指实现单位统一、量值准确可靠的活动。计量正确是指消费者有权要求商品的计量准确,不得克扣,不得短斤少两。计量不足实质上是以隐蔽的手段抬高商品的价格,是类似于偷盗的最恶劣的侵权行为,比公开的抬高商品价格具有更大的危害性。计量的准确性则直接涉及消费者的经济利益。因此,经营者在提供商品或服务时,必须保证质量、价格合理、计量正确。

(二) 消费者有权拒绝经营者的强制交易行为

有的经营者在掌握了人们非常需要而又十分紧俏的商品或服务时,往往违反平等自愿、公平交易的市场准则,违背消费者的意愿强制交易,从而损害了消费者自主选择商品或者服务的权利,侵害了消费者的合法权益。因此,消费者在自己的公平交易权受到侵害时,有权依法要求经营者改正错误,提供质量好、价格合理、计量正确的服务,有权拒绝强制交易,并获得合理的赔偿。

三、公平交易权的实现

消费者公平交易权的实现,主要依靠竞争法律制度、价格法律制度、计量法律制度和产品质量法律制度的保障。

(一) 竞争法律制度

充分有序的竞争市场不仅能为消费者自主选择商品、获得合理价格以及其他有利交易条件提供保障,更能促进资源合理配置和经济发展。因此,各国制定的竞争法呈现出越来越强调消费者权益保护的倾向。因为,凡是竞争行为所侵犯的客体往往不是单一的,而是双重或多重的,它在侵犯经营者合法权益的同时,总是实质上侵害或最终可能侵害消费者的权益,并且破坏了正常的社会经济秩序。

我国于1993年颁布的《反不正当竞争法》,列举了11种不正当竞争行为,包括:欺骗性市场交易行为;政府部门滥用行政权利限制竞争行为;公用企业滥用市场优势限制竞争行为;商业贿赂行为;引人误解的虚假宣传行为;侵犯商业秘密行为;不正当低价销售商品行为;搭售商品或附加不合理交易条件行为;违反法律规定的有奖销售行为;商业诽谤行为;违反法律规定的招投标行为。不正当竞争行为在大多数情况下直接侵害其他经营者的利益,但在特定情况下,也可能给消费者利益造成直接的损害。因此,《反不正当竞争法》的立法目的是通过对不正当行为的规制和规范,鼓励和保护公平竞争,保护经营者和消费者的合法权益。

除了对不正当竞争行为加以规制外,我国于2007年颁布了《反垄断法》。《反垄断法》第1条规定:"为了预防和制止垄断行为,保护市场公平竞争,提高经济运行效率,维护消费者利益和社会公共利益,促进社会主义市场经济健康发展,制定本法。"由此可见,反垄断法也把保护消费者合法权益作为一个重要的立法目的。《反垄断法》中关于滥用市场支配地位行为、垄断协议行为、经营者集中行为和行政性垄断行为的规定,都和消费者权益保护有关。这些规定从某种程度上都体现了对消费者公平交易权的保护。

(二) 价格管理法律制度

完善的价格法律制度,对于加强价格管理、规范价格行为,发挥价格合理配置资源的作用,保护消费者合法权益,促进社会主义市场经济的健康发展有重要意义。因此,为了维护消费者利益,对消费交易中的价格进行合理的管理,是非常必要的。

我国对市场价格的管理方法主要包括:

(1) 直接的控制,即通过直接规定商品和服务的价格标准而对价格进行控制。

（2）调节供应量，即国家利用供求与市场价格之间的关系，通过增加供应量而使价格平抑或减少供应量而维持、提高价格。

（3）调节价格构成，即通过给予经营者一定的优惠而使其利润能够在较低的价格水平条件下得到维持或对经营者以一定的限制使其不得不增加商品或服务的成本支出。

目前，我国颁布的价格法规主要有：《价格法》(1997年12月29日第八届全国人民代表大会常务委员会颁布)、《价格管理条例》(1987年9月11日国务院发布)、《关于价格违法行为的处罚规定》(1999年8月1日国家发展计划委员会发布、2006年2月21日《国务院关于修改〈价格违法行为行政处罚规定〉的决定》第一次修订根据2008年1月13日《国务院关于修改〈价格违法行为行政处罚规定〉的决定》第二次修订)、《商品和收费实行明码标价制度的规定》(1990年2月1日，国家物价局)、《制止谋取暴利的暂行规定》(1995年1月25日国家计委发布)、《餐饮、修理业价格行为规则》(1995年11月17日国家计委、国内贸易部、中华全国供销合作总社发布))等。

根据我国《价格法》第14条的规定，下列行为均为侵犯消费者合法权益的不正当价格行为：

（1）相互串通，操纵市场价格，损害其他经营者或者消费者的合法权益。

（2）在依法降价处理鲜活商品、季节性商品、积压商品等商品外，为了排挤竞争对手或者独占市场，以低于成本的价格倾销，扰乱正常的生产经营秩序，损害国家利益或者其他经营者的合法权益。

（3）捏造、散布涨价信息，哄抬价格，推动商品价格过高上涨的。

（4）利用虚假的或者使人误解的价格手段，诱骗消费者或者其他经营者与其进行交易。

（5）提供相同商品或者服务，对具有同等交易条件的其他经营者实行价格歧视。

（6）采取抬高等级或者压低等级等手段收购、销售商品或者提供服务，变相提高或者压低价格。

（7）违反法律、法规的规定牟取暴利。

（8）法律、行政法规禁止的其他不正当价格行为。

（三）计量管理法律制度

计量准确是公平交易的又一要求。在商品交易中，经营者为了谋取非法利润，往往采取不正确计量的方法损害消费者利益。特别是现代商品大多采用预先包装形式，即使消费者发现存在计量短缺，碍于救济困难，往往也只好放弃请求。为了保证正确计量，维护交易公平，保护消费者利益，必须对消费者交易中的计量问题进行必要的规制。

目前,我国颁布的有关计量方面的法律、法规主要有:《计量法》(1985 年 9 月 6 日第六届全国人民代表大会常务委员会颁布)、《计量法实施细则》(1987 年 2 月 1 日国家计量局发布)、《进口计量器具监督管理办法》(1989 年 10 月 11 日国家技术监督局发布)、《计量违法行为处罚细则》(1990 年 8 月 25 日国家技术监督局发布)、《商品量计量违法行为处罚规定》(1999 年 3 月 12 日国家质量技术监督局发布)等。

目前,常见的侵犯消费者合法权益的计量违法行为主要有以下几种:

(1) 生产、销售的定量包装商品,结算时的重量值与商品的实际重量不符。

(2) 在销售商品或收购商品时,混淆不同等级商品的重量。即增加低等级商品的数量,减少高等级的数量。

(3) 经营者在农副产品收购和农业生产资料销售中,多收少计,短斤少两。

(4) 供水、供电、供气和供热的经营者未按照用户或消费者使用的计量器具显示的量值进行结算,非法转嫁户外管线或其他设施。

(四) 消费合同管理法律制度

为保护消费者的合法权益,现代国家一般都对消费合同与非消费合同区别对待。一方面通过合同法对传统契约法中的契约自由进行限制,并对消费者一方赋予更多的权利和更严密的保护措施;另一方面,通过特别立法对各种特殊的合同,如标准合同、分期付款买卖合同、消费租赁合同、消费信用合同、挨户推销合同、邮售合同等进行特别规范。

目前,我国关于消费合同方面的立法主要体现在新《合同法》中。其基本内容如下:

(1) "采用格式条款订立合同的,提供格式条款的一方应当遵循公平原则确定当事人之间的权利和义务,并采取合理的方式提请对方注意免除或者限制其责任的条款,按照对方的要求,对该条款予以说明。"(第 39 条第 1 款)

(2) "格式条款是当事人为了重复使用而预先拟定,并在订立合同时未与对方协商的条款。"(第 39 条第 2 款)

(3) "格式条款具有本法第 52 条和第 53 条规定情形的,或者提供格式条款一方免除其责任、加重对方责任、排除对方主要权利的,该条款无效。"(第 40 条)

(4) "对格式条款的理解发生争议的,应当按照通常理解予以解释。对格式条款有两种以上解释的,应当作出不利于提供格式条款一方的解释。格式条款和非格式条款不一致的,应当采用非格式条款。"(第 41 条)

四、侵犯公平交易权的行为表现

侵犯公平交易权的行为主要表现为不公平交易行为和强制交易行为。

（一）不公平交易行为

不公平交易行为的实质是消费者的支出与所得不成正比例，即质量、价格和计量三者不统一，甚至分离，通俗点讲就是消费者花费的多，得到的少。这种不公平的交易行为，在商品销售中，提供质次价高，短斤少两，以次充好，以不合格冒充合格，掺杂使假的商品是其典型表现；在服务提供中，直接或者间接地收取额外服务费用是其典型表现，如餐饮服务中服务者收取的餐位费、餐具消毒费、最低消费费、开瓶费、包间服务费等就是这种不公平交易行为。值得注意的是，服务业变相地收取额外服务费的情况还有很多，而且很严重，如旅游业中的"馆中馆"费、"园中园"费，售后服务中的"材料费""零件费""上楼费"，金融服务中的"制卡费""手续费"等。

（二）强制交易行为

搭售是强制交易的主要表现。概括而言，搭售行为是指经营者在销售商品或提供服务时，违背购买者的意愿搭售商品或者附加其他不合理的条件的行为。

第一，搭售行为的基本表现。在消费实践中，搭售行为的表现是多种多样的。下面几种是其基本表现：

（1）商品或服务直接搭配出售，是指经营者在销售商品或提供服务时，要求购买者必须接受另一种商品或接受另一种服务。

（2）限定转售价格，是指制造商向销售商提供商品时，要求销售商必须按制造商限定的价格销售商品，不得自行变动。

（3）限定销售地区，是指供应商提供商品时，要求经销商只能在一定地区进行销售，不得销售到其他地区。

（4）限定销售对象，是指供应商在提供商品时，要求经销商只能向某一类顾客销售该商品。

（5）独家经销限制，是指供应商向经销商提供商品时，要求经销商只能销售其提供的商品，而不得销售其他竞争对手提供的同类商品。

（6）其他搭售商品或者附加其他不合理条件的行为。

第二，搭售行为的构成。搭售行为的构成，必须符合一定的法定条件。一般而言，搭售行为的构成必须同时满足以下条件：

（1）其行为主体是经营者，并且通常是具有经营优势的经营者。

（2）经营者利用其经济优势违背交易相对人的意愿强行搭售商品或服务，交易人被迫接受。

（3）经营者主观上存在故意，客观上侵害了交易相对人的权益。

（4）搭售行为在一定条件下存在违法性。

（5）搭售行为阻碍甚至剥夺了同行业竞争对手相关产品的交易机会。

第三，搭售与捆绑式销售的比较。捆绑销售是指两个或两个以上的品牌或公司在促销过程中进行合作,从而扩大它们的影响力。捆绑销售作为一种跨行业和跨品牌的新型营销方式,开始被越来越多的企业重视和运用。

目前,捆绑销售的形式主要有以下几种:

(1)优惠购买。指消费者购买甲产品时,可以用比市场上优惠的价格购买到乙产品。

(2)统一价出售。指产品甲和产品乙不单独标价,按照捆绑后的统一价出售。

(3)统一包装出售。指产品甲和产品乙放在同一包装里出售。

搭售与捆绑销售的最大不同在于商品本身和销售后果上。在搭售中,被搭售的商品是消费者不需要或者不想要的商品,购买后必然会增加消费者的经济负担;而在捆绑销售中,被捆绑的商品是消费者需要或者希望得到的商品,购买后不仅不会增加消费者的经济负担,反而会减轻消费者的经济负担。

第五节 获得赔偿权

一、获得赔偿权的含义

获得赔偿权是指消费者在因购买、使用商品或者接受服务受到人身、财产损害时,依法享有要求获得赔偿的权利。获得赔偿权是弥补消费者所受损害的必不可少的救济性权利。关于获得赔偿权,我国《消费者权益保护法》第11条明确规定:"消费者因购买、使用商品或者接受服务受到人身、财产损害的,享有依法获得赔偿的权利。"

二、获得赔偿权的基本内容

消费者在购买、使用商品或者接受服务时,既可能人身权受到损害,也可能财产权受到损害。因此,赔偿也就包括人身损害的赔偿和财产损害的赔偿。

(一)人身损害的赔偿

这里的人身既包括消费者的生命权、健康权,也包括消费者其他人格方面的权利,如姓名权、名誉权、荣誉权等。大致而言,人身损害的赔偿范围包括以下内容:医疗费、误工费、住院伙食补助费、护理费、残疾者生活补助费、残疾用具费、丧葬费、死亡补偿费、被扶养人生活费、交通费、住宿费等。我国《消费者权益保护法》对上述各项费用的计算依据和标准未做具体规定。我们认为,可以比照交通事故情况下的人身损害赔偿进行。具体依据和标准如下:

(1)医疗费。按照医院实施治疗所必需的费用计算,凭服务收费单据据实支付。结案后确需继续治疗的,按照治疗必需的费用给付。

（2）误工费。当事人有固定收入的,按照本人因误工减少的固定收入计算;无固定收入的,按照损害发生地国有同行业的平均收入计算。

（3）住院伙食补助费。按照损害发生地国家机关工作人员的出差伙食补助标准计算。

（4）护理费。伤者住院期间,护理人员有收入的,按照误工费的规定计算;无收入的,按照损害发生地平均生活费计算。

（5）残疾者生活补助费。根据伤残等级,按照损害发生地平均生活费计算。自定残之日起,赔偿20年。但50周岁以上的,年龄每增加1岁减少1年,最低不少于10年;70周岁以上的按5年计算。

（6）残疾用具费。因残疾需要配制补偿功能的器具的,凭医院证明按照普及型器具的费用计算。

（7）丧葬费。按照损害发生地的丧葬费标准支付。

（8）死亡补偿费。按照损害发生地平均生活费计算,补偿10年。对不满16周岁的,年龄每小1岁减少1年;对70周岁以上的,年龄每增加1岁减少1年,最低均不少于5年。

（9）被扶养人生活费。以死者生前或者残者丧失劳动能力之前实际扶养的、没有其他生活来源的人为限,按照损害发生地居民生活困难补助标准计算。对不满16周岁的人抚养到16周岁。对无劳动能力的人扶养20年,但50周岁以上的,年龄每增加1岁减少1年,最低不少于10年;70周岁以上的按5年计算。对其他的被扶养人扶养5年。

（10）交通费。按照当事人实际必需的费用计算,凭票据据实支付。

（11）住宿费。按照交通事故发生地国家机关一般工作人员的出差住宿标准计算,凭据支付。

（二）财产损害的赔偿

财产损害赔偿是全面赔偿,赔偿范围既包括受害人遭受的直接损失(实际损失),也包括受害人遭受的间接损失(可得利益损失)。直接损失是现有财产的减少,如财物被毁损、伤残后花费的医药费等。间接损失是可以得到的利益没有得到,如因住院不能参加劳动而减少了的劳动的收入,伤残后丧失劳动能力而得不到劳动报酬等。

三、获得赔偿权的行使

获得赔偿权的行使要件可以从以下两个方面进行界定和把握:

（一）行使主体

享有获得赔偿权的主体是因购买、使用商品或者接受服务而受到人身、财产损害的消费者。具体包括:

（1）商品的购买者。商品的购买者是指实际的购买者。判断是否是实际的购买者，应当以购货凭证为准。如果购货凭证上未载明实际购货人姓名的，持票人即为实际购货人。

（2）商品的使用者。商品的使用人包括商品的购买人，也包括购买人的家庭成员以及其他共同生活、共同居住的人员，如舍友等。

（3）服务的接受者。服务的接受者指实际接受服务者提供的服务行为的人。接受者可以是在服务场所接受服务的人，也可以是在非服务场所接受服务的人。

（4）第三人。第三人是除商品的购买者、使用者和服务的接受者之外的，因为偶然原因而在事故发生现场受到损害的其他人。尽管第三人所受到的损害不是由于本身购买、使用商品或者接受服务而引起的，但《消费者权益保护法》同样也赋予其获得赔偿的权利。

（二）行使范围

消费者在以下几种情况下可以行使获赔权：

第一，因产品（包括服务）不合格给消费者造成损害的情况。不合格与合格相对，是指该产品不符合法律规定的标准，或者不能够满足用户和消费者的需求。按照产品是否符合标准以及符合的程度，是否能够满足广大用户和消费者的需求以及满足的程度，不合格可以分为以下四类：

（1）瑕疵。是指该产品不符合法律规定的标准，或者不能够满足用户和消费者的需求，但是不含不合理危险的产品。不合理的危险是指产品存在明显或者潜在的，以及被社会普遍公认的不应当具有的危险。由于这种产品不含不合理的危险，不会给用户和消费者造成人身或者财产方面的损害，因此，我国《产品质量法》规定，该类产品的瑕疵经经营者明示以后可以销售。

（2）缺陷。是指该产品不符合法律规定的标准，或者不能够满足用户和消费者的需求，而且含有不合理危险的产品。该类产品含有不合理的危险，必然或者极易给用户或者消费者造成人身或者财产方面的损害，因此，我国《产品质量法》明令禁止此类产品的销售。

根据缺陷形成的原因不同，缺陷可以分为设计缺陷、制造缺陷和指示上的缺陷。设计缺陷是指产品在设计上存在着不安全、不合理的因素。如结构设置不合理，设计选用的材料不适当，没有设计附加应有的安全装置等。制造缺陷是指产品在加工、制作、装配过程中，不符合设计规范，或者不符合加工工艺要求，没有完善的控制和检验手段，致使产品存在不安全的因素。指示缺陷是指在产品的警示说明上或者在产品的使用指标标志上未能清楚地告知使用人应当注意的使用方法，以及应当引起警惕的注意事项；或者产品使用了不真实、不适当的甚至是虚假的说明，致使使用人遭受损害。如油漆具有易燃性，生产者应附警示标志,提醒该危险,并告知如何避免。如果未告知,就属指示缺陷。

(3)劣质。是指该产品不符合法律规定的标准,或者不能够满足用户和消费者的需求,而且掺有异质的产品。掺入的异质是导致产品不合格的根本原因,这是劣质产品的实质。如"三鹿奶粉"的劣质性就是因加入的三聚氰胺造成的。一般而言,掺入的异质或者是非法添加剂,或者是添加剂过量,或者是添加剂的不当配伍和错误配伍。劣质产品同缺陷产品一样含有不合理的危险,极易给用户和消费者的人身或财产造成损害,因此,我国《产品质量法》明令禁止生产和销售劣质产品。

(4)假冒。是指使用不真实的厂名、厂址、商标、产品名称、产品标识等从而使客户、消费者误以为该产品就是正版的产品。假冒产品的主要表现有:伪造或者冒用认证标志、名牌产品标志、免检标志等质量标志和许可证标志的;伪造或者使用的虚假的产地的;伪造或者冒用他人的厂名、厂址的;假冒他人注册商标的;失效、变质的;存在危及人体健康和人身、财产安全的不合理危险的;所标明的指标与实际不符的。

假冒产品同缺陷产品、劣质产品一样含有不合理的危险,极易给用户和消费者的人身或财产造成损害,因此,我国《产品质量法》明令禁止生产和销售假冒产品。

第二,因销售产品(包括提供服务)的场地、场所、设备、设施、装饰物、悬挂物、绿化物等给消费者造成损害的情况。消费者无论购买商品或者接受服务,除与商品或者服务进行接触外,还可能接触到销售商品或者提供服务的场地、场所、设备、设施、装饰物、悬挂物、绿化物等。这些硬件保障条件时常会给消费者造成损害,如消费者在场地上滑倒,被开水烫伤,被电梯夹伤,被坠落的灯具砸伤等。因此,我国《消费者权益保护法》第18条第2款明确规定:"宾馆、商场、餐馆、银行、机场、车站、港口、影剧院等经营场所的经营者,应当对消费者尽到安全保障义务。"也就是说,因销售商品或者提供服务的场地、场所、设备、设施、装饰物、悬挂物、绿化物造成损害的,消费者可以要求经营者进行赔偿。

第三,因第三人的故意行为给消费者造成损害的。消费者在购买商品或者接受服务的过程中,也可能因第三人(消费者或者非消费者)的故意行为造成人身或者财产上的损害,如麦当劳餐厅一女消费者被殴致死事件。[①]

因第三人故意行为给消费者造成损害的情况比较复杂,本书认为,当经营者对第三人的故意伤害行为存在过错时,消费者就可以要求经营者进行赔偿。在

---

① 2014年5月28日山东招远发生故意杀人案,6名犯罪嫌疑人系邪教组织成员。为发展组织成员,向在麦当劳餐厅就餐的一名女顾客索要电话号码。遭受害人拒绝后,将其残忍殴打致死。目前除1人因未达到刑事责任年龄被另行处理外,对5名嫌疑人中的2人以故意杀人罪判处死刑,其余判处无期和有期徒刑。

招远伤害案中,本书认为,经营者麦当劳餐厅存在着明显的过错:

(1) 保安力量不足,缺少最低限度的威慑、制止和驱离纠纷发生地的能力。

(2) 对店内的管理存在重大疏忽,没有规范或禁止无关有害的食客行为。

(4) 缺少应有的善意提醒和劝告。

(5) 在事情具体发生过程中,应对失当。

(6) 未对当事食客提供及时的和最低限度的保护。

(7) 未能在第一时间制止或者驱离闹事者,延缓伤害行为,减少伤害程度。

因此,受害者家属可以依据《消费者权益保护法》要求麦当劳餐厅进行经济赔偿。

四、侵犯获得赔偿权的行为

拒绝赔偿和迟延赔偿是侵犯消费者获得赔偿权行为的典型表现。

(一) 拒绝赔偿

拒绝赔偿即不履行法定的赔偿义务。在消费者索赔事件中,经营者拒绝履行赔偿义务的行为屡见不鲜。为遏制经营者的拒绝赔偿义务,除强化政府部门和人民法院的强制执行职能外,我们认为,应当尽快建立健全产品责任保险制度。

产品责任险是指以制造商、销售商的产品责任为保险标的的责任保险。近三十年来,产品责任保险发展迅速,各国产品的生产者和销售者的产品风险意识与法律意识逐渐增强。为了转移风险,生产者和销售者纷纷通过参保产品责任保险,把产品责任风险转嫁给保险公司,以维护企业的利益。自此以后,产品责任保险成为一种普遍的实践,成为保险业务的重要组成部分。

我国目前产品生产者的保险意识不强,很少有生产者能够自愿参加产品责任保险的,因而,我们建议,应借鉴其他发达国家的经验,根据我国的国情,在某些事故频发、直接与人民生活密切相关并容易造成人身伤害、危险性较大的产品中推行强制产品责任险。可先在食品行业建立食品安全强制责任保险制度,强制承担严格责任的产品生产者参加产品责任保险;而在其他危害性较轻的行业,则采取政府积极引导,企业自愿购买的方式发展产品责任保险,以充分发挥其分散风险,维护社会的稳定功能。

(二) 迟延赔偿

迟延赔偿是指经营者故意拖延履行赔偿义务的行为。当经营者故意拖延履行赔偿义务时,消费者除可以申请人民法院强制执行原债务外,还可要求经营者就迟延赔偿而导致的损害进行赔偿,如要求利息赔偿、费用增加赔偿等。

第六节 结 社 权

一、结社权的含义

结社权首先表现为一种政治权利,各国《宪法》都普遍赋予公民以结社权,并对这种权利的实现给予必要的保障。我国现行《宪法》第35条规定:"公民有言论、出版、集会、结社、游行、示威的自由。"根据这一规定,我国公民享有广泛的结社权,亦即公民在法律允许的范围内,享有为实现某一宗旨和目的而依照法定条件和程序组织社会团体的权利。

消费者的结社权是指消费者为维护自己的利益,组织消费者团体的权利,它是宪法规定的结社权在消费领域的具体体现,它是随着消费者运动的兴起而在法律上的必然表现。

消费者运动的发展,消费者组织的不断涌现,直接对立法产生了影响,各国法律对这项权利先后从开始的压制、漠不关心,转而积极赋予消费者以结社权。我国1993年颁布、2013年修订的《消费者权益保护法》也明确规定:"消费者享有依法成立维护自身合法权益的社会团体的权利。"这样,我国消费者的结社权不仅被明确地提了出来,而且被法律加以认可。

二、结社权的功能

消费者结社权的功能主要表现在以下三个方面:

(一)协调功能

消费者组织可以充当社会中间主体的角色,协调消费者与经营者、政府之间的关系,以降低交易费用,提高市场运作效率。具体表现为:一是协调消费者与经营者的关系。消费者组织通过受理消费者的投诉,对双方进行调解,缓和冲突化解矛盾,有利于二者关系的和谐,消除彼此间纠纷带来的额外成本。二是协调消费者与政府的关系。消费者组织具有贴近消费者的天然优势,能够把消费者的需求和建议全面真实地向政府反馈,成为政府与消费者沟通与互动的桥梁,有利于政府决策更趋周延和消费者对政府决策的及时了解。

(二)保护功能

基本处于分散状态的消费者往往无力与强大的经营者对抗以保护自己的合法权益,而消费者组织依靠团体的力量与经营者进行对话,对其施加压力,促使其改善商品或服务质量,解决纠纷,维护消费者的整体利益;而在消费者权益受到侵害时,消费者组织则可以为消费者提供法律援助,必要时代表消费者利益起诉经营者实现对消费者权利的充分保护。

(三) 服务功能

消费者组织利用机构、人员、设施等,为消费者提供信息和教育,提高消费者自身素质和自我保护能力。如通过媒体、网络、刊物等形式向消费者介绍消费的相关知识,提高消费者对商品质量的鉴别能力;向消费者宣传消费权益保护方面的法律并提供法律咨询援助等,增强消费者的维权意识和能力,也提高了消费者参与自我保护的热情和积极性。

三、结社权的基本形式

消费者组织是消费者结社权的基本形式,在我国消费者组织主要是指消费者协会。

消费者协会是由政府有关部门发起,经国务院或地方各级人民政府批准依法成立的社会团体,依据法律赋予的职能,专门从事消费者权益保护工作的公益性组织。1983年5月21日,我国的第一个消费者组织——河北省新乐县(现为新乐市)消费者协会成立,并通过了《新乐县消费者协会章程》。新乐消费者协会成立之后,1984年8月广州市消费者委员会正式成立。同年11月,哈尔滨市消费者协会也宣告成立。1985年1月12日,经国务院批准,我国的全国性消费者组织——中国消费者协会成立。中国消费者协会的成立,在国内外引起了很大的反响。各省、市、自治区的党政领导十分重视,要求抓紧建立本省、市的消费者协会。此后不久,各地的消费者组织纷纷建立起来,数量颇为可观。

目前,除中国消费者协会外,全国共有县级以上消费者协会3279个,其中省级31个,地市级405个,县级2843个。从登记情况看,在机构编制部门登记的有686个;在机构编制部门、民政部门登记的有758个;在民政部门登记的有1670个;未经登记的有165个。全国县以下还设有消费者协会分会和消费者协会联络站等37万个左右。

值得注意的是,各级消费者协会组织刚成立时,大都以"消费者协会"命名。最近几年一些地方对"消费者协会"进行了更名。更名的方式,一是通过地方消费者权益保护法实施办法或者条例作出规定,如福建、四川、广西等;二是通过地方政府批文,如上海、浙江、重庆等。目前,31个省级消费者协会组织中,仍以"消费者协会"命名的有北京、天津、河北、辽宁等21个省、自治区和直辖市;以"消费者委员会"命名的,有湖北、湖南、广东、海南4个;以"消费者权益保护委员会"命名的,有上海、浙江、福建、广西、重庆5个;以"保护消费者权益委员会"命名的,有四川1个。厦门、宁波、青岛、苏州等十几个较大的市也更名为"消费者权益保护委员会"或者"消费者委员会"。省以下其他消费者协会组织的名称大体也有上述四种。

四、结社权的行使

消费者结社权的行使要严格地依法进行,具体来讲就是依法成立社团,并在法律和章程规定的范围内从事消费维权活动。

(一) 依法成立社团

在社会团体成立的程序上,世界各国大致有两种方式:一种是在社会团体成立时,必须到登记机关履行登记手续,否则,就不能取得合法地位;另一种是社会团体的成立只要符合法定条件即可,而无需办理登记手续,政府只在该社会团体违法时才予以追究、进行制裁。我国对社会团体的成立采取前一种,也就是说,社会团体的成立要以注册登记为先决条件和必经程序。

根据国务院1989年制定的《社会团体登记管理条例》的规定,社会团体的成立应具备如下条件:(1) 有社会团体的章程;(2) 有业务主管部门同意成立的审查文件;(3) 有一定数量的会员和相应的组织机构;(4) 有办事机构地点或联络地点;(5) 有合法的经费来源;(6) 全国性的社会团体应具备法人条件。

在具备上述条件后,社会团体的组织者还应向有审批权的民政部门提出登记申请,申请时要提交下列材料:(1) 负责人签署的登记申请书;(2) 有关业务主管部门的审查文件;(3) 社会团体的章程;(4) 办事机构地址或联络地址;(5) 负责人的姓名、年龄、住址、职业及简历;(6) 成员数额。

社会团体登记机关在接到社会团体登记申请后,应对有关的资料进行审查,并在受理后30日内以书面形式作出核准登记或不予登记的答复。对符合成立条件的社会团体,应核准登记,发给社会团体登记证书;具备法人条件的,发给社会团体法人登记证;对不具备法人条件的,发给社会团体登记证。经核准登记的社会团体法人,应由登记机关在报刊上公告。对不符合成立条件的申请人,应依法不予登记,并说明理由。

消费者创设社会团体时,应按照上述规定的条件和程序进行,避免因不具备条件或未履行程序而使准备设立的消费者团体从一开始就处于非法境地。

(二) 依法从事社团活动

在消费者团体合法成立后,应当接受业务主管部门即工商行政管理部门和登记机关的双重管理,积极开展维护消费者权益的活动,不得从事商品经营和营利性服务,也不得以牟利为目的向社会推荐商品和服务。

五、侵犯消费者结社权的行为

对消费者结社权的侵害可以主要归结为以下两种:

(一) 对消费者团体自治权的侵害

如对符合条件的社团不予登记或不予审批,强制分立或解散消费者组织,肆意干扰消费者组织的内部事务,并对消费者社团章程规范做不合理的规定,随意剥夺消费者组织的职能或妨碍消费者组织正常的履行职能。

（二）对消费者个人结社自由的侵害

对个人结社权的侵害发生在会员制的消费者团体中,如强迫加入消费者团体,侵犯消费者不结社权,对消费者退出社团设置苛刻条件等。

第七节 获取知识权

一、获取知识权的含义

获取知识权是从知悉真情权中引申出来的一种消费者权利。它指的是消费者所享有的获得有关消费和消费者权益保护方面的知识的权利。消费知识主要指有关商品和服务的知识,消费者权益保护知识主要是指有关消费权益保护方面及权益受到损害时如何有效解决方面的法律知识。关于消费者获取知识权,我国《消费者权益保护法》第13条明确规定:"消费者享有获得有关消费和消费者权益保护方面的知识的权利。消费者应当努力掌握所需商品或者服务的知识和使用技能,正确使用商品,提高自我保护意识。"

二、获取知识权的基本特征

获取知识权同其他的消费者权利相比具有以下几个明显的法律特征:

（一）主体的广泛性

主体的广泛性是指获取知识权的实现保障主体众多,既有政府部门,也有新闻媒体、社会组织,还有经营者。这些主体从不同的方面,不同的角度,以不同的方式帮助消费者获取消费知识和消费者权益保护知识。值得注意的是,上述主体在对消费者进行宣传教育和咨询介绍时,应避免千篇一律和走过场、搞形式,应当在调查研究的基础上针对不同的群体进行有针对性的、有选择性的宣传教育和咨询介绍。如政府部门应当侧重于消费法律、法规,新闻媒体应当侧重于侵犯消费者获取知识权行为的曝光,消费者协会应当侧重于消费维权,经营者应当侧重于产品介绍等。总之,要处理好一般与重点的关系。只有这样,消费者的获取知识权才能够得到切实的、真正的保护。

（二）内容的广泛性

内容十分丰富、广泛是获取知识权的又一显著法律特征。获取知识权从内容上来讲,既有消费知识方面的内容,又有消费者权益保护方面的内容;既有市场行情、消费技巧、商品质量、价格谈判的内容,又有产品本身、生产过程、使用方法、保养或维修注意事项等方面的内容;既有消费政策和消费法律方面的内容,也有行业规范、商业管理方面的内容。总之,只要与商品、服务和消费者维权方面有关的知识,都在获取知识权的范围内。

(三) 方式的广泛性

获取知识权的又一法律特征是方式的广泛性。所谓方式的广泛性亦即获取知识权保护方式的多样性。就消费实践而言,宣传、教育、咨询和介绍是消费者获取消费知识和消费者权益保护知识的基本途径。而每一种途径,又有很多不同的方法和措施。总之,我们认为,对具体方法的认定和使用,不应拘泥于形式,只要能够帮助消费者获取消费知识和消费者权益保护知识的方法都应当认定为是正确和合理的方法。只有这样,消费者才能够更好、更多地获取消费知识和消费者权益保护知识。

三、获取知识权的基本内容

获取知识权包括以下两方面的内容:

(一) 有关商品和服务方面的知识

主要是指有关消费观的知识,有关商品和服务的基本知识,有关市场的基本知识。这是保障消费者正确适宜的消费所不可缺少的前提条件。

(二) 有关消费者权益保护方面的知识

主要是指有关消费者权益保护的法律、法规和政策以及保护机构和争议解决途径等方面的知识。如果消费者缺少这方面的知识,他在消费活动中的合法权益如安全权、公平交易权、请求赔偿权等就不能得到充分、有效的保障。

无论是有关商品和服务方面的知识,还是有关消费者权益保护方面的知识,都应当从宏观和微观、理论和实践、一般和具体两个方面向消费者进行传输。

四、获取知识权的实现

政府部门、新闻媒体、消费者协会和经营者的宣传、教育、咨询与介绍是消费者获取知识权实现的基本途径。

(一) 政府部门的宣传、教育、咨询与介绍

政府部门是消费者获取知识权实现的重要保障主体。政府部门应当通过一系列有效方式把关于商品或服务的知识信息及时传递给消费者,确保其获取知识权的实现。

我国政府部门中设有专门的消费者权益保护机构。这一专门的机构应当指派富有经验的消费者权益保护专家,结合消费实际,针对不同的消费群体,定期和不定期地采取多种形式,如出版专辑(手册)、宣传画(册)、现场咨询、个案解答等对消费者进行宣传、教育、咨询和介绍。

（二）新闻媒体的宣传、教育、咨询与介绍

新闻媒体也是消费者获取知识权实现的重要保障主体。各种传媒在消费者取得有关消费知识和消费者权益保护方面知识有不可估量的作用。因此，我们应当通过广播、电视、报纸、杂志、网络等国家的舆论工具进行广泛而又经常的宣传和教育，提高消费者的自我保护能力。

新闻媒体传播消费知识的形式是多种多样的，如开辟专栏、知识竞赛、专题广播、舞台表演、特别播报等。新闻媒体应当发挥各自媒体的优势，充分发挥媒体传播快、传播面广的专长，取长补短，通力合作，及时的向消费者传递、传播有关消费知识和消费者权益保护方面知识。

（三）消费者协会的宣传、教育、咨询与介绍

消费者协会同样是消费者获取知识权实现的重要保障主体。中国消费者协会和各地消费者协会自成立以来，就十分重视做好宣传、教育、咨询与介绍工作，创办了多种消费类报纸与杂志，与有关报社、电台、电视台联合举办了"消费者之声""315文艺晚会"等专栏、专题节目，并用知识竞赛、现场咨询、散发宣传品、接待消费者投诉等多种消费者喜闻乐见的形式向消费者传播消费知识和消费者权益保护知识，收到了很好的社会效果。

（四）经营者的宣传、教育、咨询与介绍

经营者是消费者获取知识权实现的直接保障主体，也是重要的义务主体。在保护消费者获取知识权方面经营者负有下列义务：

（1）向消费者提供真实信息，不作引人误解的虚假宣传的义务。

（2）对商品做出真实说明和明确警示并在必要时立即报告和告知的义务。

（3）标明其真实名称和标记的义务。

（4）保证名实相符的义务。

除此之外，经营者还可以举办类似"消费者开放日"等活动，邀请消费者参观其生产车间和产品陈列室，了解产品性能、工艺和使用知识，使企业成为消费教育基地，并以此保障消费者获取知识权的实现。

五、侵犯消费者获取知识权的行为

侵犯消费者获取知识权的行为主要是指经营者侵犯消费者获取知识权的行为。该侵权行为有积极侵权和消极侵权两种情况。

（一）经营者以积极的方式侵犯消费者获取知识权的行为

积极的方式亦即作为的方式。常见的以作为的方式侵犯消费者获取知识权的行为表现是弄虚作假、虚假宣传、虚假陈述、虚假报告、恶意炒作等均属于此类行为。

(二) 经营者以消极的方式侵犯消费者获取知识权的行为

消极的方式亦即不作为的方式。在以消极的方式侵犯消费者获取知识权的行为中,拒绝是最典型的表现。其具体表现是拒绝告知、拒绝回答、拒绝询问、拒绝请教等。

第八节 受尊重权

一、受尊重权的含义

所谓消费者受尊重权,是指消费者在购买、使用商品和接受服务时,享有其人格尊严、民族风俗习惯得到尊重的权利。关于消费者受尊重权,我国《消费者权益保护法》第14条明确规定:"消费者在购买、使用商品和接受服务时,享有人格尊严、民族风俗习惯得到尊重的权利,享有个人信息依法得到保护的权利。"

二、受尊重权的基本内容

受尊重权由人格尊严受尊重权和风俗习惯受尊重权两项内容构成。

(一) 人格尊严受尊重权

人格尊严受尊重权即人身权受到尊重。人身权是指与人身相联系或不可分离的没有直接财产内容的权利,亦称人身非财产权。包括三项基本权利,一是人格权,二是身份权,三是人身自由权。

第一,人格权。人格权是指民事主体基于其法律人格而享有的、以人格利益为客体、为维护其独立人格所必需的权利。人格权由以下诸项权利构成:

(1) 生命权。是指人身不受伤害和杀害的权利或得到保护以免遭伤害和杀害的权利,取得维持生命和最低限度的健康保护的物质必需的权利。也是人权最基本的权利。

(2) 身体权。是指自然人对保持其肢体、器官和其他组织的完整而依法享有的权利。身体权有其独特的保护范围,对身体权的侵害行为,不以对身体的侵害造成生命、健康的损害为必要。

(3) 健康权。是指自然人保持其正常的生理和心理的技能状态和社会适应能力的权利。

(4) 姓名权。是指公民决定其姓名、使用其姓名和变更其姓名并要求他人尊重自己姓名的权利,是以姓名利益为内容的权利。主要包括姓名的命名、使用、变更并排除他人的妨碍和侵害。

(5) 名称权。是指法人和其他组织在参与民事活动时,为区别于其他组织而为自己确立的一个特定标志。法人的名称应能反映其营业性质、业务活动及隶属关系。

(6) 肖像权。肖像是指公民身体的外部表现,并通过传统美术和现代科学将人身体的外部表现在客观上再现,如通过雕塑、摄影、画像等。肖像反映的是肖像者的真实形象和个性特征,所以肖像与特定人的人格不可分离。因此,肖像权是公民对自己的肖像享有利益并排斥他人侵犯的一种人身权利,是以公民的形象、特征利益为内容的人格权。

(7) 名誉权。名誉是指社会或他人对特定公民、法人的品德、才干、信誉、商誉、资历、功绩等方面的评价和总和。名誉权就是公民、法人依法享有的,有关自己的社会评价不受他人侵犯的一种人身权利。

(8) 隐私权。隐私权又称个人生活秘密权,是指自然人不愿公开或让他人知悉个人秘密的权利。

(9) 信用权。民事主体所具有的经济能力在社会上所获得的相应信赖与评价。作为民事主体的自然人和法人,都依法享有信用权,其他任何人不得非法侵犯,征信机构也不能侵害这种权利。

第二,身份权。身份权是"人格权"的对称,指公民、法人所享有的基于特定身份关系而产生的人身权。

身份权可分为:荣誉权、监护权、亲权、婚姻自主权、法定代理权、作者的各种人身权(如发表权、署名权、保护作品完整权、修改权、收回权)、发明人的各种人身权(如署名权、专利标记权)等。

第三,人身自由权。人身自由权是指公民在法律范围内有独立为某种行为而不受他人干涉,不受非法逮捕、拘禁,不被非法剥夺、限制自由及非法搜查身体的自由权利。[①] 人身自由不受侵犯,是公民最起码、最基本的权利,是公民参加各种社会活动和享受其他权利的先决条件。

(1) 身体自由权。身体自由权也称作行动的自由权,是指自然人按照自己的意志和利益,在法律规定的范围内作为和不作为,不受非法限制、剥夺、妨碍的权利。身体自由权所包含的,是自然人自由支配自己外在身体行动的权利。非法限制、妨碍或剥夺自然人的身体自由,即为侵权行为。这是因为身体自由为自然人的基本民事权利,一经非法剥夺和限制,即属侵害他人行动的自由。

(2) 精神自由权。精神自由权,也称作决定意思的自由权,即意志自由权。在现代社会,自然人依自己的意志和利益从事正当的思维活动,观察社会现

---

① 目前,学术界对人身自由权的范围还有不同的认识。有些研究者认为,人身自由权仅指自然人身体行动的自由;有些研究者认为,人身自由权包括自然人身体行动的自由与意思表示的自由;还有一些研究者认为,人身自由权既包括自然人身体行动的自由,也包括精神活动的自由。为最大限度地保护消费者的人身自由权,本书从最广义角度使用人身自由权的概念。

象,是进行民事活动的前提,法律应当予以保障。因而,精神自由权是自然人按照自己的意志和利益,在法律规定的范围内,自主思维的权利,是自然人自由支配自己内在思维活动的权利。非法限制、妨碍自然人的精神自由,即为侵权行为。对此,最高人民法院《关于贯彻执行〈民法通则〉若干问题的意见(试行)》第149条规定:"盗用、假冒他人名义,以函、电等方式进行欺骗或者愚弄他人,并使其财产、名誉受到损害的,侵权人应当承担民事责任。"这一司法解释所述情形,正是以欺诈方法侵害他人意志自由权的行为。

(二) 风俗习惯受尊重权

我国是一个统一的多民族国家,由于经济、文化发展水平和地域的差异,形成了民族间语言文字、生活方式、风俗习惯、心理状态和宗教信仰等多方面的差别。各民族的饮食、服饰、居住、婚葬节庆、娱乐、礼节、禁忌等风俗习惯都有所不同。作为经营者和消费者应自觉尊重这些风俗习惯。尊重少数民族的风俗习惯,就是尊重民族感情、民族意识、民族尊严,这关系到坚持民族平等,加强民族团结,处理好民族关系,促进安定团结的大问题。《消费者权益保护法》中规定消费者民族风俗受尊重权,体现了宪法规定的精神,对预防民族纠纷,促进各民族团结,保护各民族人民,特别是少数民族的利益,都具有重大意义。

三、受尊重权的实现方式

人人都希望受到尊重,人人都要受到尊重,这是文明社会的显著特点之一。消费者是社会的一员,也应受到包括经营者在内的法律主体的尊重。应当从以下几个方面保障消费者受尊重权的实现。

(一) 营造人人相互尊重的社会环境

相互理解、相互尊重是现代文明社会的重要特征。营造人人相互尊重的社会环境,是净化消费市场,和谐消费者与经营者关系,保障消费者受尊重权实现的关键。

(1) 平等是消费者受尊重权实现的前提。在消费活动中,尽管消费者和经营者的经济实力、信息能力、责任能力等有很大的不同,甚至可能存在着天壤之别,但是,其主体地位却是平等的,无尊卑贵贱之分。经营者与消费者互依互存,互为因果,相辅相成,因此,经营者不必趾高气扬,消费者也不必低三下四,一切都应当在平等中进行。没有平等就没有尊重,要获得尊重,首先要获得平等。

平等有形式平等和实质平等之分。在消费活动中,我们强调和追求的是一种形式平等,即消费者与经营者之间的合同平等。

(2) 自尊是消费者受尊重权实现的基础。自尊是获得尊重的基础,不自尊的人,也不会获得他人的尊重。消费者一定要自尊,这是获得经营者尊重的基础。因此,消费者一定要提高自身的素质和修养,提高自身的政策、法律水平,商品与服务的认知和鉴别能力,并以此坚实受尊重权的基础。

就目前的情况来看,我们认为,消费者尤其要注意和提高自身的素质和修养,努力做到衣着整洁、不随地吐痰、不乱扔垃圾(养成良好的卫生习惯),在公共场合不吸烟、不大声喧哗、不插队、不起哄(维护公共秩序),讲文明、讲礼貌。

(3)理解是消费者受尊重权实现的关键。消费者群体是一个很复杂的群体,所表现出来的素质、修养、认知和能力都有很大的不同,对此,经营者一定要给予充分的理解。只有理解了才能认真倾听、认真解答、认真对待,消费者的受尊重权也才可能真正实现。

(二)建立"有问必答"的经营制度

在消费活动中,消费者对很多消费政策、消费法律、商品知识、维权的方法、途径、技巧都是不清楚、不明白的,而向经营者询问、求教则是弥补这一不足的简单、快捷、切实可行的方法。因此,为了方便消费者询问和求教,促使经营者转变经营作风,奠定坚实的受尊重权实现的基础,我们建议建立"有问必答"的经营制度。

"有问必答"的经营制度主要包括以下内容:

(1)"有问必答"的基本内容。包括消费政策、消费法律、商品知识和权益维护知识等都应当纳入到"有问必答"的范畴。

(2)建立"有问必答"专员制度。由专人负责解答消费者提出的各种疑难问题。

(3)建立"有问必答"考评制度。将是否答疑,消费者对答疑是否满意作为内部考评的指标之一。依法、依内部规章及时处理拒绝答疑,不耐心答疑,敷衍了事,引发消费者不满甚至冲突与矛盾的人员。

(三)完善"消费宣传栏"制度

"消费宣传栏"是消费者获得消费政策和消费法律知识、商品知识和权益维护知识的重要窗口。目前,很多经营者都在消费场所设立了"消费宣传栏"。这一做法值得肯定和推广。但是,这一做法在实施过程中还存在不少问题,还有待于完善。应从以下几个方面完善"消费宣传栏"制度:

(1)内容要及时更新。主要是指专栏内容要及时更新,确保消费者能够获得最新的消费政策、消费法律、商品和维权方面的知识。

(2)表达要通俗易懂。主要是指宣传用语、用图应当让消费者真正理解和明白,要尽可能地取消过于专业、晦涩、难懂的术语和表达。

(3)形式要生动活泼。主要是指要采用消费者喜闻乐见的形式,如"连环画""以案说法"等方式进行宣传,勿将"宣传栏"变成"张贴栏"。

四、侵犯受尊重权的行为

侵犯消费者受尊重权的行为可以从认定与表现两个方面进行探讨和研究。

（一）侵犯消费者受尊重权行为的认定

一般认为，侵犯消费者受尊重权的行为由以下几个要件构成：

（1）从行为表现来看，经营者主要以侮辱和诽谤方式（不管是语言辱骂、诽谤他人，还是采用具体侮辱和诽谤动作）实施有损人格尊严的某种行为。

（2）从行为人的主观上来看，只要求行为人主观上存在过失，不以行为人是否故意为条件。

（3）从行为结果上来看，只要一般人认为违法行为已经构成对人格尊严和风俗习惯的侵害，该行为就构成，而不以受害人社会评价是否降低作为认定标准。

（二）侵犯消费者受尊重权行为的基本表现

侵犯消费者受尊重权的行为，从形式上来讲是多种多样的。常见的侵犯消费者受尊重权的主要有以下几种：

（1）以消费者购买商品或者接受服务为借口调戏、侮辱消费者。

（2）限制、妨碍消费者的人身自由。

（3）强行搜查消费者的身体和所携带的财物。

（4）宣扬有损消费者名誉的言论。

（5）经营者在商品包装、商标及广告中使用有损少数民族形象的文字、图画。

（6）强迫少数民族消费者接受本民族禁忌的食品或其他商品。

第九节 监 督 权

一、监督权的含义

监督权是指宪法赋予公民监督国家机关及其工作人员的活动的权利，是公民作为国家管理活动的相对方对抗国家机关及其工作人员违法失职行为的权利。我国《宪法》第41条第1款规定："中华人民共和国公民对于任何国家机关和国家工作人员，有提出批评和建议的权利；对于任何国家机关和国家工作人员的违法失职行为，有向有关国家机关提出申诉、控告或者检举的权利，但是不得捏造或者歪曲事实进行诬告陷害。"

消费者监督权，是指消费者享有对商品和服务以及保护消费者权利工作进行监督的权利。关于消费者监督权，我国《消费者权益保护法》第15条明确规定:"消费者享有对商品和服务以及保护消费者权益工作进行监督的权利。消费者有权检举、控告侵害消费者权益的行为和国家机关及其工作人员在保护消费者权益工作中的违法失职行为,有权对保护消费者权益工作提出批评、建议。"

二、监督权的基本内容

消费者监督权的基本内容包括以下几项:

(一) 批评、建议权

批评权是指公民有对国家机关和国家机关工作人员工作中的缺点和错误提出批评意见的权利;建议权则是指公民有对国家机关和国家机关工作人员的工作提出合理化建议的权利。我国公民可以通过新闻报刊、来信来访、座谈会、讨论会等多种形式和途径来行使批评、建议权。批评、建议权的行使对于防止官僚主义,提高工作效率有着重要意义。

(二) 控告、检举权

控告权是指公民对任何国家机关和国家机关工作人员的违法失职行为,有向有关机关进行揭发和指控的权利。检举权是指公民对于违法失职的国家机关和国家机关工作人员,有向有关机关揭发事实,请求依法处理的权利。两者的共通之处在于:都是同违法失职行为作斗争。区别有二:一是控告人通常是直接受到不法侵害的人,而检举人则不一定与事件有直接关系;二是控告是为了保护自己的权益而要求对违法失职行为进行处理,检举则多为出于正义感和维护公共利益的目的。

公民行使控告权和检举权可通过如下途径:

(1) 对违法犯罪行为,向司法机关提出。

(2) 对违反政纪的行为,向主管单位、上级单位或监察机关提出。

(3) 对国家机关的违法决定,向同级国家权力机关或者上级国家权力机关提出。

(4) 对国家机关中党的组织或党员的违法犯罪行为,向同级或上级党的纪律检查委员会提出。

(三) 申诉权

申诉权是指公民的合法权益因行政机关或司法机关作出的错误的、违法的决定或裁判,或者因国家机关工作人员的违法失职行为而受到侵害时,有向有关机关申述理由,要求重新处理的权利。

我国公民的申诉权主要在下面两种情况下行使:一是公民对于行政机关作出的行政处罚决定不服的,可以向其上级机关或者有关国家机关提出申诉,要求改正或者撤销原决定;二是对已经发生法律效力的判决或裁定,当事人、被告人及其家属或者其他公民,可以向人民法院、人民检察院乃至向国家权力机关提出申诉,要求前两个单位改正或者撤销原判决或裁定。

我国于1999年4月由第九届全国人大常委会通过了《行政复议法》,以利于公民行政申诉权的保护。其他诉讼法也都规定了对公民申诉权的相应保护,主要是审判监督程序的规定等。为了保障公民监督权的有效行使,《宪法》第41条第2款规定:"对于公民的申诉、控告或者检举,有关国家机关必须查清事实,负责处理。任何人不得压制和打击报复。"同时,我国刑法和其他法律也都规定了对公民监督权行使的保护。

三、监督权的行使

建立健全举报奖励制度、反打击报复制度是消费者充分行使监督权的基础和关键。

(一) 举报奖励制度

为对经济举报有功人员进行奖励,1998年国家税务总局发布了《税务违法案件举报奖励办法》,2001年财政部、国家工商管理总局、国家质量监督检验检疫总局发布了《举报制售假冒伪劣违法犯罪活动有功人员奖励办法》,2003年财政部、国家食品药品监督管理局发布了《举报制售假劣药品有功人员奖励办法》。可以看出,举报奖励制度受到了越来越多的国家机关的注意和重视。随着这种注意和重视程度的不断提高,越来越多、越来越细的举报奖励制度也将随之出台。可以预见,我国完善的举报奖励制度的形成只是一个时间问题。

上述举报奖励制度对奖励的对象、范围、等级、数额、方法等问题都结合不同的行业和专业领域作了明确或基本明确的规定,如《举报制售假冒伪劣违法犯罪活动有功人员奖励办法》就对上述问题作出了如下规定:

一是,奖励对象。举报有功人员是指以书面材料、电话或者其他形式向各级工商行政管理机关或质量监督检验检疫机关举报制售假冒伪劣商品活动,且举报情况经行政执法机关办案查证属实的人员。但是,与本职工作有关的国家机关及其工作人员、被假冒方或其委托人以及属申诉案件的举报不适用本办法。

二是,奖励范围。举报下列制售假冒伪劣商品违法犯罪活动的,属于本办法奖励范围:

(1) 生产、销售、储存、运输、印刷或者冒用商标包装、装潢、厂名、厂址和产地的产品及包装物、标识物的。

(2) 生产、销售、储存、运输、印刷伪造或者冒用质量标志的产品或者包装物、标识物的。

(3) 生产销售不符合保障人体健康和人身、财产安全的国家标准、行业标准产品的。

(4) 生产、销售国家明令淘汰的产品的。

(5) 生产、销售掺杂掺假、以假充真、以次充好、以不合格冒充合格产品的。

(6) 生产、销售过期失效、变质产品的。

三是,奖励等级。根据举报事实的确凿程度和举报人的配合情况,将举报分为4个等级:

(1) 一级举报。认定违法事实完全清楚,已亲自并直接掌握现场物证、书证并可协助现场查办活动,举报情况与查办事实完全相符。

(2) 二级举报。认定有违法事实,已掌握部分现场物证、书证并可协助查办活动,举报情况与查办事实基本相符。

(3) 三级举报。尚未对违法事实进行直接核实,但已经取得部分重要证据,仅提供查办线索,不直接协助查办活动,举报情况与查办事实大致相符。

(4) 四级举报。有部分物证,但未经过核实,仅为怀疑、推测性举报。

四是,奖励数额。对举报有功人员根据不同情况以及查获假冒伪劣商品的情况进行现金奖励。

五是,法律责任。该《办法》分别规定了举报人和国家机关工作人员的法律责任。关于举报人的法律责任,该办法规定,举报人应对所举报的事实负责。对借举报之名故意捏造事实,诬告他人或进行不正当竞争行为的,依法追究法律责任。

关于国家机关工作人员的法律责任,该《办法》规定,各级人民政府行政执法人员有下列情况的,视情况轻重给予行政处分;构成犯罪的,依法追究法律责任:

(1) 伪造举报材料,冒领举报奖金的。

(2) 对举报人或者举报情况敷衍了事,没有认真核对查处的。

(3) 因工作失职造成泄密的。

(4) 向被举报人通风报信,帮助其逃避查处的。

(二) 反打击报复制度

所谓打击报复举报人,是指被举报人或者有关人员利用职权或者其他手段,对举报人实施报复陷害,侵犯举报人人身权利、民主权利的行为。由于我国目前民主和法制还不健全,公民的法制观念还不强,有些人特别是有一定职权的人,当得知自己的违法犯罪行为被举报,便对举报人进行打击报复。有的亲自动手或者雇佣他人残害举报人;有的诬告陷害举报人;比较多见的则是利用职权,肆意对举报人进行所谓的党政纪处分,开除、解聘、调离、扣工资奖金等,手段多样。这类事件尽管不是很多,但是却严重地侵犯了举报人的合法权益,影响很坏,严重挫伤了群众举报的积极性,必须予以严肃处理。

检察机关处理这类案件,主要采取以下做法:

(1) 认真受理。凡是向检察机关举报犯罪而遭到打击报复的,只要举报人提出控告,检察机关都要认真受理。举报人向检察机关举报犯罪活动,是对检察机关的信任,检察机关应当抱着对人民群众高度负责的精神,尽心竭力保护举报人的合法权益,严肃查处打击报复举报人的犯罪案件,取信于民。

需要说明的是,由于打击报复举报人的表现形式多种多样,造成的后果也各不相同,因此检察机关不可能包揽所有打击报复举报人案件,只能受理向检察机关举报而遭打击报复的这部分案件,其他各类情况,可以向有管辖权的纪检、监察等部门提出控告。

(2) 严肃查处。对打击报复举报人的案件,要及时进行调查,查清打击报复举报人的问题是否存在。对于构成犯罪的,发现一件,查处一件,决不姑息。对经过调查不构成犯罪的,检察机关也不能甩手不管,而是要积极和主管部门联系,协同妥善处置。

欲彻底根绝打击报复行为,我们认为,应当尽快制定"举报法"。其基本思路和做法应当是:以"举报法"为保障公民举报权利的基本法,制定完善各种单行行政法规、行政规章,并把保护举报人权利作为举报法律体系的逻辑起点和归宿,在明确举报人的权利范围、受理举报机构的责任和义务、完善举报程序制度、建立与举报权利保护有关的保密制度、举报人安全保障制度、举报人受益制度、举报人权利救济制度等方面进行立法完善和制度创新,以构建完备的公民举报权保护体系。

四、侵犯消费者监督权的行为

阻扰消费者监督权的行使、泄露举报人的相关信息和对举报人实施打击报复是侵犯消费者监督权行为的典型表现。

(一) 阻扰消费者行使监督权

阻挠举报人进行举报是一种常见的侵犯举报合法权益的行为。这种行为的实质是对举报的干预、干涉和压制,最终目的是取消举报人的举报。

常见的阻挠手段主要有以下几类:

(1) 以可能发生或必然的危险后果相威胁。
(2) 扣押、隐匿或者销毁消费者的举报材料。
(3) 跟踪监视举报人。

(二) 泄露举报人的相关信息

泄露举报人的相关信息,也是一种严重的侵犯举报人人身权益的行为,危害巨大。举报人一般都是对身边的人和事进行举报,更多的则是对本单位领导的举报,举报人的信息一旦泄露,举报人很可能就会遭到单位同事的孤立、攻击甚至是伤害。如此以来,举办人便很难继续工作,有的甚至会轻生、自杀。因此,我们必须严厉打击泄露举报人信息的行为。

(三) 对举报人实施打击报复

对举报人实施打击报复是一种严重的侵犯消费者人身权的行为,危害巨大,必须坚决禁止,严厉打击,否则,不仅会严重挫伤广大举报人的积极性,还会助长打击报复举报人的邪恶气焰。

一般而言,对消费者举报的打击报复主要有两种情况,一种是显性的打击报复,如以违法手段侮辱举报人,以违法手段伤害甚至是杀害举办人等;一种是隐性的打击报复,如对举报人做出职务任命上的"调""降""停""撤"决定,或者对其提拔实施"关""卡""压"等决定,或对其正当要求加以拒绝、拖延、减少等。

第十节 反 悔 权

一、反悔权的含义与特征

反悔权是《消费者权益保护法》赋予消费者的一项新的权利。反悔权的确立,完善了我国消费者权利的权利体系,也使消费者权益得到了更加充分的保护,理论价值和实践意义均十分重大。

(一) 反悔权的含义

消费者反悔权,又称无因退货权或无条件退货权,是指消费者在商品交易合同成立生效、支付价款取得商品后,依法或依约定在一定期限内享有的无偿且无条件解除合同并退货而不必承担违约责任的权利。对于消费服务合同,因其特殊性,合同履行完毕后一般很难恢复原状,消费者只能依照民法有关原理要求赔偿损失,因此,在服务合同中设立反悔权是没有必要的。

我国《消费者权益保护法》第 25 条对无条件退货权作了如下规定:

第一,"经营者采用网络、电视、电话、邮购等方式销售商品,消费者有权自收到商品之日起 7 日内退货,且无需说明理由,但下列商品除外:(1) 消费者定作的;(2) 鲜活易腐的;(3) 在线下载或者消费者拆封的音像制品、计算机软件等数字化商品;(4) 交付的报纸、期刊。"(第 25 条第 1 款)

第二,"除前款所列商品外,其他根据商品性质并经消费者在购买时确认不宜退货的商品,不适用无理由退货。"(第 25 条第 2 款)

第三,"消费者退货的商品应当完好。经营者应当自收到退回商品之日起 7 日内返还消费者支付的商品价款。退回商品的运费由消费者承担;经营者和消费者另有约定的,按照约定。"(第 25 条第 3 款)

(二) 反悔权的特征

同其他消费者权利相比,消费者反悔权具有以下几个明显的法律特征:

(1) 单方性。只有消费者才能依照法定的程序行使反悔权,而与消费者相对的经营者等其他主体不享有这种权利。这充分体现了《消费者权益保护法》对消费者进行倾斜性保护的基本精神。

(2) 限制性。消费者反悔权制度虽然是授权性规范,但其强制性也十分明显,主要体现在对反悔权的适用范围上比较严格。各国立法虽然赋予消费者这一超越传统交易规则的权利,但顾及到交易安全,权利的适用范围仅限于上门销售、远程销售、分期付款、分时度假等消费领域。根据我国《消费者权益保护法》第25条第1款的规定,我国消费者反悔权仅适用于"经营者采用网络、电视、电话、邮购等方式销售商品"的领域。销售商以其他方式销售商品的,消费者不得行使反悔权。

(3) 无因性。这个特点是消费者反悔权的点睛之笔,正是由于其无因性的性质,使得消费者反悔权的源泉是法律的规定,而非和经营者之间的约定。反悔权的无因性大大降低了消费者的维权门槛和成本,也使得这项权利的操作性得以增强,对平衡消费者和经营者在交易中所处的地位具有十分重要的意义。

(4) 免责性。免责性是指消费者行使反悔权后,可依法解除合同,且不需要承担合同违约责任。但本书认为,这种免责性具有相对性,因了解商品的性能、状态,合理检查商品的过程可被理解为是消费者行使知情权中的检查权,此时消费者不需要承担任何责任,但因消费者明显过错的检查行为,影响二次销售的或确已使用商品的,经营者有权据此不予退货。

(5) 直接性。与可撤销合同的实现程序相比,消费者反悔权无需申请仲裁机构和法院的裁判,可直接依法撤销合同。

二、我国建立消费者反悔权制度的必要性

赋予消费者反悔权之于消费者的消费活动和权益保护,顺应市场经济发展的目标和要求,规范经营者的经营行为,倡导诚信经营和消费,适应消费和消费者权利保护立法的国际性潮流都有十分重要的意义。

(一) 顺应市场经济发展的目标和要求

赋予消费者无条件退货权是市场经济长足发展的当然要求。

(1) 反悔权制度的建立满足了消费者的消费需要。发展市场经济,最终都是为了满足消费者的需要。各种侵犯消费者合法权益的行为,扰乱了正常的市场交易秩序,扼制了消费的引导作用,消费者需求也并未得到真正满足。反悔权制度的建立,使得消费者可以毫无顾虑地退还自己最终觉得不满意的商品,可以

保证消费者所购买的商品真正为其所需。

（2）反悔权制度的建立满足了现代生活快节奏的要求。市场经济讲求经济效益，效益价值要求交易过程的便捷和简化，从而节约交易成本。反悔权制度的建立，使消费者无需在订约时过于谨小慎微、瞻前顾后，从而节约了订约的时间成本和事前调查成本，而经营者也减少了订约前争取立约的各种开支。

（3）反悔权制度的建立可以有效应对新近出现的营销方式。从现代市场经济的发展趋势来看，出现了一些例如上门推销、电话营销、电视直销、电子商务、分时度假等营销方式。由于没有相应法律制度的规范，营销机构的运作混乱，导致市场环境恶化，加剧了消费者与经营者之间的"信息不对称"，强化了消费者的弱势地位。反悔权制度给予了消费者在一定时间范围内校验交易信息准确度的机会，若信息不实影响其购买判断则可以单方面解除合同。

（4）反悔权制度的建立消除了消费障碍，有利于扩大内需。市场经济的发展依赖消费需求的拉动，消费需求的扩大需要消费者对市场充满信心。由于市场上的欺诈、误导等不正当宣传方式和营销手段导致消费者对市场缺乏信心，而反悔权制度则可以在一定程度上削弱这种不利影响，使消费者不至于因担心上当受骗而拒绝交易。

（二）有利于消费者合法权益的保护

反悔权制度设立的最直接和最重要意义就是更加有利于消费者的保护。这种重要意义主要表现在：

第一，反悔权制度克服了传统法律制度对消费者权益保护的局限。根据《合同法》第54条的规定，因重大误解订立的、在订立合同时显失公平或者是一方以欺诈、胁迫的手段或者乘人之危，使对方在违背真实意思的情况下订立的合同，受损害方有权请求人民法院或者仲裁机构变更或者撤销。如果经营者在订立合同时采用了欺诈、胁迫或者乘人之危的方法，消费者可以主张变更或撤销合同。但是，都会遇到举证负担和诉讼成本的问题而难以帮助消费者维权。反悔权制度则免除了消费者的举证责任和沉重的诉讼成本，为消费者维护合法权益提供了一条便捷、低成本的途径。

第二，反悔权制度有利于保障消费者知情权的顺利实现。知情权是消费者行使其他合法权利的前提，因为消费者只有充分掌握消费信息才能作出正确的消费决定。但是，在消费实践中，消费者的知情权却往往难以实现。消费者反悔权制度的建立则可以有效保障消费者知情权的顺利实现：

（1）反悔权制度作为一种事后救济手段对消费者知情权的保护。消费者可以在合同成立后的一段时间之内通过接触商品获得关于商品的更多信息并检验其与自身需求的吻合程度，最终在充分了解商品信息的基础上决定是否要退还所购商品。

（2）反悔权制度作为一种事前防御手段对消费者知情权的保护。经营者如果不当利用自己的信息优势，反悔权制度会使明白真相之后的消费者行使无因退货的权利，最终使经营者承担此种不利益。所以，经营者反而会在交易过程中和盘托出自己掌握的商品信息，诚实对待消费者，从而取得消费者信任，提高成交率。这样一来，消费者的知情权就能得到最大限度的实现。

第三，反悔权制度有利于加强对诚信、合法经营者的有效保护。反悔权制度的建立，对不良经营者而言，必然会提高其交易成本，从而迫使其退出市场；对诚信的经营者而言，可以帮助他们消除逆向选择等问题，间接消除市场上一些不良经营者的不正当竞争。

（1）反悔权制度的建立，可以有效避免高压销售[①]，避免销售环节过度的资源浪费。由于当前的市场竞争越来越激烈，经营者中的不良分子为了扩大销售业绩，往往采用高压销售等方式引诱消费者购买商品，或者在销售环节消耗更多的资源，从而导致商品价格不当抬高或者品质下降。反悔权制度的建立，使得高压销售的方式不仅得不到更多的销售业绩，反而会提高不良经营者的运营成本，使其因为消费者的大量退货而损失惨重；同时，有利于促使商品生产者将更多的资源用于提高生产效率和产品质量上，将在同等条件下让渡更多的使用价值给消费者，促进资源有效配置的同时，诚信经营者会以质取胜，得到消费者的信任和拥护。

（2）反悔权制度的建立，可以避免"劣币驱逐良币"的逆向选择的出现。市场经济本来应该通过竞争机制实现优胜劣汰，但不良经营者使用不正当竞争手段却使得诚信经营者损失惨重而无法在行业立足。在这样的市场竞争条件下，企业会将主要精力放到通过走歪门邪道、瞒骗欺诈、精致"包装"等方式来获取销售业绩，而不再专心于提高生产技术和产品质量。长此以往将造成市场资源配置的机制扭曲，假冒伪劣横行于世，技术停滞、质量下降，经济一蹶不振。反悔权制度的建立，可以有效遏制不正当竞争的销售方式，净化市场竞争环境，从而保护诚信的经营者能够参加有序的、公平的竞争。

第四，符合国际立法发展的潮流。21世纪之后，消费者运动愈发高涨，国外立法高度重视消费者权益的保护，很多国家都确立了反悔权法律制度，有关反悔权制度的法律法规已经趋于完善。在经济世界一体化的情况下，我国要参与世界经济竞争，就必须在法律等方面与其他国家保持一致。因此，我们必须与国际立法潮流保持一致，建立健全我国的消费者反悔权制度。

---

① 高压销售一般是凭借外力，如广告投入、商业贿赂、拉关系、走后门等方式，而不是依靠商品质量、价格、服务等进行的销售，销售成本很高，资源浪费很大。

三、反悔权与近似权利的比较

反悔权作为一项重要的消费者权益,与相近权利很容易混淆,必须进行厘清,只有这样才能真正了解反悔权。

(一) 反悔权与合同解除权

契约的解除,是指当事人一方行使解除权,使契约的效力,溯及于订约之时归于消灭的意思表示。解除权的发生,有由于契约约定(约定解除权)的,有由于法律规定(法定解除权)的。可以发现,契约(合同)的解除权在性质上是一种形成权,因为其仅凭一方当事人依法定或约定事由作出意思表示即可使现有的法律关系消灭的权利。反悔权与合同解除权存在相似之处:如两者都是基于当事人一方意思表示即可成立,无须他方同意或者认可;两项权利行使的结果都是使原有的合同或者契约归于消灭等。但消费者反悔权与合同解除权的不同还是比较明显的:

(1) 合同解除权产生于合同订立后尚未履行或者尚未完全履行之前,而消费者反悔权产生于合同已经履行完毕之后。

(2) 合同解除权的行使必须基于一定的事由、拥有一定的条件,而消费者反悔权的行使是不需要原因、理由和条件的。

(3) 合同解除权的对象是针对已经生效的契约,而消费者反悔权的对象是反悔权人在缔约时的意思表示。

(4) 合同解除权与合同执行中的错误有关,与缔约过程中是否存在瑕疵无关,而消费者反悔权则不以经营者履行给付中有瑕疵为条件。

我们可以得出如下结论:消费者反悔权的行使发生在合同履行之后,且依消费者单方意志恢复到原始状态,未引起损害赔偿等对消费者不利的后果。消费者反悔权的设置,是为了改变消费者在与经营者交易过程中所处的弱势地位,通过给予消费者一定程度的倾斜保护实现交易的公平、合理,和消法、经济法的理念相一致。

(二) 反悔权与合同撤销权

撤销权制度最早起源于罗马法。撤销权在我国合同法里,主要存在于以下情形中:一是《合同法》第54条所规定的可撤销合同情形;二是我国《合同法》第74条所规定的债权人撤销权情形。这两种情形中的撤销权虽然名称相同,但还是存在根本区别的,最重要的区别是前者属于合同效力制度,后者属于债的保全制度。因此,此处探讨的合同撤销权,主要是指可撤销合同中的撤销权。

反悔权与合同撤销权有以下区别:

(1) 合同撤销权行使权利前合同是合法有效的,而反悔权则是效力待定的,也就是说,二者行使权利前合同效力不同。

(2) 合同撤销权的行使需以一方以欺诈、胁迫的手段或者乘人之危,使对方在违背真实意思的情况下订立合同为前提条件,而反悔权的行使则无需任何条件。

(3) 合同撤销权的实现则需请求人民法院或仲裁机构变更或撤销,而反悔权的实现直接针对经营者即可实现,无需向法院或仲裁机构申请。

(三) 反悔权与退货权

《产品质量法》中消费者的退货权,是从产品瑕疵担保责任中提炼出的权利,它是指在消费者购买使用商品或接受服务过程中,若产品存在瑕疵,消费者便可以经营者有产品瑕疵担保责任而享有退货的权利。《产品质量法》第40条明确规定,消费者对瑕疵产品有权选择以退货方式来保护自己的利益。可见,瑕疵担保责任中的退货权,是事后、受损后的救济权,属于"有因退货";而消费者反悔权,是不需要任何条件和原因即可实现的退货,属于"无因退货",这一方式体现了购买意愿上的选择权。

消费者反悔权与《产品质量法》上的退货权都实现了消费者退货的结果,但也存在以下区别:

(1) 退货权的行使,必须基于产品存在瑕疵,而反悔权的行使完全是依据消费者的意愿,不需要任何条件和原因的。

(2) 在退货权制度下,经营者主要承担售后服务中的退货义务,而在反悔权制度下,经营者除承担退货义务外,还要承担宽容义务。

(3) 在退货权制度中,根据《部分商品修理更换退货责任规定》等行政规章的规定,退货范围有限,仅限于部分产品,而消费者反悔权的适用范围更为宽泛。

四、反悔权的行使

反悔权的行使包括行使条件和行使限制两个方面的内容:

(一) 反悔权的行使条件

消费者在行使反悔权时,必须遵守以下法律规定。这些法律规定,有些是《消费者权益保护法》直接规定,有些是相关法律规定,有些则是商业惯例要求的。

(1) 消费者应出示消费凭证。各类消费合同、消费单据是消费者与经营者之间存在消费法律关系的证明。无论是《直销管理条例》或是"三包"制度,都要求消费者在退货时出具消费凭证。消费者行使无条件退货权时也应出示消费凭证,证明曾于经营者处购买商品。

(2) 无条件退货权应在合理期间内行使。无条件退货权是消费者在消费后的合理期间内可无条件退货的权利,其权利行使的核心要件是在合理期间内行使权利。这个合理期间是法律规定的消费者行使无条件退货权的存续期间,该期限届满权利归于消灭,其性质是除斥期间。

关于无条件退货权行使期间的规定,各国的制度大多将后悔期限定在消费行为发生后的 3—7 天,基本保证在 10 天以内。根据我国《消费者权益保护法》第 25 条第 1 款的规定,我国消费者反悔权的行使期间为 7 天。

(3) 无条件退货权应以书面形式行使。应当明确,消费者行使无条件退货权必须以书面的形式向经营者行使。因为无条件退货权本是在合同已经双方合意成立,且大多履行完毕后,考虑到消费者的信息弱势,而在打破"有约必守"的原则上赋予消费者单方无条件退货权。无条件退货权极大地影响了业已成立的合同效力,影响经营者的经营活动,要求其必须以书面形式行使是为严格限制其行使,也给消费者留有考虑究竟是否必须退货的空间,尽量减少习惯性以及恶意的退货。

(4) 承担一定的退货费用。消费者承担退还商品的费用主要包括交通费用和商品物流运费。我国《消费者权益保护法》第 25 条第 3 款明确规定,退回商品的运费由消费者承担;经营者和消费者另有约定的,按照约定。

(二) 消费者反悔权的行使限制

消费者反悔权的行使限制包括范围限制和商品限制两方面的内容:

第一,范围限制。根据我国《消费者权益保护法》第 25 条第 1 款的规定,消费者反悔权的行使范围是受到限制的。具体来讲,在以下几种情况下,消费者不得行使反悔权:(1) 消费者定作的;(2) 鲜活易腐的;(3) 在线下载或者消费者拆封的音像制品、计算机软件等数字化商品;(4) 交付的报纸、期刊。

同时,该条还规定:"除前款所列商品外,其他根据商品性质并经消费者在购买时确认不宜退货的商品,不适用无理由退货"。这些商品包括易变质、易腐烂商品,个性化商品,特定化商品,时效性强、不能再次销售、易于复制的商品,如食品、药品、化妆品等。

第二,商品限制。消费者退货的商品应当完好。这是消费者行使无条件退货权的商品限制。何谓"商品完好",《消费者权益保护法》没有进一步明确界定。考虑到消费实际,仅指商品本身的完好。因为,消费者都是在打开包装后由于对商品不满意才要求退货的,如果要求消费者承担包装开拆或者破损的费用或责任,无疑会限制甚至剥夺消费者的无条件退货权。但是,如果商品已被消费者全部或者部分使用,而且使商品的价值因此而显著减少的,消费者不再享有反悔权。

五、消费者滥用反悔权行为

消费者滥用反悔权的行为可以从滥用行为的认定和滥用行为的法律后果两个方面进行探讨和研究。

(一) 消费者滥用反悔权行为的认定

对于消费者滥用反悔权的认定,可以从以下三个方面认定:

第一,从要求无条件退货的消费者在一定时间内,是否具有反复性退货行为来判断其是否具有滥用权利的恶意。其依据在于绝大多数消费者都有一种消费的惰性心理,即一旦购买商品便不愿意随意退货。而那些反复退货的消费者很可能具有滥用无条件退货权的恶意,甚至可能是商家所说的不正当竞争的对手。其行为的反复性包括三种情形:

(1) 在经营者处大批量购买同类商品,又反复要求无条件退货的,可判定为恶意退货,即俗称的买了退、退了买。

(2) 对于经营者经营的不同类型商品,多次购买又主张无条件退货的,可认定为具有主观恶意。

(3) 大量购买同类商品,又一次性要求退掉大部分甚至全部商品,且结合具体事实有证据证明其存在恶意的,可认定为滥用权利。

第二,从被要求无条件退货的商品本身做判断。一般情况下,被退货商品的生产者和销售者主观上是无恶意的,而且商品本身也属于可流通物。因此,绝大多数被退货商品仍将进入二次销售,其价值仍可以实现。如此以来,一旦消费者持有已丧失使用价值的商品要求无条件退货时,可以推定消费者具有恶意。

第三,从消费者要求无条件退货的行为方式上判断。如果消费者以欺骗性、暴力性的方式,或者其他威胁类的手段和方法要求经营者无条件退货的,则基本上可以判定为恶意退货。前两种方式的恶意表现地较为明显,甚至可能涉及刑事类犯罪,而威胁类的退货方式是否具有恶意比较复杂。例如,如果消费者以"见报"为威胁要求无条件退货,是否就应认定为恶意退货。现在有些消费者非常善于利用网络、媒体的舆论造势,即使只是陈述自己的退货经历,也可能对经营者的企业形象造成冲击,结果可能是即使经营者妥善处理了相关退货,企业信誉也会受到影响。因此,在客观上对企业信誉造成了一定影响,应当可以认为存在主观恶意,是滥用无条件退货权的表现。

总之,判断消费者是否滥用无条件退货权应结合具体的退货行为进行分析,判断标准应灵活多变,但要坚持以公平原则和诚实信用原则作为基本的判断原则,从一般人的判断准则认定消费者滥用无条件退货权的行为。

(二) 消费者滥用反悔权的法律后果

许多经营者对推行无条件退货制度的担心集中在消费者滥用退货权而恶意退货给其带来的成本负担及损失。无条件退货制度要依靠诚信才能有效推行,而这种诚信是双向的,不光经营者要讲诚信,消费者也要讲诚信。消费者滥用无条件退货权的行为是极不诚信的,其负面效应显而易见。因此,对于消费者滥用无条件退货权而恶意退货的行为,应予以相适应的惩罚。这种惩罚,主要包括以下内容：

（1）经营者可以对该商品不予退货。即在消费者滥用无条件退货权的情况下，经营者享有拒绝权。

（2）承担相应的退货费用和损失费用。即对于消费者提出的退货要求，经营者予以核查的人工费用，返厂成本等开支应由消费者承担。如果由于消费者的退货行为给经营者造成了其他损失，经营者可以要求该消费者赔偿，由行政主管部门或者受诉法院要求消费者承担赔礼道歉，赔偿损失，甚至罚款的责任。

（3）可以考虑确立权利限用的处罚方式。即当消费者被认定为有滥用无条件退货权而恶意退货的行为后，在行为后的一定期限内，不得再向经营者要求行使无条件退货权。

（4）当消费者的恶意退货被相关证据证明为经营者的不正当竞争行为时，应使用不正当竞争领域的法律进行制裁。

第十一节　个人信息受保护权

一、个人信息的含义与特征

同反悔权一样，个人信息受保护权也是《消费者权益保护法》赋予消费者的一项新的权利。个人信息受保护权的确立，完善了我国消费者权利的权利体系，也使消费者权益得到了更加充分的保护，理论价值和实践意义均十分重大。

（一）个人信息的含义

个人信息，是指一切可以识别特定个人的信息，包括身高、体重、女性三围、病历、身体缺陷、财产状况、家庭情况、婚恋情况、缺点、爱好、姓名、住址、家庭电话号码、储蓄、档案材料、计算机储存的个人资料等等。此处的列举是无法穷尽的，随着社会生活的复杂和科学技术的发展，还会有越来越多的个人信息尚待开发之中。

（二）个人信息的特征

与其他信息相比，个人信息具有以下几个方面的法律特征：

（1）个人性。从主体上来看，个人信息的主体是自然人。这一点是十分明显和明确的。与消费者的主体身份相同，个人信息中的个人同样没有性别、年龄、民族、种族、文化程度、财产状况、居住期限、政治面貌等的限制，只要是自然人就享有个人信息受到法律保护的权利。

（2）可识别性。从内容上来讲，个人信息必须具有明显的可识别性。可识别性是个人信息的一个重要特征。所谓识别，是指通过身份证件号码或者一个或多个与其身体、生理、精神、经济、文化或社会身份有关的特殊因素来确定一个人的身份。

识别可以分为直接识别和间接识别。直接识别是通过可以直接确认特定个人身份的个人信息进行的识别,比如在一般情况下,姓名可以构成直接识别。间接识别是指需要通过几种信息综合判断来确认特定个人身份的识别,比如在几个人重名的情况下,还要依靠籍贯、地址、身高等等来进行的识别。

(3)价值性。个人信息的属性决定了个人信息是具有价值的资源,由于个人信息具有可识别性的特征,可以非常方便地了解个人信息主体的个人爱好、生活习惯、个人需求等,从而创造可能的获得利润的机会。个人信息的价值属性是个人信息的突出特征,也是个人信息屡屡遭到侵害的根源。

(4)可控制性。个人信息丧失控制后具有不可恢复性。在信息时代,网络的普及使得信息传播的速度和范围都得到了历史性的突破。个人信息一旦丧失了控制就可能在网络上泛滥,成为尽人皆知的"秘密"。而信息本人对个人信息的最大的权利是控制权,也就是对个人信息是否为他人收集、使用的决定权。一旦个人信息丧失控制被广泛公开,他人可以自动获得个人信息,从而得以自主决定收集和使用。那么在这种情况下,即使信息所有人坚持继续对个人信息行使控制权也在客观上不可能。

二、个人信息的基本内容

个人信息的内容十分广泛。为便于识别和研究,我们有必要对个人信息进行分类。

(一)直接个人信息和间接个人信息

根据是否能够直接识别自然人为标准,个人信息可分为直接个人信息和间接个人信息。所谓直接个人信息,就是不需要其他的辅助信息就能把本人识别出来的个人信息,比如说姓名、身份证号码、肖像、社会保险号码等;所谓间接个人信息是指那些不能单凭某些信息把本人识别出来,而必须要借助其他信息才能确定本人的确切信息的个人信息,包括学历、性别、爱好等。

(二)敏感的个人信息和日常的个人信息

根据是否涉及个人隐私为标准,个人信息可分为敏感的个人信息和日常的个人信息。敏感个人信息是那些涉及个人隐私的信息。英国1998年颁布的《数据保护法案》将个人敏感信息定义为"数据主体的种族或种族起源、政治观点、宗教信仰或其他相似的信仰、公会所属关系、生理或心理状态、性生活、代理或宣称的委托代理关系、或与此有关的诉讼,以及诸如此类的信息组成"。日常个人信息是指不涉及隐私的信息,虽然它不涉及个人隐私但是经过精心收集依然可以完整的掌握个人的信息从而有可能对信息主体造成损害。因此,依然需要进行保护。区分它们的意义在于,二者的保护方式和程度不同。对琐碎个人信息的保护程度上要弱一些,比如瑞典规定日常个人信息的收集处理不需要经过检察院许可;挪威规定日常个人信息的收集处理需要经过国王允许。而对敏感个人信息就有一些特殊的保护制度,如《越南民法典》第34条第2款规定:"收集、公布个人私生活的情报资料必须得到本人的同意,若本人死亡或丧失民事行为能力,则必须得到其亲属的同意。"

(三) 公开个人信息和隐私个人信息

以个人信息是否公开为标准,个人信息可分为公开个人信息和隐私个人信息。公开的个人信息是指权利人依照法律规定或者按照自己的意志将自己的个人信息全部或一部分向外界公开,比如工商登记注册的信息,在网站上注册并同意公开的个人信息等等。隐秘个人信息是不对社会公开的那些个人信息。区分二者的意义在于,只要是依照法律的强制性规定或者是自己的同意而公开的信息均不能请求法律对于隐私权的特别保护。

个人信息还可以按照下列标准进行分类。如依据处理信息工具的不同,个人信息可以分为计算机自动处理的个人信息和非自动处理的个人信息;按照易于识别的程度,个人信息可分为显性信息和隐性信息等;按照主体在社会中的角色不同,个人信息可以分为生活个人信息,工作个人信息,学习个人信息等。

一般而言,直接个人信息、敏感个人信息和隐私个人信息涉及个人的人格利益,所以,应当是立法时重点注意的对象。只有加强这些分类的个人信息的保护,才能从根本上起到保护个人信息的作用。

三、个人信息与相关概念的比较

个人信息与个人隐私、个人信息与个人资料(个人数据)、个人信息与商业秘密很容易混同,我们应当注意予以区别。

(一) 个人信息与个人隐私

隐私来源于英文 private,隐私权最早产生于美国。1890年,路易斯布兰代斯和沃伦在《哈佛法律评论》上发表的"隐私权"一文中,首次提出并将隐私权定义为"不受干涉"或"免于侵害"的独处的权利。在我国,研究者中也有人称"个人信息"为"个人隐私",而更多的学者倾向于"个人信息"的称谓,"隐私权"和"个人信息"不仅是称谓不同,而且是有独立的内涵和外延的不同概念。

"个人隐私"和"个人信息"最大的区别主要在于两者的范围上。一般而言,"个人隐私"包含在"个人信息"之中,即个人信息包含个人隐私,个人隐私只是个人信息的一部分。在人们日常的工作和生活中,隐私的信息是存在的,但不是特别广泛,绝大部分的个人信息并不涉及个人隐私。比如说个人公开的信息等,但这些个人信息同样需要个人信息保护法律加以规范和提供保护。法律对个人信息的保护是对满足一定条件的所有个人信息进行的概括而全面的保护,并不是仅仅停留在保护隐私权这么一个方面。同时,个人信息的核心要件是"可识别性"而不是"隐私性"。因此"个人隐私"这一个概念实际上将不涉及隐私的个人信息排除在保护范围之外,因而是不足取的。

(二) 个人信息与个人资料(个人数据)

在日常生活中,我们一般将英文中的 information 翻译为"信息"而将 data 翻译为"数据"。从个人信息和个人资料的关系上看,个人信息是个人资料所反映的内容,个人资料是个人信息的表现形式。因此,可以说,资料是信息的载体,信息是资料表现的内容。英国《个人资料保护法》就"资料"和"信息"之间的关系进行了明确的界定。该界定反映了法律对"信息是资料所反映的内容"这一原理的确认。该法第 1 条规定,"资料"(data)的实质是"信息"(information)。美国商务部和国际贸易管理委员会 2000 年 7 月 24 日公布的《美国—欧盟的隐私安全港原则与常涉问题(FAQ)》中规定:"个人资料和个人信息是指在指令的覆盖范围内,关于某一确定的人的资料或用于确定某人的资料"。从以上立法例可以看出,数据和信息具有非常密切的联系。由于个人信息和个人数据的内涵和外延基本一致,所以,我们认为两者区别并不大可以互相代替。

(三) 个人信息与商业秘密

商业秘密是指那些不为公众所熟悉,却能为权利人带来经济利益,具有实用性并经权利人采取保密措施的技术信息和经营信息。它包括专有技术、工艺流程、设计图纸、企业的管理方法、客户名单、营销策略、广告计划、招投标中的标底及标书内容、人事变更等信息。

从共性上看,两者都是信息,原则上都具有保密的特性。从区别上来看,在权利主体上,个人信息的主体只能是自然人,而商业秘密的主体一般是企业法人;在内容上,个人信息所反映的主要是人格权,虽然有时候也有价值,但是相对于它的人格属性,价值是次要的,而商业秘密主要是财产权,权利人之所以将其列为商业秘密就是为了保护自己最大的财产利益;在转让方式上,个人信息由于其人格属性,原则上是不能转让的,而商业秘密由于其财产属性,主要各方达成协议是可以转让的。

四、个人信息受保护权

个人信息受保护权是指个人对个人信息所享有的支配、控制和排除他人侵害的权利。

(一) 个人信息受保护权的基本内容

个人信息受保护权,从其内容上来看,信息决定权、信息保密权、信息查询权、信息更正权、信息封锁权、信息删除权和报酬请求权。

（1）信息决定权。信息决定权，简称决定权，是指本人得以直接控制与支配其个人信息，并决定其个人信息是否被收集、处理与利用以及以何种方式、目的、范围收集、处理与利用的权利。决定权集中反映了个人信息权的人格权属性——绝对性与支配性，在各项权利内容中居于核心地位。

（2）信息保密权。信息保密权，简称保密权，是指本人得以请求信息处理主体保持信息隐秘性的权利。

（3）信息查询权。简称查询权。是指本人得以查询其个人信息及其有关的处理的情况，并要求答复的权利。对信息的控制与支配，必须首先了解哪些个人信息被收集、处理与利用的情况，特别是在此过程中信息是否被保持完整、正确与适时。信息查询权是重要的当事人权利，除非因公益或保密之需要，任何机关不得任意剥夺。

（4）信息更正权。信息更正权，简称更正权，是指本人得以请求信息处理主体对不正确、不全面、不时新的个人信息进行更正与补充的权利。更正权包括：个人信息错误更正权，即对于错误的个人信息本人有更正的权利。个人信息补充权，即对于遗漏或新发生的个人信息，本人有补充的权利。个人信息更新权是本人要求对于过时的个人信息及时更新的权利。

（5）信息封锁权。信息封锁权，简称封锁权，是指在法定或约定事由出现时，本人得以请求信息处理主体以一定方式暂时停止信息处理的权利。本人有权请求信息处理主体以暂时停止信息的处理与利用的权利。该项请求权是依照公平信息使用原则建构的。根据该原则，在没有通知当事人并获得其书面同意之前，信息处理主体不可以将个人为某种特定目的所提供的资料用在另一个目的上。德国联邦《个人资料保护法》规定，所谓封锁，就是以限制继续处理和使用个人资料为目的而对个人资料加注特定"符号"。

（6）信息删除权。信息删除权，简称删除权，是指在法定或约定的事由出现时，本人得以请求信息处理主体删除其个人信息的权利。

（7）信息报酬请求权。信息报酬请求权，简称报酬请求权，是指本人因其个人信息被商业性利用而得以向信息处理主体请求支付对价的权利。报酬请求权来源于"信息有价"的社会观念。特定的信息处理主体必须在对信息控制、处理与利用前后向本人提供一定的报酬。

（二）个人信息的法律保护

我国尚未颁布《个人信息保护法》，个人信息的法律保护分散在一些《宪法》《消费者权益保护法》和一些法律、法规之中。除《消费者权益保护法》第29条的规定外，这些分散的规定主要有：

（1）《宪法》的规定。第40条规定："中华人民共和国公民的通信自由和通信秘密受法律的保护。除因国家安全或者追查刑事犯罪的需要，由公安机关或者检察机关依照法律规定的程序对通信进行检查外,任何组织或者个人不得以任何理由侵犯公民的通信自由和通信秘密。"

(2)《民法通则》的规定。第 99 条规定:"公民享有姓名权,有权决定、使用和依照规定改变自己的姓名,禁止他人干涉、盗用、假冒。法人、个体工商户、个人合伙享有名称权。企业法人、个体工商户、个人合伙有权使用、依法转让自己的名称。"第 100 条规定:"公民享有肖像权,未经本人同意,不得以营利为目的使用公民的肖像。"第 101 条规定:"公民、法人享有名誉权,公民的人格尊严受法律保护,禁止用侮辱、诽谤等方式损害公民、法人的名誉。"

(3)《妇女权益保障法》的规定。第 42 条规定:"妇女的名誉权、荣誉权、隐私权、肖像权等人格权受法律保护。禁止用侮辱、诽谤等方式损害妇女的人格尊严。禁止通过大众传播媒介或者其他方式贬低损害妇女人格。未经本人同意,不得以营利为目的,通过广告、商标、展览橱窗、报纸、期刊、图书、音像制品、电子出版物、网络等形式使用妇女肖像。"

(4)《未成年人保护法》的规定。第 39 条规定:"任何组织或者个人不得披露未成年人的个人隐私。对未成年人的信件、日记、电子邮件,任何组织或者个人不得隐匿、毁弃;除因追查犯罪的需要,由公安机关或者人民检察院依法进行检查,或者对无行为能力的未成年人的信件、日记、电子邮件由其父母或者其他监护人代为开拆、查阅外,任何组织或者个人不得开拆、查阅。"

(5)《邮政法》的规定。第 3 条规定:"公民的通信自由和通信秘密受法律保护。除因国家安全或者追查刑事犯罪的需要,由公安机关、国家安全机关或者检察机关依照法律规定的程序对通信进行检查外,任何组织或者个人不得以任何理由侵犯他人的通信自由和通信秘密。"

(6)《身份证法》的规定。第 6 条第 2 款规定:"公安机关及其人民警察对因制作、发放、查验、扣押居民身份证而知悉的公民的个人信息,应当予以保密。"

(7)《互联网电子邮件服务管理办法》的规定。第 9 条规定:"互联网电子邮件服务提供者对用户的个人注册信息和互联网电子邮件地址,负有保密的义务。互联网电子邮件服务提供者及其工作人员不得非法使用用户的个人注册信息资料和互联网电子邮件地址;未经用户同意,不得泄露用户的个人注册信息和互联网电子邮件地址,但法律、行政法规另有规定的除外。"

(8)《计算机信息网络国际联网管理暂行规定实施办法》的规定。第 18 条第 1 款规定:"用户应当服从接入单位的管理,遵守用户守则;不得擅自进入未经许可的计算机系统,篡改他人信息;不得在网络上散发恶意信息,冒用他人名义发出信息,侵犯他人隐私;不得制造、传播计算机病毒及从事其他侵犯网络和他人合法权益的活动。用户有权获得接入单位提供的各项服务;有义务交纳费用。"

五、侵犯个人信息受保护权的行为

侵害个人信息行为是指不正当的收集、利用、买卖、泄露个人信息的行为。对侵犯个人信息行为的研究可以从以下两个方面进行。

（一）侵犯个人信息行为的构成

侵犯个人信息受保护权的行为由以下几个要件构成：

（1）从侵害主体上来看，个人和企业是侵犯个人信息的主要主体。之所以这样讲，是因为在市场经济条件下，所有的个人和企业都有盈利的冲动，在这种情况下，如果个人信息的整理和出售能给其带来收益的话，他们很自然地就会加入到侵害个人信息的队伍中来。政府部门或者其他公益性组织有时也会成为侵犯个人信息的主体，但是由于他们很少有部门经济利益上的冲动，所以不是主要的侵权主体。

（2）从侵害主体的主观要件上来看，只有故意行为，才构成侵犯消费者个人信息受保护权的行为。过失行为，如过失泄露消费者个人信息的行为就不构成侵犯消费者个人信息受保护权的行为。

（3）从侵害后果上来看，必须是给消费者造成了损害。这种损害可能是财产上的，也可能是人身上的。一般来讲，侵犯消费者个人信息受保护权的后果是给消费者造成了人身损害。

（二）侵犯个人信息行为的基本表现

侵犯个人信息受保护权的行为主要有以下几种：

（1）过度收集个人信息。有关机构超出所办理业务的需要，收集大量非必要或完全无关的个人信息。比如，一些商家在办理积分卡时，要求客户提供身份证号码、工作机构、受教育程度、婚姻状况、子女状况等信息；一些银行要求申办信用卡的客户提供个人党派信息、配偶资料乃至联系人资料等。

（2）擅自披露个人信息。有关机构未获法律授权、未经本人许可或者超出必要限度披露他人个人信息。比如，一些地方对行人、非机动车交通违法人员的姓名、家庭住址、工作单位以及违法行为进行公示；有些银行通过网站、有关媒体披露欠款者的姓名、证件号码、通信地址等信息；有的学校在校园网上公示师生缺勤的原因，或者擅自公布贫困生的详细情况。

（3）擅自提供个人信息。有关机构在未经法律授权或者本人同意的情况下，将所掌握的个人信息提供给其他机构。比如，银行、保险公司、航空公司等机构之间未经客户授权或者超出授权范围共享客户信息。

（4）非法买卖个人信息。调查发现，社会上出现了大量兜售房主信息、股民信息、商务人士信息、车主信息、电信用户信息、患者信息的现象，并形成了一个新兴的产业。比如，个人在办理购房、购车、住院等手续之后，相关信息被有关机构或其工作人员卖给房屋中介、保险公司、母婴用品企业、广告公司等。

思考题

1. 一消费者在某烤鸭店消费,消费结束后,消费者要求服务人员帮其将鸭架打包带走。但是,服务人员一边拒绝该消费者的要求,一边说:"鸭架不能带走,要留着煲汤用。"消费者说:"鸭子是我买的,鸭架为什么不能带走?"服务员接着说:"要带走也可以,但是,必须交3块钱。"为此,消费者和经营者发生了激烈的争吵,最后,消费者向消费者协会投诉了该经营者。

请问,该烤鸭店的做法侵犯了何种消费者权利?

2. 近些年来,经营者"拒绝提供服务"的事件频发,而且,屡禁不止。如:出租车拒载事件、医疗机构拒绝治疗事件、拒绝进入某经营场所事件、拒绝入学事件等等。关于能不能拒绝,服务者和消费者时常是各执己见,水火不容,纠纷不断。

请问,从旁观者的角度,你如何看待和解决这些"拒绝"事件?这些"拒绝"事件侵犯了何种消费者权利?

第三编 权利保护

第八章 消费者权利保护概述

内容提要: 消费者权益保护运动,指的是在市场经济条件下,消费者为了维护自身利益,自发的或者有组织地以争取社会公正、保护自己合法利益、改善生活地位等为目的同损害消费者利益行为进行斗争的一种社会运动。消费者权利保护与消费者权益保护运动紧密相连,经历了一个从无到有,从自发保护到有组织保护,从社会保护到法律保护的发展过程。

消费者权利保护依赖于主体要素的保护和手段要素的保护。主体要素解决由谁来进行消费者权益保护的问题,是消费者权益保护的根本性问题。手段要素解决用什么手段和方法进行消费者权益保护的问题。从主体要素上来看,消费者权利的保护主体主要有国际、政府、社会组织和经营者等;从手段要素上来看,消费者权利的保护手段主要有制定消费者权益保护法律和强制性标准、运用行政权力实施消费者权益保护法、履行法定或者约定的义务、履行法定保护职责等。

教学重点: (1)消费者权利保护的主体要素;(2)消费者权利保护的手段要素。

第一节 消费者权益保护运动

一、国际消费者权益保护运动

消费者权益保护运动作为国际工人运动的一部分,19世纪中叶在英国开始萌芽,之后在市场经济发达的资本主义国家迅速蔓延,最后形成一项国际人权和经济活动。

(一)国际消费者权益保护运动的兴起

消费者运动,指的是在市场经济条件下,消费者为了维护自身利益,自发的或者有组织的以争取社会公正、保护自己合法利益、改善生活地位等为目的同损害消费者利益行为进行斗争的一种社会运动。

消费者运动于19世纪中叶在英国开始萌芽。早在19世纪中后期,英国在《货物买卖法》中,就应广大消费者的要求,给予购买质量低劣和不适于预定用途商品的消费者以法律上的索赔权,并对欺骗消费者的行为给予严厉处罚,从而改变了市场交易中"买者注意、当心,卖者不负责"的传统做法和观念。1844年,英格兰北部以制造毛毯、法兰绒而知名的罗奇代尔市,首创消费者合作社,当时称作消费协作组合,它是世界上消费者运动的最早的源流。1891年,纽约消费者协会成立。这是世界上第一个以保护消费者权益为宗旨的组织。1899年,美国消费者联盟诞生,成为世界上第一个全国性的消费者组织,美国并于1914年设立了第一个保护消费者权益的政府机构——美国联邦贸易委员会。

美国联邦贸易委员会的成立标志着消费者权益保护运动的正式兴起。

(二) 国际消费者权益保护运动的发展

到了20世纪60年代,消费者权益保护运动开始在美、日等发达国家蓬勃发展,并进一步影响世界各国的消费者权益保护运动。

(1) 美国的消费者权益保护运动。1962年3月15日,美国总统约翰·肯尼迪在《关于保护消费者利益的总统特别国情咨文》中,率先提出消费者享有的4项基本权利,即安全的权利、了解的权利、选择的权利和意见被听取的权利。1969年,美国总统尼克松进而提出消费者的第五项权利:索赔的权利。与此同时,美国联邦政府和州政府,都设立了消费者保护机构。消费者权利的提出,政府保护机构的设立使美国消费者运动进入了蓬勃发展的新阶段。

(2) 日本的消费者权益保护运动。日本的消费者运动兴起于第二次世界大战结束之后。当时日本经济全面瘫痪,消费品奇缺,一些不法厂商趁机生产伪劣商品。1948年9月,深受劣质火柴之害的一些家庭主妇召开"清除劣质火柴大会"。会后,成立了日本主妇协会,揭开了日本消费者运动的序幕。

20世纪50年代至60年代,伴随着日本经济的高速发展,一些严重损害消费者利益的事件频频发生。面对一系列重大消费者受害案件的发生,日本消费者要求消费品安全的呼声越来越高。进入70年代以后,日本消费者运动目标进一步扩大,除了食品及日用消费品的卫生和安全问题外,在实现公平交易、制止不正当营销手段、取缔不公平交易习惯等方面也提出了更高的要求。

在日本的消费者权益保护运动中,消费者组织发挥了极其重要的作用。迄今为止,全国性的消费者团体有29个,各种民间性消费者团体近4000个。日本消费者权益保护运动的成果也不断得到来自政府方面的承认。

(3) 欧美其他发达国家的消费者权益保护运动。除美国、日本外,消费者权益保护运动在其他国家也如雨后春笋般勃兴。1953年,德国消费者同盟成立;1957年,英国成立了消费者协会;1969年韩国成立了国内第一个消费团体——主妇俱乐部联合会;荷兰、法国、澳大利亚等国也相继成立了消费者民间团体;

1962年,欧洲消费者同盟成立。① 到1984年,全世界有90多个国家和地区设立了消费者保护组织。

(4) 国际消费者组织联盟与消费者权益保护运动。国际消费者联盟组织(Consumers International,简称CI)是一个独立的、非盈利的、非政治性的组织。1960年,由美国、英国、澳大利亚、比利时和荷兰5个国家的消费者组织发起成立,在荷兰登记,总部原设在荷兰海牙,现迁到英国伦敦。亚太地区分部设在马来西亚的槟榔屿。它为独立、不以营利为目的、无任何政治倾向的全世界消费者的联合。其会员机构超过220个,分布于115个国家及地区。该组织1995年更名为国际消费者协会。

国际消费者联盟组织的宗旨是:在世界范围内协助并积极推动各国消费者组织及政府努力做好保护消费者利益工作;促进对消费服务进行比较、试验的国际合作;促进消费信息、消费教育和保护消费者方面的其他各种国际合作;收集、交流各国保护消费者法规及惯例;为各国家集团讨论有关消费者利益问题解决办法提供讲坛;出版有关消费者信息的资料;与联合国的机构及其他国际团体保持有效的联系,以起到能在国际范围内代表消费者利益的作用;通过联合国的机构和其他可行的方式,对发展中国家关于消费者教育和保护的发展计划,给予一切实际的援助和鼓励。

为了扩大对消费者权益保护的宣传,使之在世界范围内得到重视,促进国家、地区消费者组织之间的合作和交往,更好地开展保护消费者权益工作,国际消费者联盟组织于1983年确定每年3月15日为"国际消费者权益日"。从1983年以来,每年3月15日,全球各地的消费者组织都举行大规模的活动,宣传消费者的权利,显示消费者的强大力量。

中国消费者协会于1987年9月被国际消费者联盟组织接受为正式成员。从这一年开始,每年的3月15日,中国消费者协会及其地方各级协会也都要联合各有关部门共同举办大规模的宣传活动,运用各种方式介绍消费知识和有关法律知识,宣传消费者的权利;唤醒、提高消费者的自我保护意识;促进全社会都来关心、支持消费者合法权益保护工作。

二、我国消费者权益保护运动

我国消费者权益保护运动兴起较晚,同样经历了从自发保护到有组织保护,从社会保护到法律保护的过程。

---

① 欧洲消费者同盟(BEUC)创建于1962年,是欧洲专门代表消费者利益,致力于消费者保护的组织,有14个会员组织和5个联系会员组织。主要从事欧共体内消费者问题的调查研究,为欧共体消费者政策提供建议,对欧共体的消费者政策和立法起了非常重要的推进作用。机关刊物《BEUC新闻》(月刊),主要刊载危险产品情况,供成员国消费者组织据此采取行动。

(一) 自发保护阶段

在这一阶段中,消费者的权利意识逐渐觉醒,对自己在交易中的不利地位感到不满,想起来反抗,但限于能力,很难有所作为。它的突出表现就是普遍没有组织、非团体化,或者只有个别地区的弱小的消费者组织。这一阶段的消费者权益保护运动规模小、影响力小,几乎没有受到社会的注意和重视。

(二) 消费者组织保护阶段

这一时期的特征是出现了消费者组织。1984 年底中国消费者协会的成立,标志着中国的消费者运动进入了有组织阶段。

在这个阶段,消费者被组织起来并逐渐强大,他们更多地依靠消费者团体来维护自身权益,社会氛围逐渐有利于消费者,对消费者权益的认识也日益深入,企业维护消费者权益的自觉性也逐步提高。这个时期大致可以划分到中国消费者协会成立之后的前 10 年,也就是到《消费者权益保护法》颁布之前的 1994 年。

在中国消费者协会成立之后的第一个十年里,中国消费者协会以及各级消费者协会,从最初的不为人知,到逐渐为社会各界所公认;从最初的孤军奋战,到消费者协会、各种维权团体遍及全国;从最初的为受害的消费者个人奔走,到成为代表全体公民消费权益的代言人;从最初的 3.15 街头咨询活动的首创人,到成为全国规模的消费维权运动的引领者,它们在不断地把"消费者权益""信息不对称""知情权""索赔权""投诉""维权""弱势群体""消费者教育""3.15"等等现在看来非常熟悉、当时却不易接受的词汇介绍给大家的过程中,在不断地解决消费者具体问题的过程中,逐渐壮大。消费者协会的地位发生了翻天覆地的变化,在社会生活中的作用也日益突出,成为政府支持、广大消费者信赖、经营者信服的重要社会团体,发挥着党和政府联系广大消费者的桥梁和纽带的作用。与此同时,广大消费者的生存环境越变越好,力量逐渐增强,成为与经营者阵营相抗衡的强大群体。

(三) 政府依法保护阶段

政府依法实施行政和法律保护,是消费者运动的最高阶段。其特征为,保护消费者利益的法律体系日臻完善,国家行政部门执法有力,职能到位,广大消费者的利益得到普遍保护,社会各界尤其是企业能够自觉维护消费者利益。这一时期的流行观念是,对消费者利益的损害会影响企业声誉,进而使企业失去竞争优势,危及到企业的生存。为此,不论是企业还是国家行政部门,其制订政策或开展生产的出发点是兼顾消费者利益,避免在现实生活中损害消费者利益。这一阶段的标志是国家开始大量地进行以保护消费者利益为目的的立法活动,成立专门的行政机构。

三、消费者权益保护运动的法律意义

消费者权益保护运动的兴起与发展对于消费者权利的保护、消费者权益保护法律的完善,都具有十分重要的意义。

(一) 消费者运动对消费者保护立法的制定具有指示作用

消费者为了争取自己的利益而采取的运动,是在万不得已的情况下进行的,带有明确的目的性,斗争的目标很明确。经营者与消费者的矛盾在此过程中暴漏无疑,立法者在了解了事实真相后,很容易对事件进行判断,将问题解决在萌芽状态。这是立法者平息消费者的过激运动,调和经营者与消费者之间矛盾最行之有效的办法。消费者运动的产生,是矛盾激化的产物,要使同类型的消费者运动不再发生,就要在可行的条件下,及时制定法律法规,避免同类事件再次发生。

(二) 消费者权益保护运动对消费者保护立法的制定具有整合作用

在全球一体化的前提下,各国、各地区的消费者越来越多地表现出团结、合作的一面,为使各国消费者在消费过程中将损失降至最低点,各国消费者精诚合作,采用同一种声音说话,明确提出了"消费权益无疆界"的口号,有力地打击了经营者的跨国欺诈活动。各国立法机关及时意识到了这一点,均开始采取参照各国消费者保护法修订本国的法律,取其精华,弃其糟粕的方式,最大限度地保护本国消费者的利益。

(三) 消费者权益保护运动对消费者保护立法的制定具有促进作用

众所周知,任何一部消费者权益保护立法的制定,都离不开消费者长期坚持不懈的斗争。如果没有消费者运动就不可能有一部部消费者保护立法的诞生。中国1993年制定的《消费者权益保护法》,也是经过长期的讨论而定稿的。该法经历了2013年的修订,已经成为中国千百万消费者的依靠。可见,消费者运动对消费者保护立法的制定具有促进作用。

消费者是市场经济运行中不可或缺的一种市场主体。对消费者保护立法的形成起着促进作用。在发达市场经济国家,消费者权益保护已经成为社会生活及经济政策的重要组成部分,并逐步建立了以政府为主导、消费者组织为中坚力量,以完善的法律制度为基础,生产者、经营者、消费者共同维护的消费者保护制度,成为促进消费需求扩张和经济健康发展的重要制度保障。消费者运动也在不断地发展过程中,从最早的采取暴力的方式发展到如今使用较为温和的方式争取最大的利益。其实,消费者运动的本质没有变化,世界在发展,消费者为争取到属于自己的合法利益的脚步永远不会停止。

第二节 消费者权利保护的基本要素

一、主体要素

主体要素解决由谁来进行消费者权益保护的问题,是消费者权益保护的根本性问题。我国《消费者权益保护法》第6条规定:"保护消费者的合法权益是全社会的共同责任。国家鼓励、支持一切组织和个人对损害消费者合法权益的行为进行社会监督。大众传播媒介应当做好维护消费者合法权益的宣传,对损害消费者合法权益的行为进行舆论监督。"

根据该条规定,消费者权益保护按照保护主体的不同可以划分为以下几类:

(一)国家对消费者权利的保护

主要表现为国家机关,尤其是立法机关对消费者权益的保护。这种保护是最强有力的一种保护,在任何国家和任何时候都必须强调和坚持的一种保护。离开国家对消费者权益的保护,其他主体对消费者权益的保护都将显得苍白无力,甚至是无法进行。

(二)政府对消费者权益的保护

主要表现为政府以及政府职能部门,主要是工商行政管理部门、质量监督管理部门、食品药品监督管理部门、物价管理部门等政府职能管理部门。这些职能部门在部门领域内是消费者的"保护神",其保护力仅次于国家对消费者权益的保护。

(三)消费者组织对消费者权益的保护

消费者组织是重要的保护消费者权益社会组织。消费者组织与消费者权利保护运动相伴相生,已经成为保护消费者权益不可或缺的主体。没有消费者组织参加的消费者权益保护运动不是真正的消费者权利保护运动。

(四)经营者对消费者权益的保护

主要表现为生产者和销售者对消费者权益的保护。经营者是消费者权益保护的最直接主体,也是最广泛的主体。我国《消费者权益保护法》设专章规定了经营者对消费者权益的保护。

(五)消费者的自我保护

自我保护在任何情况下都是重要和必要的。在消费者权利保护中,消费者的自我保护同样重要和不可或缺。消费者人数众多,且处于消费核心,其自我保护的力量不可小视。

二、手段要素

手段要素解决用什么手段和方法进行消费者权益保护的问题。根据我国《消费者权益保护法》第3—5章的规定,保护消费者权利的基本手段和方法因保护主体的不同而有所不同,主要有以下几种:

（一）制定消费者权益保护法律和强制性标准

该种保护方法主要运用于国家对消费者权益的保护。这种保护方法是基础性保护方法,其作用在于保障消费者权利保护有法可依。

（二）运用行政权力实施消费者权益保护法

该种保护方法主要运用于政府以及政府部门对消费者权益的保护。制定行政法规和规章、组织和领导消费者权利保护工作、市场监督检查以及依法处理侵犯消费者权益的行为是政府以及政府部门对消费者权益进行法律保护的基本方法。

（三）履行法定保护职责

该种方法主要运用于消费者组织对消费者权利的保护。我国《消费者权益保护法》第五章第37条对消费者组织应当履行的公益性职责作了具体而明确的规定。

（四）履行法定或者约定的义务

该种方法主要运用于经营者对消费者权利的保护。我国《消费者权益保护法》第三章共用13个条款对经营者的义务作出了规定和规范。

（五）强化意识、学习知识、提升能力

该种方法主要运用于消费者的自我保护中。这种保护方法,由己及人,由点到面,既保护消费者本人的合法权益,也保护了其他潜在消费者的合法权益,很值得提倡和推广。

思考题

1. 消费者权益保护运动是国际共运的组成部分。在保护活动中,消费者得到了锻炼,迅速地成长。请结合消费者权益保护运动的实际,谈谈消费者在哪些方面得到了锻炼,其基本经验是什么？

2. 对消费者权利的保护不是抽象的,而是十分具体的,既有权利的保护主体,也有权利的保护手段。请结合本章之基本理论,谈谈你对消费者权利保护手段的认识。

第九章 消费者权利的国家保护

内容提要:国家是消费者权益保护的最重要主体,也是最重的保护主体,在消费者权益保护中居于领导地位。国家对消费者权益的保护主要表现为立法保护。这种立法保护主要体现在以下几个方面:第一,制订、修正、完善《消费者权益保护法》。《中华人民共和国消费者权益保护法》于1993年10月31日由第八届全国人民代表大会常务委员会第四次会议通过,根据2009年8月27日第十一届全国人民代表大会常务委员会第十次会议《关于修改部分法律的决定》进行了第一次修正,根据2013年10月25日第十二届全国人民代表大会常务委员会第五次会议《关于修改〈中华人民共和国消费者权益保护法〉的决定》进行了第二次修正;第二,制定强制性标准。强制性标准是国家通过法律的形式明确要求对于一些标准所规定的技术内容和要求必须执行,不允许以任何理由或方式加以违反、变更的标准。

教学重点:制定强制性标准。

第一节 制定消费者权益保护法律

一、《消费者权益保护法》的制定

市场经济是法治经济。1993年我国市场经济体制正式确立后,为了规范经营者的经营行为,保障消费者的合法权益,促进社会主义市场经济的健康发展,我国陆续颁布、实施了一系列市场类法律,如《产品质量法》《反不正当竞争法》《公司法》等。1993年10月31日,同为市场类法律重要组成部分的《消费者权益保护法》由第八届全国人民代表大会常务委员会第四次会议讨论通过,并于1994年1月1日起施行。这是我国第一次以法律的形式全面确认消费者的权利。

1993年《消费者权益保护法》共分八章55条。第一章是总则;第二章是消费者的权利;第三章是经营者的义务;第四章是国家对消费者合法权益的保护;第五章是消费者组织;第六章是争议的解决;第七章是法律责任;第八章是附则。

二、《消费者权益保护法》的修订

法律的修订是十分必要和重要的一项工作,是立法活动的重要组成部分,不可或缺。

（一）修订的过程

1994年1月1日起施行的《消法》到现在已将近20年,对保护消费者合法权益、维护社会主义经济秩序、促进市场经济健康发展起到了至关重要的作用。但是,这些年随着我国经济社会不断发展,消费方式、消费结构和消费理念都发生了非常大的变化,消费者权益保护领域出现了不少新情况和新问题,所有这些都要求对这部法律需要在恰当的时候作出修改。

于是,《消费者权益保护法》的修订工作被提上议事日程。2009年8月27日,根据第十一届全国人民代表大会常务委员会第十次会议《关于修改部分法律的决定》,《消费者权益保护法》进行了第一次修正,2013年10月25日,根据第十二届全国人民代表大会常务委员会第五次会议《关于修改〈中华人民共和国消费者权益保护法〉的决定》,《消费者权益保护法》进行了第二次修正。该《决定》的通过和实施是我国消费者权益保护中的一件大事,具有里程碑意义。

（二）修订的成绩

2013年10月25日《修正案》的意义是重大的,成绩是喜人的,工作是值得肯定的。这些成绩主要表现在两个方面:

第一,完善了已有的制度和规定。主要表现在:(1)完善了产品质量"三包"规定;(2)完善了惩罚性赔偿制度;(3)完善了侵害消费者人身权益的法律责任。

第二,增加了新的权利、责任和制度。主要表现在:(1)明确了消费者个人信息的法律保护,确立了个人信息受保护权;(2)引入了缺陷产品召回制度;(3)规定了经营者的举证责任;(4)确立了广告经营者、发布者的无过错连带责任;(5)增加了网络购物环境下的无条件退货权;(6)增加了消费者协会的职能;(7)增加了行政部门的监管介入制度。

（三）修订的不足

此次修订,在取得重大突破和成绩的同时,也留下了一些不足。这些不足主要表现在:

(1)未对一些基本而重要术语的内涵进行明确界定和揭示。如"消费者""经营者""耐用商品""合理费用"等都是《消费者权益保护法》实施中的一些基本和重要的术语,但是,《消费者权益保护法》却未对这些重要术语的含义进行明确的界定。需知,抽象而模糊的术语必然会导致执法上的混乱,不利于消费者权益的保护,也不利于经营者责任的承担。因此,我们建议,应当在《消费者权益保护法》中设专条对这些术语进行法律释义。

(2)未确立一些重要的法律制度。法律制度是一部法律的灵魂。法律制度的缺失必将降低法律的应用价值。但是,在《消费者权益保护法》修订中一些重要的法律制度却未规定其中,如消费合同制度、小额消费诉讼制度、团体消费制度、经营者承担社会责任制度等。这些制度的设立、贯彻和实施对保护消费者权益具有十分重要的意义。因此,我们建议,应当在《消费者权益保护法》中设专条规定这些制度。

(3) 未涉及一些重要领域。随着经济社会的不断发展和消费领域的不断拓宽,消费问题、消费争议也在不断增多。因此,消费者权益保护法应当以开放的胸怀和姿态关注一些新的消费领域,如教育消费领域、医疗消费领域、旅游服务领域、保安服务领域、培训消费领域、咨询消费领域、家庭服务领域等。

第二节 制定强制性标准

一、强制性标准的含义

强制性标准是国家通过法律的形式明确要求对于一些标准所规定的技术内容和要求必须执行,不允许以任何理由或方式加以违反、变更、的标准。强制性标准,包括强制性的国家标准,行业标准和地方标准。

根据我国《标准化法》的规定,以下几方面的技术要求均为强制性标准:

(1) 药品标准、食品卫生标准,兽药标准。

(2) 产品及产品生产、储运和使用中的安全、卫生标准,劳动安全、卫生标准,运输安全标准。

(3) 工程建设的质量、安全、卫生标准及国家需要控制的其他工程建设标准。

(4) 环境保护的污染物排放标准和环境质量标准。

(5) 重要的通用技术述语、符号、代号和制图方法。

(6) 通用的试验、检验方法标准。

(7) 互换配合标准。

(8) 国家需要控制的重要产品质量标准;

同时,省、自治区、直辖市人民政府标准化行政主管部门制定的工业产品的安全,卫生要求的地方标准,在本行政区域内是强制性标准。

二、与消费者权益保护相关的重要的国家强制性标准

食品和药品标准是与消费者权益保护相关的重要的国家强制性标准。

(一) 食品安全标准

食品安全标准是食品安全法律控制体系的核心环节,制定食品安全标准的目的就是以保障公众身体健康为宗旨,做到科学合理、安全可靠。《食品安全

法》第 19 条的规定:"食品安全标准是强制性标准。"这符合 1989 年制定的《中华人民共和国标准化法》的要求。

国务院卫生行政部门统一制定和发布食品安全标准,原《标准化法》的相关规定需要服从新法的规定。国家专门设置食品安全国家标准评审委员会,由其负责对各项食品安全国家标准进行审查并予以通过。该委员会在组成上包括专家和政府,由国务院卫生行政部门组织。国务院卫生行政部门会同国务院农业行政、质量监督、工商行政管理和国家食品药品监督管理以及国务院商务、工业和信息化等部门制定食品安全国家标准规划及其实施计划。制定食品安全国家标准规划及其实施计划,应当公开征求意见。

食品安全标准应当包括下列内容:

(1) 食品、食品相关产品中的致病性微生物、农药残留、兽药残留、重金属、污染物质以及其他危害人体健康物质的限量规定。

(2) 食品添加剂的品种、使用范围、用量。

(3) 专供婴幼儿和其他特定人群的主辅食品的营养成分要求。

(4) 对与食品安全、营养有关的标签、标识、说明书的要求。

(5) 食品生产经营过程的卫生要求。

(6) 与食品安全有关的质量要求。

(7) 食品检验方法与规程。

(8) 其他需要制定为食品安全标准的内容。

《食品安全法》详尽列举了食品安全标准的具体内容,包括以上七个方面和一个兜底条款。但《食品安全法》第 25 条同时还规定:"企业生产的食品没有食品安全国家标准或者地方标准的,应当制定企业标准,作为组织生产的依据。国家鼓励食品生产企业制定严于食品安全国家标准或者地方标准的企业标准。企业标准应当报省级卫生行政部门备案,在本企业内部适用。"

(二) 药品标准

药品标准是指国家对药品的质量规格及检验方法所作的技术规定,是药品的生产、流通、使用及检验、监督管理部门共同遵循的法定依据。

在我国,药品标准分两种:一是国家标准,即《中华人民共和国药典》(简称中国药典)收载的品种。这些药品,均为疗效确切、被广泛应用、能批量生产,质量水平较高并有合理的质量监控手段的药品。一种是卫生部部颁药品标准(简称部颁标准)和地方标准,即各省、自治区、直辖市卫生厅(局)批准的药品标准。一些未列入国家药典的品种,将根据其质量情况、使用情况、地区性生产情况的不同,分别收入部颁标准与地方标准,作为各有关部门对这些药物的生产与质量管理的依据。

关于药品标准,我国《药品管理法》第 32 条作出了如下规定:"药品必须符合国家药品标准。中药饮片依照本法第 10 条第 2 款的规定执行。国务院药品监督管理部门颁布的《中华人民共和国药典》和药品标准为国家药品标准。国务院药品监督管理部门组织药典委员会,负责国家药品标准的制定和修订。国务院药品监督管理部门的药品检验机构负责标定国家药品标准品、对照品。"

思考题

1. 立法保护是国家保护的基本特点。为了切实保护消费者合法权益,1993 年 10 月 31 日第八届全国人民代表大会常务委员会通过并颁布了《中华人民共和国消费者权益保护法》,2013 年 10 月 25 日第十二届全国人民代表大会常务委员会又完成了对该法的修订。对比新旧《消费者权益保护法》,谈谈新《消费者权益保护法》的亮点与不足。

2. 标准有强制性标准和推荐性标准之分。强制性标准必须无条件贯彻和执行,否则,应当承担相应的法律责任。请根据我国《标准化法》《食品安全法》《消费者权益保护法》的规定,列出目前我国实施强制性标准的领域。

第十章 消费者权利的政府保护

内容摘要：政府部门是消费者权益保护的重要主体。政府部门对消费者权益的保护主要是运用行政权力保护消费者的合法权益。

政府部门对消费者权益的保护主要表现在以下几个方面：第一，制定保护消费者权益的行政法规和行政规章。第二，组织和领导消费者权利保护工作。组织和领导消费者权益保护的工作主要要按照"地方政府负总责"的原则，运用各部门联动机制保护消费者的合法权益。为确保联动机制的正常运转，切实达到有效保护消费者合法权益的目的，各级人民政府必须运用行政权力，使各职能部门各司其职，信息共享，齐抓共管。在组织和领导消费者权益保护工作中，各级人民政府一定要重视突发公共卫生事件处置工作。第三，实施市场监督检查。

教学重点：(1) 组织和领导消费者权利保护工作；(2) 实施市场监督检查。

第一节 制定保护消费者权益的行政法规与行政规章

一、行政法规

国务院是消费者权益保护行政法规的制定者。《消费者权益保护法》颁布之后，国务院发布了众多包含和涉及消费者权益保护的行政法规。主要有：2002年5月27日发布的《中国公民出国旅游管理办法》、2002年9月29日发布的《互联网上网服务营业场所管理条例》、2003年发布的《物业管理条例》、2003年7月14日发布的《公共文化体育设施条例》、2008年10月9日发布的《乳品质量安全监督管理条例》、2009年2月20日发布的《旅行社条例》、2009年7月20日发布的《食品安全法实施条例》、2009年9月17日发布的《农业机械安全监督管理条例》、2009年10月13日发布的《保安服务管理条例》、2010年12月4日发布的《价格违法行为行政处罚规定》、2012年4月5日发布的《校车安全管理条例》、2012年10月22日发布的《缺陷汽车产品召回管理条例》等。

二、行政规章

国务院各部、委是消费者权益保护行政规章的制定者。为配合消费者权益保护和相关行政法规的贯彻实施，国务院各部、委在国务院的统一领导和安排下公布了一系列有关消费者权益保护的行政规章。主要有：2001年9月17日国家质量监督检验检疫总局、国家工商行政管理总局、信息产业部联合公布的《移动电话机商品修理更换退货责任规定》和《固定电话机商品修理更换退货责任规定》、2002年7月23日国家质量监督检验检疫总局、信息产业部联合公布的《微型计算机商品修理更换退货责任规定》和《家用视听商品修理更换退货责任规定》、2007年8月27日国家质量监督检验检疫总局公布的《食品召回管理规定》、2009年7月30日国家工商行政管理总局公布的《食品流通许可证管理办法》、2009年7月30日国家工商行政管理总局公布的《流通环节食品安全监督管理办法》、2010年3月13日国家质量监督检验检疫总局、国家工商行政管理总局、农业部、工业和信息化部联合公布的《农业机械产品修理、更换、退货责任规定》、2010年3月4日卫生部公布的《餐饮服务食品安全监督管理办法》、2010年10月20日卫生部公布的《食品安全国家标准管理办法》、2010年9月6日卫生部、教育部公布的《托儿所幼儿园卫生保健管理办法》、2010年12月29日国家质量监督检验检疫总局公布的《产品质量监督抽查管理办法》、2011年5月20日卫生部公布的《医疗器械召回管理办法(试行)》、2011年8月11日国家质量监督检验检疫总局公布的《进出口化妆品检验检疫监督管理办法》、2011年9月13日国家质量监督检验检疫总局公布的《进出口食品安全管理办法》、2012年6月15日商务部公布的《家电维修服务业管理办法》、2012年7月30日农业部公布的《绿色食品标志管理办法》、2012年8月14日农业部公布的《农产品质量安全监测管理办法》、2012年12月18日商务部公布的《家庭服务业管理暂行办法》、2012年12月29日国家质量监督检验检疫总局公布的《家用汽车产品修理、更换、退货责任规定》、2013年1月11日交通运输部公布的《快递市场管理办法》、2013年2月25日国家税务总局公布的《网络发票管理办法》、2013年5月12日国家旅游局公布的《旅游行政处罚办法》、2013年3月6日国家发展和改革委员会公布的《价格行政处罚程序规定》、2013年7月1日中国保险监督管理委员会公布的《保险消费投诉处理管理办法》、2013年7月16日工业和信息化部公布的《电话用户真实身份信息登记规定》、2013年7月16日工业和信息化部公布的《电信和互联网用户个人信息保护规定》、2013年8月15日国家质量监督检验检疫总局公布的《大型游乐设施安全监察规定》等。

第二节 组织和领导消费者权利保护工作

一、组织和领导消费者权益保护的工作

组织和领导消费者权益保护的工作主要要按照"地方政府负总责"的原则，运用各部门联动机制保护消费者的合法权益。为确保联动机制的正常运转，切

实达到有效保护消费者合法权益的目的,各级人民政府必须运用行政权力,使各职能部门各司其职,信息共享,齐抓共管。

(一) 统一领导

统一领导是指对于力求达到同一目的的全部活动,只能有一个领导人和一项计划。统一领导原则要求领导活动在一定时期内必须有统一的意志、统一的目标、统一的行为规范。

在消费者权益保护中,统一领导是指省、自治区、直辖市的人民政府统一领导、组织、协调人民政府各职能部门在本辖区内的消费者权益保护工作,并且依照法律或者行政法规的规定受国务院主管部门的业务指导或者领导;自治州、县、自治县、市、市辖区的人民政府统一领导、组织、协调人民政府各职能部门在本辖区内的消费者权益保护工作,并且依照法律或者行政法规的规定受上级人民政府主管部门的业务指导或者领导。

人民政府统一领导、组织、协调人民政府各职能部门的市场监督管理活动的模式主要有两种:一种是以人民政府的名义直接进行,一种是在人民政府内部成立高级别的协调机构间接进行,如在食品安全监督管理中成立的"食品安全委员会"。根据国务院《关于设立国务院食品安全委员会的通知》的规定,国务院食品安全委员会就是国务院食品安全工作的高层次议事协调机构,有15个部门参加,主要职责是:分析食品安全形势,研究部署、统筹指导食品安全工作;提出食品安全监管的重大政策措施;督促落实食品安全监管责任。同时,设立国务院食品安全委员会办公室,具体承担委员会的日常工作。

(二) 分工负责

政府职能部门在法定的职责范围内,按照法定的程序行使职权是行政执法的基本要求,也是依法行政的当然要求。但是,由于立法的缺失、冲突等问题的客观存在,直接导致了政府职能划分不清的不可避免。这样就要求各级政府依照行政命令的方式明确职能部门的职责范围,避免"相互推诿扯皮"[①]现象的发生,充分保护消费者的合法权益。如在食品监管问题中,各级人民政府对质量监督部门、工商行政管理部门、食品药品监督管理部门、农业行政管理部门、卫生行政管理部门的食品监管职责就可以做如下的行政分工:

(1) 流通环节初级食用农产品的经营许可。专营果蔬、水产等初级食用农产品的经营者,可直接办理工商登记。初级食用农产品的范围,由农业(林业、渔业)部门同工商部门确定。

---

① 相互推诿扯皮是指机关、事业单位、人民团体及其工作人员因故意或者过失不履行以及不正确履行规定职责,或者在处理公务活动中不落实岗位责任制、服务承诺制、限时办结制、首问负责制等有关制度,致使政令不畅、业绩平庸、秩序混乱、效能低下、贻误工作或者损害公共利益和公民、法人以及其他组织合法权益的行为。

（2）食品生产加工小作坊和食品摊贩的监管。在国家另有相关规定前，质监部门负责对生产领域食品小作坊加工行为的监管；工商部门负责对流通领域食品摊贩制售行为的监管；餐饮服务监管部门负责对餐饮服务领域摊贩制售行为的监管；城管执法部门负责对当地政府划定的区域内食品摊贩制售行为的监管。

（3）无证（照）生产经营食品行为的监管。各监管部门负责各自领域内的无证照生产经营食品行为的查处。政府组织同级食品安全监管部门、乡镇政府和街道办事处，对本地区无证照生产经营食品行为进行综合治理。

（4）现场制售食品行为的许可和监管。商场、超市和其他有形市场内的非独立法人单位现场制售食品行为由工商部门负责监管。商场、超市和其他有形市场内现场制售食品行为暂不设生产经营许可，其中糕饼店、面包房、炒货店等加工、销售预包装、散装食品为主的食品经营行为，由工商部门负责监管；冷热饮品店、快餐外卖服务、干式点心（油条、烧饼、包子等简易小吃服务）和湿式点心（面条、馄饨等）餐饮类现场制售食品行为由餐饮服务监管部门负责监管；上述行为如生产与销售相分离的，其生产加工点由质监部门负责监管。环节界限不清的，按照分段监管原则，分别由质监、工商、餐饮服务监管部门负责监管其加工、流通、餐饮服务有关行为。

（5）集体用餐配送企业的监管。即时加工、即时供应的集体用餐配送企业以及连锁集中加工、配送半成品，在各门店作简单加工后，提供餐饮服务的，由餐饮服务监管部门负责监管。

（6）已取得《公共场所卫生许可证》的咖啡店、茶楼（馆）、歌厅、网吧等为顾客提供相关餐饮服务的，暂由卫生部门负责监管。

（7）取得《餐饮服务许可证》的餐饮服务单位向就餐者供应非自制食品（如预包装酒水、饮料等）的行为，可不再办理《食品流通许可证》。

（8）展销、储运和物流食品安全的监管。工商部门负责对专门从事展销、仓储（冷库）、运输、物流行为的企业开展的食品展销、仓储（冷库）、运输、物流活动进行监督管理。各有关部门按照各自监管职责范围对食品生产经营者（含食用农、林、水产品）自身从事食品包装、仓储（冷库）、运输、物流（包括租用的仓储和运输工具等）的行为进行监督管理。

（9）集中消毒的餐（饮）具的监管。在法律、法规或规章对餐（饮）具集中消毒企业的监管职责分工未明确前，餐饮服务监管部门应加强对餐饮服务环节使用集中消毒企业提供的餐（饮）具安全的监管。

（三）信息共享

政府内部的电子信息资源共享，是指政府部门运用信息技术或者网络交互技术将本部门拥有的信息资源与其他部门所进行的共享。政府部门拥有的信息资源是指通过对政府部门平时所积累的资料、数据等进行整理、加工成为对本部门或者其他部门有价值的数据,如工商系统所建立的企业信息数据库、人口与计生部门建立的人口基本信息数据库等。

目前,我国政府信息共享度较低,在有些地方和有些方面甚至没实现任何共享。阻碍政府信息共享的因素有很多,有观念的问题,有部门利益的问题,有信任的问题等,概括起来主要有五个方面:

(1) 法律、法规不健全,在实践中经常出现无法可依的法律盲区,或者法律、法规间相互冲突的现象。

(2) 一些政府部门将政府信息资源产权部门化,有意或无意地设置信息利用的壁垒。

(3) 信息共享迷信,以为共享的信息越多越好,提出的信息共享目标不切合实际。

(4) 信息化基础差,面对政府信息公开和跨部门信息共享的需求,心有余而力不足。

(5) 政府信息资源再利用中收费、定价机制不统一,利益分配不均衡。

政府各部门间的信息沟通少,信息共享度低,使各职能部门奔命于互相认证、考证、调查之间,降低了政府工作效率,导致互相扯皮现象不断,已经引起了广大消费者的不满。因此,各级人民政府必须尽快建立信息交换平台,实现政府各部门间的信息共享。

为了推进政府部门间信息共享,实现政府业务的协同,为公众提供更方便、更有效的"一站式"服务,本书认为,主要应从以下几方面推进:

(1) 强化有关政府部门间信息政策的执行力。即政府应该建立强制性政策,对于共享项目的设计、推进过程提供最权威性的支持,必要时可以采取强制性惩罚和制裁。

(2) 完善对政府部门间信息共享的认知机制。即运用成本——收益方法分析对部门信息共享的参与者、利益相关者的绩效预期。即分别分析部门是否参与信息共享两种做法而形成的部门成本和收益的差异。

(3) 建立政府部门间信息资源共享的倡导领导机制。即在各级人民政府中设立信息资源管理委员会。由各层级政府职能部门的信息主管组成,其行政级别要高于同级政府的其他各职能部门,委员会直接指导和协调职能部门之间开展资源共享。

(四) 齐抓共管

齐抓共管是在分工明确,各司其职的基础上,为了一个共同的目标而形成的一种市场监督管理模式。这种模式是在各级人民政府统一领导下的齐抓共管,是有法可依的齐抓共管,是为了一个共同监管目标的齐抓共管。

在我国市场监管中,食品安全监管就是齐抓共管的典型。如在食品安全的地方人民政府的监督管理中,县级以上人民政府就处于领导地位,是地方食品安全统一负责、领导、组织、协调部门,其主要职责是:

(1) 统一负责、领导、组织、协调本行政区域的食品安全监督管理工作,建立健全食品安全全程监督管理的工作机制。

(2) 统一领导、指挥食品安全突发事件应对工作。

(3) 完善、落实食品安全监督管理责任制,对食品安全监督管理部门进行评议、考核。而卫生行政、农业行政、质量监督、工商行政管理、食品药品监督管理等职能部门则是负有管理职责的部门。

这些职能部门除应当在各自职责范围内负责本行政区域的食品安全监督管理工作之外,还应当加强沟通、密切配合,在所在地人民政府的统一组织、协调下,依法做好食品安全监督管理工作。这样的齐抓共管模式做到了"从田间到餐桌"的全面监管,有效地保障了食品安全,更好地维护了消费者的合法权益。

二、处置突发公共卫生事件

处置突发公共卫生事件是人民政府的重要职责,也是保护广大消费者合法权益的重要举措,必须引起各级人民政府的高度注意和重视。

(一) 突发公共卫生事件的含义

突发公共卫生事件,是指突然发生,造成或者可能造成社会公众健康严重损害的重大传染病疫情、群体性不明原因疾病、重大食物和职业中毒以及其他严重影响公众健康的事件。

其中,重大传染病疫情是指某种传染病在短时间内发生,波及范围广泛,出现大量的病人或死亡病例,其发病率远远超过常年的发病水平;群体性不明原因疾病是指一定时间内(通常是指 2 周内),在某个相对集中的区域(如同一个医疗机构、自然村、社区、建筑工地、学校等集体单位)内同时或者相继出现 3 例及以上相同临床表现,经县级及以上医院组织专家会诊,不能诊断或解释病因,有重症病例或死亡病例发生的疾病;食物中毒指摄入了含有生物性、化学性有毒有害物质的食品或者把有毒有害物质当作食品摄入后出现的非传染性(不属于传染病)的急性、亚急性疾病。根据食物中毒事件性质、危害程度和涉及范围,中毒事件划为重大(Ⅱ级)、较大(Ⅲ级)和一般(Ⅳ级)三级。

(二) 突发公共卫生事件的处置

为了有效预防、及时控制和消除突发公共卫生事件的危害,保障公众身体健康与生命安全,维护正常的社会秩序,2003 年 5 月 9 日国务院颁布了《突发公共卫生事件应急条例》。

我国《突发公共卫生事件应急条例》第4条规定:"突发事件发生后,省、自治区、直辖市人民政府成立地方突发事件应急处理指挥部,省、自治区、直辖市人民政府主要领导人担任总指挥,负责领导、指挥本行政区域内突发事件应急处理工作。县级以上地方人民政府卫生行政主管部门,具体负责组织突发事件的调查、控制和医疗救治工作。县级以上地方人民政府有关部门,在各自的职责范围内做好突发事件应急处理的有关工作。"

各级人民政府处置突发公共卫生事件,一定要遵循预防为主、常备不懈的方针,贯彻统一领导、分级负责、反应及时、措施果断、依靠科学、加强合作的原则,有条不紊地推进公共卫生突发事件工作。

(1) 及时处置。所谓及时处置,就是要力争将矛盾解决在萌芽状态,防止事态扩大或者激化,这是解决突发性群体事件的基础。为达此目的,必须要及时赶到突发事件现场,及时将事件信息反馈给各级政府部门,及时采取补救措施。

(2) 冷静处置。所谓冷静处置,一是必须保持头脑冷静,保持克制态度,不被群众的过激情绪所左右;二是要学会冷处理,就是要对个别闹事最凶、最突出的人,置之不理,打击其锐气,迫使其配合政府部门的工作。

(3) 合力处置。所谓合力处置,就是要整合公安、工商、质检、食药监、卫生等政府职能部门的力量以及其他社会力量进行突发事件的处置。

(4) 灵活处置。所谓灵活处置是指一切从现场情况出发,以尽快解决问题为目的,实事求是地开展处置工作,做到灵活机动,而不是事事请示。之所以要这样,是因为群体性突发事件处置过程中,现场情况瞬息万变,如果事事请示,有可能贻误战机。

(5) 果断处置。所谓果断处置,是指在处置过程中,既要慎用警力,又要敢于决断,对不听劝阻、一意孤行、危害稳定和公众利益的重点人物,要坚决果敢地动用警力,采取果断措施。之所以要这样,是因为群体性突发事件,如果处置不当,可能酿成大祸,甚至带来相当大的负面影响。

第三节　实施市场监督检查

一、现场检查

各级人民政府质量监督、工商行政管理、食品药品监督等职能管理部门有权进入生产经营场所实施现场检查,对生产经营者是否按照法律要求进行生产经营活动,如对是否具有相应的生产经营设备设施,是否生产经营法律、法规禁止生产经营的产品等情况进行检查。

二、抽样检验

各级人民政府质量监督、工商行政管理、食品药品监督等职能管理部门进行市场监督检查时,有权对生产经营的商品或者服务进行抽查检验。我国《消费者权益保护法》第33条明确规定:"有关行政部门在各自的职责范围内,应当定期或者不定期对经营者提供的商品和服务进行抽查检验,并及时向社会公布抽查检验结果。"值得注意的是,有关行政部门对有关商品或者服务的检验结果,应及时向社会公众进行公布。这样有利于保障消费者的知情权,也有利于对消费的引导。

三、查阅、复制有关资料

各级人民政府质量监督、工商行政管理、食品药品监督等职能管理部门进行市场检查时有权查阅、复制与产品安全有关的合同、票据、账簿以及其他有关资料。

"查阅、复制有关合同、票据、账簿以及其他有关资料",主要是指依据相关法律、法规的规定,查阅、复制与所经营商品或者服务有关的资料,如生产经营许可证、营业执照、健康证明、进货查验记录、出厂检验记录等。查阅、复制有关资料,是保证各级人民政府职能部门依法履行监督检查职责,查清违法事实,获取书证的重要手段,被检查的单位或者个人必须如实提供,不得拒绝、转移、销毁有关文件和资料,不得提供虚假的文件和资料。同时,执行该项措施的各级人民政府职能部门,不得滥用该项权力,查阅、复制与监督检查无关的信息,并且应当依法对因此获知的信息进行保密,非因法定原因,不得泄露。

四、查封、扣押有关物品

"查封"是指各级人民政府监管管理部门以张贴封条或其他必要措施,将不符合安全标准的产品、违法经营的产品,用于违法生产的设备、设施、运输工具等封存起来的行为。根据相关法律的规定,未经查封部门许可,任何单位和个人不得启封、动用。

"扣押"是指各级人民政府监督管理部门将上述物品等运到另外的场所予以扣留。规定此项强制措施的目的,第一是可以防止这些不安全产品流入市场,危害公众安全;第二是可以为进一步查处违法生产经营不安全食品行为保留证据。

五、查封有关场所

各级人民政府质量监督、工商行政管理、食品药品监督等职能监督管理部门进行市场监督检查时,有权对违法从事商品生产或服务提供的生产经营活动场所进行查封。

查封、扣押是对生产经营者财产权的限制,对生产经营者的权利影响较大。因此,采取查封、扣押措施要遵循更为严格的要求:

(1) 只能对有证据证明从事违法生产或者经营的生产经营场所进行查封。对其合法经营场所,不能进行查封、扣押。

(2) 各级人民政府职能部门在采取查封、扣押措施时,要依法进行,遵守法定程序,如出示有关证件,通知被执行人到场,告知有关事项,列出查封、扣押物品的清单,由被执行人签字等。

(3) 对查封、扣押的物品、场所应当尽快进行进一步检验。对经检验符合产品安全标准,且不存在其他违法事项的,应当立即解除查封、扣押;构成犯罪的,应将查封、扣押的物品移送司法机关。

(4) 应当告知当事人享有的相应权利。如对有关监督管理部门采取的查封、扣押的强制措施有异议的,可以依照《行政复议法》《行政诉讼法》的规定提出行政复议、行政诉讼。

六、行政处罚

行政处罚是指行政机关或其他行政主体依法定职权和程序对违反行政法规尚未构成犯罪的相对人给予行政制裁的具体行政行为。

关于政府职能部门市场检查中的处罚措施,《消费者权益保护法》第33条第2款规定:"有关行政部门发现并认定经营者提供的商品或者服务存在缺陷,有危及人身、财产安全危险的,应当立即责令经营者采取停止销售、警示、召回、无害化处理、销毁、停止生产或者服务等措施"。

根据该条规定,政府职能部门市场检查中的处罚措施主要包括停止销售、警示、召回、无害化处理、销毁、停止生产或者服务等。

思考题

1. 以"染色馒头"为例,谈谈你对市场监管中"统一领导""各司其职""各负其责"的认识。

附:染色馒头事件梗概

2011年3月,上海部分超市发现"染色馒头"。该馒头由上海盛禄食品有限公司生产。具体做法是在生产过程中添加色素、防腐剂等,将白面染色制成玉米面馒头、黑米馒头等,并随意更改馒头的生产日期。这些染色馒头的生产日期随便更改,食用过多会对人体造成伤害。

上海部分超市销售"染色"馒头一事,引起了上海市的高度关注。上海市委副书记、市长韩正表示,将彻查此案、依法严惩,彻查过程将向社会公开,查到哪里公布到哪里。

12日,上海成立了由市政府领导为组长,质量技术监督、工商、公安等相关部门及部分上海市人大代表、政协委员组成的联合调查组。

韩正表示,联合调查组要彻查此案,每个环节都必须查实,依法严惩,严肃问责。他还明确要求,彻查过程必须向社会公开,查到哪里公布到哪里,每个环节都不放过。

2. 市场检查是市场监管的重要手段。政府职能部门应严格执法,认真对待市场检查。但是,在市场检查中,经常会出现"打招呼检查""走过场检查""避重就轻式检查"等不符合法律规定和要求的检查。这些检查,既发现不了问题,也浪费了检查资源,更可能贻误检查良机,后果严重,必须予以克服和纠正,对直接责任人还应当予以严惩。

请结合本章市场检查之基本理论和我国市场经济的实际,谈谈如何做好市场检查工作?

第十一章 消费者权利的消费者组织保护

内容摘要：消费者协会是最为重要和基础的消费者组织。根据《消费者权益保护法》第37条的规定，消费者协会履行下列公益性职责：向消费者提供消费信息和咨询服务，提高消费者维护自身合法权益的能力，引导文明、健康、节约资源和保护环境的消费方式；参与制订有关消费者权益的法律、法规、规章和强制性标准；参与有关行政部门对商品和服务的监督、检查；就有关消费者合法权益的问题，向有关部门反映、查询，提出建议；受理消费者的投诉，并对投诉事项进行调查、调解；投诉事项涉及商品和服务质量问题的，可以委托具备资格的鉴定人鉴定，鉴定人应当告知鉴定意见；就损害消费者合法权益的行为，支持受损害的消费者提起诉讼或者依照本法提起诉讼；对损害消费者合法权益的行为，通过大众传播媒介予以揭露、批评。

教学重点：消费者协会。

第一节 消费者组织概述

一、消费者组织的含义

消费者组织即消费者保护团体，是指依法成立的对商品和服务进行社会监督，从而保护消费者合法权益的社会团体的总称。消费者组织是消费者运动发展的产物，是消费者行使结社权的结果。

消费者组织具有以下几个基本法律特征：

（一）社团性

消费者组织具有自身的特性，但就其本质而言，仍属于社会团体的一种。消费者组织的社团性表现在以下两个方面：

（1）非营利性。社会团体的本质性质就是不以营利为目的，其活动宗旨和目的一般都应是公益性的，旨在解决一些政府和市场不能解决的社会问题。因此，消费者组织一般不能通过财政、税收或以营利为目的的经营活动来获取收入，维持自身的存续和发展。

（2）自治性。社会团体实行自我管理的原则，具有自我管理的规章制度，享有自我管理的充分自主权，不受组织外管理程序的影响。社会团体没有垄断性的强制力量，不具有强制手段，其主要功能和任务是通过自律功能得到体现的。

消费者协会就是依靠章程进行组织管理的社团组织。

（二）专门性

所谓专门性是指消费者组织以保护消费者的权益为根本宗旨。这一特征使消费者组织区别于其他具有消费者权益保护功能的社会团体，如物价协会、用户委员会、家电协会等。同时，我国《消费者权益保护法》还特别强调这种专门性具有公益性质，要求消费者组织应当履行一定的公益性职责。

（三）法定性

所谓法定性是指消费者组织的权利义务由法律加以规定。我国《消费者权益保护法》第37条和第38条对消费者组织享有的权利，承担的义务以及活动禁限进行了详细的规定。

二、消费者组织的分类

根据我国《消费者权益保护法》的规定，消费者组织可以分为消费者协会和其他消费者组织两种基本类型。

（一）消费者协会

消费者协会是最为重要和基础的消费者组织，在消费者权益保护中所起的作用也最大，也最为消费者所熟知。在我国，消费者协会包括中国消费者协会和各地方消费者协会。地方各级消费者协会包括省（自治区、直辖市）、市、区（县）级消费者协会。各级消费者协会往往还设立有多个消费者工作站。

（二）其他消费者组织

其他消费者组织是指除了消费者协会之外的消费者组织，如消费者保护基金会、消费者组织联合会、消费者事务所、消费者保护法学研究会等。这些消费者组织也是消费者权益保护的重要力量。这些消费者组织依照法律、法规及其章程的规定，开展保护消费者合法权益的活动。

三、消费者组织的设立

消费者组织属于社会团体的范畴，因此，其设立必须遵守1998年10月25日国务院发布的《社会团体登记管理条例》的规定。

（一）消费者组织的设立条件

根据《社会团体登记管理条例》第10条的规定，成立消费者组织必须具备以下条件：(1) 有50个以上的个人会员或者30个以上的单位会员；个人会员、单位会员混合组成的，会员总数不得少于50个；(2) 有规范的名称和相应的组织机构；(3) 有固定的住所；(4) 有与其业务活动相适应的专职工作人员；(5) 有合法的资产和经费来源，全国性的社会团体有10万元以上活动资金，地方性的社会团体和跨行政区域的社会团体有3万元以上活动资金；(6) 有独立承担民事责任的能力。

同时,社会团体的名称应当符合法律、法规的规定,不得违背社会道德风尚。社会团体的名称应当与其业务范围、成员分布、活动地域相一致,准确反映其特征。全国性的社会团体的名称冠以"中国""全国""中华"等字样的,应当按照国家有关规定经过批准,地方性的社会团体的名称不得冠以"中国""全国""中华"等字样。

(二) 消费者组织的设立程序

根据《社会团体登记管理条例》第11条的规定,申请筹备成立消费者组织,发起人应当向登记管理机关提交下列文件:(1) 筹备申请书;(2) 业务主管单位的批准文件;(3) 验资报告、场所使用权证明;(4) 发起人和拟任负责人的基本情况、身份证明;(5) 章程草案。

其中,章程应当包括下列事项:(1) 名称、住所;(2) 宗旨、业务范围和活动地域;(3) 会员资格及其权利、义务;(4) 民主的组织管理制度,执行机构的产生程序;(5) 负责人的条件和产生、罢免的程序;(6) 资产管理和使用的原则;(7) 章程的修改程序;(8) 终止程序和终止后资产的处理;(9) 应当由章程规定的其他事项。

(三) 消费者组织的核准登记

根据《社会团体登记管理条例》第16条的规定,登记管理机关应当自收到完成筹备工作的社会团体的登记申请书及有关文件之日起30日内完成审查工作。对没有本《条例》第13条所列情形,且筹备工作符合要求、章程内容完备的社会团体,准予登记,发给《社会团体法人登记证书》。

登记事项包括:(1) 名称;(2) 住所;(3) 宗旨、业务范围和活动地域;(4) 法定代表人;(5) 活动资金;(6) 业务主管单位。同时,该条规定,对不予登记的,应当将不予登记的决定通知申请人。

四、消费者组织的注销

根据《社会团体登记管理条例》第21条的规定,消费者组织有下列情形之一的,应当在业务主管单位审查同意后,向登记管理机关申请注销登记、注销备案(以下统称注销登记):(1) 完成社会团体章程规定的宗旨的;(2) 自行解散的;(3) 分立、合并的;(4) 由于其他原因终止的。

同时,根据该《条例》第22条和第23条的规定,在办理注销登记前,应当在业务主管单位及其他有关机关的指导下,成立清算组织,完成清算工作。清算期间,社会团体不得开展清算以外的活动。

消费者组织应当自清算结束之日起15日内向登记管理机关办理注销登记。办理注销登记,应当提交法定代表人签署的注销登记申请书、业务主管单位的审查文件和清算报告书。登记管理机关准予注销登记的,发给注销证明文件,收缴该社会团体的登记证书、印章和财务凭证。

第二节 消费者协会

一、消费者协会的组织建设

1984年12月中国消费者协会经国务院批准成立后,各省、市、自治区的消费者协会也陆续成立。目前,全国县以上消费者协会已达3270个,其中省、自治区、直辖市31个。在农村乡镇、城市街道设立的消协分会,在村委会、居委会、行业管理部门、高等院校、厂矿企业中设立的监督站、联络站等各类基层网络组织达15.6万个,义务监督员、维权志愿者10万余名。

二、消费者协会的职责

我国《消费者权益保护法》第37条对消费者协会职责的内容、政府的支持以及社会的监督等内容作出了明确的规定。

(一) 消费者协会职责的内容

根据我国《消费者权益保护法》第37条的规定,消费者协会履行下列公益性职责:

(1) 向消费者提供消费信息和咨询服务,提高消费者维护自身合法权益的能力,引导文明、健康、节约资源和保护环境的消费方式。

(2) 参与制定有关消费者权益的法律、法规、规章和强制性标准。

(3) 参与有关行政部门对商品和服务的监督、检查。

(4) 就有关消费者合法权益的问题,向有关部门反映、查询、提出建议。

(5) 受理消费者的投诉,并对投诉事项进行调查、调解。

(6) 投诉事项涉及商品和服务质量问题的,可以委托具备资格的鉴定人鉴定,鉴定人应当告知鉴定意见。

(7) 就损害消费者合法权益的行为,支持受损害的消费者提起诉讼或者依照本法提起诉讼。

(8) 对损害消费者合法权益的行为,通过大众传播媒介予以揭露、批评。

值得注意的是,消费者协会的上述职责都是公益性职责,即面向全体消费者提供的、无差别型的无偿服务,属于社会公益的范畴。

(二) 政府对消费者组织履行职责的支持

消费者协会履行公益性职责,提供无偿服务,因此,应当得到政府部门的支持和保护。《消费者权益保护法》第37条第2款明确规定:"各级人民政府对消费者协会履行职责应当予以必要的经费等支持。"

根据该条的规定,政府部门对于消费者协会履行职责应当提供以下物质保障:

(1)经费保障。主要包括人员工资和办公经费等。

(2)办公场所保障。主要是指提供固定的办公场所和活动场所等。

(3)人员编制保障。在现阶段主要是提供一定数量的事业人员编制,以确保消费者协会工作的顺利开展。

(三)社会对消费者组织履行职责的监督

消费者协会履行公益性职责面向的是全体消费者,关乎的是全体消费者的合法权益,因此,应当确保职责履行的公平、公正、公开,并应当主动接受消费者的监督。正是基于这样的原因,《消费者权益保护法》第37条第3款才明确规定:"消费者协会应当认真履行保护消费者合法权益的职责,听取消费者的意见和建议,接受社会监督"。

三、消费者协会的活动禁限

《消费者权益保护法》第38条明确禁止消费者协会从事两项活动,一是不得从事商品经营和营利性服务,二是不得以收取费用或者其他牟取利益的方式向消费者推荐商品和服务。

(一)消费者组织不得从事商品经营和营利性服务

消费者组织不是经营者,属于社会团体的范畴,其主体性质决定了其不得从事商品经营和营利性服务。

不得从事商品经营和营利性服务是一项根本性的规定,即既禁止直接的商品经营和营利性服务,也禁止间接的商品经营和营利性服务;既禁止整体的商品经营和营利性服务,也禁止局部的商品经营和营利性服务,总而言之,是绝对的禁止,完全的杜绝。只有这样,才能保证消费者协会履行公益性职责过程中的纯粹性和绝对性,才能真正起到保护消费者合法权益的作用。

(二)不得以收取费用或者其他牟取利益的方式向消费者推荐商品和服务

消费者协会正常履行职能,通过开展比较试验、调查研究等方式,获得客观公正的商品和服务信息,向公众介绍、向消费者提供不在法律禁止范围。以公益的形式介绍商品,是消费者协会组织本身一项重要的职责,也是《消费者权益保护法》赋予消费者协会的职责。向消费者提供客观消费信息,不仅方便消费者科学合理选择,也有助于更好地扩大消费,促进市场良性发展,对于经济发展具有重要的助推作用。但是,法律禁止消费者协会以收取费用或者其他牟取利益的方式向消费者推荐商品和服务也是为了保证消费者协会的公益性和纯粹性,确保消费者的合法权益不受损害。

该项禁止和限制包括两种情况：一种是以直接收取推荐费或介绍费。这种情况比较直接，也比较容易识别、发现和禁止；另一种是以监制等名义获取商品或者服务的推荐和介绍费用。这种情况比较隐蔽，获取证据也比较困难，消费者一定要谨慎对待。

四、消费者协会与行业协会、商会的比较

行业协会，是指同业经济组织以及相关单位自愿组成的非营利性的、以经济类为主的经济类社团法人。就实质而言，法学界一般都认同它是一种由单一行业的竞争者组成的非营利组织，其目的在于促进该行业中的产品销售和在雇佣方面提供多边性的援助服务，或者是为了促进和提高该行业中一项或多项经济利益或者是该领域所覆盖成员的经济利益。

商会一般是指商人依法组建的、以维护会员合法权益、促进工商业繁荣为宗旨的社会团体法人。一种典型的商会是行业协会，是由同一行业的企业法人、相关的事业法人和其他组织依法自愿组成的、不以营利为目的的社会团体。其宗旨是加强同行业企业间的联系，沟通本行业企业与政府间的关系，协调同行业利益，维护会员企业的合法权益，促进行业发展。另一种商会是地域性的，通常由某地区企业、公司、公务人员、自由职业者和热心公益的公民所自愿组成的组织。

消费者协会与行业协会、商会的不同主要表现在以下几个方面：

（1）发起人不同。行业协会、商会是由会员自发设立的，而消费者协会则是由政府发起设立的。

（2）服务对象不同。行业协会、商会仅为会员提供服务，而消费者协会则往往为国内①不特定的广大消费者服务的。

（3）经费来源不同。行业协会、商会的经费来源主要是向会员单位收取一定数量的会费，而消费者协会实行的不是会员制，而是单位理事制，既没有会员费，也没有来自理事单位的经费支持，其经费由政府予以保障。

第三节　中国消费者协会

一、中国消费者协会简介

中国消费者协会于1984年12月经国务院批准成立，是对商品和服务进行社会监督的专门保护消费者合法权益的全国性社会团体。

（一）宗旨

根据《中国消费者协会章程》第3条的规定，中国消费者协会的宗旨是：依

---

① 在特殊情况下，我国消费者协会也维护外国消费者的合法权益。

据国家有关法律法规,对商品和服务进行社会监督,保护消费者的合法权益,引导消费者合理、科学消费,促进社会主义市场经济健康发展。

(二)章程

2001年11月16日理事大会表决通过了《中国消费者协会章程》。该章程共分七章34条。第一章是总则;第二章是职能;第三章是组织机构和负责人;第四章是资金管理;第五章是章程的修改程序;第六章是终止程序;第七章是附则。

(三)领导机构

中国消费者协会的领导机构是理事会。理事会的职权是:

(1)制定和修改章程。

(2)选举和罢免会长、副会长、秘书长和常务理事。

(3)审议常务理事会议工作报告。

(4)决定其他重大事宜。

《中国消费者协会章程》对理事会会议召开和议事规则作了如下规定:

(1)理事会须有2/3以上的理事(或理事代表)出席方能召开,其决议须经到会理事(或理事代表)半数以上表决通过方能生效。

(2)理事会每届5年。因特殊情况需提前或延期换届的,须由理事会表决通过,上报业务主管单位审查并经社团登记管理机关批准同意。但延期换届最长不超过1年。

(3)理事会全体会议每年召开一次,必要时可临时或延期召开。

(4)本会设立常务理事会。在理事会闭会期间,常务理事会行使理事会职权,并对理事会负责(常务理事人数不超过理事人数的1/3)。常务理事会职权是:第一,执行理事会决议;第二,筹备召开理事会并向其报告工作;第三,审议理事的调整增补事宜;第四,对会长、副会长、秘书长和常务理事单位因任免原因调换人选及时进行审议;第五,决定设立本会的办事机构、分支机构、代表机构,领导相应机构开展工作;第六,决定副秘书长和分支机构、代表机构主要负责人的聘任与解聘,审定内部管理制度;第七,讨论决定其他重大事项。

(5)常务理事会须有2/3以上常务理事出席方能召开,其决议须经到会常务理事2/3以上表决通过方能生效。

(6)常务理事会至少半年召开一次会议,情况特殊的也可采用通讯形式召开。

(7)常务理事会设立办事机构,在秘书长领导下处理日常工作。

(四)会长、副会长、秘书长

《中国消费者协会章程》对该会会长、副会长、秘书长的任职条件、职权、任期等事项作了如下规定:

(1)会长、副会长、秘书长必须具备下列条件:第一,坚持党的路线、方针、政策,政治素质好;第二,在本会业务领域内有较大影响;第三,身体健康,能坚持正常工作;第四,会长、副会长的最高任职年龄一般不超过65周岁,秘书长(专职)的最高任职年龄一般不超过60周岁。

(2) 会长、副会长、秘书长由业务主管单位提名,按照章程规定的程序进行选举;副秘书长由业务主管单位提名,按照章程规定的程序决定任免。

(3) 会长行使下列职权:第一,召集和主持理事会和常务理事会;第二,检查理事会和常务理事会决议落实情况;第三,代表本会签署有关重要文件;第四,其他由会长负责的事宜。

(4) 秘书长行使下列职权:第一,主持办事机构的日常工作,组织实施年度工作计划;第二,协调各分支机构、代表机构开展工作;第三,提名协会所属相关机构负责人,提交常务理事会审定;第四,决定办事机构专职工作人员的聘用;第五,处理其他日常事务。

(5) 会长、副会长、秘书长每届任期5年,期满可连选连任。任期最长不得超过两届。

(6) 秘书长为法定代表人,本会法定代表人不兼任其他团体的法定代表人。

二、中国消费者协会的日常工作

中国消费者协会主要的日常工作有以下几个方面:

(一) 宣传教育

自1986年起,每年国际消费者权益日,中国消费者协会都与全国各地消协联合,通过街头宣传、举办展览、专题讲座、文艺晚会、知识竞赛等形式,开展维权宣传活动。

1997年以来,中国消费者协会每年推出一个年主题,全国联动,全方位、深层次地开展维权活动,深得民心。历年的年主题分别为:"讲诚信·反欺诈"(1997年)、"为了农村消费者"(1998年)、"安全健康消费"(1999年)、"明明白白消费"(2000年)、"绿色消费"(2001年)、"科学消费"(2002年)、"营造放心消费环境"(2003年)、"诚信维权"(2004年)、"健康维权"(2005年)、"消费与环境"(2006年)、"消费和谐"(2007年)、"消费与责任"(2008年)、"消费与发展"(2009年)、"消费与服务"(2010年)、"消费与民生"(2011年)、"消费与安全"(2012年)、"让消费者更有力量"(2013年)、"新消法,新权益,新责任"(2014年)。

(二) 消费警示

自1997年起,中国消费者协会针对涉及消费者人身和财产安全的重大隐患和消费陷阱,以"消费警示"的形式向社会公布,提醒消费者免受危险消费方式的伤害。消费警示制度对指导消费发挥了十分显著的成效,也有力地促进了一些重大隐患问题的解决。近些年来通过公布"霸王条款"的方式进行消费警示的做法收到了非常好的社会效果和法律效果。

概括起来,中国消费者协会公布的"霸王条款"主要有:"移动电话上的保修贴纸不得撕毁、损坏,否则不予保修。""本单位只提供车辆停放,不负责保管,损失自负。""前台收银处为客户设有免费保险箱,酒店对任何未予寄存的贵重物品遗失概不负责。""行程仅供参考,变更恕不通知。""旅行社不承担任何保险公司赔偿的保险金额以外的费用。""托运合同内含有易损易腐货物(如油剂、玻璃制品、水剂、瓷器、水果等)在途中损坏、腐烂,本公司概不赔偿。""货物、货款如有差错,请在 3 天内查询,超期概不负责。""商品一经售出,概不退换。""促销商品,售出概不退换。""特价商品,概不退换。""偷一罚十""禁止自带酒水""消毒餐具工本费 1 元"或"消毒餐具另收费""包间最低消费××元""如甲方需减少订席数,需提前 15 天告知乙方,否则乙方将按原订席数全额收费""请保管好自己的物品,谨防被盗,丢失本店概不负责"或"公共场所请您携带好您的随身物品,如有丢失后果自负""餐厅有权接受或拒绝顾客自带酒水和食品。如果顾客不接受餐厅建议将被视为自动放弃食品卫生投诉权利""最低消费""餐厅收茶位费""快递丢手机只赔运费""餐厅收取开瓶费""最终解释权归本店""影楼有偿提供底片""购物券过期作废"等。

(三) 咨询服务

中国消费者协会创办了《中国消费者》杂志和"中国消费者协会信息网"两个权威媒体,作为消费者提供信息和咨询服务的有力途径。

作为向消费者提供消费信息和咨询服务的途径,中国消费者协会于 1994 年创办了《中国消费者》杂志月刊,辟有比较实验,权威检测,专项调查和消费警示等专栏,为消费者答疑解惑。

为了更好地向消费者提供咨询服务,中国消费者协会成立了律师团,其基本职责是:

(1) 开展与消费者权益保护相关的法律及实务研究,提出政策和立法方面的建议。

(2) 对消费维权领域中的热点、难点问题进行讨论和研究。

(3) 对重大消费维权事件及时做出反应,并以律师团名义发表观点。

(4) 为消费者提供相关法律信息和义务咨询服务。

(5) 对严重损害消费者合法权益的案件义务代理诉讼。

(6) 参与重大或典型投诉案件的分析研究和调查调解。

(7) 参与中消协与有关部门及行业组织的协商对话。

(8) 参与中消协对经营者进行的法律宣传和培训。

(9) 对中消协履行法定职能的活动提供法律意见和支持。

(10) 对损害中消协合法权益的行为提供法律意见,必要时代理诉讼。

(11) 其他相关工作。

(四) 比较实验

中国消费者协会注重学习和借鉴国际消费者组织通行的消费品比较试验方式,独立开展和组织、指导地方消协开展了大量的比较试验。目前,每月公布一项比较试验结果,向消费者提供消费信息。

为保障比较试验结果的科学性和准确性,中国消费者协会和下列检验检测机构建立了长期、稳定的合作关系:国家室内装饰协会室内环境监测中心(室内环境检测类)、国家电子计算机质量监督检验中心(计算机及外设、IC卡及机具类)、国家珠宝玉石质量监督检验中心(珠宝玉石首饰类)、国家人造板质量监督检验中心(人造板材类)、农业部乳品质量监督检验测试中心(乳品、绿色食品)、中国北京进出口玩具检验中心(玩具类)、国家广播电视产品质量监督检验中心(家用电子类)、中国商业联合会针棉织商品质量监督检验测试中心(天津,针织服装类)、中国家用电器检测所(家用电器、电器附件、灯具、电磁兼容、电动工具、IT设备类)、中国计量科学研究院光学产品性能实验室(光学产品类)、中国检验检疫科学研究院(食品类)、国家建筑材料测试中心(建材类)、国家电光源质量监督检验中心(北京,照明类)、中国检验检疫科学研究院(转基因食品类)。

(五) 国际交流

中国消费者协会一诞生就受到国际消联(CI)的关注,并于1987年9月被吸收为正式会员。此后,中国消费者协会先后派团、派员参加国际消费者联合会世界大会,赴美国、日本等国家和地区进行访问、参加研讨会或培训班,接待国际消费者联盟及(前)苏联、瑞典、澳大利亚等国和地区消费者组织的来访。目前,中国消费者协会已同世界上数十个国家和地区的消费者组织建立了固定的联系,就促进保护消费者权益的课题交换意见,并努力寻求与海外消费者组织以及专门机构间的国际合作。

三、中国消费者协会的投诉受理

为了强化和规范受理消费者投诉工作,有效地调解消费者和经营者之间发生的消费者权益争议,切实履行消费者协会(委员会、联合会)对商品和服务进行社会监督,保护消费者合法权益的社会职能,根据《消费者权益保护法》和其他有关的法律、法规,1995年12月1日中国消费者协会制定本了《中国消费者协会受理消费者投诉规定》(以下简称《投诉规定》)。

(一) 受理投诉原则

关于消费者协会受理投诉的基本原则,《投诉规定》作出了如下规定:

(1) 消协依法受理消费者投诉,对投诉事项进行调查、调解。

(2) 调解以双方自愿、合法、合理、公正为基础；调解以事实和证据为依据。消费者投诉，有责任提供证据，证明购买、使用商品或接受服务与所受损害存在因果关系。对造成损害的产品的质量缺陷和服务中存在的具体损害原因，不应当强求消费者举证。

(3) 按地域管辖责任分工受理。

(4) 受理投诉要严肃认真，接待消费者要诚恳热情，做到件件有回音，事事有着落，努力遵守受理投诉的时间要求，全心全意为消费者服务。

(5) 受理消费者投诉，一般应坚持无偿服务的原则。

(6) 坚持舆论监督，通过大众传播媒介定期或不定期公布消费者投诉情况，凡公开点名、曝光的必须慎重，要以消费者投诉事实或必要的调查、鉴定材料为依据，要有必要的组织审批手续。必要时，可以事先反馈给被批评者按一定手续进行核实。

(二) 受理投诉范围

关于消费者协会受理投诉的范围，《投诉规定》作出了如下规定：

第一，下列投诉应予受理：(1) 根据《消法》关于"消费者的权利"的9项规定，受理消费者受到损害的投诉；(2) 根据《消法》关于"经营者的义务"的10项规定，受理消费者对经营者未履行法定义务的投诉；(3) 受理农民购买、使用直接用于农业生产的种子、化肥、农药、农膜、农机具等生产资料其权益受到损害的投诉。

第二，下列投诉不予受理：(1) 经营者之间购、销活动方面的纠纷；(2) 消费者个人私下交易纠纷；(3) 商品超过规定保修期和保证期；(4) 商品超过标明是"处理品"的(没有真实说明处理原因的除外)；(5) 未按商品使用说明安装、使用、保管、自行拆动而导致商品损坏或人身危害的；(6) 被投诉方不明确的；(7) 争议双方曾达成调解协议并已执行，而且没有新情况、新理由的；(8) 法院、仲裁机构或有关行政部门已受理调查和处理的；

第三，下列情形酌情受理。(1) 遇到《消法》(老) 第36—39条所列情况，投诉人当时不能提供明确的被投诉方的，应积极协助消费者查找应负责任者，能够确定的，应予受理；(2) 对因商品缺陷造成人身、财产损害的侵权问题投诉，可告知投诉者保留现场和证据，及早向人民法院提起诉讼。投诉的消费者坚持要求消协调解的，依照《中华人民共和国民事诉讼法》有关规定进行；(3) 按投诉内容和有关规定，需由行政部门处理的，建议消费者直接向有关行政部门处理的，建议消费者直接向有关行政部门申诉。对已向有关行政部门申诉，但久拖不决或只对经营者处罚，未给消费者追偿损失，消费者又向消协投诉的，消协可以向该行政部门反映、查询并提出建议；(4) 地方法规赋予消协其他职责的，按当地通过施行的法规执行。

(三) 投诉的受理

关于投诉的受理,《投诉规定》作出了如下规定:

第一,消费者投诉要有文字材料或投诉人签字盖章的详细口述笔录,要有以下内容:(1)投诉人的姓名、住址、邮政编码、电话号码等;(2)被投诉方的单位名称、详细地址、邮政编码、电话号码等;(3)购买商品或接受服务的日期、品名、牌号、规格、数量、计量、价格、受损害及与经营者交涉的情况,并提供凭证(发票、保修证件等复印件)和有关证明材料。

第二,对缺少凭证和情况不明的投诉,应及时通知投诉人,待补齐所需证明材料后受理。

第三,对不符合受理范围的投诉,及时将不受理原因及依据的法律、法规条款告知消费者。

第四,对其他单位或企业转来的消费者投诉,凡是投诉人没有要求向消协投诉的,不直接受理,不直接答复投诉人。

(四) 投诉的处理

关于投诉的处理,《投诉规定》作出了如下规定:

(1)根据《消费者权益保护法》"争议的解决"一章中有关条款进行调解,将投诉信转交被投诉方,要求被投诉方在限期内答复消费者协会和消费者,超过限期没有答复的,再次催促或采取其他办法,直至有结果;在限期内被投诉方提出正当理由,认为不适合消费者协会调解的,消费者协会要及时告知消费者采取其他途径解决争议。

(2)对内容复杂、争议较大的投诉,消费者协会直接或会同有关部门共同处理,需要做鉴定的,应当提请有关法定鉴定部门鉴定,务请鉴定部门出具书面鉴定结论。鉴定所依据的标准适用性,除特殊要求外,应由鉴定部门负责。做鉴定所需的费用一般由鉴定结论的责任方承担;如双方均有责任的,由双方共同负担。

(3)对涉及面广、危及广大消费者权益的,或者损害消费者权益情节严重又久拖不决的重要投诉,应向政府或有关部门及时反映,要求制止和及时查处;同时,可以通过大众传播媒介予以揭露、批评,并且公开提醒消费者注意,避免和减少由此造成的损害。

(4)处理投诉情况和给被投诉方的限期要同时函告消费者。在限期内,被诉方答复解决的,或该消费者超过限期不再继续投诉的,视为结案。

思考题

消费者协会调解是我国消费纠纷的一种解决方式。它是指在消费纠纷发生后,消费者投诉到消协组织,消费者协会工作人员通过对经营者的法制宣传和调解说服,化解矛盾,解决问题,防止消费纠纷的激化,保护消费者的合法权益的一种纠纷解决活动。实践表明,大多数消费纠纷都是通过消费者协会通过调解方式解决的。

结合本章之基本理论,请回答以下问题:

1. 消费者协会调解的优点有哪些?其与人民调解、行政调解和司法调解有何不同。
2. 消费者协会进行消费纠纷调解时应当坚持的法律原则有哪些?
3. 目前,在消费者协会调解消费纠纷中存在着哪些亟待解决的问题?
4. 如何完善我国消费者协会调解制度?

第十二章　消费者权利的经营者保护

内容摘要:经营者与消费者处于消费合同的两极,经营者处于义务极,消费者处于权利极。消费者权利保护在很大程度上是靠经营者履行义务来保障的。因而可以说,经营者是消费者权益的最直接和最主要的保障主体。

在保护消费者权益过程中,经营者应当依法履行下列义务:依法经营的义务,即按照法律规定、合同约定或商业惯例从事经营活动;接受消费者监督的义务;保障产品质量的义务,即生产者、销售者应当确保产品质量符合法律的规定;保障经营场所安全的义务;标明名称和标记的义务;明码标价的义务;依法进行商品或服务宣传的义务;通报与消除产品安全风险的义务;解答消费者询问的义务;强制信息披露的义务;提供购货单据或服务凭证的义务;依法使用个人信息的义务;尊重消费者的义务;依法履行消费合同的义务;承担举证责任的义务。

教学重点:(1) 依法经营义务;(2) 保障产品质量的义务;(3) 提供购货单据或服务凭证的义务;(4) 承担举证责任的义务。

第一节　依法经营的义务

一、立法规定

依法经营是经营者的首要义务。经营者依法经营者的义务,在我国《消费者权益保护法》《反不正当竞争法》《公司法》等法律、法规中都有明确的规定。

(一)《消费者权益保护法》的规定

关于经营者依法经营的义务,《消费者权益保护法》第16条作出了如下规定:

(1) 经营者向消费者提供商品或者服务,应当依照本法和其他有关法律、法规的规定履行义务。

(2) 经营者和消费者有约定的,应当按照约定履行义务,但双方的约定不得违背法律、法规的规定。

(3) 经营者向消费者提供商品或者服务,应当恪守社会公德,诚信经营,保障消费者的合法权益;不得设定不公平、不合理的交易条件,不得强制交易。"

(二)《反不正当竞争法》的规定

关于经营者依法经营的义务,《反不正当竞争法》第2条作出了如下规定:

"经营者在市场交易中,应当遵循自愿、平等、公平、诚实信用的原则,遵守公认的商业道德"。

(三)《公司法》的规定

关于经营者依法经营的义务,《公司法》第5条作出了如下规定:"公司从事经营活动,必须遵守法律、行政法规,遵守社会公德、商业道德,诚实守信,接受政府和社会公众的监督,承担社会责任"。

二、经营者依法经营义务的基本内容

经营者依法经营的内容非常广泛,包括依照法律规范的规定经营、依照合同约定经营、依照商业惯例经营等内容。

(一)依照法律规范的规定从事经营活动的义务

依照法律规范的规定从事经营活动是指经营者向消费者提供商品或者服务,应当依照本法和其他有关法律、法规的规定履行义务。该项义务主要包括以下几个方面的内容:

(1)经营资格合法。营业执照是经营者可以依法从事经营活动的法定文件。凡是依法定程序办理了营业执照的经营者,就可以在法定的经营范围内从事经营活动,其合法权益受法律保护;凡是未领取营业执照而从事经营活动的,一般均属非法经营,应当受到有关部门的制裁。目前,我国的营业执照分两种,一种是《企业法人营业执照》,一种是《营业执照》。

(2)经营内容合法。所谓经营内容合法是指销售的商品或提供的服务符合法律的规定。经营范围是判断经营内容是否合法的客观依据。依此依据,常见的经营内容违法有两种,一种是绝对的违法,即销售法律严格禁止的商品或从事法律严格禁止的服务,如销售毒品和从事卖淫活动;一种是相对的违法,即超越核准经营范围的活动,如药店出售日用百货、饭店出售香烟的活动以及生活美容院从事医学美容的活动。

(3)经营程序合法。所谓程序合法是指经营活动的过程符合法律的规定。在消费活动中,合同程序是基本的经营程序,经营者必须严格按照我国《合同法》以及相关法律的规定与消费者签订合同、履行合同、变更合同或解除合同。违背购买者的意愿或以欺诈的方式签订合同,不履行或不完全履行合同,迟延履行合同,不实际履行合同等行为都是经营程序违法行为。除此之外,该公开的不公开,该公示的不公示,该告知的不告知等行为也同样是经营程序违法行为。

总之,经营者必须严格依照法律的规定从事商品经营或服务提供,将依法经营的理念贯彻到经营的方方面面。

(二)依照合同约定经营

所谓依照合同约定经营是指经营者和消费者有约定的,应当按照约定履行义务。合同约定即经营者和消费者之间的"法律",必须严格按照约定进行。

经营者和消费者履行合同约定时必须做到以下几点:

(1) 合同约定不得违背法律、法规的规定。"契约自由"为近代司法三大原则之一。但是,同任何自由一样,过分的契约自由必然会带来严重的问题与后果。于是,在绝对契约自由之后,各个国家都开始对契约自由进行干预,即对契约自由进行必要的法律限制。这种限制的核心就是合同的约定不得违背法律、法规的规定。

(2) 签订合同必须遵循平等、自愿、等价、有偿和诚实信用的基本原则,经营者强迫消费者与之签订合同的行为,以欺诈方式与消费者签订合同的行为都是违反合同法的行为,其结果都不受法律的保护。

(3) 经营者不得凭借经济优势和经营优势,以格式合同等方式对消费者做出不公平、不合理的限制,增加或加重消费者的责任,减轻或免除经营者责任的行为都是无效的行为。

(三) 依照商业惯例经营

商业惯例是指在一定范围内或一定行业中,众多经营者倡导、遵守并长期有效的行为规则,仅存在于私权的领域。公权领域不存在惯例问题,所有公权部门都必须秉承"法无明文规定不得为"的原则,严格按照法律的规定从事相关活动,不得有任何逾越。

经营者从事经营活动,就其行为规则而言,一般是"先法律,后惯例,再合同"。就一般情况而言,众多经营者更愿意服从和遵守商业惯例。目前,众商家称之为商业惯例的内容很多,如牲畜交易中的"卖牲不卖缰"规则,酒店经营中的"中午12点退房"规则,"准备或不准备牙膏、牙刷等6小件制度",公共交通中的"不找零"规则等。但是,这些规则中,有些根本就不是商业惯例,而是经营者假借商业惯例之名对消费者实施的不公平、不合理的交易行为,如上述中的"中午12点退房"规则和"不找零"规则。在消费者实践中,我们应当认真判明哪些是商业惯例,哪些不是商业惯例,要勇敢地对非商业惯例行为说"不"。

第二节 接受消费者监督的义务

一、立法规定

经营者接受消费者监督的义务在《消费者权益保护法》《价格法》《产品质量法》《反不正当竞争法》等法律规范中都有具体的规定。

(一) 《消费者权益保护法》的规定

关于接受消费者监督的义务,《消费者权益保护法》第17条规定:"经营者应当听取消费者对其提供的商品或者服务的意见,接受消费者的监督。"

(二)《价格法》的规定

关于接受消费者监督的义务,《价格法》作出了如下规定:

(1)"消费者组织、职工价格监督组织、居民委员会、村民委员会等组织以及消费者,有权对价格行为进行社会监督。政府价格主管部门应当充分发挥群众的价格监督作用。新闻单位有权进行价格舆论监督。"(第37条)

(2)"政府价格主管部门应当建立对价格违法行为的举报制度。任何单位和个人均有权对价格违法行为进行举报。政府价格主管部门应当对举报者给予鼓励,并负责为举报者保密。"(第38条)

(三)《产品质量法》的规定

关于接受消费者监督的义务,《产品质量法》作出了如下规定:

(1)"消费者有权就产品质量问题,向产品的生产者、销售者查询;向产品质量监督部门、工商行政管理部门及有关部门申诉,接受申诉的部门应当负责处理。"(第22条)

(2)"保护消费者权益的社会组织可以就消费者反映的产品质量问题建议有关部门负责处理,支持消费者对因产品质量造成的损害向人民法院起诉。"(第23条)

(四)《反不正当竞争法》的规定

关于接受消费者监督的义务,《反不正当竞争法法》第4条规定:"国家鼓励、支持和保护一切组织和个人对不正当竞争行为进行社会监督。国家机关工作人员不得支持、包庇不正当竞争行为。"

二、经营者接受消费者监督的主要内容

就经营者接受消费者监督的形式而言,主要有主动接受监督的方式和被动接受监督的方式。

(一)主动接受消费者的监督

所谓主动接受消费者监督的方式是指经营者主动敞开监督渠道,以不同方式听取消费者意见和建议的监督方式。这种监督方式为越来越多的经营者所采纳,也受到了广大消费者的好评。目前,经营者主动接受消费者监督的方式主要有以下几种:

一是,消费者评价。是指在消费活动中,由消费者对经营者提供的商品或者服务征求意见和建议的一种消费者监督活动。这种评价及时、直接、自由,很受消费者的欢迎,也值得肯定和推广。

消费者评价应当是客观的、综合的,消费者不能恶意进行评价。当然,我们也反对经营者向消费者要"好评价"的现象。这种现象主要出现在网络商品交易或服务提供中,我们应当逐步使网络评价客观化、真实化,并以此切实保护潜在消费者的合法权益不受侵犯。

二是,消费者回访。是指在消费活动结束后的一定时间段内,经营者以电话、短信等方式征求意见和建议的一种消费者监督活动。这种监督活动也相对及时、直接、自由,同样是消费者欢迎和乐于接受的一种监督方式。

消费者回访活动一般由专人负责,回访的内容涉及商品或服务的方方面面。在接受电话或短信回访时,消费者一定要说实情、讲真话,而不能敷衍了事,一味迎合经营者,要敢于提出意见和建议,并以此促进经营者的经营上台阶、上档次、上水平。

三是,调查问卷。调查问卷又称调查表或询问表,是以问题的形式系统地记载调查内容的一种印件。问卷可以是表格式、卡片式或簿记式。设计问卷,是询问调查的关键。

调查问卷一定要做好以下几个方面的工作:

(1) 有明确的主题。根据主题,从实际出发拟题,问题目的明确,重点突出,没有可有可无的问题。

(2) 结构合理、逻辑性强。问题的排列应有一定的逻辑顺序,符合应答者的思维程序。一般是先易后难、先简后繁、先具体后抽象。

(3) 通俗易懂。问卷应使应答者一目了然,并愿意如实回答。问卷中语气要亲切,符合应答者的理解能力和认识能力,避免使用专业术语。对敏感性问题采取一定的技巧调查,使问卷具有合理性和可答性,避免主观性和暗示性,以免答案失真。

(4) 控制问卷的长度。回答问卷的时间控制在 20 分钟左右,问卷中既不浪费一个问句,也不遗漏一个问句。

(5) 便于资料的校验、整理和统计。

当然,具体的问卷要结合经营实际和消费者群体的实际进行,要防止"一刀切"式的问卷和"空洞无物"式的问卷。

四是,消费者座谈会。是指就消费者反映集中和重点问题,经营者组织有关消费者进行专门会谈的一种监督方式。这种监督方式问题集中、集思广益,对于问题原因的寻找和解决对策的确定具有十分重要的意义,也很值得肯定和推广。

经营者与消费者进行座谈时,一是要主题明确,最好是一事一议;二是要人数可观,参加座谈会的消费者要有一定的数量,而且要有一定的代表性;三是要对座谈过程、观点、共识和结论进行详细记录,必要时可形成会议纪要供决策参考。

（二）被动接受消费者的监督

与主动接受消费者的监督不同,被动监督往往是对"可能出现的问题"的监督,针对所有的经营者。

一是,设立复秤台。复秤台不是市场的摆设,其真正目的是对短斤少两的销售商起震慑作用,并以此保障消费者公平交易权的实现。

复秤台制度在我国由来已久,为消费者所熟知,也为消费者所称道。但是,关于复秤台建设、使用、维修的情况却不尽人意,有些地方甚至取消了复秤台。这些现象的存在和蔓延已经引起了广大消费者的强烈不满,因此,我们建议应当在集贸市场全面推行复秤台制度。

复秤台的建设要本着方便消费,方便消费者,方便市场监管的原则进行建设。具体措施如下:

(1) 农贸市场开办者要为"复秤台"统一配置符合国家标准的公平计量器具,作为"公平秤"。

(2) 复秤台要使用精确度较高的电子秤,方便消费者看懂秤、算准钱。

(3) "复秤台"要设置在市场内醒目、合理、平稳、方便使用的位置。

(4) "复秤台"要有设置牢固、字迹清晰的管理标牌,标注"复秤台"字样、市场开办者管理人员姓名和电话或辖区工商所投诉电话。

(5) 复秤台不应"迟到早退",管理人员下班、休息或因事外出应安排他人代管。

(6) 农贸市场开办者应进一步建立完善"公平秤"定期维护、调校、检定、使用等管理制度及计量纠纷处理制度。

二是,设立投诉台。是指依法设立的、专门处理投诉的组织机构。在消费权益保护中,处理投诉的机构主要是12315消费投诉台。

2014年5月4日《工商总局关于进一步加强12315体系建设的意见》对12315消费投诉平台建设提出了如下意见:

(1) 建立符合新形势需要的12315平台。各地要依托12315信息化网络,丰富12315平台的开放式、互动式综合服务功能。要积极应用现代信息技术,形成12315专用电话、互联网、短消息、移动互联通讯等多种方式并举的消费者诉求表达和反馈渠道,探索开展远程消费维权。省级局要建立统一的12315互联网平台,引导消费者网上咨询、网上投诉举报,实行网上接诉、网上分流、网上调解、网上回复、网上跟踪督办,做到集中登记分流、分级受理处理、统一调度指挥、网上转办督办、快速应急处置、信息汇总分析通报,为广大消费者提供便捷高效的服务,进一步提高12315体系在推动工商行政管理各项工作中的综合效能。根据市场监管和消费维权工作需要,适时推动建立全国12315互联网平台;

(2) 积极推进12315中心工作规范化建设。各地要按照《工商行政管理部门处理消费者投诉办法》和《12315消费者申诉举报中心工作规则》的规定，进一步完善工作制度，规范工作程序，不断推进12315中心建设。要通过制度建设规范执法行为，在处理投诉举报过程中，统一处理程序，统一办案标准，确保执法的公正性；要以消费者诉求为导向，根据实际情况，通过增设电话线路、受理座席，合理安排人员值班等方式，保障消费者诉求渠道畅通；要及时在12315平台下载安装"12315消费维权知识库"，方便一线工作人员准确解答消费咨询，规范受理和处理消费者投诉举报程序。

三是，设立举报箱。是指专供举报人投递举报、控告违法犯罪信函和书面材料的设备。概括而言，举报箱管理制度主要包括以下内容：

（1）开箱时间。要明确举报箱开箱的具体时间，如可规定：举报箱每月5日、20日各开箱一次（节假日顺延），开箱时间为早9时30分—10时30分。

（2）举报箱管理。举报箱应指定专人负责管理，专人开启，专人负责，意见箱钥匙专人保管；开箱时必须有两人以上在场共同见证监督举报箱内有无举报信件。

（3）认真登记举报情况。负责开箱的两名同志将监督举报箱内的举报材料取出后，应在《信访举报登记簿》上认真登记信件编号、开箱时间、来信时间、举报人姓名、单位、住址、职务，被举报人姓名、单位、住址、职务，反映的主要问题及性质，处理的意见等情况。

（4）做好保密工作。要切实保障消费举报人的民主权利，对署真实姓名经营者问题的，应当为其保密；对泄露机密的人员要追究其责任。

第三节 保障产品质量的义务

一、立法规定

关于经营者产品质量方面的义务，我国《消费者权益保护法》《产品质量法》中都有明确的规定。

（一）《消费者权益保护法》的规定

关于经营者产品质量方面的义务，《消费者权益保护法》作出了如下规定：

（1）"经营者应当保证其提供的商品或者服务符合保障人身、财产安全的要求。对可能危及人身、财产安全的商品和服务，应当向消费者作出真实的说明和明确的警示，并说明和标明正确使用商品或者接受服务的方法以及防止危害发生的方法。"（第18条第1款）

（2）"经营者应当保证在正常使用商品或者接受服务的情况下其提供的商品或者服务应当具有的质量、性能、用途和有效期限；但消费者在购买该商品或

者接受该服务前已经知道其存在瑕疵,且存在该瑕疵不违反法律强制性规定的除外。"(第23条第1款)

(3) 经营者以广告、产品说明、实物样品或者其他方式表明商品或者服务的质量状况的,应当保证其提供的商品或者服务的实际质量与表明的质量状况相符。"(第23条第2款)

(二)《产品质量法》的规定

关于经营者产品质量方面的义务,《产品质量法法》作出了如下规定:

第一,"生产者应当对其生产的产品质量负责。产品质量应当符合下列要求:(1) 不存在危及人身、财产安全的不合理的危险,有保障人体健康和人身、财产安全的国家标准、行业标准的,应当符合该标准;(2) 具备产品应当具备的使用性能,但是,对产品存在使用性能的瑕疵作出说明的除外;(3) 符合在产品或者其包装上注明采用的产品标准,符合以产品说明、实物样品等方式表明的质量状况"。(第26条)

第二,"产品或者其包装上的标识必须真实,并符合下列要求:(1) 有产品质量检验合格证明;(2) 有中文标明的产品名称、生产厂厂名和厂址;(3) 根据产品的特点和使用要求,需要标明产品规格、等级、所含主要成份的名称和含量的,用中文相应予以标明;需要事先让消费者知晓的,应当在外包装上标明,或者预先向消费者提供有关资料;(4) 限期使用的产品,应当在显著位置清晰地标明生产日期和安全使用期或者失效日期;(5) 使用不当,容易造成产品本身损坏或者可能危及人身、财产安全的产品,应当有警示标志或者中文警示说明。裸装的食品和其他根据产品的特点难以附加标识的裸装产品,可以不附加产品标识"。(第27条)

根据这些规定,本书认为,经营者产品质量方面的义务主要包括质量保障义务、告知义务等内容。

二、质量保障义务

我国《产品质量法》对产品内在质量要求作了如下规定:(1) 产品不存在危及人身、财产安全的不合理的危险;(2) 产品质量应当具备应有的使用性能;(3) 产品质量应当符合明示的质量状况。生产者、销售者应当确保产品质量符合法律的规定。

(一) 生产者、销售者的产品质量保障义务

生产者、销售者都是产品质量责任人,都应当按照法律、法规的规定,采取措施保证产品的质量符合法律、法规的规定,符合保障消费者人身和财产安全的要求。

第一,生产者应对其生产的产品质量负责。生产者应对其生产的产品质量

负责,这是生产者最主要的义务,也是产品质量合格的关键。生产者对其生产的产品质量负责,首先是由生产者自身的社会地位和性质决定的。随着经济的发展和社会的进步,产品的功能日益完备,结构也越来越复杂。生产者以其在生产中所属的特殊地位,较之销售者、消费者所占有的优势,决定了它必须把保证产品质量作为自己的首要义务。

生产者要对其生产的产品质量负责,还由于它是为了满足用户、消费者约定的或者潜在的要求决定的。社会主义生产的目的是满足人民群众日益增长的物质文化生活的需要,而欲达此目的,生产者就必须不断完善生产条件,增加新品种,提高产品质量。但在现实生活中,不少生产者单纯追求产量、利润,不顾消费者利益,粗制滥造,个别的甚至弄虚作假,生产假冒伪劣产品,给用户、消费者的人身和财产安全造成了极大的损害,也危害了社会主义市场经济秩序,很不利于社会主义市场经济新体制的建立。为此,就必须确立保证产品质量是生产者的首要义务。

第二,销售者应当认真执行进货检查验收制度,采取措施保持销售产品的质量。

(1) 应当认真执行进货检查验收制度,验明产品合格证明和其他标识。进货检查验收制度是指为净化流通领域,杜绝和减少质量不合格的产品,销售者在进货时应当对所购进的货物进行检查、验收的一种制度。

(2) 采取措施,保持销售产品的质量。销售者应当采取措施是指销售者应当根据产品的特点,采取必要的防雨、防晒、防霉变,对某些特殊产品采取控制温度、湿度等措施,保障产品进货的质量状况。

法律规定销售者应当认真执行进货检查验收制度,应当采取措施保持销售产品的质量,可以促使销售者增强对产品质量负责的责任感,有助于他们加强产品质量管理工作,增加对保证产品质量的技术条件的投入,加速产品流通,防止产品质量在经销期间失效、变质,从而保护产品的用户、消费者的合法权益。

(二) 生产者、销售者的产品包装义务

生产者、销售者应使其产品或包装上的标志符合法律的规定。生产者应使产品包装或包装上的标志符合法律的要求。这是产品质量的外在要求,同时,也是产品质量合格的外在表现。

根据《产品质量法》的规定,产品标识应当符合以下要求:(1) 有检验人员签章的产品检验合格证明;(2) 有中文标明的产品名称、生产厂名和厂址;(3) 根据产品的特点和使用要求,需要标明产品规格、等级、所含主要成分的名称和含量的,应予以表明;(4) 限期使用的商品,表明生产日期和安全使用期或者失效日期;(5) 使用不当,容易造成产品本身损坏或者可能危及人身、财产安全的产品,要有警示标志或者中文警示说明;(6) 实行生产许可证管理的产品,标明生产许可证标志和编号;(7)出口产品的标识,按照国家有关出口产品的规定或者合同约定进行标注;(8)裸装的食品和其他根据产品的特点难以附加标识的裸装产品,可以不附加产品标识。产品包装应当符合国家有关规定。剧毒、危险、易碎、怕压、需要防潮、储运中不能倒置以及有其他特殊要求的产品,其包装必须符合相应的要求,要有警示标志或者中文说明,要标明储运注意事项等。

三、产品质量告知义务[①]

告知作为生产者、销售者的一项法定义务,在现代产品质量责任制度中占有重要的地位。它一方面大大方便了当事人的举证,便于审判机关对责任的确定,有利于产品质量责任案件的迅速处理;另一方面,可以促使用户和消费者正确、认真、谨慎地使用产品,减少因不正确使用而造成的人身损害或财产损害。

(一)告知的含义、条件和内容

告知是指生产者、销售者根据法律的规定对其产品的品质、性能、使用方法、注意事项向用户、消费者作出的正确、充分的披露和说明。告知是为了让用户和消费者了解产品的品质,知道产品中存在的不可避免的危险性,掌握产品的使用(操作)规则和使用(操作)方法。

在什么条件下应该告知,告知的范围有多大,告知的内容是什么,这些问题在国内外法学界颇具争议,至今仍未取得一致或较为一致的意见。本书认为,要正确回答上述问题,必须从告知之于用户、消费的作用入手。告知是生产者、销售者的法定义务,更是用户、消费者的要求和需要。通过告知,用户、消费者可能决定是否购买该产品,了解产品的品质、内在结构、性能、主要用途、存在的危险性、注意事项,掌握该产品的操作规则,使用方法、维修方法、手段和技巧。只有将上述内容正确、充分地告知给用户和消费者,商品流通才能顺利进行,商品的价值和使用价值才能实现。告知不当,既会阻碍生产的发展,又会影响消费的进行,破坏用户、消费者与生产者、销售者之间的经济往来和联系。由此,本书认为,为满足用户、消费者的需要和要求,在以下三种情况下生产者、销售者应履行告知义务,进行正确、充分的告知。

(1)不告知,用户、消费者便不能决定是否购买或消费该商品。

(2)不告知,用户、消费者便无法使用或难以使用该商品。

(3)不告知,用户、消费者便无法了解该产品的品质,即使在认真、小心、谨慎的情况下使用该产品,该产品固有的危险性也可能造成人身损害或财产损害。

向用户、消费者进行预先告知,因不同的产品,告知有详有略,有多有少,但均应包括以下两个方面的内容:

[①] 王兴运:《谈产品质量法中的告知义务》,载《经济观察》1997年第4期。

第一,产品品质告知。产品品质告知的主要内容包括产品名称、规格、型号、成份、含量、重质、质量标准等级、用法、生产批号、许可证号、生产日期、生产厂家、生产厂址、产品技术指标及参数、危险类别及程度等内容。其中,对限期使用的产品,应标明生产日期和安全使用日期或者失效日期;对达不到国家的有关标准等级、仍有使用价值的产品,应标明"处理品"的字样。在产品品质原告知中,关于危险的告知显得尤为重要,也是学术界讨论和争论的热点话题,至今仍无统一的认识。

本书认为,生产者、销售者向用户、消费者告知的产品危险性应不包括产品的明显危险性。所谓产品的明显性危险是指公众和社会普遍知道或者认识到的产品危险性,如饮酒过量会损害身体、油漆具有易燃性、气球容易爆炸、刀具可能损伤手指等危险。这些危险性,使用者很清楚,如再进行告知也不会减少其危害性,也不会控制损害的发生。预先告知的用意之一是给使用者一个选择,使其可以权衡利弊,减少或避免风险,但当他已经知道风险的存在,再告知就显得画蛇添足,毫无意义。但在风险过大,危险性过于严重时,即使用户、消费者知道该危险的存在,也应再提醒清楚。

第二,使用告知。使用告知的内容非常广泛。对用户来讲,使用告知应包括储运告知、安装告知、调试告知、操作告知、检修和维修告知、保养告知等内容;对消费者来讲,使用告知的内容包括:使用方法、使用范围、使用禁忌或注意事项、故障检查和排除、维修事项等内容。其中,电器产品应附有线路图和原理图;剧毒、危险、易碎、怕压、需防潮、不准倒置的产品,在内外包装上必须有显著的标志和储运注意事项;对使用不当,容易造成产品本身或者可能危及人身、财产安全的产品,必须有警示标志或者中文警示说明。

生产者、销售者在进行告知时,可以采用文字形式,也可采用标志形式,这些文字或标志必须容易理解,能够引起用户、消费者的注意,容易被接受,能够合理地到达最终用户、消费者。使用文字告知的,其文字应清晰、准确,不能存在歧义,同时,还必须以中文予以表达;使用标志告知的,其标志应采用国家法律规定的通用标准标志,不得使用非标准形式的标志或企业自己制定的标志。

(二)告知的形式

告知可能通过产品使用说明书、包装、标签等形式向用户或消费者进行预先通知。具体采用何种形式取决于告知的具体内容,但在实践中这几种形式往往是结合在一起使用的,只有这样才能真正做到对用户、消费者的告知是正确的、充分的。

第一,产品使用说明书。以产品使用说明书的形式向用户、消费者进行告知是最普遍、最常用的形式。产品使用说明书随产品而行,一品一书,直接到达用户、消费者手中,其手段直接、内容全面,便于用户、消费者了解产品品质,知晓存在的危险,掌握使用之方法,产品使用说明书应向使用者提供足够的信息资料,以使其能够安全地装配、安置、测试和使用产品。

一般来讲,以下内容均应反映在使用说明书中:

(1) 产品的主要性能及技术规格、基本的操作规程。

(2) 所有零部件、附属件的名称,以及如何装配和安置产品的具体指导说明。

(3) 为使产品保持有效的安全工作效能所应进行保养的方法以及定期检查的事项。

(4) 明确列出需经常保养的范围和容易出问题的部件或部分,并说明如何检修和排除故障。

(5) 使用寿命或运转周期,以及由于腐蚀或侵蚀所造成的材料损失程度。

(6) 机械性能的再证明。

(7) 遇到事故或特殊情况时的应急程序或矫正方法。

(8) 向产品的用户、消费者说明产品的用途,使用限度以及潜在的风险,还应说明错误使用或未按照本说明使用产品的后果。

(9) 有关在使用产品前需细读说明书的预先通知。

(10) 关于未经许可不得擅自改造、革新产品或以替代品更换原有零部件或材料的明示警告。

第二,包装。告知内容也可以反映在产品的包装上。这种告知形式简单明了、醒目,表现力强,最容易引起用户、消费者的注意和重视。包装上所体现的告知内容不如产品使用说明书中的内容广泛、全面,主要包括:产品的名称、规格、型号、重量(净重、毛重)、体积、生产厂家、生产厂址、生产日期及储运、使用时的注意事项等。一般来讲,在告知储运或使用事项时是以标志的方式进行的,如告知用户、消费者在运输中勿倒置、勿倾斜、勿挤压,在保管过程中应防晒、防潮、防雨、防霉变,在使用时的禁忌事项等。

第三,标签。标签也是告知的一种主要形式。比起包装上的告知,标签更简明、更直接、更具告知力。通过标签告知的,主要是将产品的名称、产地、生产厂家、质量等级等内容记载在标签上。

第四,其他形式。如告示、特别说明、告消费者书等。这些方式是产品使用说明书、包装、标签的很好补充,往往更具体、更形象、更直接。

(三) 不正当告知的表现及其法律责任

生产者、销售者未对产品的质量、使用方法及注意事项、贮存及运输中应当注意的事项、出厂日期及有效期等使用者必须了解的内容作出简洁、明确、科学和完全真实的说明即为不正当告知。不正当告知是生产者、销售者不履行或不完全履行告知义务的表现,也是对用户、消费者合法权益的侵犯,轻者使消费者、用户无法使用或难以使用该产品,重者可能给用户、消费者的人身或财产造成损害。因此,必须引起我们足够的重视,并通过法律手段减少之,杜绝之。

就目前的现状来看,不正当告知主要有以下几种表现形式:

(1) 抽象告知。抽象告知即告知的内容过于笼统、抽象、费解、伸缩度过大,含义不确定,使用户、消费者无所适从。如仅印有"危险品"或"有害物品"字样便是不正当告知。因为在告知中,没有指明"危险"和"有害"的具体性质、后果及使用时应注意的事项、发生危险时应采取哪些补救措施等内容。

(2) 不充分告知。不充分告知是指告知的内容不全面,告知的力度不够。如有些药品印有"儿童酌情减之"便是不充分告知。因为它没有指明酌情的具体情况是根据年龄、身体状况,还是根据药物的反应,也没有指明减之的具体情况是 1/2、1/3,还是 1/10。这样就会使使用户、消费者在使用产品时产生疑虑或错误使用产品。

(3) 无用告知。有时尽管生产者、销售者对用户、消费者进行了告知,有些告知还比较全面。但是,即使用者完全注意到了告知内容并按告知的要求,认真、谨慎、小心地使用该产品,但事实表明仍无法避免因产品制造或设计上的缺陷所造成的损害的发生。这种告知便是无用告知,即对用户、消费者来讲毫无意义。

(4) 虚假告知。告知的内容与产品的质量、缺陷或危险程度不相符合,这样的告知均属于虚假告知。虚假告知在目前比较泛滥,而且大有愈演愈烈之势,它对用户、消费者的权益侵害最为严重。"无任何副作用""老少皆宜""包治百病""质量最佳"等均属这种情况。

以上不正当告知的种种表现形式均是对用户、消费者合法权益的侵犯,也是生产者、销售者违反法定义务的外在表现,必须承担法律责任。根据《产品质量法》及相关法律、法规的规定,其责任形式有民事责任、行政责任和刑事责任三种。

第四节 保障经营场所安全的义务

一、立法规定

经营者产品质量方面的义务集中规定在《消费者权益保护法》第 18 条第 2 款之中。第 18 条第 2 款规定:"宾馆、商场、餐馆、银行、机场、车站、港口、影剧院等经营场所的经营者,应当对消费者尽到安全保障义务。"

从该条规定来看,经营者经营场所方面的义务是一项安全保障义务,即经营场所安全保障义务,是经营者必须切实履行的一项法定义务。

二、经营场所的含义与范围

经营场所又称经营性公共场所,是指经营者从事业务活动、经营活动的处所,是企业进行生产、经营、服务的基本条件。

经营场所范围十分广泛,主要包括住宿和交易场所(宾馆、饭店、旅馆、招待所、车马店、咖啡馆、酒吧、茶座),净身和美容场所(公共浴室、理发店、美容店)、文化娱乐场所(电影院、录相厅室、游艺厅室、舞厅、音乐厅),体育和游乐场所(体育场馆、游泳场馆、公园),文化交流场所(展览馆、博物馆、美术馆、图书馆),商业活动场所(商场、商店、书店),就诊和交通场所(候诊室、候车、船、机室,公共交通工具内部空间)等。

三、经营者保障经营场所安全义务的基本内容

经营者保障场所安全义务内容的确定,既要兼顾双方当事人之间的利益平衡和现实条件,还要达到足以保护受害人的人身和财产安全的目的。基于这样的考虑,我们认为,经营者保障场所安全义务的基本内容包括危险预防的义务、危险消除的义务和救助的义务三项内容。

(一)危险预防的义务

经营者应当采取必要的措施预防侵害消费者权利的行为发生。本书认为经营者预防危险发生的义务主要体现以下三个方面:

第一,物方面的安全保障。经营场所的建筑物、场地、设备、设施、装饰物、悬挂物、绿化物、消防器材、救生设备等应当配置合理充分,性能安全可靠,安保措施(预防措施、处置措施、善后措施等)等到位,没有不合理的危险存在。

第二,人方面的安全保障。经营者对于可能出现的危险应该配备数量足够、训练有素的专业服务(或帮助)人员、安全保障人员。同时应该确保这些专门人员履行职责认真、到位。如银行应当在其交易场所设置专职保安人员且保安人员应该勤勉尽责;游泳场馆应当在池边设置救生人员且配备的救生人员经过培训合格,持证上岗。

第三,行为方面的安全保障。行为方面的安全保障建立在人与物方面安全保障的基础上,主要包括以下三项内容:

(1)经营者自身的经营行为的安全保障。经营者必须保证自身的服务内容或服务的过程不存在对消费者人身或财产造成损害的危险。如超市对湿滑的地板应该及时擦拭、铺设防滑垫等。

(2)设置必要的警示标志。经营者应该对可能出现的伤害和意外情况做出明显、有效的警示及说明,并且在必要的情况下针对消费者的自身涉险行为进行合理的劝告或阻止。如公共游泳池的经营者应该做出类似于"醉酒者和精神病

人、皮肤病人、传染病患者禁止入内"字样的警示。游乐场必须对某些具有一定危险的游乐项目和设施做出针对儿童或高危人群的合理提示。

（3）对外部不安全因素的防范。防止来自于第三人对消费者的侵害，如对出入特定服务场所的人员进行登记、询问，严防危险分子。

（二）危险消除的义务

当消费者受到来自于第三人的侵害时，经营者应当在可能的情况下，尽最大努力制止第三人的侵害行为。因此，当消费者与第三人发生争执、打斗、侵害时，经营者不应作壁上观，而是要及时制止争执、打斗、侵害。

（三）救助的义务

当消费者的人身、财产安全已经受到损害，尤其是受到第三人侵害的情况下，经营者应当采取一切必要措施对消费者进行救助、防止危害进一步扩大。如果因经营者未能尽到合理的及时救助的义务而使得消费者受到损害或损害扩大，经营者就要承担相应的赔偿责任。如当消费者受到第三人侵害时，经营者应当迅速报警或采取有效措施抢救、护理受伤的消费者，保护现场，并向警方如实反映案情。

四、经营者的公共场所管理责任

经营者既是商品和服务的提供者，也是公共场所的管理者，应当依法承担公共场所管理责任。

（一）立法规定

关于经营者的公共场所管理责任，我国《侵权行为法》作出了如下规定：

（1）"损害是因第三人造成的，第三人应当承担侵权责任。"（第28条）

（2）"宾馆、商场、银行、车站、娱乐场所等公共场所的管理人或者群众性活动的组织者，未尽到安全保障义务，造成他人损害的，应当承担侵权责任。因第三人的行为造成他人损害的，由第三人承担侵权责任；管理人或者组织者未尽到安全保障义务的，承担相应的补充责任。"（第37条）

最高人民法院《关于审理人身损害赔偿案件适用法律若干问题的解释》的规定是："从事住宿、餐饮、娱乐等经营活动或者其他社会活动的自然人、法人、其他组织，未尽合理限度范围内的安全保障义务致使他人遭受人身损害，赔偿权利人请求其承担相应赔偿责任的，人民法院应予支持。因第三人侵权导致损害结果发生的，由实施侵权行为的第三人承担赔偿责任。安全保障义务人有过错的，应当在其能够防止或者制止损害的范围内承担相应的补充赔偿责任。安全保障义务人承担责任后，可以向第三人追偿。赔偿权利人起诉安全保障义务人的，应当将第三人作为共同被告，但第三人不能确定的除外。"（第6条）

(二) 公共场所管理人责任的含义

公共场所管理人责任作为正式法律术语,是由最高人民法院在2011年2月18日修订的《民事案件案由规定》中提出的。该《规定》第347条规定:"违反安全保障义务责任纠纷:(1)公共场所管理人责任纠纷;(2)群众性活动组织者责任纠纷"。但对公共场所管理人责任的界定、构成要件、归责原则、责任主体及承担责任方式却是由2010年颁布的《侵权责任法》第37条予以明确的。

根据《侵权行为法》第37条的规定,公共场所管理人责任可以定义为:公共场所的管理人因未尽到安全保障义务而造成他人发生损害事实时所应当承担的法律责任。

(三) 公共场所管理人责任的责任主体认定

公共场所管理人责任的责任主体是指法律规定必须承担安全保障义务的责任主体。根据《侵权行为法》的规定,公共场所管理人责任的责任主体包括两类:一类是公共场所的管理人,一类是群众性活动的组织者。群众性活动组织者的含义比较明确,无须再赘述。但是,公共场所管理人的情况则比较复杂,既有法定的管理者,也有约定的管理者,还有依据个案才能确定的管理者,不一而足,应准确界定。界定可以依据法律规定进行,也可以依据合同约定进行,还可以依据消费者的常识来界定。

(四) 公共场所管理人责任的归责原则

归责原则在民法上是指确定行为人是否需要对自己行为造成的损害结果承担侵权责任的问题。《侵权责任法》第6条和第7条规定了过错责任、过错推定责任和严格责任等三种归责原则。本书认为,因公共场所管理人所负安全保障义务的特殊性,所以,在归责原则适用上应适用过错责任原则。这样有利于平衡社会利益,实现分配正义。

(五) 公共场所管理人责任的构成要件

根据《侵权责任法》第37条的规定,公共场所管理人责任的构成要件有三:

(1) 行为违法。管理人未尽安全保障义务即构成行为违法,因为,保障公共场所的安全是经营者的法定义务。管理人未尽安全保障义务,通常表现为消极的不作为,即应当作为而不作为。例如,应当配备保安人员却未予配备,应当阻止第三人的侵害行为却未予阻止。

(2) 损害事实。损害事实是确定侵权责任的重要条件之一,没有损害事实也就谈不上责任的问题。一般情况下,损害包括人身损害和财产损害。其中,人身损害包括身体损害和精神损害两个方面,财产损害包括实际损害和期待利益的损失两个方面。

(3) 因果关系。公共场所管理人是否尽到安全保障义务与损害事实之间存在因果关系也是确定侵权责任的构成要件。违反安全保障义务的侵权责任中的因果关系比较复杂,应根据不同的情况加以判断和分析。在无第三人介入的情况下,义务人违反安全保障义务的行为与损害事实的发生之间就存在着直接的因果关系。在这种情况下,安全保障义务人就应当承担损害赔偿责任。在有第三人介入的情况下,第三人的侵权行为和经营者的不作为行为是损害事实发生的共同原因,前者为直接原因,后者为间接原因,二者应当根据自身行为对损害事实发生的作用大小承担赔偿责任。

(六)公共场所管理人责任的基本类型

公共场所管理人责任的基本类型因有无第三人侵害的介入而有所不同。在无第三人侵害的情况下,公共场所管理人可能产生直接责任或者替代责任。相反,在有第三人侵害的情况下,公共场所管理人可能产生补充责任。

第一,直接责任。直接责任指的是在没有第三人侵害介入的情况下,安全保障义务人由于自身的原因而使他人的人身和财产遭受损害而承担的责任。也就是说,这种损害与他人没有关系,只是由于安全保障义务人没有尽到安全保障义务所造成的。直接责任有以下几个特点:

(1)表现为与他人无关的安全保障义务人自己的行为,往往表现为消极的不作为。例如公共场所管理人疏于对电梯的维修而发生的事故。

(2)安全保障义务人自身实施的行为造成的损害。

(3)安全保障义务人对自身造成的损失由其自己来承担。

这三个特点,都突出了一个概念,就是"自身",因此,直接责任就是"自身的责任",是为自身的行为负责的侵权责任形态。

第二,替代责任。替代责任是指违反安全保障义务的人往往不是管理人,而是他的员工或者雇员,并且符合雇主责任的法律要求,此时发生的损害由管理人承担的责任形态。替代责任多发生在公共场所的服务人员在服务过程中未尽合理范围内的安全保障义务情形。

替代责任的构成要件为:

(1)替代责任必须是在雇员工作过程中造成的损害,也就是雇员工作时间内发生的。

(2)雇员在提供服务过程中存在过错,没有对顾客尽到善良管理人的义务。

(3)雇员的行为和造成的损害是存在因果关系的。替代责任实际上仍然是管理人的责任,但在特定条件下,管理人可以向雇员追偿。

第三,补充责任。补充责任是指对他人负有安全保障义务的人,没有尽到防范、制止第三人侵权行为的注意义务,造成受害人人身或者财产损害所承担的责任。这里包含了两个责任人,即直接责任人和补充责任人。损害发生的直接原因是第三人的加害行为所引起的,第三人是直接责任人,同时,在安全保障义务人未尽安全保障义务时,安全保障义务人是补充责任人。具体而言,补充责任包

含以下几层意思:

(1) 损害的发生是由直接责任人的加害行为导致的,直接责任人应当对自己的过错行为承担侵权责任。

(2) 补充责任人只在特定情况下承担补充责任,即在加害人无法确认,或者加害人没有能力承担损害赔偿责任,或者加害人赔偿不足的情况下。

(3) 补充责任人只承担与其过错相对应的责任。

(4) 在补充责任人已经尽到了必要的充分的注意义务时,安全保障义务人不承担侵权赔偿责任。

在司法实践中,运用补充责任时应当注意以下问题:

(1) 补充责任是一种顺位的补充,这种责任有先后顺序,直接责任人承担的是第一顺序的侵权赔偿责任,补充责任人承担的是第二顺序的侵权赔偿责任。

(2) 补充责任是一种差额的补充,即在直接责任人不能全额赔偿的情况下,由补充责任人补足差额。

(3) 补充责任的诉讼机制,受害人应当首先起诉直接责任人,补充责任人应享有与一般保证人类似的先诉抗辩权,即在受害人未先行起诉直接责任人的,补充责任人可以拒绝承担补充责任,但第三人下落不明或者无法确定的除外。

(4) 补充责任的追究机制。补充责任人在承担了补充责任后,有对直接责任人的追偿权。

第五节 标明名称和标记的义务

一、立法规定

关于经营者标明名称和标记的义务,我国《消费者权益保护法》第 21 条作出了明确的规定。该条规定:"经营者应当标明其真实名称和标记。租赁他人柜台或者场地的经营者,应当标明其真实名称和标记。"

二、名称和标记的含义

该条中的"名称",是指经营者依法确定的名称,包括企业名称、从事经营活动的事业单位和科技性社会团体的名称、个体工商户和个人合伙的名称(字号)等。一般来讲,企业名称由行政区划、字号(商号)、行业或者经营特点、组织形式构成,其中商号是区别不同企业的主要标志,是企业名称中最显著的部分。没有字号的个体工商户和个人合伙在市场交易中使用的个人姓名,也视为经营者的名称。

"标记",是指一些经营者在经营活动中使用的除名称之外的特殊标识。

企业的名称和标记,是体现商品或者服务质量的重要标志。经营者真实地标明其名称和标记,也是消费者进行购买商品或接受服务的重要依据。这项义务要求经营者不得使用未经核准登记的企业名称,不得假冒他人的企业名称和特有的企业标记;也不得仿冒、使用与他人企业名称或营业标记相近似的和容易造成消费者误会的企业名称和营业标记;在租赁柜台或场地进行交易活动时,经营者不得以柜台和场地出租者的名称和标记从事经营活动。只有这样,才能保证消费者依据企业名称或标记正确地判断商品和服务的来源,从而做出正确的选择。同时,在发生侵害消费者合法权益的行为时,消费者也能够准确地确认经营者,以承担法律责任。

三、经营者在名称和标记标明方面的义务

经营者进行对外经营,无论是使用自己所有的经营场所,还是租赁他人的柜台或场地进行经营,都应当标明自己真实的名称和标记。

(一) 经营者应当标明其真实名称和标记

经营者使用自己所有的经营场所对外经营的,应当标明其真实的名称和标记。这一义务包括以下几层含义:

(1) 名称和标记必须是依法核准的。所谓的依法核准,就是依照2012年11月9日国务院颁布的《企业名称登记管理规定》获得的合法名称和标记。

(2) 经营者必须在醒目位置标明经营者的名称和标记。所谓醒目位置以足以保障消费者的知情权为边界。就目前的经营实践来看,经营者一般都是采取外挂的方式进行名称和标记的表明,正常情况下,足以保障消费者的知情权。

(3) 经营者在标明真实名称时,只准使用一个名称,不得私自更改名称。

(4) 经营者需要变更名称时,应得到工商行政管理部门的同意,并在相应地方张贴足以让消费者知晓的通知。

(二) 租赁他人柜台或者场地的经营者,应当标明其真实名称和标记。

对于租赁他人柜台或者场地的经营者,因为其经营水平、商业标记、企业名称等与出租柜台的经营者不同,所以,在进行商品交易过程中,租赁柜台或者场地的经营者同样具有标示自己真实身份的义务。一些个体承包者在进行经营时,不是努力提高产品质量和服务水平,而是借租赁柜台,打着出租人的名义销售商品、提供服务,有的使用出租人的企业名称或者标记,也有的故意隐去自己的真实名称和标记,给消费者以误导。《消费者权益保护法》第21条第2款正是针对这种现象,强调了承租人标明真实名称和标记的义务。对于出租者而言,也应当监督承租者的经营,促其明确标示承租人的身份、名称、标记。对于在出租柜台或者场地购物者,如果找不到承租者,有权向出租人索赔。租赁期满后,即使找不到承租者,消费者仍有权直接向出租者索赔。出租者赔偿以后,有权向

承租者追偿。

四、经营者名称和标记标明义务的拓展

经营者名称和标记事项的标明十分重要和必要。但是,本书认为,将此方面的标明义务拓展到整个营业执照的领域,则能更好地保障消费者的合法权益。

(一) 试行营业执照外挂制度

营业执照是企业或组织享有合法经营权的凭证,分正本和副本,二者具有相同的法律效力。

根据工商行政管理机关的管理规定,营业执照正本应当置于公司住所或营业场所的醒目位置。这样一种管理规定,有利于工商管理机关加强市场管理,也有利于社会公众,尤其是消费者对经营者情况的了解。但是,我们认为,这种置放营业执照的规定,对消费者知情权的保护是不够的,甚至根本无法保障消费者的知情权,因为,很多营业执照都置放(悬挂)在经营者的办公室、会议室等消费者不得入内的场所。

为了便于社会公众,尤其是消费者了解经营者的相关信息,我们建议可以实行营业执照外挂制度。具体做法是,在现有的营业执照正、副本的基础上,另行加制一块防雨、防晒、防盗性能高的营业执照,并将之悬挂在经营者的主入口位置。如此以来,凡是进入经营者经营场所的消费者就会很容易看到营业执照,并据此了解经营者的有关信息。

(二) 试行营业执照颜色区别制度[①]

所谓营业执照颜色区别制度就是对营业执照施之以不同颜色。具体做法是:在营业执照原登记内容不变的前提下,对拥有经营场所(房屋)所有权的经营者颁发"绿颜色"的企业法人营业执照或营业执照;对拥有经营场所(房屋)使用权的经营者颁发"黄颜色"的企业法人营业执照或营业执照。

对营业执照施之以不同的颜色,容易辨别,易于指引,可以有效地保障供货商、消费者以及利益相关人的合法权利,具有很强的实践意义。借助不同颜色的营业执照,生产者、供货商、消费者以及其他利益相关人可以更好地了解经营者的经营场所的权利状况;判断经营者的经营稳定程度和经营持续程度;决定是否与经营者进行交易,以什么方式进行交易,进行什么样的交易,进行多长时间的交易;避免"人去楼空"的伤害。除此之外,对营业执照施之以不同颜色,对工商行政管理职能的实践化和市场化也有很大的帮助和促进作用。由于对营业执照施之以不同的颜色,简便易行,所以很有推广的价值和必要。

---

① 王兴运:《"人去楼空"的法律思考》,载《河北法学》2004 年第 11 期。

第六节 明码标价的义务

一、立法规定

我国《价格法》和《消费者权益保护法》中都有关于商品或服务标价方面的规定。如《价格法》第13条规定:"经营者销售、收购商品和提供服务,应当按照政府价格主管部门的规定明码标价,注明商品的品名、产地、规格、等级、计价单位、价格或者服务的项目、收费标准等有关情况。经营者不得在标价之外加价出售商品,不得收取任何未予标明的费用。"《消费者权益保护法》第20条第3款也明确规定:"经营者提供商品或者服务应当明码标价。"

除此之外,为了着力解决商品房销售中存在的标价混乱、信息不透明、价格欺诈等问题,国家发展计划委员会还于2000年10月31日公布了《关于商品和服务实行明码标价的规定》,于2001年2月24日公布了《关于商品和服务实行明码标价的规定实施细则》。

二、明码标价的基本内容

根据《关于商品和服务实行明码标价的规定》,明码标价是指经营者收购、销售商品和提供服务按照本规定的要求公开标示商品价格、服务价格等有关情况的行为。

明码标价包括以下基本内容:

(1)明码标价应当做到价签价目齐全、标价内容真实明确、字迹清晰、货签对位、标示醒目。价格变动时应当及时调整。

(2)商品价格、服务价格一律使用阿拉伯数码标明人民币金额。

(3)除国家另有规定外,从事涉外商品经营和服务的单位实行以人民币标价和计价结算,应当同时用中、外文标示商品和服务内容。民族自治地方自主决定使用当地通用的一种或几种文字明码标价。

(4)降价销售商品和提供服务必须使用降价标价签、价目表,如实标明降价原因以及原价和现价,以区别于以正常价格销售商品和提供服务。经营者应当保留降价前记录或核定价格的有关资料,以便查证。

(5)从事零售业务的,商品标价签应当标明品名、产地、计价单位、零售价格等主要内容,对于有规格、等级、质地等要求的,还应标明规格、等级、质地等项目。标价签由指定专人签章。

(6)开架柜台、自动售货机、自选市场等采取自选方式售货的,经营者应当使用打码机在商品或其包装上胶贴价格标签,并应分品种在商品陈列柜(架)处按第13条规定明码标价。

(7) 房地产经营者应当在交易场所标明房地产价格及相关收费情况。

(8) 提供服务的经营者应当在经营场所或缴费地点的醒目位置公布服务项目、服务内容、等级或规格、服务价格等。

(9) 经营者不得在标价之外加价出售商品,不得收取任何未予标明的费用。先消费后结算的,需出具结算单据,并应当列出具体收款项目和价格。一项服务可分解为多个项目和标准的,经营者应当明确标示每一个项目和标准,禁止混合标价或捆绑销售。

(10) 经营者不得利用虚假的或者使人误解的标价内容及标价方式进行价格欺诈。

三、明码标价的基本方式

根据《关于商品和服务实行明码标价的规定》,商品或服务明码标价的基本形式是标价签或价目表。关于标价签或价目表的内容与使用,《关于商品和服务实行明码标价的规定》作出了如下规定:

(一) 标价签或价目表的基本内容

商品标价签或价目表应包括品名、产地、规格、等级、计价单位、零售价格等主要内容;服务标价签或价目表应包括服务名称、服务项目、服务等级、服务时间、服务费用等内容。

(二) 标价签或价目表的使用

标价签或价目表的使用应当遵守如下法律规定:

(1) 商品和服务的明码标价实行标价签、价目表、价格板、价格牌、价格本(簿)、价格单等标价方式。具体标价方式、内容除按《关于商品和服务实行明码标价的规定实施细则》有关条款执行外,省、自治区、直辖市及计划单列市物价检查机构或其授权的地(市)县级物价检查机构可结合本地区实际情况及各行业的不同特点确定。

(2) 标价签或价目表应根据行业特点和部门的实际情况以"陈列式""摆放式""悬挂式"等形式公开商品价格或收费标准。

(3) 销售和收购商品中不同品名或相同品名的商品有下列情况之一者,必须实行一货一签:产地不同;规格不同;等级不同;材质不同;花色不同;包装不同;商标不同。

(4) 标价签或价目表由县级以上物价检查机构统一监制。由于行业特点需要制作特色价签的,应经县级以上物价检查机构核准监制,任何单位或个人不得擅自印制。

四、违反商品或服务标价规定的行为

根据《关于商品和服务实行明码标价的规定》第 21 条的规定,下列行为是违反商品或服务标价规定的行为。

(1) 不明码标价的。
(2) 不按规定的内容和方式明码标价的。
(3) 在标价之外加价出售商品或收取未标明的费用的。
(4) 不能提供降价记录或者有关核定价格资料的。
(5) 擅自印制标价签或价目表的。
(6) 使用未经监制的标价内容和方式的。
(7) 其他违反明码标价规定的行为。

第七节　依法进行商品或服务宣传的义务

一、立法规定

关于经营者商品或服务宣传方面的义务,我国《消费者权益保护法》《反不正当竞争法》《广告法》《欺诈消费者行为处罚办法》等法律、法规中都有规定。

(一)《消费者权益保护法》的规定

该法第 20 条规定:"经营者向消费者提供有关商品或者服务的质量、性能、用途、有效期限等信息,应当真实、全面,不得作虚假或者引人误解的宣传。"

(二)《反不正当竞争法》的规定

该法第 9 条规定:"经营者不得利用广告或者其他方法,对商品的质量、制作成分、性能、用途、生产者、有效期限、产地等作引人误解的虚假宣传。广告的经营者不得在明知或者应知的情况下,代理、设计、制作、发布虚假广告。"

(三)《广告法》的规定

该法第 9 条规定:"广告中对商品的性能、产地、用途、质量、价格、生产者、有效期限、允诺或者对服务的内容、形式、质量、价格、允诺有表示的,应当清楚、明白。广告中表明推销商品、提供服务附带赠送礼品的,应当标明赠送的品种和数量。"

(四)《价格法》的规定

该法第 14 条规定:"经营者不得有下列不正当价格行为:(1) 相互串通,操纵市场价格,损害其他经营者或者消费者的合法权益;(2) 在依法降价处理鲜活商品、季节性商品、积压商品等商品外,为了排挤竞争对手或者独占市场,以低于成本的价格倾销,扰乱正常的生产经营秩序,损害国家利益或者其他经营者的合

法权益;(3)捏造、散布涨价信息,哄抬价格,推动商品价格过高上涨的;(4)利用虚假的或者使人误解的价格手段,诱骗消费者或者其他经营者与其进行交易;(5)提供相同商品或者服务,对具有同等交易条件的其他经营者实行价格歧视;(6)采取抬高等级或者压低等级等手段收购、销售商品或者提供服务,变相提高或者压低价格;(7)违反法律、法规的规定牟取暴利;(8)法律、行政法规禁止的其他不正当价格行为。"

(五)《欺诈消费者行为处罚办法》的规定

该法第3条规定:经营者在向消费者提供商品中,有下列情形之一的,属于欺诈消费者行为:(1)销售掺杂、掺假,以假充真,以次充好的商品的;(2)采取虚假或者其他不正当手段使销售的商品份量不足的;(3)销售"处理品""残次品""等外品"等商品而谎称是正品的;(4)以虚假的"清仓价""甩卖价""最低价""优惠价"或者其他欺骗性价格表示销售商品的;(5)以虚假的商品说明、商品标准、实物样品等方式销售商品的;(6)不以自己的真实名称和标记销售商品的;(7)采取雇佣他人等方式进行欺骗性的销售诱导的;(8)作虚假的现场演示和说明的;(9)利用广播、电视、电影、报刊等大众传播媒介对商品作虚假宣传的;(10)骗取消费者预付款的;(11)利用邮购销售骗取价款而不提供或者不按照约定条件提供商品的;(12)以虚假的"有奖销售""还本销售"等方式销售商品的;(13)以其他虚假或者不正当手段欺诈消费者的行为。"

二、商品或服务宣传的基本形式

对商品的质量、制作成份、性能、用途、生产者、有效期限、产地,服务名称、项目、标准、费用、效果等作真实、全面、适当的宣传既是经营者的需要,也是消费者的基本要求。要产生良好的经济效益,就必须加强对商品和服务的宣传。从某种意义上来讲,宣传比经营更重要。就目前的市场状况和经营情况来看,商品宣传的基本形式有广告、产品使用说明书、包装、标签等几种。

(一)广告

广告是指广告主通过一定的媒介或形式,向广大公众传递某种信息,希望引起注意,并对此作出预期反应的宣传形式。广告的媒体是多种多样的,主要有广播、电视、印刷品、音响、实物、路牌、橱窗、霓虹灯、礼品等形式。通过广告对商品进行宣传,可以传播商业信息,沟通产销渠道,促进产品销售;可以指导消费者进行消费;可以鼓励竞争,促使企业改善经营管理,降低成本,提高产品质量和服务质量;树立企业形象,提高企业声誉,创立名牌;加速产品更新换代,促进科学技术进步;可以传播新知识、新技术。

根据《广告法》的规定,经营者在对产品的质量、制作成分、性能、用途、生产者、有效期限、产地等进行宣传时,应符合法律之规定。其主要内容有:

（1）广告的内容应当有利于人民的身心健康，促进商品和服务质量的提高，保护消费者的合法权益，遵守社会公德和职业道德，维护国家的尊严和利益。

（2）不得使用中华人民共和国国旗、国徽、国歌；不得使用国家机关和国家机关工作人员的名义；不得使用国家级、最高级、最佳等用语；不得妨碍社会安定和危害人身、财产安全，损害社会公共利益；不得妨碍社会公共秩序和违背社会良好风尚；不得含有淫秽、迷信、恐怖、暴力、丑恶的内容；不得含有民族、种族、宗教、性别歧视的内容；不得妨碍环境和自然资源的保护。

（3）不得侵犯未成年人和残疾人的身心健康。

（4）广告对商品的性能、产地、用途、质量、价格、生产者、有效期限、允诺或对服务的内容、形式、质量、价格、允诺有表示的，应当清楚、明白。广告中表示推销商品、提供服务附带赠送礼品的，应当标明赠送的品种和数量。

（二）产品使用说明书

产品使用说明书也是一种重要的商品宣传形式，比起广告来更直接、更具体。产品使用说明书应向使用者提供足够的信息资料，以使其能够安全地装配、安置、测试和使用产品。

根据我国《产品质量法》以及相关法律、法规的规定，以下内容均应反映在使用说明书中：

（1）产品的主要性能及技术规格、基本的操作规程。

（2）所需零部件、附属件的名称，以及如何装配和安置产品的具体指导说明。

（3）为使产品保持有效的安全工作效能所应进行保养的方法以及定期检查的事项。

（4）明确列出需要经常保养的范围和容易出现问题的部件部分，并说明如何检修和排除故障。

（5）使用寿命或运转周期，以及由于腐蚀或侵蚀所造成的材料损失程度。

（6）向用户、消费者说明产品的用途、使用限度以及潜在的风险，还应说明错误使用或未按照本说明书使用产品的后果。

（三）包装

经营者所需宣传的内容还可能反映在包装上。这种宣传形式简单明了，表现力强，最容易引起用户、消费者的注意和重视。

在包装上宣传的内容主要有：产品的名称、规格、型号、重量、体积、生产厂家、生产厂址、生产日期及储运、使用时的注意事项。

（四）标签

标签是经营者进行宣传的一种最为简单、最为快捷的一种方法，比起包装宣传来，它更直接、更具告知力。标签所载明的主要内容有产品的名称、产地、生产厂家、质量等级和价格等。

三、经营者在商品或服务宣传中的基本义务

关于经营者在商品或服务宣传中的基本义务，《消费者权益保护法》第20条规定："向消费者提供有关商品或者服务的质量、性能、用途、有效期限等信息，应当真实、全面，不得作虚假或者引人误解的宣传。"从此条规定可以看出，经营者在商品或服务宣传中的基本义务是不得作虚假或者引人误解的宣传。

（一）虚假和引人误解的宣传的含义

虚假宣传是指商品宣传的内容与商品的客观事实不符。如将非获奖产品宣传为获奖产品；将国产商品宣传为进口商品等等就属于虚假宣传。而引人误解的宣传则是指可能使宣传对象或受宣传影响的人对商品的真实情况产生错误的联想，从而影响其购买决策的商品宣传。前者主要以客观事实为认定的标准，后者以广大的普通消费者、用户的主观认识为判断的依据。通常情况下，虚假宣传必然导致误解，但引人误解的宣传并不一定都是虚假宣传。在某些情况下，即使宣传内容是真实的，也可能产生引人误解的后果。

在现代商品经济社会，广告及其他商品宣传形式，既是商品经营者进行商品促销的重要手段，也是广大消费者、用户进行商品选择所凭借的重要依据。因此，任何对商品的质量、性能、作用、生产者或产地等作虚假或引人误解的宣传，无疑将造成消费者及用户不能够正确地选择所需商品。不仅如此，如果某些经营者通过引人误解的虚假宣传吸引消费者，那么，必然会造成其他诚实的经营者失去客户，市场的透明度也将变得暗淡，竞争的公平性也就无法保障，因此，对引人误解的虚假宣传行为必须加以禁止。

正是基于此，我国《反不正当竞争法》第24条明确规定：经营者利用广告或者其他方法，对商品作虚假宣传，监督检查部门应当责令其停止违法行为，消除影响，可以处1万元以上、20万元以下的罚款。在这里，监督检查部门"可以根据情况节处以1万元以上、20万元以下的罚款"包含了两层含义：

（1）监督检查部门有权根据情节决定是否给予违法行为人罚款处罚。换言之，如果监督检查部门认为情节轻微，不需要罚款，对于违法行为则不发生罚款的行政责任。

（2）对于监督检查部门认为需要罚款的，其具体的罚款数额由监督检查部门根据情节在1万元以上、20万元以下的幅度内确定。这里的情节主要是指监督检查部门决定处以罚款和确定罚款轻重所依据的各种情况。一般包括违法行为的目的、主观过错的性质、虚假宣传的对象、虚假宣传所造成的危害后果等。

(二) 虚假和引人误解的宣传形式和内容

引人误解的虚假宣传行为可以从两方面去理解。从形式上来讲，经营者不得利用广告或者其他方法作引人误解的虚假宣传。这里的广告和其他方法实际上已涵盖了所有能够使社会公众知悉的各种宣传形式。就宣传的内容而言，经营者不得就商品的质量、性能、用途、生产者、有效期限、产地等作引人误解的虚假宣传。换言之，经营者利用广告或者其他方法对商品的上述任何一方面作引人误解的虚假宣传均构成不正当竞争行为。

现实生活中，具体常见的虚假宣传和引人误解的宣传主要有：

(1) 对未达到国家质量标准的商品谎称已达到国家质量标准。

(2) 对未获奖或未达到某种奖级别的商品谎称获奖或夸大获奖级别。

(3) 对未获政府颁发的优质产品证书的商品谎称获得优质产品证书。

(4) 对未申请专利或未获得专利证书的商品谎称获得专利申请号或专利证书。

(5) 对使用劣原材料制成的商品谎称使用某种优质材料制成。

(6) 对性能低下产品谎称性能优良。

(7) 对单一用途的产品谎称具有多种用途。

(8) 对未获国家生产许可证或不属于国家定点厂家生产的产品谎称已获生产许可证或属于国家定点厂家生产。

(9) 对已失效的商品谎称刚刚出厂。

(10) 对并不是出产于某一名、优、特产品产地的商品谎称出于该产地。

(11) 对国产或国内组装的商品谎称是进口商品。

(12) 对并不是使用某种先进设备或先进技术生产的商品谎称使用某种先进设备或先进技术生产。

(13) 对价格并非低于同类产品或并非大幅度降价的商品谎称低于同类产品的"大酬宾""大拍卖"等。

(14) 对其他重要交易资料弄虚作假，欺骗用户和消费者。

第八节 通报与消除产品安全危险的义务

一、立法规定

关于经营者通报与消除产品危险的义务，在我国《消费者权益保护法》和《食品安全法》等法律规范中都有明确的规定。

(一)《消费者权益保护法》的规定

该法第 19 条规定："经营者发现其提供的商品或者服务存在缺陷，有危及人身、财产安全危险的,应当立即向有关行政部门报告和告知消费者,并采取停止销售、警示、召回、无害化处理、销毁、停止生产或者服务等措施。采取召回措施的,经营者应当承担消费者因商品被召回支出的必要费用。"

(二)《食品安全法》的规定

关于经营者通报与消除产品危险的义务,《食品安全法》作了如下规定:

(1)"国家建立食品召回制度。食品生产者发现其生产的食品不符合食品安全标准,应当立即停止生产,召回已经上市销售的食品,通知相关生产经营者和消费者,并记录召回和通知情况。"(第53条第1款)

(2)"食品经营者发现其经营的食品不符合食品安全标准,应当立即停止经营,通知相关生产经营者和消费者,并记录停止经营和通知情况。食品生产者认为应当召回的,应当立即召回。"(第53条第2款)

(3)"食品生产者应当对召回的食品采取补救、无害化处理、销毁等措施,并将食品召回和处理情况向县级以上质量监督部门报告。"(第53条第3款)

(4)"食品生产经营者未依照本条规定召回或者停止经营不符合食品安全标准的食品的,县级以上质量监督、工商行政管理、食品药品监督管理部门可以责令其召回或者停止经营。"(第53条第4款)

二、经营者通报与消除产品安全危险义务的基本内容

根据《消费者权益保护法》和《食品安全法》等法律法规的规定,可以看出,经营者通报与消除产品安全危险义务由以下几个方面构成。

(一)前提条件

商品或者服务存在缺陷,有危及人身、财产安全危险是经营者承担通报与消除产品安全风险义务的前提条件。其中,"商品或者服务存在缺陷"是原因,"有危及人身、财产安全危险"是后果,原因与后果之间存在必然的或可能的因果关系和法律连接。相反,如果产品或服务仅存在瑕疵,则经营者不需要承担通报与消除的义务。

(二)通报对象

经营者在商品或者服务存在缺陷,有危及人身、财产安全危险时,应当向有关行政部门报告和告知消费者。

一是,向有关行政部门报告。即对有关行政部门所作的口头或书面的陈述。该报告是向上级反映某个问题,某一方面情况的专题报告,因此,所写的报告要迅速、及时。

同其他报告有所不同,经营者向有关行政部门进行的产品危险发现以及消除报告具有以下几个特点:

(1)内容的汇报性。该报告的目的是为了让有关行政部门掌握基本情况并及时对自己的工作进行指导,所以,要重在"汇报"。

(2) 语言的陈述性。行文上一般都使用叙述方法,即陈述其事,而不是像请示那样采用祈使、请求等方法。

(3) 行文的单向性。该报告是为有关行政部门进行事件处理提供依据,一般不需要受文机关的批复,属于单项行文。

(4) 双向的沟通性。该报告虽不需批复,却是经营者取得有关行政部门支持、指导的桥梁;同时,有关行政部门也能通过该报告获得信息,了解下情,报告成为有关行政部门决策指导和协调工作的依据。

二是,告知消费者。即将产品或服务存在的缺陷以及危险可能发生的情况、可能造成的后果等如实地告诉消费者。

由于该产品存在危及人身、财产安全危险,而且这种危险是针对现实的和潜在的所有消费者的,因此,经营者的危险告知必须向所有消费者进行。同时,这种告知还必须及时、醒目、准确和全面。告知的方式应当尽可能采取书面形式,特殊和紧急情况下可以进行口头告知。

(三) 消除措施

根据《消费者权益保护法》第 19 条的规定,经营者消除产品或服务安全风险的主要措施包括以下几种:

(1) 停止销售。即通过撤柜和下架等方式停止该缺陷产品的销售。对于该批缺陷产品而言,这种停止销售是绝对的。任何销售商都不能以任何理由和借口销售已经做出"停止销售"决定的产品。

(2) 警示。即用醒目的文字、图形或者文字与图形的结合告知产品存在的缺陷以及危险,提醒消费者勿购买、勿使用。

(3) 召回。即对缺陷产品实施缺陷产品召回制度。缺陷产品召回制度的基本内容参见本书第四编"缺陷产品召回责任"一章。

(4) 无害化处理。即通过消毒、掩埋等方式消除缺陷产品存在的产品危险。无害化处理的方式很多,适用对象要求也十分严格,因此,我们应当根据不同的对象和情况选择无害化处理的方式。如 2008 年 7 月 9 日,商务部、财政部联合公布的《生猪定点屠宰厂(场)病害猪无害化处理管理办法》就对无害化处理的适用对象、处理方式、工作程序、监督检查、法律责任等问题进行了详细的规定。

目前,我国专门用于无害化处理的场所还很少,在有些地方甚至没有,因此,我们必须加快我国无害化场所的建设,使无害化处理有一个坚实的物质依托。

(5) 销毁。即通过焚毁、熔化、粉碎等方式消除缺陷产品存在的产品危险。这种方式是我们非常习惯的一种方式,也是一种常用的方式。但是,值得注意的销毁不等同于焚毁,绝不能以焚毁代替其他几种销毁方式。同时,我们也应当对"付之一炬"的焚毁措施进行反思。

(6)停止生产或者服务。即通过关闭生产(服务)场所、生产线等方式停止该缺陷产品的生产。生产是源头,只有停止了生产,缺陷产品才会真正减少和杜绝。因此,经营者对存在危及人身、财产安全危险的缺陷产品(服务)必须无条件地、彻底地停止生产和提供服务。

第九节 解答消费者询问的义务

一、立法规定

关于解答消费者询问的义务,我国《消费者权益保护法》第20条第2款规定:"经营者对消费者就其提供的商品或者服务的质量和使用方法等问题提出的询问,应当作出真实、明确的答复。"

二、经营者解答消费者询问义务的基本内容

经营者解答消费者询问的义务由询问和答复两个环节构成。询问是原因环节,答复是结果环节。

(一)询问

询问由消费者提出,《消费者权益保护法》第20条第2款对消费者的询问提出了具体的要求。

第一,询问的含义。询问,即向他人提出问题,了解问题产生的原因、后果并希望得到问题解决方法、方案的行为。询问与咨询、质询有很大的不同,万不可混为一谈。

(1)询问与咨询。询问和咨询都是征求意见。但是,询问是提出问题的过程,重在提出问题,而咨询是回答问题的过程,重在解决问题。消费者对很多消费事项是不清楚、不明白的,因此,时常会刨根问底地向经营者提出各种共各样的疑问、难题、不解和困惑,这一过程就是询问的过程。经营者对这些问题进行答惑解疑的过程就是咨询的过程。

(2)询问与质询。询问和质询也都是征求意见。但是,质询往往与质询权相连接,表达的是一项法律制度,即质询权制度。消费者权益保护法中的询问,是消费者向经营者提出的,而质询往往人大代表向政府部门提出的。如我国《宪法》第73条就规定:"全国人民代表大会代表在全国人民代表大会开会期间,全国人民代表大会常务委员会组成人员在常务委员会开会期间,有权依照法律规定的程序提出对国务院或者国务院各部、各委员会的质询案。受质询的机

关必须负责答复。"消费者权益保护法中的询问解决的一般是商事问题,而宪法中的质询解决的一般是政治问题。

第二,询问的内容。经营者提供的商品或者服务的质量和使用方法等是消费者询问的法定内容,也是唯一内容。消费者提出的是关于就消费政策、消费技巧、消费法律、维权方略等问题,则不适用询问制度。也就是说消费者提出问题的范围必须是经营者能够负责、能够解答、能够解决的范围,否则,则应当向消费者协会、国家有关政府部门进行咨询,或向专业律师进行咨询。

第三,询问的形式。我国《消费者权益保护法》对消费者提出询问的形式未作出具体的规定。为方便消费者询问,保障消费者知情权的实现,本书认为,消费者询问的形式既可以是书面形式,也可以是口头形式;既可以是电话、短信,也可以是当面口头表达,总而言之,要形式多样。

第四,询问的时间。我国《消费者权益保护法》对消费者提出询问的时间也未作出具体的规定。本书认为,消费者可以在消费活动的任何阶段向经营者进行询问,消费前可以,消费时可以,消费结束了也可以。但是,为了确保消费者的合法权益不受侵犯,我们认为,消费者更应当在消费前进行详细的询问,把问题解决在萌芽状态。

(二) 答复

经营者对消费者提出的质询必须及时地予以答复,而且其答复必须真实、明确。

(1) 答复要求。根据《消费者权益保护法》第20条第2款的规定,经营者对消费者询问的答复必须真实、明确。所谓真实,就是实事求是,客观地回答消费者的询问,不能夸大其词,也不得弄虚作假,更不得用假象掩盖真相;所谓明确,就是对询问作针对性的答复,不能答非所问,也不能含糊其辞,更不能使消费者产生错误的联想,进而导致误认、误购的结果。

(2) 答复形式。《消费者权益保护法》对经营者答复询问的形式没有做出具体的规定。本书认为,经营者答复询问的形式应当与询问的形式保持一致,即对书面形式的询问进行书面的答复,对口头形式的询问进行口头的答复。当然,如果条件允许,经营者均以书面形式答复消费者的询问则更科学、合理。

(3) 答复期限。《消费者权益保护法》对经营者答复询问的期限也没有做出具体的规定。本书认为,经营者对消费者询问的答复,能够当时答复的就当时答复;不能当时答复的,必须在一个合理的期限内及时答复。合理期限的确定,不能太长,也不能太短,应以一周为宜。

第十节 强制信息披露义务

一、立法规定

经营者强制信息披露义务在《消费者权益保护法》和《网络商品交易及有关服务管理办法(征求意见稿)》中都有具体的规定。

(一)《消费者权益保护法》的规定

关于经营者强制信息披露义务,该法第28条规定:"采用网络、电视、电话、邮购等方式提供商品或者服务的经营者,以及提供证券、保险、银行等金融服务的经营者,应当向消费者提供经营地址、联系方式、商品或者服务的数量和质量、价款或者费用、履行期限和方式、安全注意事项和风险警示、售后服务、民事责任等信息。"

(二)《网络商品交易及有关服务管理办法(征求意见稿)》。

关于经营者强制信息披露义务,该《办法》对经营者强制信息披露义务作了如下规定:

(1)"从事网络商品交易及有关服务的经营者,应当依法办理工商登记注册。尚不具备工商登记注册条件、从事网络商品交易的自然人,应当通过第三方交易平台开展经营活动,并向第三方交易平台提交其姓名、有效身份证明、住所地、联系电话等真实身份信息。"(第7条)

(2)"已经工商行政管理部门登记注册并领取营业执照的法人、其他经济组织或者个体工商户,从事网络商品交易及有关服务的,应当在其网站首页或者从事经营活动的主页面醒目位置公开营业执照登载的信息或者其营业执照的电子链接标识。"(第8条)

(3)"网络商品经营者向消费者销售商品或者服务,应当事先向消费者说明商品或者服务的名称、种类、数量、质量、价格、运费、配送方式、支付形式、退换货方式等主要信息,采取安全保障措施确保交易安全可靠,并按照承诺提供商品或者服务。"(第11条)

(4)"第三方交易平台经营者应当审查、记录、保存在其平台上发布的商品和服务信息内容及其发布时间。平台内经营者的营业执照或者个人真实身份信息记录保存时间从经营者在平台的登记注销之日起不少于两年,交易记录等其他信息记录备份保存时间从交易完成之日起不少于两年。第三方交易平台经营者应当采取电子签名、数据备份、故障恢复等技术手段确保网络交易数据和资料的完整性和安全性,并应当保证原始数据的真实性。"(第28条)

(5)"第三方交易平台经营者拟终止提供第三方交易平台服务的,应当至少提前三个月在其网站主页面醒目位置予以公示并通知相关经营者和消费者,采取必要措施保障相关经营者和消费者的合法权益。"(第29条)

二、强制信息披露义务的含义

强制信息披露是市场经济的当然要求。在消费活动中,之所以要求经营者向消费者公开商品或者经营者的信息,主要是因为经营者最了解产品或者服务的情况和自身的信息拥有情况,同时,经营者也能够分散信息收集、整理、发布的成本。

在现实的消费关系中,经营者向消费者披露信息可以分为两类:一类是法律要求经营者必须提供的信息,即经营者强制披露信息的义务;另一类是经营者自愿向消费者提供的信息,即经营者的主动披露信息的义务。在这两种信息披露中,前者是经营者必须履行的法定义务,而后者在很大程度上是基于民事合同关系而产生的义务。一般来讲,强制信息披露的内容是主要的和核心的信息,而自愿披露信息则是对强制披露信息的补充、延伸、说明和具体化。

消费者权益保护法之所以要求经营者按照法律规定的内容、要求和程序,向消费者披露与商品与经营者有关的信息,其主要目的就是为了更好地保护消费者的知情权,同时,也为政府部门的市场监管提供便利和条件。

三、强制信息披露的主体

根据《消费者权益保护法》第28条的规定,下列经营者必须履行强制信息披露义务:

(一)采用网络、电视、电话、邮购等方式提供商品和服务的经营者

由于网络交易的虚拟性,消费者对网络商品或服务提供者以及所提供商品或服务的相关信息很难直接、直观的获取,如果网络商品或服务提供者不履行强制信息披露制度,则会影响消费者的网络购物活动或网络服务接受活动的顺利展开,也会影响到政府部门对网络交易活动的监管,因此,我国《消费者权益保护法》明确规定,采用网络、电视、电话、邮购等方式提供商品和服务的经营者必须承担强制信息披露的义务,如实地、及时地、客观地、全面地披露有关商品或者经营者的相关信息。

采用网络、电视、电话、邮购等方式提供商品的经营者既包括网络商品经营者,也包括网络服务经营者。其中:

(1)网络商品交易。是指通过互联网(含移动互联网)销售商品或者服务的经营活动。

(2)网络商品经营者。是指通过网络销售商品的法人、其他经济组织或者自然人。

（3）服务。是指为网络商品交易提供第三方交易平台、宣传推广、信用评价、支付结算、物流、快递、网络接入、服务器托管、虚拟空间租用、网站网页设计制作等营利性服务。

（4）网络服务经营者。是指通过网络提供有关经营性服务的法人、其他经济组织或者自然人，以及提供网络交易平台服务的网站经营者。

（5）第三方交易平台。是指在网络商品交易活动中为交易双方或多方提供网页空间、虚拟经营场所、交易规则、交易撮合、信息发布等服务，供交易双方或多方独立开展交易活动的信息网络系统。

（二）提供证券、保险、银行等金融服务的经营者

强制信息披露是我国重要的金融法律制度之一。负有信息强制披露义务的金融服务者主要包括以下几种：

第一，证券（股票或债券）发行人、证券公司、证券服务机构等证券发行与服务机构。

第二，保险保险公司、保险代理人和保险经纪人等保险服务机构。

第三，商业银行、政策性银行等银行服务机构。

关于证券、保险、银行等金融服务经营者的强制信息披露义务，我国立法都有明确的规定。如我国《证券法》第63条就明确规定："发行人、上市公司依法披露的信息，必须真实、准确、完整，不得有虚假记载、误导性陈述或者重大遗漏。"《保险法》第18条也明确规定："保险公司与投保人签订的保险合同应当包括下列事项：（1）保险人的名称和住所；（2）投保人、被保险人的姓名或者名称、住所，以及人身保险的受益人的姓名或者名称、住所；（3）保险标的；（4）保险责任和责任免除；（5）保险期间和保险责任开始时间；（6）保险金额；（7）保险费以及支付办法；（8）保险金赔偿或者给付办法；（9）违约责任和争议处理；（10）订立合同的年、月、日。"

四、强制信息披露的基本原则

经营者进行强制信息披露应当坚持真实性、准确性、完整性和及时性原则。

（一）真实性原则

信息真实是信息披露的最基本原则，也是信息披露最根本的要求。真实性原则是指披露的内容必须客观、真实、准确地反映商品或服务的有关特征，内容实实在在，言之有据，不弄虚作假、凭空捏造，在表达形式上要清晰准确，不能作欺骗的或者令人误解的披露。

（二）准确性原则

信息披露的准确性原则是指被披露的信息在内容上必须符合完整性、真实性和有效性的要求，不得有重大遗漏、虚假或不可利用性，被披露的信息只有同

时具备完整性、真实性和有效性,才符合准确性原则。为保证信息披露的准确性,就要求经营者向消费者公开的信息必须尽可能详尽、具体、准确。

(三) 完整性原则

经营者在进行信息披露的时候应该做到提供全面、充分的信息,而不能刻意地隐瞒信息。

信息披露完整并非指披露所有的信息,是指对理性消费者的决策可能产生重要影响的信息,否则,对经营者来说成本负担太重,对消费者而言亦不利于其选择,反而使相关的重要信息湮没在垃圾信息里,主次难分。因此,经营者应当将可能会影响理性消费者决策交易的重大信息完整地向消费者披露。

(四) 及时性原则

及时性原则是指信息披露义务人在依照法律、法规、规章及其他规定要求的时间内以指定的方式披露信息,而不能迟延披露信息。《消费者权益保护法》要求经营者及时披露信息,是因为任何信息的价值都有其时间性,不及时的信息将使其有用性大打折扣,甚至毫无价值。

五、经营者强制信息披露的内容

根据《消费者权益保护法》第 28 条的规定,经营者强制信息披露的基本内容包括以下两个方面:

(一) 有关经营者方面的信息

该方面的信息主要包括经营者地址、联系方式、售后服务和民事责任等信息。经营者地址既包括日常办公地址,也包括商品或服务的提供地址;联系方式主要是代理人、经办人或具体销售人员、服务人员的电话;售后服务包括售后服务提供者的名称、地址、提供售后服务的依据、场所、时间等信息;民事责任主要是指经营者承担民事责任的前提、条件、情况以及减轻、免除责任的情况。

(二) 有关商品或服务方面的信息

该方面的信息主要包括商品或者服务的数量和质量、价款或者费用、履行期限和方式、安全注意事项和风险警示等信息。其中:"安全注意事项和风险警示"必须明确、具体,不能模糊、笼统地进行披露,如不能以"危险""注意安全""谨慎使用"等语句进行"安全注意事项和风险警示"的揭示。

六、经营者强制信息披露的方式

方式适当是指经营者应当以一般消费者容易获得、容易理解、容易注意到的方式披露商品或者服务的有关信息。在现代市场经济中,商品的专业性越来越高,俗话说隔行如隔山,非专业领域的消费者一般很难了解商品或者服务的信息,即使经营者真实、完整地披露信息,如果披露的方式不适当,那么,消费者的

知情权也很难保障。因此,经营者披露信息的方式应当符合以下要求:

(1) 应该通过电视、报纸、网络等媒介披露相关信息或者将相关信息放在消费者容易获知的位置,以便于大多数消费者获悉产品或服务的相关信息。

(2) 信息披露中的用语应当通俗易懂,在必须使用专业术语的情况下,应该附有必要的解释说明,以便一般消费者能够理解。

(3) 对于影响消费者理性决策的重要信息应当以足以引起消费者注意的特殊方式标示。

七、经营者信息披露义务与生产者的产品质量说明义务的关系

经营者强制信息披露与生产者的产品质量告知(说明、警示)之间的联系十分紧密,二者均属经营者义务的范畴。但是,二者的区别也十分明显,主要表现在:

(1) 从义务的主体来说,经营者包括生产者和销售者。经营者信息披露义务的主体既包括生产者,又包括销售者;而生产者产品告知(说明、警示)义务的主体通常强调生产者。

(2) 从义务的内容来讲,经营者所应披露的信息内容包括但不限于产品告知(说明及警示)。经营者所应披露的信息内容十分广泛,既有商品方面的信息,也有经营者方面的信息;而生产者产品质量告知(说明、警示)义务的内容是产品本身的说明及可能对消费者人身及财产安全造成损害的警示。十分明显,前者的内容包括后者的内容。

第十一节 提供购货单据或服务凭证的义务

一、立法规定

关于购货凭证或服务单据的提供,我国《消费者权益保护法》和《发票管理办法》都作出了明确的规定。

(一)《消费者权益保护法》的规定

关于购货凭证或服务单据的提供,我国《消费者权益保护法》第22条规定:"经营者提供商品或者服务,应当按照国家有关规定或者商业惯例向消费者出具发票等购货凭证或者服务单据;消费者索要发票等购货凭证或者服务单据的,经营者必须出具。"

(二)《发票管理办法》的规定

关于购货凭证或服务单据的提供,我国《发票管理办法》作出了如下规定:

(1)"销售商品、提供服务以及从事其他经营活动的单位和个人,对外发生

经营业务收取款项,收款方应向付款方开具发票;特殊情况下由付款方向收款方开具发票。"(第19条)

（2）"开具发票应当按照规定的时限、顺序、栏目,全部联次一次性如实开具,并加盖发票专用章"。(第22条)

（3）"安装税控装置的单位和个人,应当按照规定使用税控装置开具发票,并按期向主管税务机关报送开具发票的数据"。(第23条)

（4）"除国务院税务主管部门规定的特殊情形外,发票限于领购单位和个人在本省、自治区、直辖市内开具"。(第25条)

（5）"开具发票的单位和个人应当建立发票使用登记制度,设置发票登记簿,并定期向主管税务机关报告发票使用情况。"(第27条)

（6）"开具发票的单位和个人应当在办理变更或者注销税务登记的同时,办理发票和发票领购簿的变更、缴销手续。"(第28条)

二、购货凭证或服务单据之于消费和消费者的重要意义

购货凭证或服务单据之于消费,之于消费者,之于消费活动的意义是十分重大的。

（一）购货凭证或服务单据是消费法律关系是否存在的重要证据

消费法律关系是一种特殊的法律关系,主要由经营者的义务和消费者的权利构成。而购货凭证或服务单据则是证明这种法律关系的客观存在,明确经营者和消费者权利义务的重要而直接的证据。离开了购货凭证或服务单据的证明,消费者是无法行使权利,保障权利和救济权利的。如离开了购货凭证或服务单据,消费者就无法诉讼,更不要说取得诉讼成功了。

（二）购货凭证或服务单据是"三包"的重要凭证

"三包卡""维修单""购货凭证""服务单据"等都是"三包"的重要凭证,丢失这些凭证,经营者就可以拒绝消费者的"三包"请求。由此可以看出,购货凭证或服务单据对要求经营者提供"三包"服务也具有十分重要的意义。

（三）购货凭证或服务单据是确定产品责任期限的重要凭证

我国《产品质量法》第45条第2款规定:"因产品存在缺陷造成损害要求赔偿的请求权,在造成损害的缺陷产品交付最初消费者满10年丧失;但是,尚未超过明示的安全使用期的除外。"由此可见,经营者对缺陷产品承担产品责任的最长期限是自产品交付最初用户后满10年止。10年期限的计算就是从开具发票之日起计算的。因此,购货凭证或服务单据就成了消费者向经营者主张产品责任的最直接、最有力的证据。

（四）购货凭证或服务单据是消费者寻找失物的重要凭证

消费者丢失财物的现象经常发生,但是,被找回的情况却少之又少。剔除其他原因,如被犯罪分子偷盗,失物灭失等特殊情况外,很多时候都是因为购货凭证或服务单据丢失原因造成的。如果消费者持有购货凭证或服务单据,寻找失物的时间就会缩短,寻找失物的目标就会明确,失物找回的可能性也会大大增强。

三、购货凭证或服务单据的基本形式

发票是最常见和最基本的购货凭证或服务单据。除此之外,收款收据、白条也是重要的购货凭证或服务单据。

(一)发票

发票是指在购销商品、提供或者接受服务以及从事其他经营活动中,开具、收取的收付款凭证。它是消费者的购物凭证,是纳税人经济活动的重要商事凭证,也是财政、税收、审计等部门进行财务税收检查的重要依据。

增值税发票、普通发票和电子发票是常见的发票种类。

(1)增值税发票。使用增值税发票时必须如实填写如下内容:购销双方单位详细名称、纳税人识别号、账号、开户行、开票日期、电话、货物名称、规格型号、单位、单价、金额、税率、税额、收款人、复核人、开票人、销货单位公章。

(2)普通发票。使用普通发票时必须如实填写如下内容:开票日期、购货单位名称、商品名称、单价、金额、收款人、复核人、开票人、销货单位公章。

(3)电子发票。是指纸质发票的电子映像和电子记录。纳税人可以在线领购、在线开具、在线传递发票,并可实现在线申报。

发票之所以能够证明消费法律关系的存在,就是因为发票具备了消费合同的基本内容,如合同双方当事人(购货者,即消费者和开票人)、合同标的(商品名称或服务项目)、价款(单价及金额)、合同签订时间(出票日期)等内容。这些内容的确立足以明确消费者和经营者之间的权利义务关系,因此,我们说发票是重要的购货凭证或服务单据。

(二)收款收据

收款收据是往来款项的记载凭证,收据所收支款项不能作为成本、费用或收入,不能当作原始凭证,也不能用来抵税。

收款收据有内部收据和外部收据之分。

(1)内部收据。企业为了内部成本核算的需要而自行印制或在账表商店购买的收款收据就是内部收据。企业的内部收据可以在内部成本核算过程中使用并以此入账,如职工借款归还、保证金收讫等,但内部收据不能对外使用,否则,不能入账,其作用相当于"白条"。所以一些地方的法规规定这些内部收据应当在收据的抬头下面注明"仅限内部使用,对外使用无效"的字样。

(2)外部收据。外部收据则根据监制单位的不同,可以分为财政部门监制、

部队监制和税务部门监制三种。财政部门监制的收据一般是非生产经营的行政事业性收费的收据,这种收据往往是联合当地物价部门制定的,具有合法性,可以入账,如法院的诉讼费收据。有时侯同种类的单位会因为所有制的不同而在收款凭证上有所区别,如公立医疗机构就因其非营利的性质所以其收费开具的是财政部门监制的收据,而私立的营利性医疗机构的收费则必须开具税务部门监制的收据。部队监制的收据是与部队发生非生产经营性款项往来时由部队开具的收据,该收据项下的款项是不涉及税务的,可以依法入账。

税务部门监制的收据不是所有的地方都有,目前只有在一些出台了相关规定的地方才有,如上海、浙江、山西等。税务部门监制的收据一般也把企业的内部收据纳入其中,企业内部收付款往来及企业与企业之间非经营性业务往来款项,均可使用,这些税务部门监制的收据依法在非生产经营款项收付时使用,也是可以入账的。

收款收据的内容与发票的内容在核心方面是一致的,因此,可以证明消费关系的存在,可以视为是一种购货凭证或服务单据。

(三) 白条

即以个人或单位的名义,在白纸上书写证明收支款项或领发货物的字样,作为发票来充当原始凭证。

由于白条在内容的记载上与发票、收款收据大致相同,即能够证明消费法律关系的客观存在,因此,我们认为,白条也是购货凭证或服务单据的一种表现形式,具有《消费者权益保护法》上的意义。

四、经营者出具购货凭证或服务单据义务的基本内容

经营者出具购货凭证或服务单据是国家法律的当然要求,也是消费者的当然要求。概括来讲,经营者出具购货凭证或服务单据的义务包括以下两项内容:

(一) 出具购货凭证或服务单据是经营者的法定义务

经营者出具购货凭证或服务单据是经营者的一项法定义务。这种义务必须以积极的方式实际履行,否则,就应当承担不履行的法律后果。这种后果,对消费者来讲,就是有权拒绝支付商品或者服务费用;对国家来讲,可以依照《消费者权益保护法》《发票管理办法》等法律和行政法规的规定对经营者进行行政处罚。

(二) 经营者必须无条件出具购货凭证或服务单据

经营者必须无条件出具购货凭证或服务单据是指经营者在出具购货凭证或服务单据时必须足额、及时、不迟延、不附加任何条件的支付,换句话说,就是不能以任何理由和借口拒绝消费者、阻挠消费者索要发票,进而影响消费者权利的实现。时下,经营者不给、少给、延迟给或者以"给予打折优惠""奖励实物"等直接或变相阻碍消费者此项权利实现的现象普遍而严重,必须引起政府有关部门的注意和重视。同时,消费者为了维护自身权利,获得消费法律关系的证据,也应当积极主动地索要发票。

第十二节 依法收集和使用个人信息的义务

一、立法规定

关于经营者收集和使用消费者个人信息的问题,《消费者权益保护法》第29条作出了如下规定:

(1)经营者收集、使用消费者个人信息,应当遵循合法、正当、必要的原则,明示收集、使用信息的目的、方式和范围,并经消费者同意。经营者收集、使用消费者个人信息,应当公开其收集、使用规则,不得违反法律、法规的规定和双方的约定收集、使用信息。

(2)经营者及其工作人员对收集的消费者个人信息必须严格保密,不得泄露、出售或者非法向他人提供。经营者应当采取技术措施和其他必要措施,确保信息安全,防止消费者个人信息泄露、丢失。在发生或者可能发生信息泄露、丢失的情况时,应当立即采取补救措施。

(3)经营者未经消费者同意或者请求,或者消费者明确表示拒绝的,不得向其发送商业性信息。

二、经营者收集、使用消费者个人信息义务的基本内容

经营者在消费者个人信息收集、使用方面的基本义务主要包括四项内容,分别是坚持合法、正当、必需的基本原则,坚持公开收集、使用消费者个人信息的基本规则,不得泄露、出售或者非法向他人提供消费者的个人信息和未经消费者同意或者请求,或者消费者明确表示拒绝的,不得向其发送商业性信息。

(一)坚持合法、正当、必需的基本原则

合法、正当、必需是经营者收集、使用消费者个人信息时必须遵守的三项基本原则。

第一,合法。经营者收集、使用消费者个人信息的首要原则是合法原则。所谓合法,包括以下三层含义:

(1)主体合法。只有主体资格合格的经营者才能够收集、使用消费者个人信息。任何违法进入市场进行经济活动的主体,如无照经营者,都不能收集、使用消费者的个人信息。目前,不具备合法主体资格而收集、使用消费者个人信息的现象非常严重,我们应当坚决打击、严厉禁止。

(2) 程序合法。所谓程序合法是指经营者收集、使用消费者个人信息必须征得消费者本人的明示同意，不得强迫或以不正当手段获取消费者的个人信息。

(3) 信息内容合法。经营者收集、使用的消费者个人信息必须是法律未禁止征集的信息。如下列个人信息就不得征集：民族、家庭出身、宗教信仰、所属党派；身体形态、基因、指纹、血型、疾病和病史；收入数额、存款、有价证券、不动产；纳税数额等。

第二，正当。现代社会的一个重要特征就是信息化。为了实现社会信息化，促进社会进步，任何人都不得拒绝合法主体以正当方式收集、使用属于自己的信息。所谓正当，就是经营或者工作的客观需要。这种客观需要必须真实，任何合法主体都不能以虚假的理由收集、使用消费者的个人信息。

第三，必须。必须是对经营者收集个人信息的范围所做出的一个限制与界定，即在收集、使用个人信息时要注意"度"的把握。关于可以收集、使用的范围，我国立法未作出明确的规定。我们认为，应当以确保经营或工作的顺利进行为最低要求，即如果不收集、使用这些消费者的个人信息将影响甚至无法开展正常的经营活动或基本工作。

(二) 坚持公开收集、使用消费者个人信息的基本规则

经营者直接收集、使用消费者的个人信息不同于第三方——社会征信机构对个人信息的收集、公开和使用，其规则也不完全相同。目前，立法未明确规定经营者直接收集、使用消费者个人信息的基本规则。就我国目前的市场现状来讲，我们认为，经营者可以口头公开收集、使用消费者个人信息的基本规则，辅之以必要的解释和说明。这些规则至少应当包括以下内容：

(1) 收集、使用信息的目的。着重向消费者讲明收集、使用的必要性，重要性，达到消费者同意收集、使用个人信息的目的。

(2) 收集、使用信息的方式。着重向消费者讲明信息的收集、使用对内是公开的，对外是不完全公开的，一些重要的可识别信息，如姓名、住址、电话等都会以技术手段进行隐蔽，个人信息可以得到切实的保障。

(3) 收集、使用信息的范围。向消费者讲明，个人信息的征集完全是为了经营活动或日常工作的客观需要，也只会在经营活动或日常工作中进行有条件、有选择地使用，绝不会以此信息进行牟利。

(4) 收集、使用信息的责任。向消费者郑重承诺不当使用信息、泄露信息、给消费者造成其他损害时承担相应的法律责任，如赔礼道歉、赔偿经济损失等。

(三) 不得泄露、出售或者非法向他人提供消费者的个人信息

经营者对收集、使用的消费者个人信息负有保密义务。泄露、出售或者非法向他人提供消费者的个人信息均属于侵犯消费者信息权的违法行为，严重时还可能构成犯罪。

（1）泄露消费者的个人信息。泄露消费者的个人信息的情况十分复杂，既有故意的泄露，也有过失的泄露；既有以营利为目的的泄露，也有不以营利为目的的泄露；既有经营者的泄露，也有经营者内部工作人员的泄露，在认定和处理时应当具体问题具体分析，区别处理。

（2）出售消费者的个人信息。出售消费者个人信息的情况相对简单，就是以营利为目的侵犯消费者的个人信息权。但是，对出售和再出售应当作区别对待。

（3）非法向他人提供消费者的个人信息。非法向他人提供消费者的个人信息是指以不正当方式，违规、违法向他人提供消费者的个人信息。非法向他人提供消费者的个人信息既有以谋利为目的的提供，也有不以谋利为目的的提供，查处时应当区别对待。

（四）未经消费者同意或者请求，或者消费者明确表示拒绝的，不得向其发送商业性信息

商业信息作为信息的一种，对于经营者建立销售渠道，寻找潜在客户，提高企业知名度具有十分重要的意义。正是如此，商业信息的发布才受到经营者越来越多的注意和重视，发布商业信息的经营者也越来越多，发布范围也越来越广。

经营者发布商业信息本无可厚非。但是，如今的很多商业信息发布已经严重地影响了消费者个人的工作、生活和学习，进而在一定程度上也扰乱了正常的市场经营秩序，因此，我国《消费者权益保护法》有条件地禁止商业信息的发布，即未经消费者同意或者请求，或者消费者明确表示拒绝的，不得向其发送商业性信息。这一禁止性规定，要求任何组织和个人未经电子信息接收者同意或者请求，或者电子信息接收者明确表示拒绝的，不得向其固定电话、移动电话或者个人电子邮箱发送商业性电子信息。

就目前的商业信息发布乱象而言，下面几种商业信息[①]应当坚决禁止发布：

（1）具有违法犯罪信息内容的短信，如办假证、卖枪支等违法信息。

（2）未经接受者同意发布的具有广告性质的信息，如某某公司通过短信推销其新产品或服务。

（3）以具有骚扰、报复等性质的信息，如某人为报复某人恶意进行短信骚扰。

除以上这些垃圾短信外，根据2000年9月25日国务院发布的《电信条例》第57条的规定，任何组织或者个人不得利用电信网络制作、复制、发布、传播含有下列内容的信息：

---

① 这些商业信息，法学界也称之为垃圾信息或垃圾短信。

(1) 反对宪法所确定的基本原则的。
(2) 危害国家安全,泄露国家秘密,颠覆国家政权,破坏国家统一的。
(3) 损害国家荣誉和利益的。
(4) 煽动民族仇恨、民族歧视,破坏民族团结的。
(5) 破坏国家宗教政策,宣扬邪教和封建迷信的。
(6) 散布谣言,扰乱社会秩序,破坏社会稳定的。
(7) 散布淫秽、色情、赌博、暴力、凶杀、恐怖或者教唆犯罪的。
(8) 侮辱或者诽谤他人,侵害他人合法权益的。
(9) 含有法律、行政法规禁止的其他内容的。

第十三节 尊重消费者的义务

一、立法规定

尊重消费者,即尊重消费者的人身权利、自由权利,是经营者的重要法定义务之一。关于消费者人身权、自由的尊重与保护,我国《宪法》《民法通则》和《消费者权益保护法》都有明确的规定。

(一)《宪法》的规定

关于尊重消费者的人身权利、自由权利,我国《宪法》作出了如下规定:

(1) "中华人民共和国公民有言论、出版、集会、结社、游行、示威的自由。"(第35条)

(2) "中华人民共和国公民的人身自由不受侵犯。任何公民,非经人民检察院批准或者决定或者人民法院决定,并由公安机关执行,不受逮捕。禁止非法拘禁和以其他方法非法剥夺或者限制公民的人身自由,禁止非法搜查公民的身体。"(第37条)

(3) "中华人民共和国公民的人格尊严不受侵犯。禁止用任何方法对公民进行侮辱、诽谤和诬告陷害。"(第38条)

(二)《消费者权益保护法》的规定

关于尊重消费者的人身权利,该法第27条规定:"经营者不得对消费者进行侮辱、诽谤,不得搜查消费者的身体及其携带的物品,不得侵犯消费者的人身自由。"

(三)《民法通则》的规定

关于尊重消费者的人身权利,该法第101条规定:"公民、法人享有名誉权,公民的人格尊严受法律保护,禁止用侮辱、诽谤等方式损害公民、法人的名誉。"

二、尊重消费者义务的基本内容

为了确保消费者的人格、尊严、人身自由权,《消费者权益保护法》规定经营者不得针对消费者实施如下行为:

(一) 不得对消费者进行侮辱、诽谤

侮辱是指用暴力或其他方式公然侮辱他人人格,破坏他人名誉的行为;诽谤是指故意捏造并散布一些虚构的事实,损害他人人格,破坏他人名誉的行为。

实践中,经营者侵犯消费者人格尊严的现象非常普遍。例如经营者无端怀疑消费者是小偷,当众盘查、羞辱或者无中生有,捏造事实,贬低消费者人格等现象。侵犯消费者人格尊严的行为,是对消费者人格的极大蔑视和侮辱,要视具体情节予以民事制裁,情节严重,构成犯罪的,还要予以刑事处罚。

(二) 不得搜查消费者的身体及其携带的物品

搜查是指侦查人员依法对于犯罪嫌疑人以及可能隐藏罪犯或者罪证的人的身体、物品、住处和其他有关地方进行搜寻、检查的一种侦查行为。其意义是侦查人员同犯罪作斗争的一项重要手段,对于侦查机关及时收集证据,查获犯罪嫌疑人,防止其逃跑、毁灭、转移证据、揭露犯罪、证实犯罪,保证诉讼的顺利进行,具有重要的意义。

由于搜查直接关系到公民的人身权利等问题,依照有关法律规定,该行为只能是由人民法院、人民检察院和公安机关等公权机关作出决定,并由侦查人员、审判人员进行。即使是这些机关及人员也必须有充足的理由和法律依据,而且必须严格依照法定程序进行。经营者仅仅是维护商场治安、秩序的社会力量,不是公权主体,因此,不具有搜查主体资格,不能搜查消费者的身体及其携带的物品。

经营者如搜查女性消费者身体或所携带的财物,除构成侵犯消费者人格尊严权行为外,还可能构成性骚扰[①],因此,经营者在任何情况下都不能搜查消费者,尤其是女性消费者的人身或所携带的财物。

但是,由于我国消费者的素质参差不齐,少数素质差的消费者的确存在偷拿经营者货物、商品以及其他物品的行为,在有些地方还非常严重。这一现象的大量存在,令经营者十分头疼,同时,也使经营者受到很大的经济损失。碰到这种情况,经营者可以向公安机关报警,请公安机关立案调查。

(三) 不得侵犯消费者的人身自由

消费者的人身自由,是消费者依法享有的人身行动完全受自己自由支配,不受任何非法的强制性限制或剥夺。消费者作为参加社会活动的普通公民,其人

---

① 一般把对异性做出语言或行动上的滋扰称为性骚扰。

身自由权受到我国宪法和法律的保护,任何经营者不得以任何理由、任何手段限制、甚至剥夺消费者的人身自由权,这是经营者应当承担的一项重要义务。

经营者必须遵守法律规定,严禁扣留、滞留消费者,严禁限制或剥夺消费者的人身自由。

三、尊重消费者的现实思考

俗话讲,消费者是上帝,消费者应当受到尊重,这是市场经济的当然要求,也是《消费者权益保护法》的当然要求。

在消费者应当受到尊重的问题上,有两个问题很值得探讨和研究。一是我国消费者受尊重的现状与程度如何?二是如何甄别消费者是否受到尊重的问题。

(一) 我国消费者受尊重的现状与程度如何?

由于我国的市场化程度比较低,市场意识也比较差,因此,与其他发达国家的消费者权益保护相比,我国经营者乃至整个社会对消费者的尊重都是不够的,即使有了一些尊重,这些尊重也往往是形式上的、表面的,其整体水平是比较低的,在一些领域和一些地方甚至是很低的。这一事实已经是不争的事实。

要改变这一现状,第一,必须牢固树立"消费者是上帝"的意识,心系消费者,时刻准备着为消费者提供质优价廉的商品和服务;第二,深刻认识经营者与消费者之间的平等关系,明白消费促进经营和经济发展的道理;第三,懂得尊重他人就是尊重自己的道理,在整个经营活动中贯彻社会主义的、平等的尊重观。

(二) 如何甄别消费者是否受到尊重的问题?

我们认为,消费者是否受到尊重的问题应该进行两个层面的判断:

(1) 范围层面的判断。所谓范围层面的判断就是判断经营者的行为是指向了所有消费者,还是仅指向了部分甚至是单个消费者。本书认为,凡是针对所有消费者的行为都不应当认为是不尊重消费者的行为。依此标准,经营者要求所有消费者必须"存包""锁包",而后方能进入经营场所的行为,经营者要求所有消费者出示"小票""车票"的行为就不能认定为是不尊重消费者的行为。为了经营管理的方便,为了减少经营损使,防范偷盗行为的发生,经营者采取了越来越多的、针对所有消费者的防范与管理行为,所有这些都是经营者维护自身合法权益的正当与合法行为,不能认为是不尊重消费者的行为。

(2) 程度层面的判断。所谓程度层面的判断就是判断经营者的行为是否具有违法性。凡违反《消费者权益保护法》第 27 条的行为才能认定为不尊重消费者的行为。经营者的有些行为,尽管针对了部分甚至是单个消费者,但是,如果不违反《消费者权益保护法》第 27 条的规定,就不能认定为侵犯消费者受尊重权的行为。

第十四节　依法履行消费合同的义务

一、立法规定

消费合同是合同的一种,受合同法的调整。关于经营者的合同义务,尤其是在格式化消费合同中的义务,我国《消费者权益保护法》和《合同法》都作了明确的规定。

(一)《消费者权益保护法》的规定

关于经营者依法履行消费合同的义务,《消费者权益保护法》作了如下规定:

(1)"经营者在经营活动中使用格式条款的,应当以显著方式提请消费者注意商品或者服务的数量和质量、价款或者费用、履行期限和方式、安全注意事项和风险警示、售后服务、民事责任等与消费者有重大利害关系的内容,并按照消费者的要求予以说明。"(第26条第1款)

(2)"经营者不得以格式条款、通知、声明、店堂告示等方式,作出排除或者限制消费者权利、减轻或者免除经营者责任、加重消费者责任等对消费者不公平、不合理的规定,不得利用格式条款并借助技术手段强制交易。"(第26条第2款)

(3)"格式条款、通知、声明、店堂告示等含有前款所列内容的,其内容无效。"(第26条第3款)

(二)《合同法》的规定

关于经营者依法履行消费合同的义务,我国《合同法》作出了如下几项规定:

(1)"采用格式条款订立合同的,提供格式条款的一方应当遵循公平原则确定当事人之间的权利和义务,并采取合理的方式提请对方注意免除或者限制其责任的条款,按照对方的要求,对该条款予以说明。"(第39条第1款)

(2)"格式条款是当事人为了重复使用而预先拟定,并在订立合同时未与对方协商的条款。"(第39条第2款)

(3)"格式条款具有本法第52条和第53条规定情形的,或者提供格式条款一方免除其责任、加重对方责任、排除对方主要权利的,该条款无效。"(第40条)

(4)"对格式条款的理解发生争议的,应当按照通常理解予以解释。对格式条款有两种以上解释的,应当作出不利于提供格式条款一方的解释。格式条款和非格式条款不一致的,应当采用非格式条款。"(第41条)

二、消费合同概述

消费合同是一种重要而普遍存在的合同,是消费者和经营者之间的法律连接,对于消费、消费者权益保护,具有十分重要的意义。

(一) 消费合同的含义与特征

消费合同是指消费者为了生活需要,在购买商品或接受服务过程中与经营者达成的明确相互权利义务关系的协议。

消费合同具有以下几个法律特征。

(1) 消费合同的当事人一方是消费者,另一方是经营者。消费合同是消费交易的法律形式,其合同一方必须是消费者,另一方必须是经营者。否则,就不是消费合同。

(2) 消费者签订消费合同的目的是为了满足生活需要。作为消费合同主体一方的消费者,其签定合同是为了获得其自己或家庭中需要的各种商品或服务,或作为礼物赠送给其他人,以满足他人的生活需要,而不是为了转手获取利润。因此,同一个人,即使其购买的商品相同,但若其购买商品的目的不同,其合同的性质亦不一样,用于生活消费的,则为消费合同,为了经营获利的,则为非消费合同。

(3) 消费合同是双务合同。它以消费者一方支付货币,而经营者一方提供商品和服务为基本内容。而且,消费者永远是、始终是、绝对是货币的支付者,而经营者则永远是、始终是、绝对是商品或服务的提供者,具有很强的单向性。

(二) 消费合同的类型

根据不同的标准,可以对消费合同进行不同的分类。

(1) 根据消费合同的内容不同,可将消费合同分为商品消费合同和服务消费合同两大类。其中:商品消费合同又可以分为一般商品消费合同和特殊商品消费合同;服务消费合同又可分为餐饮服务消费合同、交通运输服务合同、旅游服务合同、加工定做服务合同、美容美发服务合同等。

(2) 根据合同的订立过程不同,可将消费合同分为标准合同及普通合同。所谓普通合同,即经营者和消费者基于平等、自愿、等价、有偿、协商一致的原则而达成的合同协议。而标准合同则是按一方当事人意思而形成合同文本,他方只能符合对方提出的合同条件。在标准合同中,往往会忽视消费者一方的利益,因此,必须通过法律对有关标准合同的制作、内容、解释等作出特别规定,以保护消费者的利益。

(3) 根据合同受法律调整的不同,可以将消费合同分为传统消费合同与新型消费合同。凡在传统民法中作为有名合同进行规定的,属于传统合同;相反,凡在传统民法没有作为有名合同进行规定,而是随着经济、社会的发展,较晚才出现并被纳入法律调整的合同,则属新型合同,如网络服务合同、消费信用合同、旅游合同、邮购合同等。

三、经营者消费合同方面的义务

经营者消费合同方面的义务,除了合同法的一般规定外,我国《消费者权益保护法》第 26 条还作了特别规定。

(一) 经营者消费合同方面义务的立法规定

经营者在消费合同方面义务的立法规定主要反映在《消费者权益保护法》第 26 条中。从该法条中可以看出:

第一,格式合同是指经营者为与消费者订立合同而单方拟定的合同条款。这种条款不论其是否独立于合同之外或成为合同的一部分,也不论其范围或合同的形式如何,均属于格式合同的范畴。

与普通合同相比,格式合同具有以下几个特征:

(1) 制定格式合同的主体是经营者,其决定并预先拟定合同的内容,占有优势地位。

(2) 格式合同另一方是消费者,只有接受合同与否的自由,而无参与决定合同内容的机会,处于劣势地位。

(3) 格式合同是经营者出于同消费者达到交易的目的而制定的,合同指向不特定多数消费者,并非单个的消费者,在适用对象上具有普遍性。

(4) 格式合同一经制定,可以在相当长的期限内使用,具有固定性和连续性。

第二,通知、声明、店堂告示是指经营者就所销售商品或者所提供服务的内容、注意事项、免责事由等方面的内容向消费者进行特别告知和说明的一种形式。除此之外,还有说明、顾客须知、告消费者书、注意事项等方式。一般说来,通知、声明、店堂告示的内容基本上分为两类:一是涉及交易内容即合同条款的,如"商品售出,概不退货"等。二是涉及其他经营事项的,如"本店盘存,暂不营业"等。本条所称的通知、声明、店堂告示等其他方式,是指前一类情形。它又可分为两种情况:其一,如果经营者制定有格式合同,又以通知、声明、店堂告示等方式为其格式做出强调式补充、说明,则该通知、声明、店堂告示等方式为其格式合同的组成部分;其二,如果经营者制定格式合同,仅以声明、通知、店堂告示等方式规定交易协议的内容,则该通知声明、店堂告示等方式视为独立的格式合同。在实践中,前一种情况是最主要的表现。

(二) 经营者消费合同方面义务的基本内容

经营者消费合同方面的义务主要包括保障性义务和禁止性义务两方面的内容。

第一,保障性义务。所谓保障性义务,是指必须为的义务,其基本要求是:经营者应当以显著方式提请消费者注意商品或者服务的数量和质量、价款或者费用、履行期限和方式、安全注意事项和风险警示、售后服务、民事责任等与消费者有重大利害关系的内容,并按照消费者的要求予以说明。

第二,禁止性义务。所谓禁止性义务即不得为的义务。经营者的禁止性义务主要包括以下两方面的内容:

(1) 不得做出对消费者不公平、不合理的规定。在消费者法律关系中,经营者与消费者的法律地位平等。双方订立合同应当出于自愿、公平,并且意思表示真实、合法,不得把自己的意志强加给对方,甚至坑害对方。如果格式合同的内容与消费者的意志相违背,即视为不公平、不合理。也就是说,衡量不公平、不合理的标准,主要是《消费者权益保护法》确立的自愿、平等、公平、诚实信用的原则,凡符合此标准的,即为合理、公平。根据《消费者权益保护法》第 26 条第 2 款的规定,凡是排除或者限制消费者权利、减轻或者免除经营者责任、加重消费者责任的均属于对消费者不公平、不合理的行为。

(2) 不得进行强制交易。强制交易是指经营者违背消费者的意愿,采取各种手段,强行推销产品或者服务的行为。下列行为均属于强制交易行为:政府或者所属职能部门滥用权力或者利用技术垄断,强迫消费者购买某一经营者的某种商品或者接受某种服务的行为;公用企业或者其他依法具有独占地位的经营者,利用其垄断地位和经营优势,强迫消费者购买自己的产品或者接受自己的服务;经营者向消费者提出不合理的要求作为交易成立的条件;经营者向消费者出售某一商品时,强行要求消费者同时购买其他商品,就是所谓的"搭售";经营者利用邮购、预售、分期付款、上门推销等方式,限制消费者的自主选择权,进行强制交易的;经营者以暴力、胁迫等方式强迫消费者接受其商品或者服务;经营者采取各种手段,在消费者接受了其商品或者服务后,强迫消费者支付高价,接受劣质商品或者服务等。

对于强制交易行为,消费者有权予以拒绝,必要时,可由有关国家机关对强制交易的经营者予以查处。经营者以暴力、胁迫等手段强卖商品或者强迫他人接受服务,情节严重的,处 3 年以下有期徒刑或者拘役,并处或者单处罚金。

根据《消费者权益保护法》第 26 条第 3 款的规定,格式条款、通知、声明、店堂告示等含有前款所列内容的,其内容无效。

第十五节 承担举证责任的义务

一、立法规定

关于经营者的举证责任,我国《消费者权益保护法》和《最高人民法院关于民事诉讼证据的若干规定》都有明确的规定。

(一)《消费者权益保护法》的规定

关于经营者的举证责任,该法第 23 条第 3 款规定:"经营者提供的机动车、计算机、电视机、电冰箱、空调器、洗衣机等耐用商品或者装饰装修等服务,消费者自接受商品或者服务之日起6个月内发现瑕疵,发生争议的,由经营者承担有关瑕疵的举证责任。"

(二)《最高人民法院关于民事诉讼证据的若干规定》

关于经营者的举证责任,该《规定》第4条明确规定:"下列侵权诉讼,按照以下规定承担举证责任:(1)因新产品制造方法发明专利引起的专利侵权诉讼,由制造同样产品的单位或者个人对其产品制造方法不同于专利方法承担举证责任;(2)高度危险作业致人损害的侵权诉讼,由加害人就受害人故意造成损害的事实承担举证责任;(3)因环境污染引起的损害赔偿诉讼,由加害人就法律规定的免责事由及其行为与损害结果之间不存在因果关系承担举证责任;(4)建筑物或者其他设施以及建筑物上的搁置物、悬挂物发生倒塌、脱落、坠落致人损害的侵权诉讼,由所有人或者管理人对其无过错承担举证责任;(5)饲养动物致人损害的侵权诉讼,由动物饲养人或者管理人就受害人有过错或者第三人有过错承担举证责任;(6)因缺陷产品致人损害的侵权诉讼,由产品的生产者就法律规定的免责事由承担举证责任;(7)因共同危险行为致人损害的侵权诉讼,由实施危险行为的人就其行为与损害结果之间不存在因果关系承担举证责任;(8)因医疗行为引起的侵权诉讼,由医疗机构就医疗行为与损害结果之间不存在因果关系及不存在医疗过错承担举证责任。有关法律对侵权诉讼的举证责任有特殊规定的,从其规定。"

二、举证责任承担概述

举证责任,是指当事人对自己提出的主张有收集或提供证据的义务,并有运用该证据证明主张的案件事实成立或有利于自己的主张的责任,否则,将承担其主张不能成立的危险。

(一)举证责任的分配

民事诉讼中举证责任的分配,是指举证责任在诉讼主体之间的合理分配,即举证责任在原告、被告及第三人之间的合理配置。这是因为,举证责任是因为事实真伪不明而引起的诉讼上的风险,如果仅让一方当事人负担所有的举证责任显然有悖于当事人诉讼地位的平等和程序的公正,因此,有必要将举证责任在双方当事人以及第三人之间进行科学、合理分配。

举证责任分配的核心问题是应当按照什么样的标准来分配举证责任,如何分配举证责任才能既符合公平、正义的要求,又能使诉讼较为迅速地得到解决。我国民事诉讼中,解决举证责任分配的原则主要是"谁主张,谁举证"原则。

关于"谁主张,谁举证"原则,我国法律、法规有明确的规定。如《民事诉法》第 64 条第 1 款规定:"当事人对自己提出的主张,有责任提供证据。"即将"谁主张,谁举证"作为举证责任分配的原则标准。2001 年 12 月 6 日最高人民法院通过的《关于民事诉讼证据的若干规定》第 2 条也规定:"当事人对自己提出的诉讼请求所依据的事实或反驳对方诉讼请求所依据的事实有责任提供证据加以证明,没有证据或证据不足以证明当事人的事实主张的,由负有举证责任的当事人承担不利后果。"

(二) 举证责任倒置

所谓举证责任倒置,指基于法律规定,将提出主张的一方当事人(一般是原告)就某种事由不负担举证责任,而由他方当事人(一般是被告)就某种事实存在或不存在承担举证责任,如果该方当事人不能就此举证证明,则推定原告的事实主张成立的一种举证责任分配制度。在一般证据规则中,"谁主张谁举证"是举证责任分配的一般原则,而举证责任的倒置则是这一原则的例外。

关于举证责任倒置,根据《最高人民法院关于适用〈中华人民共和国民事诉讼法〉若干问题的意见》第 74 条的规定,在诉讼中,当事人对自己提出的主张,有责任提供证据。但在下列侵权诉讼中,对原告提出的侵权事实,被告否认的,由被告负责举证。这些侵权诉讼包括:(1)因产品制造方法发明专利引起的专利诉讼;(2)高度危险作业致人损害的侵权诉讼;(3)因环境污染引起的损害赔偿诉讼;(4)建筑物或者其他设施以及建筑物的搁置物、悬挂物发生倒塌、脱落、坠落致人损害的侵权诉讼;(5)饲养动物致人损害的侵权诉讼;(6)有关法律规定由被告承担举证责任的情形。《最高人民法院关于民事诉讼的证据的若干规定》第 4 条的规定更为明确。

从以上规定中可以看出,举证责任倒置尽管是"谁主张,谁举证"原则的一个例外,但是,已经得到了广泛的适用。

三、消费者权益保护法中的举证倒置

我国《消费者权益保护法》第 23 条第 3 款中也有消费者权益保护法中的举证责任倒置的规定。根据该规定,我国消费者权益保护法中的举证责任倒置的构成要件如下:

(一) 适用范围

该规则仅适用于机动车等耐用品和装饰装修等服务领域,适用范围狭窄而明确。

(1) 机动车等耐用品。就范围而言,《消费者权益保护法》中的举证责任倒置适用于机动车、计算机、电视机、电冰箱、空调器、洗衣机等;就质的规定性而言,《消费者权益保护法》中的举证责任倒置适用于部分耐用商品。但是,《消费者权益保护法》却未对耐用商品作出进一步的具体规定,这不能不说是 2013 年

《消费者权益保护法》修改的一大遗憾。这一遗憾将一定程度上影响消费者的维权活动。我们认为,此处的耐用商品可以用电子电工品来替代。

(2) 装饰装修等服务。装修是指在一定区域和范围内进行的,依据一定设计理念和美观规则形成的一整套施工和解决方案。小到家具摆放和门的朝向,大到房间配饰和灯具的定制处理,都是装修的体现。装修和装饰不同,装饰是对生活用品或生活环境进行艺术加工的手法。无论是装修,还是装饰,就质量而言,都包括装修、装饰材料的质量和装修、装饰工艺的质量两个方面的质量问题。消费者要求经营者保障和解决的也主要是这两个方面的质量问题。

(二) 适用期限

该规则仅限于购买或者接受服务之日起 6 个月内,超过 6 个月后,不再适用。

6 个月的适用期限,就商品而言,自经营者开具购货发票之日起计算;就装修装饰服务而言,自经营者和消费者在服务验收单上签字确认之日起计算。

(三) 适用条件

该规则在适用时,无论是针对耐用商品,还是针对装修装饰服务,都不是对所有质量问题产生适用效力,仅适用于该商品或者服务有瑕疵的情况。其他有质量问题的情况,如缺陷、劣质、假冒等均不适用此处的举证责任倒置规则。

(四) 适用限制

《消费者权益保护法》中的举证倒置规则在适用时是受到限制的。这种限制,主要表现在以下两个方面:

(1) 第 23 条第 3 款规定以外的其他商品或者服务出现瑕疵,仍然适用"谁主张,谁举证"的证据规则,即由消费者承担举证责任。

(2) 举证责任倒置并非免除消费者的全部举证责任,消费者应当举证证明其向经营者购买了争议的上述商品或者服务,且该商品不能正常使用或者服务出现瑕疵。简单地说,就是要证明商品或者服务在客观上存在瑕疵。如何证明该商品或者服务客观上存在瑕疵,目前通行的做法是由质检机构进行商品或者服务质量检验和鉴定。

四、质检机构的商品或者服务质量鉴定

质量检验和鉴定就是对产品的一项或多项质量特性进行观察、测量、试验,并将结果与规定的质量要求进行比较,以判断每项质量特性合格与否的一种活动。为了加强对产品质量仲裁检验和产品质量鉴定工作的管理,正确判定产品质量状况,处理产品质量争议,保护当事人的合法权益,根据国家法律法规及国务院赋予质量技术监督部门的职责,1999 年 3 月 10 日国家质量技术监督局发布了《产品质量仲裁检验和产品质量鉴定管理办法》。该办法共分五章40条,其中:第一章:总则。第二章:仲裁检验。第三章:质量鉴定。第四章:监督管理。第五章:附则。

根据该《办法》的规定,产品质量仲裁检验是指经省级以上产品质量技术监督部门或者其授权的部门考核合格的产品质量检验机构,在考核部门授权其检验的产品范围内根据申请人的委托要求,对质量争议的产品进行检验,出具仲裁检验报告的过程。下列申请人有权提出仲裁检验申请:(1) 司法机关;(2) 仲裁机构;(3) 质量技术监督部门或者其他行政管理部门;(4) 处理产品质量纠纷的有关社会团体;(5) 产品质量争议双方当事人。申请人可以直接向质检验机构提出申请,也可以通过质量技术监督部门向质检验机构提出申请。

产品质量鉴定是指省级以上质量技术监督部门指定的鉴定组织单位,根据申请人的委托要求,组织专家对质量争议的产品进行调查、分析、判定,出具质量鉴定报告的过程。下列申请人有权向省级以上质量技术监督部门提出质量鉴定申请:(1) 司法机关;(2) 仲裁机构;(3) 质量技术监督部门或者其他行政管理部门;(4) 处理产品质量纠纷的有关社会团体;(5) 产品质量争议双方当事人。

思考题

1. 近些年,经营场所致害事件频发。下面就是经营场所致害的典型案例。通过对这些典型案例的分析,请大家总结出经营者承担责任的责任模式(包括责任主体、责任原因、责任范围、归责原则、责任减免等方面的内容)。

案例一:一消费者推开门,随顾客人流进入某商场的营业大厅。刚走几步,就被一块西瓜皮滑倒,导致脑部严重受损。

案例二:一65岁左右的女性消费者来到"某某大众洗浴中心"洗浴。服务员将其带入二楼洗浴单间后,告知她:"红色龙头是热水,蓝色龙头是凉水,使用时应先凉后热。"但是,该消费者洗浴中却误将热水龙头当成凉水龙头打开,遂导致皮肤严重烫伤。惊吓中,又摔倒在地,致股骨骨折。

案例三:一女性消费者携带4岁女儿到某超市购物。乘坐扶梯时,女儿在前,母亲在后。不料,当扶梯即将到达二楼时,女儿手指被夹。超市及时救出女儿并将其送往医院救治。但是,因伤势严重,女儿的4个手指最终还是没能保住。

案例四:上海一女性消费者在某商场四楼购物结束后欲乘电梯下楼。当时,一部电梯发生了机械故障,处于升起状态,检修工人正在进行紧张的抢修。由于电梯周围没有任何警示标志和保护措施,消费者像往常一样走进电梯通道,接着便是撕心裂肺的惨叫。后经医院检查,双腿粉碎性骨折,腰椎错位,头部严重撞裂伤。

2. 请运用本章之基本理论,评析商家的"打折商品,概不退货""售出商品,概不退货"声明。

3. 赵某一行5人在某火锅城吃火锅,消费316元。消费结束时,赵某要求商家如实开具发票。起初,服务员告知赵某,火锅城处于试营业阶段,没有发票。赵某坚持开具发票,并说:"不开发票就不付款。"在赵某的一再坚持下,该火锅城给赵某出具了两张共计400元的定额发票,但是,加盖的却是另一饭店的公章,而且已刮过奖(即已使用过)。商家为了表示歉意,在消费款打9折的情况下,还赠给赵某一行3瓶饮料。最后,赵某一行高兴而归。

请运用本章之基本理论,从理论上和实践上分析上面的案例。

第十三章 消费者权利的自我保护

内容提要:自我保护在任何时候都是重要和必要的。在消费者权利保护方面,消费者权利的自我保护也同样是十分重要和必要的。这种保护方式同国家保护、政府保护、社会组织保护和经营者保护等方式构成了消费者权利保护的完整体系。

消费者权利的自我保护主要表现在三个方面,一是增强权利自我保护意识,主要是增强主体意识,增强权利意识,增强自我防范意识,增强文明消费意识,增强消费者群体保护意识;二是学习权利自我保护知识,主要是学习掌握有关维护自身合法权益的法律知识,努力学习掌握必要的商品知识、购物知识及日常生活知识;三是提升权利自我保护能力,主要是提升协商和解能力,提升民事诉讼能力。

教学重点:提升权利自我保护能力。

第一节 增强权利自我保护意识

一、增强主体意识

消费者是商品经营者的"上帝",这个道理在商品经济发达的西方社会早已成为一个公理,被全社会所接受。而在我国,以往长期受计划经济体制的束缚,商品经济不发达,买东西得托关系,走后门,没有把消费者当作上帝。而今在社会主义市场经济的条件下,消费者是主人,就应该以主人翁的身份来维护自己的合法权益,消费者要勇敢地行使自己的权利,敢于积极参与对商品和服务的监督,要从思想上真正认识到,敢不敢同损害消费者的利益的行为作斗争,不仅是个人利益的问题,而且是关系到市场秩序的维护,关系到国家利益和声誉的问题。因此,消费者要增强主体意识,充分行使国家赋予自己的权利。

二、增强权利意识

为了保护消费者的利益,法律对消费者赋予了各种权利。这里所说的消费者权利,不仅包括《消费者保护法》规定的消费者法定的一般权利,而且,也包括消费者根据其他法律或与经营者签定的合同而享有的其他权利。

一个对自己和社会负责的消费者,应当知道自己享有哪些权利,应当知道在自己的合法权益受到侵害时,如何依法维护自己的权利。与侵害消费者利益的行为进行斗争,不仅是消费者的权利,而且也是其对社会的责任。权利是受法律保护的利益,当法律对消费者的权利进行界定后,对这种受法律保护的利益的侵害,便是违法行为。如果消费者对自己的权利漠不关心,听任经营者侵害而不进行维护,则消费者不仅是对自己的失职,而且,也是对社会的不负责任。因此,每一个消费者要尊重自己的权利,每一个消费者都有义务维护自己的权利。

在我国,强化消费者的权利意识存在一个比较棘手的障碍,这就是传统农业经济条件下形成的"和为贵"的旧思想观念。诚然,消费者与经营者和平相处,礼貌相待,当然是消费者渴求的理想状态。但是,为了和平相处而放弃权利,对于社会和消费者本人来说,都是不可取的。消费者要改善自己的地位,必须为权利而斗争。当每一个消费者都能认真对待自己的权利,并且都能不畏不法经营者的势力而为维护自己的权利进行斗争时,当每一个社会成员都能理解并支持消费者为争取和维护自己的权利而斗争的行为时,不法经营者便失去藏身之地,消费者与经营者之间才能在更平等的基础上实现更加永久的和平共处,才能在更高的、更符合人类一般理性的层次上达成更加稳定的理解、协调与合作。

三、增强自我防范意识

自我防范意识,不仅要求消费者在购买商品或接受服务时,要注意考虑自己的利益,而且要求消费者在购买商品后,在商品的使用消费过程中,也要注意保护自己。

尽管我们可以说,社会主义生产的目的就是为了满足人们日益增长的物质文化生活需求,但是,不能否认,在具体的交易过程中,经营者与消费者的利益是冲突的。因此,每一个消费者在进行消费交易过程中,都应对自己的利益给予高度的注意。例如,购买商品的消费者,首先应对销售者进行必要的了解,选择自己信得过的商店或其他经营者购买商品。在选购商品时,对于商品的种类、规格、性能、原材料、结构、合格证、出厂日期、消费期限、使用说明、售后服务等有关商品自身的情况以及商标、厂家、生产地、经销者等关于商品生产经营者的情况应尽可能地了解;在交易完成后,应尽可能要求销售者出具发票、收据或其他书面的证明材料,以便在受到侵害时,能够有效地进行索赔。在使用、消费过程中,应严格按照规定的使用、消费方法进行消费,发生消费事故,应及时与经营者取得联系,并提出索赔要求。消费者应当在日常的消费生活中不断注意培养和提高自我防范意识,国家和消费者组织应当通过宣传消费知识,提醒消费者时刻注意保护自己的利益。

四、增强文明消费意识

所谓增强文明消费意识,是指消费者在进行消费的过程中,应当对自己的行为进行约束,注意培养文明消费的意识,杜绝愚昧消费的行为。

消费者应当为自己的权利而斗争,并不意味着消费者可以无法无天、无理取闹。消费者应当以一个文明的现代消费者的标准要求自己。首先,文明消费最基本的要求是合法,决不能以消费为名,行偷盗、诈骗之实,在购买商品或接受服务时,应当尊重经营者的人格,爱护经营者的商品。其次,在消费时应当遵守经营者规定的各项合理的管理规章,接受消费场所工作人员的管理。再次,要注意礼貌,言辞举止适度,行为合法并符合礼仪规范。在与经营者发生纠纷时,应当尽量心平气和地在协商的基础上解决问题;在协商不成时,应通过合法的渠道(如向经营者设立的投诉机构或管理人员或消费者协会投诉,向经营者上级主管部门或国家有关管理部门申诉,申请仲裁或提起诉讼)谋求解决。不论采取哪一种方式解决争议,都应当注意保持文明消费者的形象。

五、增强消费者群体保护意识

消费者群体的普遍利益与单个消费者的具体利益是相互依赖、相辅相成的。现代消费者不仅应当关心自身的利益,而且,应当关心消费者的共同利益和其他消费者的利益。

现实生活中,持"事不关己,高高挂起"思想观念的消费者仍相当普遍。由于受传统观念的影响,一些消费者认为,些微的鸡毛小利,不必过于计较,对其他消费者主张权利不仅漠不关心,有时甚至冷嘲热讽。殊不知,每一个消费者在主张自己权利的同时,也为他人获得公平的交易环境作出了贡献。消费者的群体保护意识,不仅仅是消费者组织及其工作人员应当具备的,而且是每一个消费者都应当具备的。

第二节 学习权利自我保护知识

一、学习掌握有关维护自身合法权益的法律知识

社会主义市场经济是法制经济。在市场经济条件下,社会成员之间所有的一切利益关系都必须依法办事。消费者在消费过程中经常同经营者打交道,难免会发生这样或那样的纠纷。为了依法维护自己的合法权益,消费者一定要努力学习法律知识。

(一)学习有关消费者权益保护方面的法律

有关消费者权益保护方面的法律是最主要的调整消费关系的法律规范。

《消费者权益保护法》《食品安全法》《产品质量法》《药品管理法》《反不正当竞争法》《反垄断法》《广告法》《价格法》《民法通则》《侵权行为法》等都是重要的保护消费者合法权益的法律。对于这些法律,消费者一定要认真学习。

(二)学习有关消费者权益保护方面的行政法规

有关消费者权益保护方面的行政法律规范也是重要的调整消费关系的法律规范。《移动电话机商品修理更换退货责任规定》《固定电话机商品修理更换退货责任规定》《微型计算机商品修理更换退货责任规定》《家用视听商品修理更换退货责任规定》《农业机械产品修理、更换、退货责任规定》《家用汽车产品修理、更换、退货责任规定》等都是重要的保护消费者合法权益的行政法规。对于这些法规,消费者也一定要认真学习。

二、努力学习掌握必要的商品知识、购物知识及日常生活知识

随着科学技术的发展,许多消费品越来越复杂,消费者难以辨别真假好坏。因此,学习掌握必要的科学知识和商品知识是提高消费者自我保护能力的重要手段。

大致而言,这些知识包括以下几个方面:

(一)广告知识

广告是消费者获取商品和服务信息的主要渠道。很多消费者的消费都是"跟着广告走的消费",离开广告,有些消费者根本就不知道该买什么,该接受什么。可见,广告对消费者的影响是巨大的,不可取代的。因此,消费者一定要学习一些广告知识。

消费者接触的广告,绝大多数都是商业广告,即商品经营者或服务提供者承担费用通过一定的媒介和形式直接或间接的介绍所推销的商品或提供的服务的广告。这些广告,就是经营者推销商品或者服务的一种手段。通过广告购物时,一定要注意以下几点:

(1)不可不信,但又不能全信。

(2)注意识别哪些是真实的广告,哪些是虚假的广告,哪些是引人误解的广告。

(3)注意比较广告内容和实物内容的不同。

(二)购物知识

购买商品是消费者的主要消费内容。因而,购物知识也就成为了消费者应当掌握的主要的商品知识。在购买商品时,消费者应当注意以下几点:

(1)购物前一定要有所准备,搜集有关信息。对不了解的商品,千万不要匆忙购买。

(2)货比三家,多走多看,做到心中有数,同时,还要考虑选择服务有保障的商家。

（3）选购商品时一定要认真仔细阅读说明书，注意商品有无品名、厂名、厂址、规格、型号、生产批号、出厂日期、检验合格证标记等等。弄不懂的地方一定要向营业员问清楚，如营业员也不知道的，先别购买，弄清后再考虑。

（4）选购商品时要仔细挑选，认明商标。要防止调包计，对使用的商品如电器类，还要当场检查性能，要求营业员进行调校、试验。

（5）购物一定要索取购物票据（票据上一定要写清所购商品的名称、型号、价格、购物日期、商店地址、字等号）、保修单等，并妥善保存。以防万一商品有质量问题索赔时因无凭证而使纠纷难以解决。

（6）向商家进行索赔要在国家规定的"三包"期内，并要凭发票、保修单等凭证。

（7）购物遇到纠纷时要冷静对待，既不要忍让，也不要意气用事，应该用法律手段来保护自己的消费权益。纠纷协商解决不了时，应及时向消费者协会或有关部门投诉，或者直接向人民法院提起诉。

第三节　提升权利自我保护能力

一、提升协商和解能力

协商和解能力是消费者自我保护能力的重要组成部分，也是基础部分。努力提升协商和解能力对于快速、高效、低成本的解决消费纠纷具有十分重要的意义。

（一）概述

协商和解是解决消费者权益争议最简便、最省事的方式。运用协商和解这种方式可以避免因仲裁或诉讼而花费的时间、聘请律师费和仲裁诉讼费，以及其他有关费用开支带来的经济损失。

第一，协商和解的含义。所谓协商和解是指当事人双方在平等自愿的基础上，抱着公平、合理解决问题的态度和诚意，通过摆明事实，交换意见，取得沟通，从而找出解决问题、解决争议办法的一种方式。

消费者权益争议的协商和解是一种快速、简便的争议解决方式，无论是对消费者还是对经营者，它都不失为一种理想的途径。事实上，日常生活中大量的消费者权益争议都是通过这种方式解决的。

第二，协商和解的准备。消费者在确认自己的合法权益受到损害，准备采取协商和解的方式予以解决时，应做好以下几个方面的工作：

（1）说明情况，探明经营者有无进行协商和解的诚意。如有协商和解的意愿,则约定协商和解的时间、地点。

(2) 准备好翔实、充足的证据和必要的证明材料,如购货单据和服务凭证等。

(3) 要坚持公平合理、实事求是的原则。在与经营者协商时,要阐明问题发生的事实经过,提出自己合理的要求。必要时可指明所依据的法律条文,以达到问题的尽快解决。

(4) 要注意时效性。有些问题的解决具有一定的时效性,不要被经营者的拖延所蒙蔽而一味地等待。如果在证据确凿、事实明确的情况下,经营者还故意推诿、逃避责任,消费者就要果断地采取其他方式来求得问题的解决。

第三,协商和解的原则。协商和解应坚持协作和平等原则。协作原则要求消费者与经营者在融洽的气氛中,在互相谅解的基础上,本着实事求是、团结协作的精神,通过摆事实讲道理,弄清事实,分清责任,自愿地达成协议,避免只从自己一方的利益出发,坚持己见,互不相让。平等原则要求消费者和经营者要在平等的前提下自行协商解决消费者权益争议。绝不允许任何一方凭借某种势力,以强凌弱,以大压小,享有特权,获得不平等的利益。

第四,协商和解应当注意的几个问题。协商和解不是万能的。消费者在与经营者进行协商和解时,一定要注意以下几个问题:

(1) 针对经营者故意拖延或无理拒绝消费者协商和解建议的行为,消费者应立即采取措施,用其他途径解决争议问题。

(2) 当消费者遇到商品质量问题时,如经营者推卸责任,认为是生产厂家的问题,要求消费者直接找厂家交涉时,消费者应当有自我保护意识,据理力争,不能夹在中间让厂家和经营者当"皮球"踢。

(3) 当消费者因商品质量和服务问题与商家交涉、协商时,千万不能为其店堂内服务规则或商品销售告示所约束,这些服务规则于法无据,没有法律效力,应视为无效规则。

(二) 如何提高协商和解的能力

协商和解的过程其实就是谈判的过程,因此,提升协商和解能力也就是提升谈判能力。要提升消费者的谈判能力,必须作好以下几方面的工作。

第一,熟悉谈判过程。谈判过程可长、可短;内容可简单、可复杂,但是,一般来讲都包括以下几个步骤:

(1) 谈判准备。一般包括材料准备和氛围准备。材料准备是指购货凭证、服务单据、产品状况等基本材料的准备;氛围准备是指创造适宜于谈判进行的环境。该两项准备工作主要是为了确保谈判的顺利进行。

(2) 谈判陈述。主要是由消费者陈述事情的经过、遇到的问题和具体的要求。

（3）意见交换。主要由经营者针对消费者的陈述有针对性地回答和答复。

（4）观点交锋。该阶段是谈判的实质性阶段。在此阶段，谈判双方通过摆事实，讲道理的方式，据理力争，反驳对方观点，坚持本方观点。

（5）形成共识。经过双方的观点交锋，形成妥协，达成共识。该阶段是谈判的结果阶段。

（6）结果记录。以文字方式记载双方形成的共识，作为解决该消费争议的依据。该记录应当由双方共同保存。

第二，明确谈判重点。任何谈判都必须有重点，消费谈判也不例外。一般而言，消费者的要求或请求就是消费谈判的重点，因此，具体的"三包"请求就是谈判的重点。

第三，掌握谈判技巧。谈判的技巧因谈判类型的不同而不同。就消费谈判而言，由于消费者始终处于弱势地位，因此，应当注意和重视以下谈判技巧的应用：

（1）直截了当法。这种谈判技巧又被称为开门见山法。其优点是意思表达直接，清楚，节约时间，节省成本，容易达成谈判共识。

（2）感情渲染法。即用真情打动谈判对手，争取谈判对手的理解和同情，并以此达到谈判目的的方法。其优点是以情说理，以情动人，极易获得谈判对手的同情心，进而达到谈判的目的。

（3）后果警示法。即以谈判失败后的不良结果向谈判对手提出警示，并以此达到谈判目的的方法。其优点是可能出现的不良后果极易给谈判对手带来经济上或经营上的震动或其他负面影响，而这些震动或负面影响都是谈判对手不希望出现的情况。在这种情况下，出于消除震动或负面影响的考虑，很容易和消费者达成谈判共识。

二、提升民事诉讼能力

民事诉讼与行政诉讼、刑事诉讼并成为三大诉讼。民事诉讼是指纠纷当事人通过向具有管辖权的法院起诉另一方当事人的形式解决纠纷。为规范民事诉讼关系，1991年4月9日第七届全国人民代表大会颁布了《民事诉讼法》。消费诉讼大多数都是民事诉讼。消费者应当从以下几个方面入手提升自己的民事诉讼能力。

（一）熟悉民事诉讼法律规范

目前，规范民事诉讼关系的法律规范除了《民事诉讼法》之外，还有1992年7月14日最高人民法院发布的《关于适用〈中华人民共和国民事诉讼法〉若干问题的意见》、2001年12月21日最高人民法院发布的《关于民事诉讼证据的若干规定》、2003年12月26日最高人民法院发布的《关于审理人身损害赔偿案件适用法律若干问题的解释》、2008年8月21日最高人民法院发布的《关于审理民事案件适用诉讼时效制度若干问题的规定》、2009年5月15日最高人民法院发布的《关于审理物业服务纠纷案件具体应用法律若干问题的解释》等。这些法律规范都是民事诉讼的基本法律规范,消费者必须对此有一定的了解。

(二) 了解民事起诉的有关规定

在消费诉讼中,消费者始终处于原告或基本上处于原告地位,是起诉者的身份。既然消费者时常居于起诉者的身份,那么,就应当对《民事诉讼法》中有关起诉的规定有所了解。我国《民事诉讼法》对起诉问题作了如下规定:

第一,起诉条件。根据《民事诉讼法》第119条的规定,起诉必须符合下列条件:(1) 原告是与本案有直接利害关系的公民、法人和其他组织;(2) 有明确的被告;(3) 有具体的诉讼请求和事实、理由;(4) 属于人民法院受理民事诉讼的范围和受诉人民法院管辖。

第二,起诉状。根据《民事诉讼法》第120条的规定,起诉应当向人民法院递交起诉状,并按照被告人数提出副本。书写起诉状确有困难的,可以口头起诉,由人民法院记入笔录,并告知对方当事人。

同时,根据《民事诉讼法》第121条的规定,起诉状应当记明下列事项:(1) 当事人的姓名、性别、年龄、民族、职业、工作单位、住所、联系方式,法人或者其他组织的名称、住所和法定代表人或者主要负责人的姓名、职务、联系方式;(2) 诉讼请求和所根据的事实与理由;(3) 证据和证据来源,证人姓名和住所。

尤其需要注意的是,消费诉讼属于弱势诉讼,因此,《消费者权益保护法》第35条规定:"人民法院应当采取措施,方便消费者提起诉讼。对符合《中华人民共和国民事诉讼法》起诉条件的消费者权益争议,必须受理,及时审理。"

(三) 了解民事调解的有关规定

在消费诉讼,调解是主要的审理内容。因此,消费者对民事调解的有关规定应当有所了解。

我国《民事诉讼法》第八章对调解做了如下规定:

(1) 人民法院审理民事案件,根据当事人自愿的原则,在事实清楚的基础上,分清是非,进行调解。(第93条)

(2) 人民法院进行调解,可以由审判员一人主持,也可以由合议庭主持,并尽可能就地进行。人民法院进行调解,可以用简便方式通知当事人、证人到庭。(第94条)

(3) 人民法院进行调解,可以邀请有关单位和个人协助。被邀请的单位和个人,应当协助人民法院进行调解。(第95条)

(4) 调解达成协议,必须双方自愿,不得强迫。调解协议的内容不得违反法

律规定。(第 96 条)

(5) 调解达成协议,人民法院应当制作调解书。调解书应当写明诉讼请求、案件的事实和调解结果。调解书由审判人员、书记员署名,加盖人民法院印章,送达双方当事人。调解书经双方当事人签收后,即具有法律效力。(第 97 条)

(6) 下列案件调解达成协议,人民法院可以不制作调解书:第一,调解和好的离婚案件;第二,调解维持收养关系的案件;第三,能够即时履行的案件;第四,其他不需要制作调解书的案件。

对不需要制作调解书的协议,应当记入笔录,由双方当事人、审判人员、书记员签名或者盖章后,即具有法律效力。(第 98 条)

(7) 调解未达成协议或者调解书送达前一方反悔的,人民法院应当及时判决。(第 99 条)

(四) 积极参加诉讼

消费诉讼由于争议标的小,案情也相对简单,所以一般都不要求律师参加诉讼。这样一来,客观上就要求消费者本人参加诉讼。实践表明,积极参加诉讼是提升消费者自身诉讼能力的重要措施。通过参加诉讼,消费者自身的证据收集能力、逻辑思维能力、口头表达能力、应变能力等都会得到很大的提升与提高。所以,我们认为,消费者应当在诉讼中锻炼,在诉讼中成长。

思考题

1. 社会责任是法律主体的共同责任。国家、政府、企业都是社会责任的承担者,都应当按照法律的规定,承担一定范围内的社会责任。消费者也是社会责任的责任主体,即消费者在享有权利的同时,还要承担一定的社会责任。

根据本章之基本理论,谈谈你对消费者社会责任的认识。

2. 结合本章之基本理论,谈谈你对下列几种消费者维权行为的认识。

事例一:2012 年 3 月下午,A 医院接收 5 名因食物中毒的患者,其中 1 名患者闫某病情较重,当晚转入 B 市第一医院继续救治,随后,患者闫某救治无效死亡。患者死亡后;按照死者家属要求,A 医院与其签下停业整顿 3 个月,否则,赔偿 300 万元的协议。在死者追悼仪式上,A 医院院长被死者家属逼迫,带领 40 多名医生赶赴闫家大院吊唁并下跪,其视频近日在网上迅速传播,产生较大的社会影响。

5 月 2 日,A 医院所在县的县委、县政府召开专题会议,听取了相关部门情况汇报。会议认为:任何人不得以任何理由干扰医院的正常医疗秩序,要求 A 医院在未接到上级主管部门停业通知的情况下应恢复正常营业,切实维护院方合法权益。

事例二:谭先生于 2007 年 6 月 19 日在甲市 A 汽车销售服务公司,海马汽车有限公司甲市4S店,以人民币10.38万元,另加3750元保险费,购买了一辆海马3轿车。但开了不到一星期,车玻璃前右雨刮器坏了;过两天,蓄电池也不蓄电了;再后来,车门又坏了,电器线路也短路。总之,毛病不断,差不多每星期都要去修理。买来不足3个月的海马,里里外外一共维修了12次。谭先生总结了一下,到9月19日,他的海马3共出现了以下这些大大小小的质量问题:(1) 前后雨刮器坏掉,维修一次;(2) 前左车门,拉锁坏掉两次,中央门锁维修两次;(3) 前右车门,拉锁坏掉两次,玻璃升降器修过两次;(4) 后左车门,拉锁坏掉1次,玻璃升降器更换一次,拆过3次。4个车门,有3个都被拆过,导致现在不使劲根本就关不紧车门;(5) 汽车遥控车钥匙、电池不到两个月就更换一次;(6) 汽车尾部排气管生锈;(7) 汽车尾灯罩进水,大灯起雾;(8) 汽车购买1个半月后,线路出现故障,洗车后、下雨天不可以驾驶,否则马上烧保险丝,不能启动,到9月19日,共换过7次保险丝,开车必须随身携带若干保险丝。

忍无可忍的谭先生希望4S店换新车或者退车。他打电话到厂家的客户服务热线,对方根本不同意。还说要出大故障才可以调换。

万般无奈之下,9月22日下午2时20分,甲市苍梧绿园门前的停车场,也就是甲市"金秋汽车博览会"会场外,一头毛驴系着绳子,拉着谭先生那辆毛病不断的海马3轿车,准备"游街"。

毛驴拉着海马3轿车,沿着苍梧路,大约向西走了200多米,到达了甲市第三人民医院门前,又转了回来,重新拉回了停车场,大约花了40分钟。围观的人群一拨接一拨,都感到特别稀奇。许多人拿出手机,拍下了毛驴拉轿车的一幕,并动员谭先生把车子拉到有关部门投诉。

事例三:2010年8月3日,赵某到某报社投诉,声称自己在5月和6月两次在某超市购买的某品牌啤酒中均发现了苍蝇。在第一次发生苍蝇事件后,赵某向生产商进行了反映,生产商派出工作人员进行了调查后向赵某赔偿经济损失1000元。赵某第二次向生产商反映时,生产商态度发生了180°的大转变,拒绝了赵某的索赔要求,并声称上次的事情没有结束,要追回上次赔偿的1000元。报社联系生产商后,生产商派经理王某前来处理此事。在调查中,赵某和王某各执一词,赵某坚称该生产商的产品质量有问题,苍蝇是在生产过程中飞入瓶中的,对此,生产商应当承担生产过程监管不力的责任;而王某则对赵某两次买到有苍蝇的啤酒表示怀疑,认为赵某是购买啤酒后故意将苍蝇放入其中,然后复原瓶盖。后该市公安机关的技术侦查部门介入,经过对赵某提供的啤酒包装进行痕迹检验,认定赵某在啤酒瓶上动手脚故意造假。最后,在铁证之下,赵某承认了自己故意在所购买的啤酒中放入苍蝇并复原瓶盖的行为,于是,警方以敲诈勒索罪对赵某进行了刑事拘留。

第四编 权利救济

第十四章 概　　述

内容摘要：在如何进行消费者权利救济的问题上，法学界还有不同的认识和看法。我们认为，赋予消费者法律责任请求权是消费者权利救济的可取与可行模式。

法律责任请求权属于请求权的范畴，其基本含义是指当义务主体不履行或不完全履行义务，影响权利主体的权利实现时，权利主体可以请求义务主体以承担相应法律责任的方式救济权利。

法律责任请求权可以从实施主体、途径与内容三个方面予以界定。一是实施主体，消费者以及消费者协会是重要的实施主体；二是实施途径，与经营者协商和解，申请调解，向有关行政部门申诉，提请仲裁机构仲裁，向人民法院提起诉讼是主要的实施途径；三是实施内容，产品"三包"责任、产品侵权责任、惩罚性赔偿责任和缺陷产品召回责任是主要的实施内容。

教学重点：(1)法律责任请求权；(2)法律责任请求权的实施主体、途径与内容。

第一节 权利救济手段：法律责任请求权

义务和责任的关系问题，历来是法学界和法学家关心和探讨的重要理论问题。千百年来，探讨和研究的著述汗牛充栋，不计其数。在这些探讨中，有两道重要的法律命题时常被研究者提及。这两道命题分别是，命题一："无义务即无责任"；命题二："有义务也不一定有责任"。目前，命题一已经为法学界普遍认同和接受，而命题二则正好相反，只是被少数法学家所提及和认同。

但是，不管是命题一，还是命题二，其共同点都认为，义务与责任的连接是直接的，毫无过度和介质。义务与责任之间的联系不是直接的，必须有一介质帮助其进行过渡，否则，二者之间只能分别处于桥的两侧而无法牵手。同时，我们认为,充当这一介质的法律元素就是法律责任请求权①。

法律责任请求权属于请求权的范畴,其基本含义是当义务主体不履行或不完全履行义务,影响权利主体的权利实现时,权利主体可以请求义务主体以承担相应法律责任的方式救济权利。

第二节 法律责任请求权的实施主体、途径与内容

一、法律责任请求权的实施主体

法律责任请求权的实施主体是权利主体,具体到消费者权益保护法中就是消费者以及消费者协会。

(一) 消费者

消费者是消费者权利的享有者,因而是当然的法律责任请求权的实施主体,而且是最主要、最直接的法律责任请求权实施主体。谈到《消费者权益保护法》中的法律责任请求权实施主体一般就是指消费者。

(二) 消费者协会

消费者协会是消费者权益的代表者和维护者,其可以"就损害消费者合法权益的行为,支持受损害的消费者提起诉讼或者依照本法提起诉讼"(《消费者权益保护法》第37条),因而也是法律责任请求权的实施主体。

二、法律责任请求权的实施途径

法律责任请求权的实施途径是指通过何种渠道行使法律责任请求权。根据《消费者权益保护法》第39条的规定,法律责任请求权实施主体可以通过以下几种渠道行使法律责任请求权:

(一) 与经营者协商和解

是指消费者权益争议发生后,消费者和经营者在平等自愿的基础上,按照公平、合理的原则,摆明事实,分清责任,互相谅解,达成解决争议的一致意见。

(二) 请求消费者协会或者依法成立的其他调解组织调解

是指消费者协会可以在查明事实的基础上,对当事人的争议进行调解,引导双方自愿、协商地解决争议。消费者协会的调解,属于民间调解,不具有法律强制力;一旦当事人对达成的协议反悔,则需要通过其他途径解决争议。

(三) 向有关行政部门申诉

调解解决不了消费纠纷时,消费者可以向工商行政管理部门申诉。工商行

---

① 本书中"法律责任请求权"仅指民事责任请求权。

政管理机关处理消费者的申诉,主要是依靠行政手段解决消费者权益争议。向工商行政部门进行申诉必须依书面形式进行。

(四) 根据与经营者达成的仲裁协议提请仲裁机构仲裁

是指发生消费争议的当事人根据双方达成的仲裁协议,自愿将争议提交仲裁机关依法裁决。仲裁机构作出的仲裁裁决,当事人必须自觉履行,否则,权利人可以申请人民法院强制执行。

(五) 向人民法院提起诉讼

即通过司法审判程序解决消费者权益争议。这是对消费者合法权益最具权威的一种保护方法。凡是符合起诉条件的消费争议,人民法院均应受理,依法制裁违法行为,保护消费者的合法权益。

《消费者权益保护法》规定的这五种纠纷解决途径,其约束力度和效力是依次增强的,但关系是并列的,可以由消费者作出选择。在《消费者权益保护法》颁布之后,向人民法院提起诉讼成为消费者寻求法律保护的重要途径。

本编主要探讨向人民法院提起诉讼的途径以及与诉讼相关的法律问题。

三、法律责任请求权的实施内容

法律责任请求权的实施内容就是法律责任,即消费者请求经营者以承担相应法律责任的方式救济权利。

根据我国《消费者权益保护法》第7章的规定,消费法律责任主要有民事责任、行政责任和刑事责任三种。其中,民事责任又可细分为产品"三包"责任、产品侵权责任、惩罚性赔偿责任和缺陷产品召回责任等。

思考题

请求权是指权利人要求他人为特定行为(作为或不作为)的权利。请求权因基础权利的不同可分为:物权请求权,主要包括返还原物请求权、停止侵害请求权、排除妨害请求权、消除危险请求权等内容;债权的请求权,主要包括合同履行的请求权,违约损害赔偿请求权、缔约过失请求权、无因管理请求权、侵权的请求权、不当得利所产生的请求权等内容;占有保护的请求权,主要包括占有返还请求权、停止侵害请求权、排除妨害请求权、消除危险请求权等内容;人格权和身份权法上的请求权,主要包括人格受到侵害而产生的停止侵害、排除妨害、消除危险请求权,以及身份法上的抚养请求权、赡养请求权等内容;知识产权法上的请求权,主要包括知识产权受到侵害产生的停止侵害请求权、排除妨害请求权、消除危险请求权等内容。

在本章中,我们提出了"法律责任请求权"的概念,以完成权利到义务,义务到责任的法律转接。

谈谈你对"法律责任请求权"的认识。

第十五章　救济内容:民事责任

内容提要:民事责任,属法律责任的范畴,是指民事主体在民事活动中,因为民事违法行为,根据民法所承担的对其不利的民事法律后果或者基于法律特别规定而应承担的民事法律责任。《消费者权益保护法》中的民事责任主要包括产品"三包"责任、产品侵权责任、惩罚性赔偿责任和缺陷产品召回责任等。

经营者是《消费者权益保护法》中民事责任的主要承担者。概括来讲,《消费者权益保护法》中的民事责任主体主要有:(1) 生产者;(2) 销售者;(3) 服务者;(4) 柜台出租者、展览会举办者;(6) 网络交易平台;(7) 广告经营者、发布者;(8) 社会团体或者其他组织、个人。

教学重点:(1) 产品"三包"责任;(2) 惩罚性赔偿责任;(3) 缺陷产品召回责任。

第一节　民事责任主体

一、民事责任主体的确定

根据《消费者权益保护法》的规定,国家、政府部门、社会团体和经营者都是保护消费者合法权益的义务主体,因而,很多研究者认为,上述这些义务主体都应当是民事责任的主体。但是,"有义务也不一定有责任",因为义务本身就有责任性义务和非责任性义务之分。而国家、政府、社会团体承担的正是这种非责任性义务,所以,国家、政府、社会团体在多数情况下都不是消费者权益保护法上的民事责任主体。实际上,《消费者权益保护法》也未规定这些主体的民事责任。[①] 因此,只有经营者才是《消费者权益保护法》意义上真正的民事责任主体。

二、民事责任主体的基本类型

概括来讲,《消费者权益保护法》中的民事责任主体主要有:(1) 生产者;(2) 销售者;(3) 服务者;(4) 柜台出租者、展览会举办者;(6) 网络交易平台;(7) 广告经营者、发布者;(8) 社会团体或者其他组织、个人。

[①] 《消费者权益保护法》仅规定:"社会团体或者其他组织、个人在关系消费者生命健康商品或者服务的虚假广告或者其他虚假宣传中向消费者推荐商品或者服务,造成消费者损害的,应当与提供该商品或者服务的经营者承担连带责任。"(第45条)

（一）销售者

销售者是最主要、最常见的民事责任主体。《消费者权益保护法》第40条第1款规定:"消费者在购买、使用商品时,其合法权益受到损害的,可以向销售者要求赔偿。销售者赔偿后,属于生产者的责任或者属于向销售者提供商品的其他销售者的责任的,销售者有权向生产者或者其他销售者追偿。"

销售者主要在商品存在瑕疵,而且消费者法律责任请求权的内容为"三包"责任时承担消费民事责任。具体来讲,销售者在以下情况下应当承担消费民事责任:

（1）商品或者服务存在缺陷的。
（2）不具备商品应当具备的使用性能而出售时未作说明的。
（3）不符合在商品或者其包装上注明采用的商品标准的。
（4）不符合商品说明、实物样品等方式表明的质量状况的。
（5）生产国家明令淘汰的商品或者销售失效、变质的商品的。
（6）销售的商品数量不足的。
（7）服务的内容和费用违反约定的。
（8）对消费者提出的修理、重作、更换、退货、补足商品数量、退还货款和服务费用或者赔偿损失的要求,故意拖延或者无理拒绝的。
（9）法律、法规规定的其他损害消费者权益的情形。

（二）生产者

生产者也是最主要、最常见的民事责任主体。《消费者权益保护法》第40条第2款规定:"消费者或者其他受害人因商品缺陷造成人身、财产损害的,可以向销售者要求赔偿,也可以向生产者要求赔偿。属于生产者责任的,销售者赔偿后,有权向生产者追偿。属于销售者责任的,生产者赔偿后,有权向销售者追偿。"

生产者主要在商品存在缺陷,而且消费者法律责任请求权的内容为产品侵权赔偿责任时承担消费民事责任。《消费者权益保护法》第48条第2款规定:"经营者对消费者未尽到安全保障义务,造成消费者损害的,应当承担侵权责任。"此处的经营者实际上指的就是生产者。

（三）服务者

服务是个人或社会组织为消费者直接或凭借某种工具、设备、设施和媒体等所做的工作或进行的一种经济活动。完成这种经济活动的法人、社会组织或公民个人即为服务者。《消费者权益保护法》第40条第3款规定:"消费者在接受服务时,其合法权益受到损害的,可以向服务者要求赔偿。"

（四）柜台的出租者和承租者

《消费者权益保护法》第43条规定:"消费者在展销会、租赁柜台购买商品或者接受服务,其合法权益受到损害的,可以向销售者或者服务者要求赔偿。展销会结束或者柜台租赁期满后,也可以向展销会的举办者、柜台的出租者要求赔偿。展销会的举办者、柜台的出租者赔偿后,有权向销售者或者服务者追偿。"根据该条规定,展销会的举办者、柜台的出租者是当然的消费民事责任的主体。

《消费者权益保护法》之所以确定展览会举办者和柜台出租者为消费民事责任主体,一是因为展览会举办者和柜台出租者与消费者之间存在着必然的法律连接,双方已经形成事实上的消费法律关系;二是要强化展览会举办者和柜台出租者的监督管理意识。

(五)网络交易平台

网络交易平台,是专门为网络消费提供相关交易服务的电子商务平台。关于网络交易平台的民事法律责任,《消费者权益保护法》作了如下规定:

(1)"消费者通过网络交易平台购买商品或者接受服务,其合法权益受到损害的,可以向销售者或者服务者要求赔偿。网络交易平台提供者不能提供销售者或者服务者的真实名称、地址和有效联系方式的,消费者也可以向网络交易平台提供者要求赔偿;网络交易平台提供者作出更有利于消费者的承诺的,应当履行承诺。网络交易平台提供者赔偿后,有权向销售者或者服务者追偿。"(第44条第1款)

(2)"网络交易平台提供者明知或者应知销售者或者服务者利用其平台侵害消费者合法权益,未采取必要措施的,依法与该销售者或者服务者承担连带责任。"(第44条第2款)

《消费者权益保护法》之所以确定网络交易平台为消费民事责任主体,其主要目的就是要强化网络交易平台对网络销售者或服务者的监督管理意识,净化网络交易环境,杜绝和减少网络欺诈,切实保护消费者的网络交易安全权。

(六)广告经营者、发布者

"广告经营者"是指受委托提供广告设计、制作、代理服务的法人、其他经济组织或者个人;"广告发布者"是指为广告主或者广告主委托的广告经营者发布广告的法人或者其他经济组织。

关于广告经营者、发布者的民事责任,《消费者权益保护法》作了如下规定:

(1)"消费者因经营者利用虚假广告或者其他虚假宣传方式提供商品或者服务,其合法权益受到损害的,可以向经营者要求赔偿。广告经营者、发布者发布虚假广告的,消费者可以请求行政主管部门予以惩处。广告经营者、发布者不能提供经营者的真实名称、地址和有效联系方式的,应当承担赔偿责任。"(第45条第1款)

(2)"广告经营者、发布者设计、制作、发布关系消费者生命健康商品或者服务的虚假广告,造成消费者损害的,应当与提供该商品或者服务的经营者承担

连带责任。"(第45条第2款)

(七)社会团体或者其他组织、个人

社会团体或者其他组织、个人在特殊情况下也可以成为消费民事责任的主体。如《消费者权益保护法》第45条第3款就明确规定:"社会团体或者其他组织、个人在关系消费者生命健康商品或者服务的虚假广告或者其他虚假宣传中向消费者推荐商品或者服务,造成消费者损害的,应当与提供该商品或者服务的经营者承担连带责任。"

第二节 产品"三包"责任

一、"三包"的含义

作为法律概念,"三包"最早出现在1986年4月5日国务院颁布的《工业产品质量责任条例》中,可以理解为"修理、更换、退货"的简称,也可以理解为"包修、包换、包退"的简称,其基本含义是一致的,即指经营者免费承担修理、更换、退货的义务。

"三包"按照所实施的依据不同可分为法定"三包"和约定"三包"。凡依据国家所颁布的"三包"法律规范所实施的"三包"为法定"三包";凡依据消费者与经营者之间的合同或经营者的单方承诺所实施的"三包"为约定"三包"。本节重点介绍法定"三包"。

二、"三包"责任的特征

同其他产品责任相比,"三包"责任具有以下几个明显的法律特征:

(一)"三包"责任属民事责任

"三包"责任属产品民事责任的范畴,具体来讲,是一种民事合同责任,又可称为违约责任、过错责任和瑕疵责任。这种责任基于产品瑕疵而产生,责任主要由产品销售者来承担。但是,为了确保消费者的合法权益,避免消费者与销售者在责任方式上发生新的纠纷、产生新的矛盾,所以,立法将这种责任的责任形式固定为"修理""更换""退货"三种形式。

(二)"三包"责任解决的是偶然性产品质量问题

"三包"责任与缺陷产品召回责任有很大的不同,解决由生产、销售过程中各种随机因素导致产品出现的偶然性产品质量问题。也就是说,"三包"责任是面向消费者个体的一种责任。

(三)"三包"责任一种请求权责任,要求消费者主动主张权利

国家行政部门颁布的"三包"规定,要求产品销售者按照国家有关规定对有

问题的产品承担修理、更换、退货的产品担保责任。同时也要求消费者按照国家行政部门向法定的责任主体主张权利。

三、我国"三包"立法简介

我国三包立法可以从法律、行政法规与行政规章和地方立法三个层面去考察、学习和探讨。

(一) 法律

1993 年颁布的《产品质量法》和《消费者权益保护法》都对"三包"作出了规定。

第一,《消费者权益保护法》关于"三包"的规定。《消费者权益保护法》关于"三包"的规定主要体现在第 24 条和 25 条。

(1) "经营者提供的商品或者服务不符合质量要求的,消费者可以依照国家规定、当事人约定退货,或者要求经营者履行更换、修理等义务。没有国家规定和当事人约定的,消费者可以自收到商品之日起 7 日内退货;7 日后符合法定解除合同条件的,消费者可以及时退货,不符合法定解除合同条件的,可以要求经营者履行更换、修理等义务。依照前款规定进行退货、更换、修理的,经营者应当承担运输等必要费用。"(第 24 条)

(2) "经营者采用网络、电视、电话、邮购等方式销售商品,消费者有权自收到商品之日起 7 日内退货,且无需说明理由,但下列商品除外:① 消费者定作的;② 鲜活易腐的;③ 在线下载或者消费者拆封的音像制品、计算机软件等数字化商品;④ 交付的报纸、期刊。"(第 25 条第 1 款)

(3) "除前款所列商品外,其他根据商品性质并经消费者在购买时确认不宜退货的商品,不适用无理由退货。"(第 25 条第 2 款)

(4) "消费者退货的商品应当完好。经营者应当自收到退回商品之日起 7 日内返还消费者支付的商品价款。退回商品的运费由消费者承担;经营者和消费者另有约定的,按照约定。"(第 25 条第 3 款)

第二,《产品质量法》关于"三包"的规定。《产品质量法》关于"三包"的规定主要体现在第 40 条。

(1) "售出的产品有下列情形之一的,销售者应当负责修理、更换、退货;给购买产品的消费者造成损失的,销售者应当赔偿损失:① 不具备产品应当具备的使用性能而事先未作说明的;② 不符合在产品或者其包装上注明采用的产品标准的;③ 不符合以产品说明、实物样品等方式表明的质量状况的。"(第 40 条第 1 款)

(2) "销售者依照前款规定负责修理、更换、退货、赔偿损失后,属于生产者的责任或者属于向销售者提供产品的其他销售者(以下简称供货者)的责任的,

销售者有权向生产者、供货者追偿。"(第40条第2款)

(3) "销售者未按照第1款规定给予修理、更换、退货或者赔偿损失的,由产品质量监督部门或者工商行政管理部门责令改正。"(第40条第3款)

(4) "生产者之间,销售者之间,生产者与销售者之间订立的买卖合同、承揽合同有不同约定的,合同当事人按照合同约定执行。"(第40条第4款)

(二) 行政法规与行政规章

"三包"行政法规和行政规章主要是指《工业产品质量责任条例》和《部分商品修理更换退货责任规定》等"三包"规章。

(1) 1986年4月5日国务院颁布了《工业产品质量责任条例》。

该条例第11条规定:"在产品保证期限内发现质量不符合第2条要求时,根据不同情况,由产品生产企业对用户和经销企业承担质量责任:(1) 产品的一般的零部件、元器件失效,更换后即能恢复使用要求的,应负责按期修复;(2) 产品的主要零部件、元器件失效,不能按期修复的,应负责更换合格品;(3) 产品因设计、制造等原因造成主要功能不符合第2条要求,用户要求退货的,应负责退还货款;(4) 造成经济损失的,还应负责赔偿实际经济损失;(5) 由维修服务或经销企业负责产品售后技术服务时,生产企业必须按售后技术服务合同,提供足够的备品、备件和必要的技术支援。"第15条又规定:"经销企业售出的产品在保证期限内发现质量不符合第2条的要求时,应由经销企业负责对用户实行包修、包换、包退、承担赔偿实际经济损失的责任。"这些条款的规定,标志着我国"三包"制度的正式确立。

(2)《部分商品修理更换退货责任规定》等"三包"规章。《工业产品质量责任条例》关于"三包"的规定是为了促进工商企业提高生产和服务质量、维护消费者权益而采取的重要措施。但是,一些生产、经销企业对"三包"的规定却阳奉阴违,甚至拒不实行"三包"。为此,1986年国家经委、商业部、财政部、轻工业部、电子工业部、机械工业部、国家工商局、国家标准局等8个部门根据国务院发布的《工业产品质量责任条例》,对部分国产家用电器(包括进口零部件组装的家用电器)的"三包"办法作出了统一规定,联合公布了《部分国产家用电器三包规定》,俗称"旧三包"(已废止)。这是我国以"三包"名义颁布的第一个行政规章。

"旧三包"规定发布以后,消费者要求扩大"三包"范围、建立健全我国"三包"制度的呼声日益高涨。于是,自"旧三包"规定之后,国务院有关部委又陆续发布了一系列"三包"规定,如:(1) 1995年8月25日国家经贸委、国家技术监督局、国家工商局、财政部、国经贸联合发布的《部分商品修理更换退货责任规定》(俗称"新三包");(2) 1997年3月21日机械工业部发布的《摩托车商品修理更换退货责任实施细则》;(3) 2010年3月30日国家质量监督检验检疫总局发布的《农业机械产品修理、更换、退货责任规定》(1998 年 3 月 12 日原国家经济贸易委员会、国家技术监督局、国家工商行政管理局、国内贸易部、机械工业部、农业部发布的《农业机械产品修理、更换、退货责任规定》同时废止);(4) 2001 年 9 月 17 日国家质量监督检验检疫总局、国家工商行政管理总局、信息产业部联合发布的《移动电话机商品修理更换退货责任规定》《固定电话机商品修理更换退货责任规定》;(5) 2002 年 7 月 23 日国家质量监督检验检疫总局、信息产业部联合发布的《微型计算机商品修理更换退货责任规定》《家用视听商品修理更换退货责任规定》;(6) 2013 年 1 月 13 日国家质量监督检验检疫总局发布的《家用汽车产品修理更换退货责任规定》等。

(三) 地方立法

一些地方依据《消费者权益保护法》《产品质量法》和《部分商品修理更换退货责任规定》颁布了地方政府行政规章或地方性法规,对一些不在国家"三包"规定范围内的商品实行修理、更换和退货。目前,这些"三包"规定分别在不同的范围内有效。例如:1999 年 6 月 11 日起施行的《内蒙古自治区家具产品修理更换退货责任规定》,2002 年 5 月 1 日起施行的《山东省农用运输车产品修理更换退货责任规定》,2003 年 1 月 1 日起施行的《辽宁省农用运输车产品修理更换退货责任规定(试行)》等。

总体来看,"三包"规定经过多年的实践,已经深入人心,提高了消费者、经营者和全社会的质量意识、法制意识和维权意识。广大消费者学会了用《产品质量法》《消费者权益保护法》以及"三包"规定等法律规范监督产品质量和服务质量,维护自己的合法权益。

四、产品"三包"责任的基本内容

产品"三包"责任的基本内容包括以下几个方面:

(一) "三包"义务人

依据"谁销售谁三包"的原则,产品"三包"的义务主体是销售商。由销售商承担"三包"责任,便于消费者举证,也有利于人民法院的调查,同时还可以节约诉讼成本。

由于目前很多销售商都实行"联销联包"制度,所以,承担"三包"责任的销售商可以是直接的销售商,也可以是间接的销售商。这些销售商分布于全国各地,修理网点密布而健全,对消费者权利的保护十分有利,同时,也有利于销售商履行"三包"义务,值得肯定和推广。

同时,由于生产商往往是"三包"费用的承担者,修理者往往是实际的修理人,所以,生产者、修理者也是法定的"三包"义务人。

(二)"三包"义务

根据《部分商品修理更换退货责任规定》的规定,销售者、修理者、生产者分别承担如下"三包"义务:

第一,销售者应当履行下列义务:(1)不能保证实施三包规定的,不得销售目录所列产品;(2)保持销售产品的质量;(3)执行进货检查验收制度,不符合法定标识要求的,一律不准销售;(4)产品出售时,应当开箱检验,正确调试,介绍使用维护事项、三包方式及修理单位,提供有效发票和三包凭证;(5)妥善处理消费者的查询、投诉,并提供服务。

第二,修理者应当履行下列义务:(1)承担修理服务业务;(2)维护销售者、生产者的信誉,不得使用与产品技术要求不符的元器件和零配件。认真记录故障及修理后产品质量状况,保证修理后的产品能够正常使用30日以上;(3)保证修理费用和修理配件全部用于修理。接受销售者、生产者的监督和检查;(4)承担因自身修理失误造成的责任和损失;(5)接受消费者有关产品修理质量的查询。

第三,生产者应当履行下列义务:(1)明确三包方式。生产者自行设置或者指定修理单位的,必须随产品向消费者提供三包凭证、修理单位的名单、地址、联系电话等;(2)向负责修理的销售者、修理者提供修理技术资料、合格的修理配件,负责培训,提供修理费用。保证在产品停产后五年内继续提供符合技术要求的零配件;(3)妥善处理消费者直接或者间接的查询,并提供服务。

(三)"三包"范围

1995年8月25日,国家经贸委、国家技术监督局、国家工商局、财政部联合发布了《部分商品修理更换退货责任规定》(简称"新三包"),并同时公布了《实施三包的部分商品目录》,将"三包"商品的种类扩大到18种,即自行车、彩色电视机、黑白电视机、家用录像机、摄像机、收录机、电子琴、家用电冰箱、洗衣机、电风扇、微波炉、吸尘器、家用空调器、吸排油烟机、燃气热水器、缝纫机、钟表、摩托车。2010年6月1日起施行的《农业机械产品修理更换退货责任规定》,2001年11月15日起施行的《移动电话机商品修理更换退货责任规定》及《固定电话机商品修理更换退货责任规定》,2002年9月1日起施行的《微型计算机商品修理更换退货责任规定》及《家用视听商品修理更换退货责任规定》又将"三包"商品的种类扩大到农业机械、移动电话机、固定电话机、微型计算机、家用视听商品等。随着2013年1月13日《家用汽车产品修理更换退货责任规定》的发布,目前,实行法定"三包"的产品已达24种(类)。

(四)"三包"依据

消费者可以凭发票以及"三包凭证"要求销售商提供退货、更换或修理服务。

这里的"发票",是指财政、税务部门统一监制的发货票,是产品售出的有效凭证。一般发货票上应当载明销售者印章、销售时间、销售产品名称、规格、型号、金额等项内容。"三包凭证",是指产品售出时,销售者提供给消费者的,可以对所购产品进行修理、更换、退货的单据或证明。一般情况下,"三包"凭证上应当载明修理者名称、地址、联系电话,产品名称、规格、型号及"三包"有效期,修理记录及更换、退货条件等。修理记录的内容应当包括送修理时间、送修故障、修理状况、交货时间,以及更换、退货证明等项目。

但是,随着销售网络的不断发展和健全,加之销售信息化步伐的提升和加快,消费者的消费信息可以借助销售信息网进行查询。所以,特殊情况下,消费者也可以要求销售商借助销售信息网的信息记载提供退货、更换和修理服务。

(五)"三包"费用

修理费用是指"三包"有效期内保证正常修理的待支费用,主要包括材料费、工时费、交通运输费用等项内容。由于"三包"责任是一种强制而无偿的一种责任,所以,"三包"费用应当由生产者、销售者或指定修理者按照约定全部承担。无约定或约定不明的由生产者承担。销售商或指定修理者不得以任何理由、任何借口、任何形式向消费者转嫁"三包"费用,更不得强迫消费者承担"三包"费用。

目前,一些销售者或指定修理者经常以"损耗费""折旧费""上门服务费""大件商品搬运费"等名义巧立名目向消费者直接或变相收取"三包"费用的做法是极其错误的,应当予以制止和惩罚。

(六)"三包"期限

"三包"责任的期限性很强。就现行的"三包"规定来看,退货的期限为7天,换货的期限为15天,修理的期限因产品的不同而不同,最短的为1个月,最长的为3年,但是,应扣除因修理占用和无零配件待修的时间。上述期限均自销售者开具发票之日起计算。

如果是再次进行三包,"三包"期限则从销售者重新填制"保修卡""维修单"之日起计算。

(七)"三包"次数

"三包"次数主要是指修理的次数,即修理几次后消费者就有权选择退货或者换货的形式。

关于"三包"的次数,《部分商品修理更换退货责任规定》第11条规定:"在三包有效期内,修理两次,仍不能正常使用的产品,凭修理者提供的修理记录和证明,由销售者负责为消费者免费调换同型号同规格的产品或者按本规定第13条的规定退货,然后依法向生产者、供货者追偿或者按购销合同办理。"由此可见,销售者或指定修理者对商品进行修理的次数最多为两次。

(八) 不予"三包"的情况

根据《部分商品修理更换退货责任规定》第 17 条的规定,属下列情况之一者,不实行三包,但是可以实行收费修理:(1) 消费者因使用、维护、保管不当造成损坏的;(2) 非承担"三包"修理者拆动造成损坏的;(3) 无"三包"凭证及有效发票的;(4) "三包"凭证型号与修理产品型号不符或者涂改的;(5) 因不可抗拒力造成损坏的。

五、"三包"规定的存废之争

"三包"规定越来越多、越来越细,但是,理论界不少研究者却齐声呼吁,要求废除"三包"规定。其基本理由主要有:"三包"规定限制甚至取了消费者的退货权,甚至使这种限制和取消合法化;目前的"三包"规定相对于众多的产品来讲数量太少,会使消费者误认为"三包"规定之外的产品都不实行"三包"。与之相反,行政部门却为"三包"规定的不断制定出台拍手叫好,而且表示,还会根据实际需要制定越来越多的"三包"规定。

我们认为,制定"三包"规定的初衷是好的,是为了保护消费者合法权益的,实际效果也是良好的,有总比没有好。目前,急需解决的不是取消"三包"规定的问题,而是如何完善"三包"规定的问题。

具体来讲,我们应当从以下几个方面完善现有的"三包"规定:

(1) 加快制定"三包"法,至少应当加快制定统一的"三包"条例,待时机成熟时制定"三包"法。如此以来,"三包"就有了统一的指导思想、立法目的、基本制度、基本措施,"三包"问题也就有了统一解决的基础和条件。

(2) 在"三包"法和"三包"条例未出台的情况下,结合实际,出台更多的"三包"规定。这样做,既可以使越来越多的产品"三包"问题纳入法律的轨道,又可以为"三包"法和"三包"条例的制定奠定良好的法律基础。

(3) 逐步扩大无条件退货权的范围。我国《消费者权益保护法》第 25 条规定了无条件退货权,即经营者采用网络、电视、电话、邮购等方式销售商品的,消费者有权自收到商品之日起 7 日内退货,且无需说明理由。我们可以在以后《消费者权益保护法》修改时适当扩大无条件退货权的范围,如此以来,消费者的退货权就可以在更大范围内得到实现。

(4) 加强对经营者履行退货义务的监督,对不履行退货义务、不完全履行退货义务的经营者进行及时的、严厉的处罚。

第三节 产品侵权责任

一、产品侵权责任的含义

产品质量侵权责任亦称缺陷责任、产品责任,是指产品的生产者、销售者对缺陷产品导致消费者、用户和相关第三人人身、财产遭受损害而承担的民事赔偿责任。为与国际社会和理论界保持一致,本节中均称为产品责任。

产品责任与产品质量责任并非同一概念,二者之间属于种属关系。前者是一种消极责任,是生产者、销售者销售了缺陷的产品依法应承担的赔偿损失的责任;后者是一种积极责任,是由法律或合同规定的应由生产者、销售者必须履行的义务,它们只要履行了该义务,即可避免承担法律责任。

二、产品侵权责任的历史沿革

产品责任产生于19世纪中叶,到20世纪得以广泛发展。该责任产生之初,人们认为它是一种合同责任。也就是说当事人之间的合同关系是产品责任发生的前提。这对涉及产品责任的诉讼显得多有不妥,因为产品责任法的目的是保护消费者。一种有缺陷的产品,不仅会使购买者受到伤害,还可能使其他人受到伤害。另外,产品的卖方通常是零售商,如果只要求他们对缺陷产品负责,而不追究生产者的责任,显然是不合理的。不仅如此,零售商的财力总是有限的,许多赔偿责任最终难以落实,达不到保护消费者、用户、相关第三人合法权益的目的。因此,20世纪以后,随着消费者权益保护运动的日益高涨,各国的相关立法,尤其是美国的立法重心逐渐发生转向,越来越注重对消费者权益的倾斜性保护。20—30年代后,英、美两国法院率先开始适用侵权行为法理论来处理产品责任案件。60年代以后,欧共体国家通过产品责任立法和司法实践,形成了共识,即产品责任是一种侵权责任,产品责任关系应由专门的产品责任法调整。我国《产品质量法》对产品责任作了专章规定。

三、产品侵权责任的归责原则

产品责任的归责原则,是指据以确定产品的生产者和销售者承担产品责任的基本准则。

各国早期的产品责任法确认的是一般过错责任原则。即产品质量事故发生后,生产者、销售者是否承担赔偿责任,取决于他们对产品的缺陷有无过错;在诉讼中,要求受害人(即原告人)对生产者、销售者的过错负举证义务。如果他们不能证明生产者、销售者有过错,那就不能获得赔偿。显然,这一原则使受害人得到法律救济的机会大大减少,不利于消费者。为了扩大对他们的救济,现代各国的产品责任立法中逐渐确立了许多新的产品归责原则,我国《产品质量法》在一定程度上也贯彻了这些原则。

(一) 严格责任原则(亦称无过错责任原则)

无过错责任原则是指在法律有特别规定的情况下,以已经发生的损害结果为价值判断标准,由与该损害结果有因果关系的行为人向受害人做出赔偿,而无论有无过错。适用无过错原则的意义,在于加重行为人的责任,使受害人的损害赔偿请求更容易实现,受到损害的权利及时得到救济。

(1) 严格责任的产生与发展。严格责任原则是美国法院首创的一项产品责任归责原则。严格责任思想的最早表述,见于1944年埃斯可拉诉可口可乐瓶装公司一案中泰勒法官的意见,但该意见并未被采纳。严格责任作为一项归责原则,最早确立于1963年格林曼诉尤巴电力公司一案的判决中,加州最高法院在该案的判词中对严格责任原则作了如下表述:制造商将产品投入市场,明知其产品将不被检验而被使用,则制造商对该缺陷产品所致人身损害应承担严格责任。此即所谓"格林曼规则"。法院在适用严格责任原则时,其审查的重点是产品本身及使用所引起的危险,而不在于制造商在设计和生产产品过程中是否做到了合理的注意,这就免除了受害人对制造商有过错的证明责任。

加州最高法院确立的这一规则,得到了美国大多数州的赞同,并对世界各国产生了深远的影响。1985年通过、1988年生效的《欧洲经济共同体产品责任指令》规定,对产品责任适用严格责任原则,并要求成员国在3年内修改法律,使之与指令一致。目前,欧共体成员国均已按指令要求制定了新的产品责任法,实行严格责任原则。

(2) 严格责任的适用。在严格责任条件下,生产者、销售者承担产品责任,不以他们对产品存在缺陷有无过错为条件,而是以有无损害结果为条件。也就是说,只要有损害事实的客观存在,生产者、销售者就应当承担损害赔偿责任。其基本构成要件是:产品有缺陷,有损害事实存在,产品缺陷与损害事实之间有因果关系。

但是,在严格责任中,过错依然是被考证的内容。只是这种过错考证不是对生产者、销售者有无过错的考证,而是对受害人有无过错的考证。一旦证实受害者对损害的造成存在过错,那么就应当减轻或者免除生产者、销售者的赔偿责任。

(3) 严格责任在我国的实践。没有过错责任原则在我国立法中已经得到了广泛的应用。这种无过错责任在我国《民法通则》和《产品质量法》中都有明确的规定。如《民法通则》106条就规定:"没有过错,但法律规定应当承担民事责任的,应当承担民事责任。"《产品质量法》第41条也规定:"因产品存在缺陷造成人身、缺陷产品以外的其他财产损害的,生产者应当承担赔偿责任"。

(二) 过错推定原则

过错推定原则是过错原则的一种特殊表现形式。又称过失推定原则或疏忽原则。它是指由于生产者、销售者的疏忽,造成产品缺陷,或者由于生产者、销售者应当知道产品有缺陷而没有知道,并把产品投入流通,从而造成他人人身、财产损害的,生产者、销售者在主观上便有过错,就应承担赔偿责任。

(1) 过错推定原则的适用。过错推定责任中,生产者、销售者承担责任的要件与一般过错情况下承担责任的要件相同,即主观有过错、产品有缺陷,有损害事实存在,产品缺陷与损害事实之间有因果关系。只是在过错的考证上更加科学和有利于消费者。

在过错推定原则中,对于加害人而言,如果不能证明损害的发生自己没有过错,那么就可以从损害事实本身推定加害人在致人损害的行为中有过错,并为此承担赔偿责任。也即免除了受害人的过错举证责任。免除受害人对生产者或销售者过错的举证责任。主要通过两种方式来免除,一是"举证责任倒置"。即生产者或销售者无过失的举证责任主要由其自己证明,在不能证明时即推定其有过失。二是"事实自证规则"。即生产者或销售者的过错仅凭损害事实发生便足以证明,除非他们能提出自己无过错的充足理由及其他法定的免责事由,否则将承担过失责任。

(2) 过错推定原则与严格责任原则的比较。过错推定原则与严格责任原则有着一致性。二者都以扩大法律救济为目的,以提高受害人求偿权的实现程度为宗旨;二者都免除受害人对生产者或经营者过错举证的责任;二者有共同的免责条件,即严格责任原则下的免责条件对过错推定原则仍然适用;从理论上讲,过错推定原则没有脱离过错责任的窠臼和宗旨,而仅在追究致害人责任时的观念有所不同而已,亦即严格责任原则不以致害人的过错为其责任的构成要件,过错推定原则则反之。同时,严格责任原则不以致害人的过错作为侵权责任的构成根据,但严格责任原则并非完全不考虑过错,特别是受害人的过错,往往成为责任是否成立或者减免的重要考虑因素。因此,过错推定原则在事实上十分接近严格责任原则。不过,过错推定原则由于仍以生产者或销售者的过错作为其承担责任的观念基础,因而它与严格责任原则仍有差异。①

应予说明的是,过错推定原则自确立以来虽然仍在适用,但鉴于它承认缺陷产品的制造者或销售者通过证明自己无过错而获免的可能性,因而与严格责任原则相比,它对于缺陷产品受害者利益的保护作用毕竟有其不足。为了最大限度地发挥法律的救济功能,近年来,产品责任的归责由过错推定原则向严格责任

---

① 参见李昌麒:《经济法学》,中国政法大学出版社1999年版,第457页。

原则过渡,已成为各国法律制度的共同趋势。不过,对销售者按过错推定原则归责,仍然被许多国家保留了下来。

(3) 过错推定原则在我国的实践。无过错责任原则在我国立法中已经得到了广泛的应用。如《产品质量法》第 42 条就规定:"由于销售者的过错使产品存在缺陷,造成人身、他人财产损害的,销售者应当承担赔偿责任。销售者不能指明缺陷产品的生产者也不能指明缺陷产品的供货者的,销售者应当承担赔偿责任。"第 43 条也规定:"因产品存在缺陷造成人身、他人财产损害的,受害人可以向产品的生产者要求赔偿,也可以向产品的销售者要求赔偿。属于产品的生产者的责任,产品的销售者赔偿的,产品的销售者有权向产品的生产者追偿。属于产品的销售者的责任,产品的生产者赔偿的,产品的生产者有权向产品的销售者追偿。"

上述规定意味着,销售者承担产品责任,应以其过错的存在为条件,但这并不是说对销售者适用一般过错责任这一归责原则,而应按过错推定原则去理解其适用的归责原则。唯有如此,才能给受害人提供应有的保护。至于生产者和销售者之间的追偿关系,由于其已不是产品责任问题,因而应按一般过错责任原则确定其各自应负的责任。

(三) 担保原则

担保原则是指生产者或者销售者通过明示或默示的方式对产品质量作出保证,在产品因缺陷致人损害时,即认定其违反担保,必须承担责任的一种归责原则。

第一,担保的分类。这里所说的担保,有两种方式,即明示担保和默示担保。明示担保是指生产者、销售者通过合同、广告、产品说明书、实物样品等方式对产品的用途、性能及其他质量特点所作的明确表示。它可以是口头的形式,如通过产品推销员的宣传;也可以是书面的形式,如产品说明书、广告等。

第二,担保的适用。无论是明示担保,还是默示担保,都应当承担相应的法律责任。

(1) 明示担保的法律责任。各国法律都要求生产者或销售者对产品作出明示担保。我国《产品质量法》对产品的明示担保也作出了规定。但不足的是,将违反明示担保的原则的责任多归属为瑕疵责任(合同责任),这在《产品质量法》第 40 条得到了印证。第 40 条规定:"售出的产品有下列情形之一的,销售者应当负责修理、更换、退货;给购买产品的消费者造成损失的,销售者应当赔偿损失:① 不具备产品应当具备的使用性能而事先未说明的;② 不符合在产品或其包装上注明采用的产品标准的;③ 不符合以产品说明、实物样品为方式表明的质量状况的。"这一规定,显然将违反明示担保原则而造成消费者损害的缺陷产品进行了产品责任的排除,而将此视为合同责任,这无疑缩小了产品责任的范围,不利于消费者权益的保护。

(2) 默示担保的法律责任。对于生产者、销售者违反默示担保原则,致他人人身、财产损失的情况,一般按产品有缺陷对待。这在《产品质量法》第 26 条得到了印证。第 26 条规定:"生产者应当对其生产的产品质量负责。产品质量应当符合下列要求:① 不存在危及人身、财产安全的不合理的危险,有保障人体健康和人身、财产安全的国家标准、行业标准的,应当符合该标准;② 具备产品应当具备的使用性能,但是,对产品存在使用性能的瑕疵作出说明的除外;③ 符合在产品或包装上注明采用的产品标准,符合以产品说明、实物样品等方式表明的质量状况。"

四、构成要件

产品责任的构成要件,是指产品的生产者或销售者承担产品责任须符合的法律条件。产品责任的构成要件,因归责原则的不同而有所差异。

(一) 适用严格责任原则的构成要件

适用严格责任原则确定产品责任时,其构成要件为:

(1) 产品有缺陷。对产品缺陷的一般性理解是,产品缺乏人们期待的安全性。我国《产品质量法》第 46 条规定:"本法所指缺陷,是指产品存在危及人身、他人财产安全的不合理的危险;产品有保障人体健康和人身、财产安全的国家标准、行业标准的,是指不符合该标准。"可见,产品缺陷不仅指其在经济意义上、在生产过程中即已形成和存在的事实上的不合理危险,而且也包括在法律上因违反有关保障产品安全的质量标准的产品,以及因违反有关法律、法规和质量标准所确定的告知义务,因而使本属合理的危险转化为不合理的危险的产品。还须明确,只有在这些不合理危险产品经交换关系进入使用、消费过程时,才会产生产品缺陷责任问题。①

(2) 有损害事实存在。即产品因缺陷造成了人身、缺陷产品以外的其他财产的损害。这里必须注意到两种情况:① 产品虽然有缺陷,但并未造成现实的损害结果;② 缺陷产品发生了损害结果,但造成的损害仅仅是缺陷产品本身,并未造成人身、缺陷产品以外的其他产品的损害。上述的这两种情况,均不构成产品责任。对生产者、销售者而言,出现这两种情况后,按产品的瑕疵担保责任的有关规定处理,即生产者、销售者应承担修理、更换、退货或赔偿损失的责任。

(3) 产品缺陷与损害事实之间要有因果关系。因果关系是客观事物之间普遍的必然的联系。产品缺陷与损害后果之间的因果关系是指损害后果与产品缺陷有客观的、必然的联系。在客观世界中,原因与结果表现为互相联系、互相作

---

① 参见潘静成、刘文华:《经济法》,中国人民大学出版社 1999 年版,第 254 页。

用的无穷无尽的关系链条。在认定因果关系时,不是去寻求事物的普遍联系或一般联系,而是去寻求导致结果出现的直接的、内在的、必然的原因。多因一果是常有的,但能否把主要的、决定性的原因和次要的、辅助性的原因分辨开来,这是最具法律意义的。在一件产品责任事故中,原告人的人身、财产损害往往是由多种原因造成的,作为原告人,他必须证明产品缺陷是引起人身、财产损害的主要原因或基本原因。但是,他不必证明该产品是引起损害后果的唯一原因或直接原因。在实践中,用户或消费者受到的损害往往是在使用或消费某种产品时才发生的产品责任事故,这种使用或消费行为是发生责任事故的中介。这种中介行为如果没有在发生的责任事故中起直接的、决定性作用,它就不能成为生产者或销售者免责的理由。当然,不是说不考虑受害人有无过错。但只要受害人的过错不是导致结果的内在的、必然的、直接的原因,那么生产者或销售者就需承担责任。只是考虑到受害人对致害结果也有过错,可以减轻生产者或销售者的责任。如果这种中介行为是造成损害结果的内在的、必然的、直接的原因,那么生产者或销售者就可以免责。上述三个条件构成,是在适用严格责任原则确定产品责任时的情况。

(二) 适用过错推定原则的构成要件

适用过错推定原则确定产品责任时,除具备上述三项条件外,还须具备一个条件,即生产者、销售者主观上有过错。但为了更好地保护消费者的权利,各国基本上已不要求受害人承担这种过错的证明责任,而是通过"举证责任倒置"或"事实自证规则"来确定生产者或销售者的产品责任。

按照美国等国家的法律规定,适用担保原则确定产品责任时,应具备的主要条件为:生产者或销售者对产品质量有明示担保;受害人相信该担保;损害是由于产品不符合生产者或销售者的担保所引起的。

五、责任免除

所谓产品责任免除是指在产品责任事故发生后,生产者、销售者如能够证明有法定的免责条件的存在,即可全部或部分免除赔偿责任。

从各国立法看,免责条件一般包括:

(1) 受害人的过错。对受害人故意造成自己损害的,自然不在赔偿之列。对受害人因主观上的过失过错造成的损害是否可以成为免责事由,各国规定不一。

(2) 未将产品投入流通。我国《产品质量法》第 2 条规定:"本法所称产品是指经过加工、制作,用于销售的产品";同时规定,能够证明未将产品投入流通的可以免责。《欧共体产品责任指令》规定:"如果生产者能证明他未将产品投入流通或该产品缺陷在投入流通时是没有的,不承担责任。"

(3) 投入流通时,引起损害的缺陷尚不存在的(我国《产品质量法》第 41 条规定)。

(4) 将产品投入流通时的科学技术水平不能发现缺陷的存在。大多数国家的产品立法均肯定了这一点,我国亦如此。这是对严格责任原则的合理限制。

六、赔偿范围

各国对此规定存在一定的差异。有些国家将赔偿范围界定的较宽,除财产损害赔偿外,还包括身体、健康和精神损害赔偿,如美国;大多数国家则未将精神损害赔偿列入赔偿的范围。我国《产品质量法》规定,因产品存在缺陷造成受害人人身伤害的,侵害人应当赔偿医疗费、因误工减少的收入,残废者生活补助等费用;造成受害人死亡的,并应支付丧葬费、抚恤费、死者生前抚养的人必需的生活费用等。因产品存在缺陷造成受害人财产损失的,侵害人应当恢复原状或折价赔偿;受害人因此遭受其他重大损失的,侵害人应当赔偿损失。

七、诉讼时效

诉讼时效,是指权利人在法定期间内不行使请求权,即丧失依诉讼程序强制义务人履行义务的权利的法律制度。权利人能够依诉讼程序强制义务人履行义务的法定期间,是诉讼时效期间。

我国《产品质量法》参照世界多数国家立法例,对产品责任的诉讼时效作了明确规定。按照规定,因产品存在缺陷造成损害要求赔偿的诉讼时效期间为 2 年,自当事人知道或者应当知道其权益受到侵害时起计算。同时,为了体现民法的公平原则,平衡产品的生产者和消费者的权益,《产品质量法》又规定:因产品存在缺陷造成损害要求赔偿的请求权,在造成损害的产品交付最初用户、消费者满 10 年丧失。但是,尚未超过明示的安全使用期的除外。

第四节 惩罚性赔偿责任

一、惩罚性赔偿的含义

在我国,法学界对惩罚性赔偿的含义有较多的论述,主要分为以下三种观点:第一,认为是侵权人用于弥补受害人实际损害的赔偿为一般赔偿,超过这一部分的赔偿为惩罚性赔偿[1];第二,认为惩罚性的损害赔偿是对严重的不法行为

---

[1] 崔国斌:《我国惩罚性赔偿制度之完善》,载《人大复印资料·民商法学》1998 年第 1 期。

的民事罚金,又称罚款①;第三,认为惩罚性损害赔偿,就是侵权行为人支付通常赔偿金的同时还要支付高于受害人实际损失的赔偿金。② 比较以上三种观点,三种观点从不同的层面揭示了惩罚性赔偿的含义,但我们认为第三种观点较为全面。依据我国传统的民事责任观念,我们以为,惩罚性赔偿是相对于补偿性赔偿的一个概念,是指超过实际损害的范围判决加害人或者对损害负有赔偿义务的人对受害人予以额外的金钱赔偿。

二、惩罚性赔偿与相关概念的比较

惩罚性赔偿作为一种比较特殊的责任承担方式,其与补偿性赔偿、精神损害赔偿、行政罚款以及刑事罚金相关概念有着实质上的差别和明显的不同。

(一) 惩罚性赔偿和补偿性赔偿之比较

惩罚性赔偿和补偿性赔偿概念比较相近,十分容易混淆,但区别也是十分明显的,主要有目的和功能、主观要件、能否约定以及赔偿数额等方面的不同。

(1) 目的和功能不同。补偿性赔偿的目的主要在于弥补受害人因加害人的行为所造成的损害,其关注的焦点是受害人,本身并无惩罚和预防的作用;而惩罚性赔偿的目的主要不在于补偿,而在于惩罚和遏制以及预防。当加害人主观过错较为严重,其行为超越社会可容忍限度时,由法院判决加害人承担惩罚性赔偿责任,以示对其的惩罚,同时,又可遏制加害人和预防其他人以后再为类似加害行为。

(2) 主观构成要件不同。与补偿性的赔偿相比,惩罚性赔偿要以实际损害的发生为适用的前提,这与补偿性的赔偿在客观要件上是一致的,但在主观要件上,惩罚性赔偿的适用必须以加害人主观上存在故意或重大过失为前提。

(3) 能否约定不同。合同法允许当事人事先约定违约损害赔偿,而且这种约定可能具有惩罚性,但这并不是惩罚性赔偿。惩罚性赔偿的数额可能是由法律法规直接规定的,也可能是由法官和陪审团决定的,但不可能由当事人自由约定。

(4) 赔偿的数额不同。惩罚性赔偿并不以实际的损害为限,其数额均高于甚至大大高于补偿性损害赔偿。补偿性赔偿以实际的损害为限,超过实际损失的补偿为不当得利。加害人故意或过失以及过失程度、主观动机对补偿性赔偿的数额均不产生影响,但对于惩罚性赔偿责任的构成、赔偿数额的大小都有影响。

(二) 惩罚性赔偿和精神损害赔偿之比较

精神损害赔偿是指民事主体因人身权利受到不法侵害,使其人格利益和身

---

① 《中华法学大辞典(民法学卷)》,中国检察出版社 1995 年版,第 67 页。
② 刘荣军:《惩罚性赔偿于消费者保护》,载《现代法学》1996 年第 5 期。

份利益受到损害,要求侵权人通过财产赔偿等方式进行救济和保护的民事法律制度,是针对精神损害的后果所应承担的财产后果。

精神损害赔偿经常与惩罚性赔偿混淆。但两者有着本质的区别,这种区别主要表现在以下几个方面:

(1) 主要功能、目的不同。惩罚性赔偿的主要功能和目的在于惩罚和预防,而精神损害赔偿的主要功能在于补偿和抚慰。当然,对于精神损害赔偿是否具有惩罚性,法学界还有不同的认识。我们认为,精神损害赔偿具有一定的惩罚性,但应当指出的是,精神损害赔偿的惩罚性并非主要和基本的功能,而是其补偿和抚慰功能附带的、兼具的功能。有些研究者认为,确定精神损害赔偿时,考虑到了被告的主观因素,因此实际上在赔偿的形式下隐藏着的是惩罚。我们认为,这并不是突出精神损害赔偿惩罚功能的原因,而恰恰是计算精神损害赔偿数额时的特点。"心理痛苦的衡量具有不确定性,需多角度的考量,其中加害人的过错程度是反映受害人所受损害大小的一个标尺,如果加害人主观恶性较大,受害人心理痛苦也就较严重,反之亦然。"[①]因而,在计算精神损害赔偿时考虑加害人主观过错大小的目的不在于据此惩罚加害人而在于有助于确定损害的大小以利于对受害人的补偿和抚慰。

(2) 适用赔偿的依据不同。精神损害赔偿重在考量受害方遭受的精神损失大小,如因为人身受伤害、自由被限制、肖像被玷污等导致的心理恐惧、情感抑郁、激愤难平、积郁成疾、精神错乱等精神疾病和痛苦,并适当考虑受害方的主观过错;而惩罚性赔偿则重在考量加害方的主观恶意程度,如加害人的行为是否专横、傲慢、怀恨或者对被害人的权利轻率、蔑视、漠不关心。

(3) 适用范围不同。在英美法中,惩罚性赔偿适用于侵权、违约等领域中。而精神损害赔偿适用范围比较狭窄,目前无论大陆法系还是英美法系,主要还是限于侵权领域,甚至许多国家规定只限于侵害人身权利时,才能请求精神损害赔偿。如我国《民法通则》第120条规定:"公民的姓名权、肖像权、名誉权、荣誉权受到侵害的,有权要求停止侵害,恢复名誉,消除影响,赔礼道歉,并可以要求赔偿损失。"此处的"可以要求赔偿损失"被普遍认为是精神损失。《最高人民法院关于确定民事侵权精神损害赔偿责任若干问题的解释》也是针对民事侵权案件作出的。而在合同责任中,我国一般不赞成适用精神损害赔偿的。

(4) 对主观过错的要求不同。精神损害赔偿对加害人的主观过错没有要求,无论是故意加害行为还是过失加害行为,只要确实造成了受害人的精神痛苦,就应该赔偿,而惩罚性赔偿由于重在惩罚与威慑,因此,仅对严重侵权或恶意违约行为方能适用。

---

① 王勇:《惩罚性赔偿与消费者权益保护谈》,载《河南司法警官职业学院学报》,2006年第6期。

(三) 惩罚性赔偿与行政罚款、刑事罚金之比较

行政罚款是行政强制措施之一，是因行为人实施了行政违法行为，由行政机关代表国家对违法行为人进行的经济制裁。而刑事罚金是司法机关凭借司法权，代表国家对危害国家、社会安全，破坏经济、政治秩序，侵犯公民人身权、财产权的行为给予的刑事制裁。惩罚性赔偿是一种带有惩罚因素的民事责任方式，从根本目的上讲，它与刑事、行政责任都是为了惩罚并预防不法行为的发生，但它们之间存在以下方面的根本差别。

(1) 法律依据不同。我国目前的惩罚性损害赔偿适用的依据是《消费者权益保护法》《食品安全法》；罚金是以剥夺犯罪人一定财产为内容的刑罚，其适用依据是《刑法》；罚款是行政强制措施之一，适用依据是《行政处罚法》。

(2) 性质不同。处以罚金要以行为人触犯了刑律且应受刑罚处罚为前提，是严重违法的结果，具有强烈的刑事属性；罚款则是有权行政机关实施的行政行为，它是执法方式之一，与罚金都属于国家公权力机关进行的公法行为；惩罚性赔偿与前两者非常不同的一点，即是它的私法性质，遵循私法自治的原则，受害人可以自由决定是否主张对不法行为者的惩罚。

(3) 惩罚的利益归属不同。惩罚性赔偿的利益归属是受害人，他们对不法行为有着切肤的伤痛，在巨大的可得的赔偿利益的驱动下，会有更清晰的权利意识，会更积极地主张理应享有的权利，使加害人逃脱责任的概率降低，进而对不法行为以更有效、更有力地惩罚与打击，并尽最大可能地遏制之。而行政罚款和刑事罚金的利益归属是国家，行使公权力一方不会产生这种积极性，甚至会怠于行使权力。

三、惩罚性赔偿制度的功能

同其他赔偿性法律制度相比，惩罚性赔偿的功能可分为以下四种：

(一) 对潜在加害者的威慑功能

惩罚性赔偿制度的确立可以警告以及威慑其他经营者不得仿效加害人的行为。第一，惩罚性赔偿通过对加害人施以大大高出受害人损失的赔偿而在社会中建立一个模板，并通过这种方式威慑该类行为的再次发生，因此惩罚性赔偿有时又被称为"示范性赔偿"。第二，惩罚性赔偿也能削弱加害行为人的经济实力，防止他们重新作恶，以及防止社会上其他人模仿侵权行为人的行为。

(二) 对受害者的实际补偿功能

加害人的不法行为为给受害人造成财产损失、精神痛苦或人身伤害的，受害人可以请求惩罚性赔偿。就这些损害的补救而言，惩罚性赔偿可以发挥一定的功能。这是因为：(1) 补偿性赔偿对精神损害并不能提供充分的补救。精神损害的基本特点在于无法以金钱价额予以计算，只能考虑到各种参数而很难确定一

个明确的标准,因此,在许多情况下采用惩罚性赔偿来替代精神损害赔偿是必要的;(2) 受害人提起诉讼以后所支付的各种费用,特别是与诉讼有关的费用,只有通过惩罚性赔偿才能补救。

(三) 对现实加害者的惩罚功能

惩罚性赔偿就是要对故意或恶意的不法行为实施惩罚,这种惩罚与补偿性损害赔偿所体现的制裁作用有所不同。它通过给不法行为人强加更重的经济负担使其承担超过被害人实际损失的赔偿来制裁不法行为。对不法行为人来说补偿其故意行为所致的损害如同一项交易,只要付出一定的补偿性赔偿,即可任意为民事违法行为,这将使不法行为人享有太大的损害他人的权利,只有通过惩罚性赔偿才能使被告刻骨铭心,从而达到惩恶的效果。

(四) 对广大消费者的激励功能

通过实行惩罚性赔偿制度,可刺激和鼓励消费者同销售者的欺诈行为做斗争。因为这一制度的确立,突破了民法的赔偿性原则,突出了法律对消费者的特别保护。根据民法原理和相关的法律规定,我国实行补偿性赔偿制度,也叫实际赔偿制度,即损害赔偿的范围以受害人所受的实际损失为限,实际损失多少赔偿多少,这是民法等价有偿原则在民事责任范围中的具体体现。而惩罚性赔偿制度要求经营者不仅要赔偿消费者的实际损失,而且要赔偿以一定标准计算出来的其他费用。如消费者为求偿而支付的交通费、律师代理费等,这些也应当由经营者赔偿。否则,将对维护消费者的权益不利,同时也可能影响消费者同欺诈行为做斗争的积极性。

四、我国惩罚性赔偿制度简介

惩罚性赔偿制度起源于美国,之后,很多国家都建立了适合本国国情的惩罚性赔偿制度,立法也相对发达。同其他国家的惩罚性赔偿制度相比,我国惩罚性赔偿制度建立较晚,立法相对滞后。

(一) 立法概述

我国惩罚性赔偿立法主要表现在《消费者权益保护法》和《食品安全法》之中。

1993 年颁布的《消费者权益保护法》第 49 条规定:"经营者提供商品或服务有欺诈行为的,应当按照消费者的要求增加赔偿其受到的损失,增加赔偿的金额为消费者购买商品的价款或者接受服务的费用的 1 倍。"该法首次确立了惩罚性赔偿制度,也开创了我国惩罚性赔偿制度的先河。

2008 年颁布的《食品安全法》第 96 条规定:"违反本法规定,造成人身、财产或者其他损害的,依法承担赔偿责任。生产不符合食品安全标准的食品或者销售明知是不符合食品安全标准的食品,消费者除要求赔偿损失外,还可以向生产者或者销售者要求支付价款10倍的赔偿金。"该条规定,完善了我国的惩罚性赔偿制度。

2013年新颁布的《消费者权益保护法》对1993年《消费者权益保护法》第49条的规定进行了修正,修正后的内容为"经营者提供商品或者服务有欺诈行为的,应当按照消费者的要求增加赔偿其受到的损失,增加赔偿的金额为消费者购买商品的价款或者接受服务的费用的3倍;增加赔偿的金额不足500元的,为500元。法律另有规定的,依照其规定。经营者明知商品或者服务存在缺陷,仍然向消费者提供,造成消费者或者其他受害人死亡或者健康严重损害的,受害人有权要求经营者依照本法第49条、第51条等法律规定赔偿损失,并有权要求所受损失2倍以下的惩罚性赔偿。"(第55条)该条修正进一步完善了我国惩罚性赔偿法律制度,也使我国的惩罚性赔偿制度跻身于世界先进国家的行列。

(二) 责任构成

惩罚性赔偿制度的适用必须同时具备以下几个要件:

第一,经营者客观上实施了欺诈消费者的行为。依《消费者权益保护法》第55条之规定,经营者只有在对消费者提供商品服务有欺诈行为时,才须应消费者的要求承担惩罚性赔偿责任,所以,经营者的欺诈行为是惩罚性赔偿责任的构成要件之一。

根据《欺诈消费者处罚办法》第2条的规定,欺诈消费者行为,是指经营者在提供商品或者服务中,采取虚假或者其他不正当手段欺骗、误导消费者,使消费者的合法权益受到损害的行为。

根据《欺诈消费者处罚办法》第3条的规定,经营者在向消费者提供商品中,有下列情形之一的,属于欺诈消费者行为:(1) 销售掺杂、掺假,以假充真,以次充好的商品的;(2) 采取虚假或者其他不正当手段使销售的商品份量不足的;(3) 销售"处理品""残次品""等外品"等商品而谎称是正品的;(4) 以虚假的"清仓价""甩卖价""最低价""优惠价"或者其他欺骗性价格表示销售商品的;(5) 以虚假的商品说明、商品标准、实物样品等方式销售商品的;(6) 不以自己的真实名称和标记销售商品的;(7) 采取雇佣他人等方式进行欺骗性的销售诱导的;(8) 作虚假的现场演示和说明的;(9) 利用广播、电视、电影、报刊等大众传播媒介对商品作虚假宣传的;(10) 骗取消费者预付款的;(11) 利用邮购销售骗取价款而不提供或者不按照约定条件提供商品的;(12) 以虚假的"有奖销售""还本销售"等方式销售商品的;(13) 以其他虚假或者不正当手段欺诈消费者的行为。

根据《欺诈消费者处罚办法》第4条的规定,经营者在向消费者提供商品中,有下列情形之一,且不能证明自己确非欺骗、误导消费者而实施此种行为的,应当承担欺诈消费者行为的法律责任:(1) 销售失效、变质商品的;(2) 销售侵犯他人注册商标权的商品的;(3)销售伪造产地、伪造或者冒用他人的企业名称或者姓名的商品的;(4)销售伪造或者冒用他人商品特有的名称、包装、装潢的商品的;(5)销售伪造或者冒用认证标志、名优标志等质量标志的商品的。

第二,消费者是善意的。消费者是为满足个人或家庭的生活需要,购买、使用生活资料或者接受生活的自然人。

所谓善意的消费包含两层含义:(1)消费者在消费时对经营者的欺诈是不知情的。如明知经营者的欺诈行为,即"知假买假"则不能适用惩罚性赔偿制度;(2)消费者是为了满足个人或家庭的生活需要而购买商品或者接受服务。判断是否是"为生活需要"应当采用不同的标准。具体判断标准为:在生活资料的购买、使用中,应当以购买、使用的生活资料的数量为判断标准。当购买、使用的生活资料的数量明显超出个人或者家庭的实际需要时即可认定为非"为生活需要";在生活服务的接受中,其判断标准应当为"合法的生存与发展所必需"。凡接受合法的服务均应认定为"为生活需要"。

第三,消费者遭受损失。根据《消费者权益保护法》第55条的规定,经营者有欺诈行为的,应当按照消费者的要求增加赔偿其受的损失。可见,经营者是在消费者所受损失基础上进行增加赔偿(即惩罚性赔偿),无损失便无赔偿。因此,消费者遭受一定的损失也是惩罚性赔偿责任的构成要件之一。

在确定消费者是否遭受损失时,应注意的是损失与损害的不同。损害与损失两个概念存在着一定的区别。损害是指因为一定的行为或事件使某人受侵权法保护的权利和利益遭受某种不利益的影响。损害主要包括财产损失、人身损害、精神损害。可见,损害除了财产损失外,还包括人身损害和精神损害。损失则仅指损害情形之一的财产损失。可以这样认为,损失肯定是损害,但损害未必就是损失。《消费者权益保护法》也是以这一意义分别使用"损害"和"损失"两个概念的。《消费者权益保护法》第35条就规定了消费者在购买、使用商品、接受服务时,其合法权益受到损害的,可以向经营者要求赔偿。这一规定中使用的"损害"一词显然不限于"损失"。但在第55条中法律规定的却是经营者增加赔偿消费者所受的损失,所以,这里的"损失"只限于财产损失。

第四,经营者的欺诈行为与消费者遭受的损失之间存在因果关系。因果关系表明损害行为与损害结果之间的关联性,是损害行为人承担民事责任的必备条件之一。

在消费欺诈案件中,如果消费者因上当受骗购买了假货而遭受损失,很显然经营者的欺诈行为是造成损失的充分、必要条件,所以欺诈行为和损失之间的因果关系成立。但如果消费者是"知假而买假",那么,经营者的欺诈行为与消费者遭受的损失之间的因果关系是否会因消费者的故意的介入而被切断?有学者认为,一个经营者如果他的行为足以误导那些具备正常注意的一般消费者,则他不得以请求人的故意或疏忽作为抗辩。① 另一方面,如果经营者尽管有言词不实或据实未报的情节,但其行为还不足以误导具备正常注意的消费者,那么他就不能被认定为构成欺诈。

其实这种观点是合理的。因为经营者的欺诈行为并不仅仅对具体的某个消费者实施,而且是面向社会上的广大消费者实施的。所以制裁经营者的欺诈行为不仅是要保护个别消费者的利益,更为重要的是还要维护消费者的整体利益,对欺诈行为与损失之间的因果关系的认定以是否足以误导一般消费者为依据是符合这种立法需要的。因此,在"知假买假"案件中,只要经营者的欺诈行为足以误导一般消费者而不论"知假买假"者是否真正上当受骗,因果关系即告成立。

(三) 责任承担

经营者承担惩罚性赔偿责任的基本责任形式是赔偿消费者受到的损失。就赔偿范围宽窄、赔偿数额多少来讲,我国《消费者权益保护法》和《食品安全法》的规定不尽相同。

第一,在《消费者权益保护法》中经营者承担的责任包括三项内容:

(1) 应当按照消费者的要求增加赔偿其受到的损失,增加赔偿的金额为消费者购买商品的价款或者接受服务的费用的 3 倍;增加赔偿的金额不足 500 元的,为 500 元;(2) 经营者明知商品或者服务存在缺陷,仍然向消费者提供,造成消费者或者其他受害人死亡或者健康严重损害的,受害人有权要求经营者依照本法第 49 条、第 51 条等法律规定赔偿损失;(3) 消费者有权要求所受损失 2 倍以下的惩罚性赔偿。

第二,在《食品安全法》中,经营者"生产不符合食品安全标准的食品或者销售明知是不符合食品安全标准的食品,消费者除要求赔偿损失外,还可以向生产者或者销售者要求支付价款 10 倍的赔偿金。"我们通常将《食品安全法法》中的惩罚性赔偿称为"10 倍赔偿"。

第五节 缺陷产品召回责任

一、缺陷产品召回制度的含义、特点及分类

在我国,《食品安全法》最早确立了缺陷产品召回制度。《消费者权益保护法》第 33 条明确规定,召回制度是一项新的消费者权益保护法律制度。

(一) 缺陷产品召回的含义

概括来讲,"召回"有下面几种含义:第一,表示一种行为或行动,即仅仅指

---

① 谢次昌:《消费者保护法通论》,中国法制出版社 1994 年版,第 171 页。

从消费者或销售商手中取回产品这一行为,不涉及取回后的行为;第二,表示一系列取回缺陷产品后采取的措施,如取回产品后,对产品加以修理、更换、退货或赔偿等;第三,表示一种结果,通过采取一系列行动和措施,消除缺陷产品对消费者人体健康和人身、财产安全造成的不合理危险;第四,表示以上所有含义的一个概括的词语。

在我国,由国家科技部立项的"缺陷产品行政管理制度研究"课题的报告中对召回的定义是:由生产者或销售者进行的,在确定产品存在缺陷之后,根据产品缺陷的严重程度、产品的数量和分布情况、纠正缺陷的地点和纠正方式的比较成本等因素,对缺陷产品采取诸如通知或通告、修理或者修复、退换或者替换、退赔及处置等措施进行处理,以消除缺陷产品给消费者带来的不合理危险。我国《缺陷汽车产品召回管理规定》第5条对召回的定义是:"指按照本规定要求的程序,由缺陷汽车产品制造商(包括进口商,下同)选择修理、更换、收回等方式消除其产品可能引起人身损害、财产损失的缺陷的过程"。

概括而言,缺陷产品召回是指产品的制造者在得知其生产、进口、销售的产品存在可能引发消费者健康、安全问题的缺陷时,依法向政府有关职能部门报告,及时通知消费者,设法从市场上和消费者手中收回缺陷产品,并进行免费修理、更换的产品质量法制度。

(二) 缺陷产品召回的特征

缺陷产品召回具有以下特征:

第一,产品召回的对象是缺陷产品。从各国的召回制度看,被召回的产品是有缺陷的产品,即制造者在产品设计和生产过程中,由于受到设计人员的技术水平、当时的生产状况、公司的设计能力等因素的制约,导致存在着不合理的危险,以致可能危害人身财产安全或造成环境污染的产品。

第二,产品召回的原因是产品存在不合理的危险。任何产品都有危险。根据消费者对危险的识别程度和预防程度的不同,危险可以分为合理危险和不合理危险两类。合理危险是指产品之所以成为该产品的危险,如啤酒含有酒精,消费者可以发现并予以防止的危险。该危险一般属于表面瑕疵,不会给消费者的人身或者财产造成损害。相反,不合理的危险则是指一种潜在的、难以发现、难以预防,极易甚至是必然给消费者的人身或财产造成损害的危险。刹车失灵、啤酒瓶爆炸、电热毯漏电等均属于不合理的危险。

第三,产品召回的基础是"严格赔偿责任"。严格赔偿责任是一种特殊形式的无过错侵权责任,其免责事由是客观的,而且是法定的,相对于一般无过错责任的免责更为严格。

我国《产品质量法》第41条就规定,生产商只能基于以下事由免责:(1) 未将产品投入流通的;(2) 产品投入流通时,引起损害的缺陷尚不存在的;(3) 将产品投入流通时的科学技术水平尚不能发现缺陷的。

第四,缺陷产品召回的最终义务主体特定。承担缺陷产品召回最终义务的是制造者而非销售者。召回的发起者可能是制造者、进口者以及其他主体,但是最后承担召回责任的一定是产品的制造者。销售者等其他关系人此时承担的是一种替代责任,最终责任的承担者仍然是制造者。

(三) 缺陷产品召回的分类

根据分类标准的不同,可以对缺陷产品召回进行多种分类:

(1) 根据缺陷产品召回的启动原因的不同,缺陷产品召回可分为自主缺陷产品召回和强制缺陷产品召回。

自主缺陷产品召回是指制造者根据自己掌握的产品信息,发现产品有缺陷后,主动向主管机构报告,并主动将缺陷产品予以召回的情形;强制缺陷产品召回是指在制造者等主体因为某种原因对存在缺陷的产品不采取主动召回的措施时,而由主管机构根据自身的权限要求制造者实施召回的情形。

(2) 根据针对的缺陷产品种类或性质的不同,缺陷产品召回分为工业缺陷产品召回、食品缺陷产品召回、机械缺陷产品召回、医药缺陷产品召回等等。

这种分类是庞大的,主要是因为缺陷产品的种类繁多。对缺陷产品召回进行这种分类有利于建立不同种类或性质缺陷产品召回的主管部门,有利于针对不同缺陷产品制定相应的法律和具体规则。

(3) 根据缺陷产品召回过程中针对产品缺陷而采用的具体措施不同,缺陷产品召回可分为回收法召回,收回法召回,赎买法召回,更新法召回,维护检修法召回等。

这几种召回可能同时存在于某一次缺陷产品召回中,适用于不同的缺陷产品,例如,回收法召回一般适用于问题产品已经或者可能对用户利益造成众人危害,而制造者又无法通过维修、返修、更换零部件等方法解决时使用。

(4) 根据缺陷产品缺陷的严重程度、危害程度等标准的不同,缺陷产品召回可分为不同的等级,有紧急缺陷产品召回、次紧急缺陷产品召回、普通缺陷产品召回等。

这样的分类有利于减少缺陷产品造成损害的可能,同时也有利于对不同等级的缺陷产品召回实施不同等级的监督管理,使缺陷产品召回取得良好效果。

二、缺陷产品召回与相关概念的比较

作为一个新的概念,缺陷产品召回与相关的概念很容易混淆,必须予以厘清。

(一) 缺陷产品召回与"三包"的比较

在我国《产品质量法》和《消费者权益保护法》中对于修理、更换、退货等"三包"问题均有明确的规定。

与产品召回相比,"三包"是针对出现问题的具体产品而言,属于售后服务范畴,是危险发生特别是消费者投诉之后予以解决的做法。产品召回和"三包"都是为了解决产品出现的质量问题,维护消费者的合法权益。但二者却有着明显的不同:

(1) 立法宗旨不同。产品召回主要是为了消除缺陷产品给全社会带来的不安全因素,维护公众安全,捍卫公共利益。"三包"则主要是为了防止经营者损害作为个体的消费者利益,保护个体消费者的合法权益。按照国外的划分,产品召回由于涉及公共安全利益,因此,带有公法性质,而产品"三包"则带有私法性质。

(2) 适用的对象不同。"三包"制度作为一项民事责任的承担方式,主要针对个别产品出现的个别问题,由于偶然因素导致的偶然性产品质量问题,主要解决的是非系统性瑕疵和缺陷问题。其适用对象是瑕疵产品和偶然性缺陷产品。而从国外立法及我国当前立法来看,产品召回制度的适用对象是由于非偶然性原因造成的系统性、同一性与安全有关的质量缺陷,解决的是系统性的缺陷问题。偶然性缺陷产品指因随机误差而导致的缺陷产品,一般通过生产可以控制在一定范围之内,系统性缺陷产品则指因设计或制造或警示说明存在问题而造成的一系列或一批次的大批量产品,往往不可控。

(3) 解决方式不同。产品召回的程序主要有制造商主动召回和主管部门指令召回两种方式。在产品制造商发现缺陷后,首先应向主管部门报告,并由制造商采取有效措施消除缺陷,实施召回。而产品"三包"是由产品经营者按照国家有关规定承担责任,在具体方式上,往往先由行政机关认可的机构进行调解。

(4) 两者性质不同。"三包"的法律性质是民事责任的承担方式,其法律关系适用基于私法主体间的合同关系,纠纷主要通过协商、调解或民事赔偿方式解决,而缺陷产品召回制度中经营者承担的是一种经济责任,基于经营者对消费者、社会承担和维护公共安全的社会法上的责任,经营者不承担责任就会受到行政处罚。

(5) 引发的因素不同。消费者认为经营者生产或销售的产品存在质量瑕疵时,可以依法向经营者主张"三包",因此,消费者提出是"三包"的引发因素;引发缺陷产品召回则有两种情形:一是经营者发现产品存在缺陷,可能危及消费者的健康或财产安全,由经营者主动召回。二是经营者虽发现,但未主动采取措施时,有关行政管理部门依法指令经营者采取召回措施,因此,召回的引发因素是经营者发现或行政主管机关发现。

(6) 两者实现的时间不同。"三包"是一种事后进行的补救措施,发生在产品存在瑕疵,不能发挥其使用功能或产品造成个体消费者损害的场合;而产品召回并不要求损害发生。它是一种事前弥补的措施,只要有证据证明产品确实存在损害人身、财产的缺陷存在,制造商就有召回缺陷产品的义务。

（7）监督管理或寻求救济的机关不同。当经营者不承担自己应尽的"三包"义务时,消费者可以向工商行政管理机关、质量技术监督管理部门投诉,还可向法院起诉,因此,其主管机关包括行政机关和司法机关;而产品召回制度的主管机关主要是质量技术监督管理部门,同时工商行政管理机关也有管理权,因此,其主管机关主要是行政机关。

（8）实施的范围不同。"三包"的对象范围有限,目前仅对18种家用电器、农业机械产品、电话机、固定电话机、微型计算机、家用视听商品、家用汽车等部分商品实行"三包",其他产品的"三包"目前还没有规定;而产品召回针对的缺陷产品则指一切存在系统性缺陷的商品,可见范围更大。

虽然召回与"三包"存在上述不同,但两者的关系不是截然分开的。在某些情况下,两者也可以发生一定的联系。如实行"三包"的产品的质量问题如果存在普遍性和共同性,在一定程度下可能导致产品的召回。同时,产品召回制度之外实行"三包",有利于针对汽车产品质量问题、售后服务等问题进行从点到面、从群体到个体的全方位的解决。

（二）缺陷产品召回与产品回收的比较

产品回收是指经营者按照预先规定的折旧方式收回残值,或通过简单的处理就进行填埋或堆放处理,是对超出安全使用期或失效期的商品的处置。它与召回的主要区别是:

（1）针对对象不同。召回针对的是缺陷产品;而回收针对的是超过安全使用期的产品。

（2）目的不同。召回的目的是消除隐患,保护公众安全;而回收的目的是利用废旧资源。

（3）是否退出消费环节不同。缺陷产品经过召回程序处理之后,大部分并不退出消费环节,仍然可以按原来商品的属性消费使用;而回收处理后的原商品已经退出消费环节,不能按原来的消费属性使用。

（4）处理方式不同。产品召回包括修理、更换、收回等方式,有法律的明确规定,并且还有法定的程序;而回收包括产品降级重用、产品维修重用、部件翻新、整件再造、材料再生、焚烧获能和废弃处理等方式,具体的方式由回收者自己决定。

（三）缺陷产品召回与缺陷产品管理的比较

缺陷产品管理是指一个国家的行政管理部门根据产品质量法规的要求,从管理产品质量的角度出发制定的行政管理制度,它涉及所有缺陷产品的管理,其与缺陷产品召回的区别主要体现在以下两点:

（1）针对的对象范围不同。产品召回的对象是系统性缺陷产品；而缺陷产品管理针对的对象是所有的缺陷产品，除系统性缺陷外，还包括偶然性缺陷产品。

（2）采取的措施不同。缺陷产品管理所采取的措施包括但不限于缺陷产品召回，采不采取产品召回的方式取决于缺陷产品的具体情况；而缺陷产品管理包括了缺陷产品召回，缺陷产品召回是缺陷产品管理的重要措施。

（四）缺陷产品召回与强制收回的比较

2002年7月13日，国家质检总局宣布对10家企业的插头插座实行强制收回，开创了对不合格产品实行强制收回的先例，这是我国首次实施强制收回制度。

强制收回制度的具体做法是：首先，把现场执法抽查中发现的劣质产品的生产企业作为查处重点，集中列入强制收回的名单中；其次，依据强制收回制度的规定，凡是被列为强制收回的劣质产品，其企业要被强制停产；劣质产品已经上市销售的，要被强制撤柜；已经售出的劣质产品，要被强制退赔及收回；强制收回来的劣质产品，要强制销毁和相关技术处理；最后，对已被实行强制收回的生产企业还要继续对其进行跟踪监督，对其生产线、库存、包装以及使用的商标等进行检查。若发现企业还藏匿有制假模具、包装、印刷工具以及商标标识等，则应立即没收、销毁。

收回作为产品召回的一项措施，在《缺陷汽车产品召回规定》中有明确规定。召回制度和强制收回制度的主要区别是：

（1）适用前提不同。产品召回的前提是产品存在系统缺陷，而强制收回制度的前提是产品不符合相关质量标准，存在严重不合格的情况。

（2）实施对象和范围不同。以国外的立法经验看，产品召回涉及的产品范围较广，包括多项影响消费者安全和健康的产品，我国现在召回制度虽仅涉及汽车、食品、药品、儿童玩具等产品，但可预计在不久的将来，实施召回的产品将进一步普及和推广；而强制收回制度是独具中国特色的一项法律制度，目前，仅涉及插头和插座，以后将涉及电器类产品和食品，范围不可能像缺陷产品召回制度一样广泛。

（3）经营者的地位和职责不同。在召回制度中，一般来说，经营者应该主动采取召回措施，召回主要是一种自律行为，要求市场主体有良好的诚信，有严格的自觉和自律；而在强制收回中，正因为经营者缺乏良好的诚信，缺乏自觉和自律，因此，经营者通常以接受行政处罚的行政相对人的角色出现。

（4）经营者支付的成本不同。产品召回只是对某种产品的某一部件进行修理或更换，产品未被逐出市场，产品经修理后还可以继续使用，对于经营者而言损失较小，同时经营者通常以主动召回方式作出召回措施，因而避免受到惩罚成本的支出。另外,随着人们对召回制度的认同,人们将把主动召回视为经营者讲信用、重承诺的表现,经营者也因此获得了潜在的市场份额。当然,如果经营者明知有缺陷而不主动召回也将独吞高额处罚和失信于消费者的恶果;而强制收回制度则是对整个产品全部收回或销毁,经营者不仅产品被查封或没收,还要受到行政处罚,同时,被强制收回企业的名单和产品将被披露,这将大大降低企业声誉,影响企业的品牌形象,经营者将付出巨大的成本代价。

(5) 行政主管部门的地位和职责不同。在产品召回制度中,行政主管部门负责立法和监督,在特殊情况下,即在经营者拒绝承担相应义务或隐瞒产品缺陷或以不当方式处理缺陷时才对经营者予以处罚;而强制收回制度中主管部门则主要负责执法,即责令经营者停止生产,强制收回售出的不合格产品,对产品进行清理、查封,对收回的产品进行监督销毁或进行必要的技术处理,使其不能再流入社会。

三、缺陷产品召回的法律价值

目前,"召回"已成为国内企业与国外对手争夺市场和消费者的一个重要手段。对消费者而言,召回制度使消费者自己的权益得到了维护,消费者能够有法可依,消费者对企业产品的质量更为放心,可以大胆消费;对企业而言,召回制度提高了自身的知名度,在压力下能够提高标准,规范产品,有利于赢得用户的信任,从而也提高了自身在市场上的竞争力;对政府来说,召回制度能监督企业的行为,促进企业保证产品的质量,对企业有预警作用,从而有利于促进整个产业的良性发展。可见,建立产品召回制度,不仅能有效地维护消费者权益,促进企业提高产品质量,也有利于政府加强对市场的监管。所以,建立既符合我国国情、又符合国际通行规则的缺陷产品召回制度,已经刻不容缓。

四、缺陷产品召回的基本程序

我国产品召回法律的一般操作程序可设计为以下五个步骤:

(一) 缺陷产品信息报告

制造商或生产商自身发现或者根据销售商、进口商、租赁商、修理商、买主的信息反馈认为产品可能存在缺陷,应当及时向主管部门报告,并以有效方式通知销售商暂停销售该产品。另外,买主、其他单位和个人发现产品存在缺陷也有权向主管部门报告。报告的法律后果并不意味着产品必然存在缺陷,也不意味着厂商必须对报告产品采取召回措施。除非主管机构已收到厂商提交的召回计划,或者已经收到针对该产品的公众投诉,或者经厂商许可,否则,主管机构不得披露报告内容。主管机构在将厂商报告披露之前,应提前对厂商进行告知。

（二）主管机构评估鉴定

主管机构收到报告后，首先要做的是确认产品是否存在缺陷，产品缺陷的程度如何，生产商应负什么样的责任。认定产品缺陷包括缺陷的形式、进入市场的缺陷产品数量、伤害发生的可能性及其他数据信息等，依据监管机构对产品缺陷危害评级标准确定产品缺陷程度和确定召回的级别，同时对主管机构在上述问题上作出的一系列结论，均需给予厂商申辩权。

（三）制定缺陷产品召回计划

制造商在收到主管部门的召回结论后，应立即着手制定召回计划。该计划应包括以下基本内容：

（1）有效停止缺陷产品继续生产的措施。

（2）有效通知销售商停止批发和零售缺陷产品的措施。

（3）有效通知相关买主有关缺陷的具体内容和处理缺陷的时间、地点和方法等。

（4）客观公正地预测召回效果。召回计划的关键在于设计信息资料以备启动召回信息发布程序。

（四）实施召回

制造商实施召回，首先应当公布召回信息，制造商应当将其产品存在的缺陷、可能造成的损害及其预防措施、召回计划等，通过新闻媒体等有效方式通知有关销售商、租赁商、修理商和买主，并通知销售商停止销售有关产品，制造商必须设置热线电话，解答各方询问，并在主管部门指定的网站上公布缺陷情况供公众查询。其次，制造商在主管部门的协助和监督下，召回产品并依法对召回产品进行处理。

（五）召回结果报告

当制造商完成召回后，应向主管部门递交召回结果报告，由主管部门审查后向社会公布。同时，制造商和主管机构均应妥善保存有关产品缺陷及召回过程的完整记录。

五、我国缺陷产品召回制度立法现状

目前，我国还没有专门性的统一缺陷产品召回的法，相关内容散见于《消费者权益保护法》《食品安全法》及特定行业产品召回制度中。

（一）相关法律关于缺陷产品召回的规定

我国缺陷产品召回的法律规定，主要表现在《食品安全法》和《消费者权益保护法》中。

第一，《食品安全法》的规定。该法第53条对食品召回作出了如下规定：（1）"通知相关生产经营者和消费者，并记录召回和通知情况。"（第53条第1

款)

(2)"食品经营者发现其经营的食品不符合食品安全标准,应当立即停止经营,通知相关生产经营者和消费者,并记录停止经营和通知情况。食品生产者认为应当召回的,应当立即召回。"(第53条第2款)

(3)"食品生产者应当对召回的食品采取补救、无害化处理、销毁等措施,并将食品召回和处理情况向县级以上质量监督部门报告。"(第53条第3款)

(4)"食品生产经营者未依照本条规定召回或者停止经营不符合食品安全标准的食品的,县级以上质量监督、工商行政管理、食品药品监督管理部门可以责令其召回或者停止经营。"(第53条第4款)

第二,《消费者权益保护法》的规定。该法第33条对召回作了如下规定:(1)"有关行政部门在各自的职责范围内,应当定期或者不定期对经营者提供的商品和服务进行抽查检验,并及时向社会公布抽查检验结果。"(第33条第1款)

(2)"有关行政部门发现并认定经营者提供的商品或者服务存在缺陷,有危及人身、财产安全危险的,应当立即责令经营者采取停止销售、警示、召回、无害化处理、销毁、停止生产或者服务等措施。"(第33条第2款)

从上述规定来看,规定是笼统的、原则的,缺乏可操作性,因此,这些规定只能看作是我国缺陷产品召回制度的原则性和指引性规定。

(二)相关行政法规、规章关于缺陷产品召回的规定

针对法律关于缺陷产品召回立法的不足,政府有关职能部门加快了关于缺陷产品行政法规、规章制定的步伐。如国家质量监督检验检疫总局、国家发展和改革委员会、商务部、海关总署于2004年联合制定并颁布了《缺陷汽车产品召回管理规定》。之后,还制定了《缺陷汽车召回专家库建立与管理办法》《缺陷汽车产品调查和认定实施办法》和《缺陷产品检测与实验监督管理办法》等四部配套实施细则。这是我国第一部在具体的行业制定完整的缺陷产品召回制度,其宗旨是加强对缺陷汽车产品召回事项的管理,消除缺陷汽车产品对使用者及公众人身、财产安全造成的危险,维护公共安全、公众利益和社会经济秩序。有学者认为此举是我国缺陷产品召回制度立法史上的一个重要里程碑,填补了我国产品召回制度立法的空白,标志着中国汽车消费市场进一步迈向规范和成熟。

随后,2007年国家质量监督检验检疫总局及国家食品药品监督管理局先后制定并颁布了《食品召回管理规定》《儿童玩具召回管理规定》《药品召回管理办法》,将召回制度拓展到除汽车之外的其他产品上,完善并发展了我国的缺陷产品召回制度。

目前,国家质量监督检验检疫总局关于《缺陷产品召回管理条例(草案)》已经公布。该《条例》中除了已经纳入缺陷产品召回制度的汽车、玩具、食品和药

品外,其他所有可能造成严重人身健康伤害的产品都可能纳入召回范围,比如家用电器、公共服务设施等。《缺陷产品召回管理条例》一旦公布实施,将成为我国第一部关于缺陷产品召回的专门性法规。

思考题

1. 试运用本章之惩罚性赔偿之基本理论评述"王海现象"。

附:"王海现象"梗概

1995年3月,山东无业青年王海,从《消费者权益保护法》第49条规定中发现了谋生的机会,他四处购买假货然后向商家索取双倍赔偿。由于他的打假行为带着鲜明的牟利动机,一时间在社会上引发热烈争议。中消协支持他。同年12月,他获得了中国第一个"消费者打假奖"。在这样的鼓舞之下,全国出现了一大批和王海一样购假索赔的职业打假者,使得"王海现象"发展到巅峰。1997年似乎是个转折点,这年年底由王海等人发起的针对水货手机的索赔及至诉讼最后纷纷败诉。

鉴于这一种现象,中国消费者协会等有关部门和人士早已呼吁最高人民法院做出司法解释,或由全国人大对《消法》做出修改和补充。

2. 试运用本章之"三包"之基本理论分析以下案例。

山东临沂消费者李女士购买不到3个月的电磁炉出了故障,向厂家申请维修,厂家却称不能实行三包,必须自费维修。

原来,李女士不久前的一天晚上正在炒菜时,电磁炉突然出现故障,虽然指示灯还亮着,但电磁炉内却发出嗡嗡嗡的响声,就是不工作。她家附近就有一个维修店,为了不耽搁家里人吃饭,她赶紧带着电磁炉前去维修。可修理后没过多久,电磁炉又出现了同样的故障,于是她打电话向厂家售后服务部门申请维修。没想到维修人员上门检查后指出电磁炉已被打开过,按照公司的规定,不能再享受三包服务了,要维修就得自费。李女士赶忙解释说上次出现同样的故障,因为怕耽搁做饭才拿去找人修的,并不是自己打开弄坏的。但维修人员坚持称不管什么原因,电磁炉已经被打开过,就不能再享受三包服务。而李女士也因为产品刚用了不到3个月就出现质量问题,心里十分不高兴,坚持要求免费维修。

在投诉时,李女士说:"明明是产品出了质量问题,耽误我做饭,我自己掏了钱维修,还得负责任,他们倒好,什么责任都不用负,太不公平了。"

第十六章 救济内容:行政责任和刑事责任

内容提要:行政责任是指消费法律主体违反消费法律、法规应承担的行政法律后果。经营者是消费者权益保护中行政责任的主要承担者。工商行政管理机关或其他有关行政部门可以对经营者作出如下行政处罚:(1) 责令改正;(2) 警告;(3) 没收违法所得、处以违法所得1倍以上、10倍以下的罚款,没有违法所得的,处以50万元以下的罚款;(4) 责令停业整顿;(5) 吊销营业执照;(6) 向社会公布经营者的诚信档案。

刑事责任,是依据国家刑事法律规定,对犯罪分子依照刑事法律的规定追究的法律责任。经营者也是消费者权益保护中刑事责任的主要承担者。在《消费者权益保护法》中,涉及经营者的犯罪主要有生产、销售伪劣产品罪,生产、销售不合格安全标准的产品罪,强迫交易罪,生产、销售假药罪,生产、销售劣药罪,生产、销售有毒、有害食品罪,生产、销售不符合卫生标准的化妆品罪。

教学重点:(1) 行政责任;(2) 强迫交易罪。

第一节 行政责任

一、经营者的行政责任

经营者是最主要的行政责任的承担者。《消费者权益保护法》对经营者承担行政责任的情形、处罚机关、处罚方式等都作出了明确的规定。

(一) 经营者应当承担行政责任的情形

根据《消费者权益保护法》第56条的规定,经营者有下列情形之一的,应当承担行政责任:(1) 提供的商品或者服务不符合保障人身、财产安全要求的;(2) 在商品中掺杂、掺假,以假充真,以次充好,或者以不合格商品冒充合格商品的;(3) 生产国家明令淘汰的商品或者销售失效、变质的商品的;(4) 伪造商品的产地,伪造或者冒用他人的厂名、厂址,篡改生产日期,伪造或者冒用认证标志等质量标志的;(5) 销售的商品应当检验、检疫而未检验、检疫或者伪造检验、检疫结果的;(6) 对商品或者服务作虚假或者引人误解的宣传的;(7) 拒绝或者拖延有关行政部门责令对缺陷商品或者服务采取停止销售、警示、召回、无害化处理、销毁、停止生产或者服务等措施的;(8) 对消费者提出的修理、重作、更换、退货、补足商品数量、退还货款和服务费用或者赔偿损失的要求,故意拖延或者无理拒绝的;(9)侵害消费者人格尊严、侵犯消费者人身自由或者侵害消费者个人信息依法得到保护的权利的;(10)法律、法规规定的对损害消费者权益应当予以处罚的其他情形。

第一,掺杂掺假行为是指违法行为人以牟取利润为目的,故意地在产品中掺入杂质或者作假,进行欺骗性商业活动,使产品中的有关物质的含量不符合国家有关法律、法规、合同或标准要求的一种质量违法行为。

关于掺杂掺假,目前我国立法的规定和解释不尽相同。如最高人民法院和最高人民检察院《关于办理生产、销售伪劣商品刑事案件具体应用法律若干问题的解释》(以下简称《解释》)规定,对掺杂掺假的解释是"在产品中掺入杂质或异物,致使产品质量不符合国家法律、法规或产品明示质量标准规定的质量要求,降低、失去应有使用性能的行为。"国家质检总局关于《实施〈产品质量法〉若干问题的意见》(以下简称《意见》)中,对掺杂掺假的解释是:"在产品中掺杂掺假的行为,是指生产者、销售者在产品中掺入杂质或者造假,进行质量欺诈的违法行为,其结果是致使产品中有关物质成分或者含量不符合国家有关法律法规、标准或者合同的要求。"

第二,以假充真行为是指以甲产品冒充与其特征不同的乙产品的行为。以假充真的违法行为表现为生产者、销售者隐匿产品原有的真实名称、属性,以欺骗的手段,谎称是消费者所需要的产品进行生产、销售,或者以一般品质的产品冒充特定品质的产品,以此牟取非法利润。

关于以假充真,目前,我国立法的规定和解释也不尽相同。最高人民法院、最高人民检察院《解释》对以假充真的解释是:"指以不具有某种使用性能的产品冒充具有该种使用性能的产品的行为。"国家质检总局《意见》对以假充真的解释是:"以此产品冒充与特征、特性等不同的其他产品,或冒充同一类产品中具有特定质量特征、特性的产品的欺诈行为。"

第三,以次充好是指以下两种行为:一是指以低等次或低档次的产品冒充高等级或高档次产品的行为;一是以残充正、以旧充新的行为。以次充好的违法行为表现为当产品质量、性能指标等部分达不到或者完全达不到产品有关的标准或技术要求时,生产者、销售者却谎称产品完全符合标准或者技术要求,以此来欺骗消费者。

关于以次充好,目前,我国立法的规定和解释也不相同。最高人民法院、最高人民检察院《解释》对以次充好的解释是:"指以低等级、低档次产品冒充高等级、高档次产品,或者以残次、废旧零配件组合、拼装后冒充正品或者新产品的行为。"国家质检总局《意见》对以次充好的解释是:"指以低档次、低等级产品冒充高档次、高等级产品或者以旧产品冒充新产品的违法行为。"

第四,以不合格产品冒充合格产品的行为。最高人民法院、最高人民检察院《解释》对不合格产品的解释是:"指不符合《中华人民共和国产品质量法》第26条第2款规定的质量要求的产品。"国家质检总局《意见》对以不合格产品冒充合格产品的解释是:"不合格产品是指产品质量不符合《中华人民共和国产品质量法》第26条规定的产品。以不合格产品冒充合格产品是指以质量不合格的产品作为或者充当合格产品。"本书赞同《解释》和《意见》关于不合格产品以及以不合格产品冒充合格产品行为的界定。

根据《解释》,关于"以不合格产品冒充合格产品"的认定问题,应当根据产品质量检验机构出具"该产品系不合格产品"的鉴定结论结合司法机关的审查予以认定。产品质量检验机构出具鉴定结论时,应当同时提供出具鉴定结论的参数依据或理由。司法机关根据该鉴定结论的参数依据或理由进行审查。如"不合格产品"的鉴定结论是针对产品的内在质量而言的,则可认为该"不合格产品"系伪劣产品;如鉴定结论仅针对产品的外在包装的,一般不能认为该"不合格产品"系伪劣产品。

第五,国家明令淘汰的产品,是指国务院以及国务院有关行政部门依据其行政职能,按照一定的程序,采用行政的措施,通过发布行政文件的形式,向社会公布某项产品或者某个型号的产品,自何年、何月、何日起禁止继续生产、销售、使用。这是国家采取的一项宏观控制的行政手段,对社会具有普遍的约束力。为维护国家利益和社会公共利益,对国家明令淘汰的产品,生产者不得继续生产;销售者在超过规定的时间后,不得继续销售。否则,将依法追究生产者、销售者的法律责任。

国家明令淘汰的产品,一般是涉及消耗能源高,污染环境,产品性能落后,疗效不确、毒副作用大等方面因素的产品。自20世纪80年代初以来,国务院有关部门已连续发布了17批共600余项淘汰的机电产品目录;国务院办公厅1991年以67号文件宣布淘汰"六六六""滴滴涕""林丹""敌枯双""杀虫脒""二溴氯丙烷"等六种农药;卫生部先后宣布淘汰了一百多种药品;国家经济贸易委员会于1999年1月22日公布了《淘汰落后生产能力、工艺和产品的目录》(第一批),该目录涉及10个行业,共114个项目;1999年12月30日公布了《淘汰落后生产能力、工艺和产品的目录》(第二批),该目录涉及钢铁、有色、轻工、纺织、石化、建材、机械、印刷业(新闻)等8个行业,共119项目;2002年6月2日公布了《淘汰落后生产能力、工艺和产品的目录》(第三批),该目录涉及消防、化工、冶金、黄金、建材、新闻出版、轻工、纺织、棉花加工、机械、电力、铁道、汽车、医药、卫生等15个行业,共120项内容。

第六,所谓伪造产地是指在甲地生产而标注乙地厂名的行为。2001年,原国家质量技术监督局在《关于实施〈中华人民共和国产品质量法〉若干问题的意见》中将"伪造产地"的行为界定为:在甲地生产产品,而在产品标识上标注乙地的地名的质量欺诈行为。例如,某电视机不是北京生产的,却在产品上或者包装上标注产地是北京。对此,《产品标识标注规定》第18条更加明确要求:"生产者标注的产品的产地应当是真实的。产品的产地应当按照行政区划的地域概念进行标注。本规定所称产地,是指产品的最终制作地、加工地或者组装地"。因此,产品产地是与行政区划的地域概念紧密联系的。我国幅员辽阔,产品因产地不同,其性能、质量指标等会有较大差异。尤其是一些土特产品,其风味、质地等质量特征和特性与产地的气候、环境有着密切联系。伪造产地将极大地损害到消费者的知情权。另外,伪造产地行为还有盗用质量信誉、骗取信任、不正当竞争等特征,成为不法企业谋取非法利润、欺骗消费者的手段。比如虚假标注内蒙古为产地的羊绒制品等等。可以说,当前严厉打击"伪造产地"行为是规范市场经济秩序的内在要求。

第七,所谓伪造或者冒用他人的厂名、厂址,是指非法制作标注他人厂名、厂址的标识或者擅自使用他人厂名、厂址名称的行为。具体来讲,伪造厂名、厂址是指生产者、销售者在产品或者其包装上标注虚假的厂名、厂址,即根本不存在的厂名、厂址的违法行为;冒用他人的厂名、厂址是指生产者、销售者在产品或者其包装上标注同类产品的其他经营者的厂名、厂址。

伪造厂名、厂址的目的,一般是欺骗用户、消费者以及产品的经销人,逃避对其伪造的产品承担产品质量责任,而冒用的目的则有两个:一是抬高其生产的产品身价,鱼目混珠,以欺骗用户和消费者;二是逃避其假冒伪劣产品的产品质量责任,将责任转嫁给被冒用的企业。冒用他人厂名、厂址的行为,既违反了《产品质量法》的规定,也违反了《民法通则》的有关规定,侵犯了他人的名称权、名誉权。

第八,所谓伪造或者冒用认证标志、名优标志等质量标志是指非法制作认证标志、优质产品标志、获国际荣誉标志、生产许可证标志等质量标志的行为;或者未获许可证、未获准认证、未取得优质产品、国际奖等荣誉奖、未取得生产许可证等,而擅自使用相应质量标志的行为。

认证标志和名优标志是两类重要的质量标志,二者既有密切的联系,又有明显的区别,不可混为一谈。

认证标志。是指企业通过申请,经国际或国内权威认证机构认可,颁发给企业的表示产品质量已达认证标准的一种标志。伪造或者冒用认证标志的违法行为通常包括:① 未推行产品质量认证制度的商品,经营者在商品上或其包装上伪造认证标志;② 经营者未向产品质量认证机构申请认证而擅自使用认证标志;③ 经营者虽向产品质量认证机构申请认证,但经认证不合格却擅自使用认证标志;④ 其他伪造或者冒用认证标志的违法行为。

名优标志是经国际或者国内有关机构或社会组织评定为名优产品而发给经营者的一种质量荣誉标志。伪造或者冒用名优标志的违法行为通常包括:① 未经组织评比名优的产品,经营者伪造名优标志在商品上使用;② 虽为组织评比名优的产品,但经营者未参加评比,却擅自在商品上使用名优标志;③ 虽为组织评比名优的产品,经营者参加了评比,但未被评比为名优产品,却擅自在商品上使用名优标志;④ 被取消名优产品称号的产品,经营者继续使用名优标志;⑤ 级别低的名优产品,经营者擅自使用级别高的名优标志;⑥ 其他伪造或者冒用名优标志的行为。

(二) 行政处罚的机关和形式

处罚机关和处罚形式是行政责任的基本构成要素,不可或缺。《消费者权益保护法》对给予经营者行政处罚的处罚机关和处罚方式作出了明确的规定。

第一,处罚机关。根据《消费者权益保护法》第56条的规定,对经营者的行政处罚,有关法律、法规对处罚机关有规定的,依照法律、法规的规定执行;法律、法规未作规定的,由工商行政管理部门或者其他有关行政部门进行行政处罚。其中:以暴力、威胁等方法阻碍有关行政部门工作人员依法执行职务的,依法追究刑事责任;拒绝、阻碍有关行政部门工作人员依法执行职务,未使用暴力、威胁方法的,由公安机关依照《治安管理处罚法》的规定处罚。

第二,处罚形式。根据《消费者权益保护法》第56条的规定,工商行政管理机关或其他有关行政部门可以对经营者作出如下行政处罚:(1) 责令改正;(2) 警告;(3) 没收违法所得、处以违法所得一倍以上10倍以下的罚款,没有违法所得的,处以50万元以下的罚款;(4) 责令停业整顿;(5) 吊销营业执照;(6) 向社会公布经营者的诚信档案。

(三) 行政责任与民事责任的冲突解决

经营者承担的法律责任既有民事责任,也有行政责任。当民事责任和行政责任都涉及经济因素,且又不能同时满足民事权利主体和行政权力主体的需求时,就产生了行政责任和民事责任的冲突问题。

如何解决这种冲突,《消费者权益保护法》第58条明确规定,经营者违反本法规定,应当承担民事赔偿责任和缴纳罚款、罚金,其财产不足以同时支付的,先承担民事赔偿责任。这样的规定,就是充分保护消费者合法权益的规定,是一种"先民后官"的规定,科学、合理、切实可行。

(四) 行政复议与行政诉讼

经营者对行政处罚决定不服的,可以依法申请行政复议或者提起行政诉讼。

(1) 行政复议。行政复议是指公民、法人或者其他组织不服行政主体作出的具体行政行为,认为行政主体的具体行政行为侵犯了其合法权益,依法向法定的行政复议机关提出复议申请,行政复议机关依法对该具体行政行为进行合法性、适当性审查,并作出行政复议决定的行政行为,是公民、法人或其他组织通过行政救济途径解决行政争议的一种方法。

1999年4月29日第九届全国人民代表大会常务委员会第九次会议通过并颁布了《中华人民共和国行政复议法》。该法对行政复议范围、行政复议申请、行政复议受理、行政复议决定、法律责任等问题作出了规定。

（2）行政诉讼。行政诉讼是解决行政争议的一项重要法律制度,是指公民、法人或其他组织认为国家行政机关及其工作人员的具体行政行为侵犯其合法权益时,依法向人民法院提起诉讼,并由人民法院对具体行政行为是否合法进行审查并作出裁判的活动和制度。

1989年4月4日第七届全国人民代表大会第二次会议通过并颁布了《行政诉讼法》。该法对行政诉讼的受案范围、管辖、诉讼参加人、证据、起诉和受理、审理和判决、执行等问题作出了规定。

二、国家机关工作人员的行政责任

《消费者权益保护法》在对经营者的行政责任作出规定的同时,也对国家机关工作人员的行政责任作出了规定。

（一）国家机关工作人员承担行政责任的情形

根据《消费者权益保护法》第61条的规定,国家机关工作人员玩忽职守或者包庇经营者侵害消费者合法权益的行为时应当承担行政责任。其中：

（1）玩忽职守是指不认真、不负责地对待本职工作。一般而言,玩忽职守包括玩忽职守的作为和玩忽职守的不作为两类。前者的主要表现是对工作马马虎虎,草率从事,敷衍塞责,违令抗命,极不负责任;后者的主要表现是擅离职守,撒手不管。有的虽然未离职守,但却不尽职责,该管不管,该作不作,听之任之等。

（2）包庇是指向处分决定机关或者有关组织提供虚假证明帮助违法、违纪行为人掩盖违法、违纪事实,或者在违法、违纪行为人被有关机关或者组织查获、发现前帮助其湮灭、隐藏、转移或毁灭违法、违纪行为人而予以包庇的行为。

（二）处罚机关

根据《消费者权益保护法》第61条的规定,国家机关工作人员承担行政责任的由其所在单位或者上级机关给予行政处分。

（三）处罚方式

国家机关工作人员承担行政责任的形式主要是行政处分。根据2007年4月22日国务院发布的《行政机关公务员处分条例》第6条的规定,国家机关工作人员承担行政责任的形式主要有以下几种：(1) 警告;(2) 记过;(3) 记大过;(4) 降级;(5) 撤职;(6) 开除。

第二节 刑事责任

一、经营者的刑事责任

经营者涉及的刑事犯罪主要有生产、销售伪劣产品罪,生产、销售不符合安全标准的产品罪,强迫交易罪,生产、销售假药罪,生产、销售劣药罪和生产、销售有毒、有害食品罪。

(一)生产、销售伪劣产品罪

生产、销售伪劣产品罪,是指生产者、销售者在产品中掺杂、掺假,以假充真,以次充好或者以不合格产品冒充合格产品,销售金额达5万元以上的行为。我国《刑法》第140条对生产、销售伪劣产品罪作出了具体规定。该条规定:"生产者、销售者在产品中掺杂、掺假,以假充真,以次充好或者以不合格产品冒充合格产品,销售金额5万元以上不满20万元的,处2年以下有期徒刑或者拘役,并处或者单处销售金额50%以上2倍以下罚金;销售金额20万元以上不满50万元的,处2年以上、7年以下有期徒刑,并处销售金额50%以上2倍以下罚金;销售金额50万元以上不满200万元的,处7年以上有期徒刑,并处销售金额50%以上2倍以下罚金;销售金额200万元以上的,处15年有期徒刑或者无期徒刑,并处销售金额50%以上2倍以下罚金或者没收财产。"

生产、销售伪劣产品罪的犯罪构成如下:

(1)犯罪主体。犯罪主体是个人和单位,具体表现为产品的生产者和销售者。

(2)主观方面。主观方面表现为故意,一般具有非法牟利的目的。行为人的故意表现为在生产领域内是有意制造伪劣产品。在销售领域内分两种情况:一是在销售产品中故意掺杂、掺假;二是明知是伪劣产品而售卖。

(3)犯罪客体。生产、销售伪劣产品罪的侵犯客体是国家对普通产品质量的管理制度。普通产品是指除《刑法》另有规定的药品、食品、医用器材、涉及人身和财产安全的电器等产品,农药、兽药、化肥、种子、化妆品等产品以外的产品。国家对产品质量的管理制度是指国家通过法律、行政法规等规范产品生产的标准,产品出厂或销售过程中的质量监督检查内容,生产者、销售者的产品质量责任和义务、损害赔偿、法律责任等制度。

(4)客观方面。生产、销售伪劣产品罪的客观方面表现为生产者、销售者违反国家的产品质量管理法律、法规,生产、销售伪劣产品的行为。违反产品质量管理法律、法规一般是指违反《产品质量法》《准化法》《计量法》《工业产品质量责任条例》以及有关省、自治区、直辖市人民政府制定的关于产品质量的地方性法规、规章以及有关行业标准规则等。

(二) 生产、销售不符合安全标准的产品罪

生产、销售不符合安全标准的产品罪,是指生产不符合保障人身、财产安全的国家标准、行业标准的电器、压力容器、易燃易爆产品或者其他不符合保障人身、财产安全的国家标准、行业标准的产品,或者销售明知是以上不符合保障人身、财产安全的国家标准、行业标准的产品,造成严重后果的行为。我国《刑法》第146条对该犯罪作出了规定。该条规定:"生产不符合保障人身、财产安全的国家标准、行业标准的电器、压力容器、易燃易爆产品或者其他不符合保障人身、财产安全的国家标准、行业标准的产品,或者销售明知是以上不符合保障人身、财产安全的国家标准、行业标准的产品,造成严重后果的,处5年以下有期徒刑,并处销售金额50%以上2倍以下罚金;后果特别严重的,处5年以上有期徒刑,并处销售金额50%以上2倍以下罚金。"

生产、销售不符合安全标准的产品罪的犯罪构成如下:

第一,主体要件。本罪的主体要件为一般主体,即达到刑事责任年龄、具有刑事责任能力的任何人均可构成本罪,单位也能构成本罪的主体。生产者、销售者是主要的责任主体。

第二,主观要件。本罪是故意犯罪。这种故意在生产环节上表现为,对所生产的电器、压力容器等产品是否符合标准采取放任的态度,或者明知所生产的产品不符合保障人身、财产安全的有关标准而仍然继续生产的;在销售环节上表现为,明知所销售的产品不符合标准而仍然予以出售的。过失行为不能构成本罪,例如,虽然严格要求了产品质量,但因为某一疏忽行为而导致出现了不合格产品的,或者销售了不明知是不符合安全标准的产品的等等。生产、销售不符合安全标准的产品罪的犯罪目的,一般来说只能是为了牟取经济利益。

第三,犯罪对象。本罪的客体为双重客体,即国家对生产、销售电器、压力容器、易燃易爆产品等的安全监督管理制度和公民的健康权、生命权。凡生产、销售不符合保障人身、财产安全标准的产品,即侵犯了国家对这类产品的监督管理制度。这类产品若不符合质量标准,往往会危及人身安全、造成重大财产损失等危害后果。

第四,犯罪客体。本罪的犯罪对象是不符合保障人身、财产安全的国家标准、行业标准的电器、压力容器、易燃易爆产品或者其他产品。

(1) 所谓电器,是指各种电讯、电力器材和家用电器,如电线、电缆、电热器、电饭锅、电视机、收录机、音响组合、录像机、电冰箱、洗衣机、空调器、电风扇等。

(2) 所谓压力容器,是指储存高压物品的容器,如高压锅、压力机、氧气瓶、压力洗衣机等。

(3) 所谓易燃易爆产品,是指容易引起燃烧或者爆炸的物品,为锅炉、闸门、

发电机、煤气制造系统的煤气发生炉、煤气罐、炸药(包括黄色炸药、黑色炸药和化学炸药)等。

(4) 其他不符合保障人身、财产安全的国家标准、行业标准的产品,是指除上述电器、压力容器、易燃易爆产品以外的产品,如气化油炉、汽水瓶、啤酒瓶等。这些产品都具有共同特点,即危险性、危害性、破坏性强,一旦发生事故,对人们的生命、健康及财产安全可能造成极大损失。正因为如此,国家对这类产品制定了严格的保障人身、财产安全的国家标准、行业标准,而不仅仅是一般的质量标准。

(三) 强迫交易罪

强迫交易罪,是指以暴力、威胁手段强买强卖商品,强迫他人提供服务或者强迫他人接受服务,强迫他人参与或者退出投标、拍卖的,强迫他人转让或者收购公司、企业的股份、债券或者其他资产的,强迫他人参与或者退出特定的经营活动的,情节严重的行为。

关于强迫交易罪,我国《刑法》第226条明确规定:"以暴力、威胁手段,实施下列行为之一,情节严重的,处3年以下有期徒刑或者拘役,并处或者单处罚金;情节特别严重的,处3年以上、7年以下有期徒刑,并处罚金:(1) 强买强卖商品的;(2) 强迫他人提供或者接受服务的;(3) 强迫他人参与或者退出投标、拍卖的;(4) 强迫他人转让或者收购公司、企业的股份、债券或者其他资产的;(5) 强迫他人参与或者退出特定的经营活动的。"

强迫交易罪的犯罪构成如下:

(1) 主体要件。本罪主体为一般主体。凡达到刑事责任年龄且具备刑事责任能力的自然人均能构成本罪,依《刑法》第231条之规定,单位亦能构成本罪。如此以来,产品生产者和销售者就成为了该罪的主要责任主体。为了严惩生产者、销售者的强迫交易行为,我国《刑法》规定了对单位犯的两罚制,即对单位判处罚金,对其直接负责的主管人员和其他直接责任人员依本条规定追究刑事责任。

(2) 主观要件。本罪在主观方面表现为直接故意。间接故意、过失均不构成本罪。

(3) 客体要件。本罪不仅侵犯了交易相对方的合法权益,而且侵犯了商品交易市场秩序。商品交易是在平等民事主体之间发生的法律关系,应当遵循市场交易中的自愿与公平原则。但在现实生活中,交易双方强买强卖、强迫他人提供服务或者强迫他人接受服务的现象时有发生,这种行为违背了市场交易原则,破坏了市场交易秩序,侵害了消费者或经营者的合法权益。如果行为人以暴力、威胁手段强行交易,就具有了严重的社会危害性,情节严重的,应依法追究其刑事责任。

(4) 客观要件。本罪在客观方面表现为以暴力、威胁手段强买强卖商品、强迫他人提供服务或者强迫他人接受服务,情节严重的行为。

所谓暴力,是指对被强迫人的人身或财产实际强制或打击,如殴打、捆绑、抱住、围困、伤害或者砸毁其财物等;所谓威胁,是指对被害人实际精神强制,以加害其人身、毁坏其财物、揭露其隐私、破坏其名誉、加害其亲属等相要挟。其方式则可以是言语,也可以是动作,甚至利用某种特定的危险环境进行胁迫。无论是暴力还是威胁,都意在使其不敢反抗而被迫答应交易。他人不愿意购买或出卖商品或者提供或接受服务时,如果采取利诱、欺骗等非暴力威胁方法要求交易,则不能以本罪论处。暴力、威胁直接与交易相关,意在促使交易的实现。如果不是出于这一目的,而在交易活动之外实施暴力、威胁行为的,自然不能以本罪论处。

(四) 生产、销售假药罪

生产、销售假药罪,是指生产者、销售者违反国家药品管理法规,生产、销售假药,足以危害人体健康的行为。关于生产销售假药罪,我国《刑法》第 141 条明确规定:"生产、销售假药的,处 3 年以下有期徒刑或者拘役,并处罚金;对人体健康造成严重危害或者有其他严重情节的,处 3 年以上、10 年以下有期徒刑,并处罚金;致人死亡或者有其他特别严重情节的,处 10 年以上有期徒刑、无期徒刑或者死刑,并处罚金或者没收财产。"

生产、销售假药的犯罪构成如下:

(1) 主体方面。犯罪主体为个人和单位,表现为假药的生产者和销售者两类人。生产者即药品的制造、加工、采集、收集者,销售者即药品的有偿提供者。

(2) 主观方面。主观方面表现为故意,一般是出于营利的目的。当然,生产者、销售者是否出于营利目的并不影响本罪的成立。行为人的主观故意主要表现为有意制造假药,即认识到假药足以危害人体健康而对此抱有希望或放任的态度;在销售领域内必须具有明知是假药而售卖的心理状态,对不知道是假药而销售的不构成销售假药罪。

(3) 客体方面。侵犯客体是复杂客体,既侵犯了国家对药品的管理制度,又侵犯了不特定多数人的身体健康权利。国家制定了一系列关于对药品管理的法律和法规,建立了一套保证药品质量、增进药品疗效、保障用药安全的、完整的管理制度。生产、销售假药的行为构成对国家关于药品管理制度的侵犯,并同时危害到公众的身体健康。

(4) 客观方面。客观方面表现为生产者、销售者违反国家的药品管理法律、法规,生产、销售假药,足以严重危害人体健康的行为。违反药品管理的法律、法规主要是指违反《药品管理法》以及为贯彻该法而制定的《药品管理法实施办法》《药品生产质量管理规范》等法律、法规。上述法律和法规中就药品成分、药品标准、药品生产工艺规程、药品经营条件、药品监督等药品生产、经营和管理的内容作了明确规定。

生产假药的行为表现为一切制造、加工、采集、收集假药的活动,销售假药的行为是指一切有偿提供假药的行为。生产、销售假药是两种行为,可以分别实施,也可以既生产假药又销售假药,同时存在两种行为。按照法律关于本罪的客观行为规定,只要具备其中一种行为的即符合该罪的客观要求。如果行为人同时具有上述两种行为,仍视为一个生产、销售假药罪,不实行数罪并罚。

(五) 生产、销售劣药罪

生产、销售劣药罪是指违反国家药品管理法规生产、销售劣药,对人体健康造成严重危害的行为。关于生产、销售劣药罪,我国《刑法》第142条明确规定:"生产、销售劣药,对人体健康造成严重危害的,处3年以上、10年以下有期徒刑,并处销售金额50%以上2倍以下罚金;后果特别严重的,处10年以上有期徒刑或者无期徒刑,并处销售金额50%以上2倍以下罚金或者没收财产。本条所称劣药,是指依照《中华人民共和国药品管理法》的规定属于劣药的药品。"

生产、销售劣药罪的犯罪构成如下:

(1) 主体方面。犯罪主体是一般主体,既包括自然人,也包括单位。生产者、销售者是主要犯罪主体。

(2) 主观方面。本罪在主观方面表现为故意,过失不能构成本罪。故意的内容分为两部分:一是行为人明知其生产或销售的是劣药而且其生产或销售劣药的行为可能会对人体健康造成严重危害的结果;二是行为人对上述危害结果的发生采取放任的心理态度,即本罪只能由间接故意构成。如果行为人对严重危害的结果采取积极追求的态度,则构成其他更为严重的犯罪。从司法实践中看,本罪大多具有牟取利益的目的,但法律没有要求构成本罪必须以营利为目的,所以无论出自何种目的,均不影响本罪的构成。

(3) 客体方面。本罪犯罪客体是复杂客体,既包括国家对药品的管理制度,又包括公民的健康权利。

(4) 客观方面。本罪在客观方面表现为生产、销售劣药,对人体健康造成严重危害的行为。所谓"对人体健康造成严重危害",主要是指造成了用药人残疾或者其他严重后遗症,或因服用劣药延误治疗,致使病情加剧而引起危害、死亡等严重后果。

(六) 生产、销售有毒、有害食品罪

生产、销售有毒、有害食品罪是指生产者、销售者违反国家食品卫生管理法规,故意在生产、销售的食品中掺入有毒、有害的非食品原料或者销售明知掺有有毒、有害的非食品原料的食品的行为。关于生产、销售有毒、有害食品罪,我国《刑法》第144条作出了如下规定:"在生产、销售的食品中掺入有毒、有害的非食品原料的,或者销售明知掺有有毒、有害的非食品原料的 食品的,处 5 年以下有期徒刑,并处罚金;对人体健康造成严重危害或者有其他严重情节的,处 5 年以上、10 年以下有期徒刑,并处罚金;致人死亡或者有其他特别严 重情节的,依照本法第 141 条的规定处罚。"

生产、销售有毒、有害食品罪的犯罪构成如下:

(1) 犯罪主体。本罪的主体为一般主体,任何单位以及达到刑事责任年龄具有刑事责任能力的自然人都可以构成,既包括合法的食品生产者、销售者,也包括非法的食品生产者、销售者。

(2) 主观方面。本罪在主观方面表现为故意,一般是出于获取非法利润的目的。过失不构成本罪。故意的内容为行为人明知其掺入食品中的是有毒、有害的非食品原料或明知其销售的是掺有有害的非食品原料的食品,并且其行为可能会造成食物中毒事故或其他食源性疾患,却对此危害结果采取放任的心理态度。但是,造成食物中毒事故或其他食源性疾患并非行为人的犯罪目的,如果行为人对其结果作为犯罪目的积极追求,则构成其他性质的罪。因此,在认定销售有毒、有害食品罪时,要注意查明行为人主观上必须是"明知"。

(3) 犯罪客体。本罪侵犯的客体是复杂客体,即国家对食品卫生的管理制度以及不特定多数人的身体健康权利。国家为保障人民群众的生命健康,颁布了一系列关于食品卫生法律、法规,建立起对食品卫生的管理制度。而生产、销售有毒、有害食品,就是对这一制度的侵犯;同时,在生产、销售的食品中掺入有毒、有害的非食品原料,无疑会对消费者的生命健康造成很大威胁,因而,这种行为也侵犯了消费者的生命健康权利。

(4) 客观方面。本罪在客观方面表现为行为人在违反国家食品卫生管理法规,生产销售的食品中掺入有毒、有害的非食品原料或者销售明知掺有有毒、有害的非食品原料的食品行为。

本罪主要表现为两种行为:

(1) 行为人在生产、销售的食品中掺入有毒、有害的非食品原料的行为。如果掺入有害物属于食品原料,如防腐剂等,不构成本罪;如果足以造成严重食物中毒事故或者其他严重食源性疾病,可定为生产、销售不符合卫生标准的食品罪。至于非食品原料是否有毒、有害,要经过有关机关鉴定确定。

(2) 行为人明知是掺有有毒、有害的非食品原料的食品而予以销售。即行为人虽未实施掺入有毒、有害非食品原料的行为,但他明知是有毒、有害食品仍予以销售。认定这种行为,要注意查明行为人主观上必须是"明知"。

(七) 生产、销售不符合卫生标准的化妆品罪

生产、销售不符合卫生标准的化妆品罪是指生产不符合卫生标准的化妆品,或者销售明知是不符合卫生标准的化妆品,造成严重后果的行为。关于生产、销

售不符合卫生标准的化妆品罪,我国《刑法》第148条明确规定:"生产不符合卫生标准的化妆品,或者销售明知是不符合卫生标准的化妆品,造成严重后果的,处3年以下有期徒刑或者拘役,并处或者单处销售金额50%以上、2倍以下罚金。"

生产、销售不符合卫生标准的化妆品罪的犯罪构成如下:

第一,犯罪主体。本罪的主体要件为一般主体,即自然人只要达到刑事责任年龄且具有刑事责任能力就可构成本罪主体。单位也可以成为该罪的犯罪主体。

第二,主观方面。本罪的主观方面只能由故意构成,即行为人故意生产不符合卫生标准的化妆品或者明知是不符合卫生标准的化妆品而故意销售。过失不构成本罪。

第三,犯罪客体。本罪侵犯的是复杂客体,即国家对化妆品的卫生监督管理制度和公民的健康权。

第四,客观方面。生产、销售不符合卫生标准的化妆品的行为,主要包括:

(1)未取得"化妆品生产企业卫生许可证"的单位,非法生产化妆品;未取得健康证而直接从事化妆品生产的人员生产化妆品。

(2)生产化妆品所需要的原料、辅料以及直接接触化妆品的容器和包装材料不符合国家规定的卫生标准。

(3)使用化妆品新原料(指在国内首次使用于化妆品生产的天然或人工原料)生产化妆品,未经国务院卫生行政部门批准。

(4)生产特殊用途的化妆品即用于护发、养发、染发、烫发、脱毛、美乳、健美、防臭、祛斑、防晒的化妆品等,未经国务院卫生行政部门批准、取得批准文号。

(5)生产的化妆品不符合化妆品卫生标准或生产的化妆品未经卫生质量检验

(6)销售不符合卫生标准的化妆品,是指化妆品经营单位和个人明知是不符合卫生标准的化妆品而仍决意出售等等。

值得注意的是,生产、销售不符合卫生标准的化妆品的行为必须造成了严重的后果。否则,虽有生产、销售行为,但没有造成实际危害后果或者虽然造成危害后果但不属于严重后果;或者虽属严重后果但不是因为生产、销售的行为所引起,如被害人使用不当等,则都不能构成本罪,构成犯罪的,亦应以他罪如生产、销售伪劣产品罪等论处。

所谓造成严重后果,在本罪中主要是指:(1)毁人容貌,即导致容貌变形、丑陋及功能障碍的,如使人皮肤变黑、脸上长斑、头发脱落等;(2)致人产生肉体较大痛苦的,如皮肤红肿、灼痛、瘙痒等;(3)造成其他严重后果的,如被害人因容貌被损自杀、离婚、精神失常等。

二、国家机关工作人员的刑事责任

国家机关工作人员承担的刑事责任主要表现为玩忽职守罪和包庇罪。

（一）玩忽职守罪

玩忽职守罪，是指国家机关工作人员严重不负责任，不履行或不正确地履行自己的工作职责，致使公共财产、国家和人民利益遭受重大损失的行为。关于玩忽职守罪，我国《刑法》第397条明确规定："国家机关工作人员滥用职权或者玩忽职守，致使公共财产、国家和人民利益遭受重大损失的，处3年以下有期徒刑或者拘役；情节特别严重的，处3年以上7年以下有期徒刑。本法另有规定的，依照规定。"

玩忽职守罪的犯罪构成如下：

（1）主体要件。本罪的主体是国家机关工作人员。国家机关是指国家权力机关、各级行政机关和各级司法机关，因此，国家机关工作人员，是指在各级人大及其常委会、各级人民政府、各级人民法院和人民检察院中依法从事公务的人员。

（2）主观要件。本罪在主观方面由过失构成，故意不构成本罪，也就是说，行为人对于其行为所造成重大损失结果，在主观上并不是出于故意而是由于过失造成的。也就是他应当知道自己擅离职守或者在职守中马虎从事对待自己的职责，可能会发生一定的社会危害结果，但是他疏忽大意而没有预见，或者是虽然已经预见到可能会发生，但他凭借着自己的知识或者经验而轻信可以避免，以致发生了造成严重损失的危害结果。

（3）客体要件。本罪侵犯的客体是国家机关的正常活动。由于国家机关工作人员对本职工作严重不负责，不遵纪守法，违反规章制度，玩忽职守，不履行应尽的职责义务，致使国家机关的某项具体工作遭到破坏，给国家、集体和人民利益造成严重损害，从而危害了国家机关的正常活动。本罪侵犯的对象可以是公共财产或者公民的人身及其财产。

这里的"重大损失"，根据最高人民检察院1999年8月6日通过的《立案标准（试行）》的规定，是指具有下列情形之一：造成死亡1人以上，或者重伤3人以上，或者轻伤10人以上的；造成直接经济损失30万元以上的，或者直接经济损失不满30万元，但间接经济损失超过100万元的；徇私舞弊，造成直接经济损失20万元以上的；造成有关公司、企业等单位停产、严重亏损、破产的；严重损害国家声誉，或者造成恶劣社会影响的；海关、外汇管理部门的工作人员严重不负责任，造成巨额外汇被骗或者逃汇的；其他致使公共财产、国家和人民利益遭受重大损失的情形；徇私舞弊，具有上述情形之一的。

（4）客观方面。本罪在客观方面表现为国家机关工作人员违反工作纪律、规章制度,擅离职守,不尽职责义务或者不正确履行职责义务,致使公共财产、国家和人民利益遭受重大损失的行为。

(二) 包庇罪

包庇罪,是指明知是犯罪的人而为其提供隐藏处所、财物,帮助其逃匿或者作假证明包庇的行为。关于包庇罪,我国《刑法》第310条明确规定:"明知是犯罪的人而为其提供隐藏处所、财物,帮助其逃匿或者作假证明包庇的,处3年以下有期徒刑、拘役或者管制;情节严重的,处3年以上10年以下有期徒刑。犯前款罪,事前通谋的,以共同犯罪论处。"包庇罪的犯罪构成如下:

(1) 主体要件。主体是具有刑事责任能力的自然人。

(2) 主观要件。本罪主观上必须出于故意,即明知是犯罪的人而实施窝藏、包庇行为。明知,是指认识到自己窝藏、包庇的是犯罪的人。在开始实施窝藏、包庇行为时明知是犯罪人的,当然成立本罪;在开始实施窝藏、包庇行为时不明知是犯罪人,但发现对方是犯罪人后仍然继续实施窝藏、包庇行为的,也成立本罪。

(3) 客体要件。本罪所侵害的客体是司法机关正常的刑事诉讼活动。犯罪对象是各种依照刑法规定构成犯罪的人。

(4) 客观要件。本罪客观方面表现为实施窝藏或包庇犯罪人的行为。窝藏,是指为犯罪的人提供隐藏处所、财物,帮助其逃匿的行为。这种行为的特点是使司法机关不能或者难以发现犯罪的人,因此,除提供隐藏处所、财物外,向犯罪的人通报侦查或追捕的动静、向犯罪的人提供化装的用具等等,也属于帮助其逃匿的行为。包庇,应限于向司法机关提供虚假证明掩盖犯罪人。在司法机关追捕的过程中,行为人出于某种特殊原因为了使犯罪人逃匿,而自己冒充犯罪的人向司法机关投案或者实施其他使司法机关误认为自己为真正犯罪人的行为的,也应认定为包庇罪。窝藏、包庇的犯罪人,是指已经实施犯罪行为的人,既包括犯罪后潜逃未归案的犯罪人,也包括被司法机关羁押而脱逃的未决犯与已决犯。

思考题

1. 试运用本章之行政和刑事责任理论评述"三鹿奶粉"事件。

附:"三鹿奶粉事件"梗概

2008年9月8日甘肃岷县14名婴儿同时患有肾结石病症,引起外界关注。至9月11日甘肃全省共发现59例肾结石患儿,部分患儿已发展为肾功能不全,同时已死亡1人,这些婴儿均食用了三鹿牌18元左右价位的奶粉。而且人们发现两个月来,中国多省已相继有类似事件发生。中国卫生部高度怀疑三鹿牌婴幼儿配方奶粉受到三聚氰胺污染。①

9月13日,中国国务院启动国家安全事故Ⅰ级响应机制处置三鹿奶粉污染事件。患病婴幼儿实行免费救治,所需费用由财政承担。有关部门对三鹿婴幼儿奶粉生产和奶牛养殖、原料奶收购、乳品加工等各环节开展检查。质检总局将负责会同有关部门对市场上所有婴幼儿奶粉进行了全面检验检查。

石家庄官方初步认定,三鹿"问题奶粉"为不法分子在原奶收购中添加三聚氰胺所致。为此,河北省政府决定对三鹿集团立即停产整顿,并将对有关责任人作出处理。三鹿集团董事长和总经理田文华被免职,后并遭刑事拘留;而石家庄市分管农业生产的副市长张发旺等政府官员、石家庄市委副书记、市长冀纯堂也相继被撤职处理。河北省委也决定免去吴显国河北省省委常委、石家庄市委书记职务。22日,李长江引咎辞去国家质检总局局长职务,他是因此次事件辞职的最高级官员。

2009年1月22日,河北省石家庄市中级人民法院一审宣判,三鹿前董事长田文华被判处无期徒刑,三鹿集团高层管理人员王玉良、杭志奇、吴聚生则分别被判有期徒刑15年、8年及5年。三鹿集团作为单位被告,犯了生产、销售伪劣产品罪,被判处罚款人民币4937余万元。涉嫌制造和销售含三聚氰胺的奶农张玉军、高俊杰及耿金平三人被判处死刑,薛建忠无期徒刑,张彦军有期徒刑15年,耿金珠有期徒刑8年,萧玉有期徒刑5年。

2. 运用本章之基本理论,谈谈你对治理"沙霸"的认识。

附:"沙霸"现象简介

"沙霸",既水泥、沙石行业的霸头。他们通常与物业相勾结,阻拦外来送沙车辆,在盘踞的小区垄断经营沙石、水泥等建筑装修材料,甚至用语言威胁、殴打外来运送、搬运沙土的工人。这些人不仅没有任何经营手续,而且在小区内外占道堆放沙石、水泥等建筑装修材料,更以高出市场一两倍的价格强行卖给准备装修的居民,严重侵害了百姓的利益。

"沙霸"往往都有自己的经营地盘,为争地盘,"沙霸"们也经常付诸武力,打打杀杀,扰乱社会治安,威胁消费者的生命财产安全,是一股恶势力。

---

① 三聚氰胺是一种化工原料,可以提高蛋白质检测值。如果长期摄入,会导致人体泌尿系统膀胱、肾产生结石,并可诱发膀胱癌。

第十七章 救济途径:消费诉讼

内容提要:消费诉讼是解决消费纠纷的最终途径。目前,我国消费诉讼法制还很不健全,很多消费诉讼都处于"无法可依"的状态。这种法制状态,制约了消费诉讼的健康发展,也影响了消费者权益的保护,必须尽快予以改变。

目前应当依托小额消费诉讼、消费共同诉讼、消费团体诉讼、消费公益诉讼等四种消费诉讼构建我国的消费诉讼体系。其中:小额消费诉讼是指旨在解决发生在消费者与经营者之间的、数额较小、案情简单的诉讼;消费共同诉讼是指两个以上消费者充当原告的诉讼;消费团体诉讼是指以消费者协会为原告,旨在维护社会公共利益或者社会成员的集体利益,对侵害者提起不作为诉讼或损害赔偿诉讼的诉讼;消费公益诉讼是指由国家机关、社会团体和公民个人,对消费者共同利益,社会公共利益的行为,请求人民法院进行纠正和制裁的诉讼。

教学重点:(1) 小额消费诉讼;(2) 消费团体诉讼。

第一节 小额消费诉讼

一、小额消费诉讼的含义

小额消费诉讼属小额诉讼的范畴,是一种特殊的诉讼。我国《民事诉讼法》对小额诉讼未做出专门的规定。

(一) 小额诉讼的含义

小额诉讼是指案件轻微,诉讼标的金额特别小的诉讼。小额诉讼并非专指小额金钱给付诉讼,还包括请求给付金钱以外的其他替代物的情况,如小额借贷以及较为简单的邻里纠纷等。小额诉讼案件因其特殊性,需适用特殊的程序进行审理,从而引出小额诉讼的概念。

(二) 小额消费诉讼

小额消费诉讼属小额诉讼的范畴,是指旨在解决发生在消费者与经营者之间的、数额较小、案情简单的小额诉讼。

小额消费诉讼与小额诉讼,尤其是与其他诉讼相比具有以下几个明显的法律特征:

(1) 诉讼主体特定。与一般小额诉讼相比,小额消费诉讼的诉讼主体是特定的,也是确定的,消费者始终是原告,经营者始终是被告。换句话说,在小额消费诉讼中,原被告的力量差异明显,消费者是弱势主体,经营者是强势群体。而在一般的小额诉讼中,原被告的力量差异不明显或不十分明显。这是小额消费诉讼和一般小额诉讼的重要区别点。

(2) 诉讼数额小。诉讼数额小,也可以说是争议标的小。这种数额小,既可以是金钱数额小,也可以是标的价值低。无论如何,这种诉讼的争议标的都不大,甚至可以说是微不足道。但是,这些微不足道对消费者来讲则可能是意义重大。

(3) 案情简单。消费小额诉讼与其他小额诉讼一样,其案情都十分简单、明确,如当事人明确、证据清楚等。

二、在我国建立小额消费诉讼制度的必要性

21世纪是一个"爆炸"的时代。知识在"爆炸",技术在"爆炸",诉讼也在"爆炸"。随着消费活动的不断增加和增速,消费纠纷也越来越多。在诸多的消费纠纷中,小额消费纠纷占有很大的比例。这些小额消费纠纷一旦进入诉讼程序,按照目前的诉讼制度和诉讼机制,即按普通程序中的简易程序审理这些案件,依然会造成大量的浪费,既浪费了司法资源,又浪费了消费者的诉讼费用,得不偿失。因此,消费诉讼,尤其是小额消费诉讼的不断增多客观上要求我们必须在简易程序之外寻求一种更为简单、快捷、省时、省力、省钱的一种诉讼制度。小额消费诉讼制度便是这种需要的正确选择。

同时,小额消费诉讼制度的建立也是我国司法制度改革,尤其是诉讼制度改革的当然要求。

便民、高效、公正是我国司法制度改革的核心。小额消费诉讼是一种便民的诉讼制度。在这种制度下,消费者可以以最简便的方式进行诉讼,如口头诉讼;可以在最方便的地方审理诉讼,如社区法庭;可以以最轻松的方式进行诉讼,如实行举证倒置,免去消费者举证的艰难和不易。所有这些,是传统诉讼制度无法做到的。这就极大地调动了广大消费者参加诉讼的积极性,进而也调动了广大消费者与侵犯消费者合法行为做斗争的积极性。

小额消费诉讼是一种高效的诉讼制度。这种诉讼制度不受审级、审限、审理形式的限制,只要能解决消费者与经营者的争议,什么方式都行。这样一来,诉讼效率的提高便是自然而然的事情。

小额消费诉讼是一种公正的诉讼制度。司法公正是社会公正的法律保障。在小额消费诉讼中,经常是当面的调解,及时的解决,很少受外在的、外来的因素的制约和干扰,极大地提高了案件办理的公正性。

总而言之,便民、高效、公正的司法制度改革目标也要求我们尽快建立具有中国特色的小额消费诉讼制度。

三、我国小额消费诉讼制度的基本内容

我国小额消费诉讼制度应当包括以下内容：

（一）诉讼参加人

小额消费诉讼解决的是消费者与经营者之间的消费纠纷，因此，诉讼参加人只能是消费者和经营者。

（1）原告。小额消费诉讼中的原告在一般情况下是消费者本人，即购买、使用商品或者接受服务的自然人。在特殊情况下，也可以是消费者的家庭成员，所在单位。在团体诉讼中，原告可以是消费者组织。

（2）被告。小额消费诉讼中的被告只能是经营者，即提供商品或营利性服务的法人、社会组织和公民个人。关于经营者能否成为原告的问题，目前法学界还有不同的认识。我们认为，经营者只能以被告的身份参加小额消费诉讼，而不能以原告的身份参加消费诉讼。如果允许经营者以原告的身份参加小额消费诉讼，有悖于小额消费诉讼制度设立的初衷，达不到保护消费者合法权益的目的。

（二）诉讼标的

小额消费诉讼中"小额"数额的确定是小额消费诉讼中的重点问题。如何确立小额消费诉讼中的数额，法学界就确立标准、具体数额以及相关问题进行了广泛的探讨和深入的研究，有的研究者甚至提出了"小额"的参考数额。

我们认为，在确定小额消费诉讼中的数额时不能拘泥于一定的标准、一定的数额，而应灵活掌握和确定。这种灵活，包括两个方面的含义：

（1）确立者的灵活。小额消费诉讼中的数额的确定应由基层人民法院结合本地小额消费诉讼的具体情况和本地经济发展水平进行确定。

（2）数额的灵活。小额消费诉讼的数额应当是一个可变的数量，可以随着经济的发展，小额消费诉讼情况的变化而变化，可以临时确定，随时改变，内部掌握。

（三）起诉

消费者起诉经营者既可以以书面的方式进行，也可以以口头的方式进行。同时，必须明确规定，对于消费者提起的小额消费诉讼，人民法院必须受理。也就是说，人民法院必须千方百计地保护消费者诉权的实现。

（四）诉讼管辖

小额消费诉讼的管辖，涉及级别管辖和地域管辖两个问题。

（1）级别管辖。小额消费诉讼案件应当由基层人民法院管辖。小额消费诉讼由基层人民法院管辖方便消费者诉讼，也便于案件的审理，会极大地降低法律成本，尤其是诉讼成本。

（2）地域管辖。小额消费诉讼制度地域管辖的确定应当采用方便当事人进

行诉讼的管辖原则。也就是说,消费者有选择管辖法院的权利,既可以向本人所在地的基层人民法院提起诉讼,也可以向经营者所在地的基层人民法院提起诉讼。

（五）举证责任

"谁主张,谁举证"是我国民事诉讼中的基本原则。但是,在小额消费诉讼如果依然坚持"谁主张,谁举证"的原则,显然不利于消费者权益的保护,因此,各国的普遍做法是减轻和免除小额消费者的举证责任。有鉴于此,我们认为,在小额消费诉讼中,为保护消费者的合法权益,根据举证能力和举证责任相当的原则,应当规定实行举证责任倒置。关于这一点,《消费者权益保护法》已经有了明确的规定,如第23条第3款就明确规定："经营者提供的机动车、计算机、电视机、电冰箱、空调器、洗衣机等耐用商品或者装饰装修等服务,消费者自接受商品或者服务之日起6个月内发现瑕疵,发生争议的,由经营者承担有关瑕疵的举证责任。"

（六）审理程序

小额消费诉讼的审理应当比简易程序更为简单。这些简单的内容包括：

（1）小额消费诉讼一般采取独任审判的方式进行。

（2）小额消费诉讼应当由原告本人参加诉讼,原则上不能由律师进行代理。

（3）当事人原则上不能增加、变更诉讼请求,也不能提出反诉,否则,有悖于小额诉讼立法的本旨。

（4）因为案件情节轻微、事实清楚,因此,小额诉讼一般不公开审理。

（5）在审理时间上法官可以当天进行审理,也可以在节假日和晚间进行。

（6）小额消费诉讼不受法庭调查和法庭辩论先后顺序的限制,由法官灵活掌握。

（7）小额消费诉讼判决仅记载判决的结果即可,无需记载事实与理由。

（8）限制上诉,实行一审终审制。限制上诉,实行一审终审制,但是,可以建立相应的复议制度进行审判监督。具体做法是：对于小额消费诉讼法庭作出的裁决,应当允许当事人向基层法院提出复议;基层法院作出的判决,允许当事人向中级人民法院提出复议。但是,如果诉讼程序严重违法的,可以例外地允许当事人上诉,是否受理由第二审法院裁定。

四、小额诉讼法庭

设立小额诉讼法庭是国外审理小额诉讼的通常做法。这种做法同样适用于我国,我们应当积极地推进小额诉讼法庭建设。

近几年,专业化的趋势随着人民法院"司法专业化""司法便利化"等观念的提出而不断强化,各种各样的专业性审判组织(专业性法庭①)不断出现,如金融法庭、环保法庭、未成年人权益保护法庭、妇女权益保护法庭、林业法庭、矿业法庭、劳动争议法庭等。这些专业性法庭的出现,优化了审判资源,提高了审判的效率和质量,提升了审判人员的法律水平、素养和能力,受到了各级人民法院的重视,也受到了广大民众的欢迎。小额诉讼法庭就是这种专业性的审判组织之一。

我们已经有建立其他专业性法庭的经验、教训,所以,建立小额诉讼法庭的必要性、重要性和可行性已无需多谈。但是,对其内在结构与构成我们又不得不谈。

在国外,小额诉讼法庭审理所有的小额诉讼案件,几乎没有更细致的内部分工。这样的组织设计,在案件数量少、法官数量充足的情况下是可行的。但是,如果情况相反,则无法正常开展工作,至少是无法准确、高效地开展工作。因此,我国在建立小额诉讼法庭时,我们建议应当细化其内部分工,将其细分为小额消费诉讼审判庭和一般小额诉讼审判庭两个审判庭。小额消费诉讼审判庭专门审理消费者针对经营者提起的小额诉讼案件;一般小额诉讼审判庭审理其他小额诉讼案件。这样的内部分工,更有利于消费者权益的保护,更有利于审判的专门化和专业化。

第二节 消费共同诉讼与消费团体诉讼

一、共同诉讼

共同诉讼是一种重要的民事诉讼形式。我国《民事诉讼法》第52—54条对共同诉讼作出了规定。

(一) 共同诉讼的含义

当事人一方或者双方为二人以上,其诉讼标的是共同的,或者诉讼标的是同一种类、人民法院认为可以合并审理并经当事人同意的,为共同诉讼。

与当事人为一对一的诉讼相比,共同诉讼具有下列显著特征:

(1) 当事人一方或双方为二人以上。这是共同诉讼的本质特征,也是区分共同诉讼与单独诉讼的标准。诉讼主体为二人以上的多数当事人这一特征,给

---

① 专业性法庭重点在于它的专业性,与特别法庭、派出法庭不同。前者是就某一案件成立的具有临时性质的法庭,如审判"四人帮"时,最高人民法院就成立了特别法庭;后者又称人民法庭,是基层人民法院在本辖区内为便利人民群众进行诉讼和便利人民法院审判案件而设立的派出机构。专业性法庭可多可少,可以是固定、长期的,也可以是机动、短期的。总之,要从实际出发,要以提高司法效率、方便诉讼当事人为目的。

共同诉讼带来了一系列独特的问题,如共同诉讼人中一人来参加诉讼,当事人是否适格,多数当事人诉讼行为的关系如何等。

(2) 多数当事人在同一诉讼程序中进行诉讼。只要多数当事人在同一诉讼程序中进行诉讼,就能够构成共同诉讼,即使多数当事人在同一诉讼程序中相互独立地各实施各的诉讼行为,也不妨碍成立共同诉讼。

(二) 共同诉讼的分类

共同诉讼可以依据不同的标准进行分类。按照原被告双方人数多少的不同,共同诉讼可以分为积极的共同诉讼、消极的共同诉讼和混合的共同诉讼。其中:原告为两人以上的共同诉讼,称为积极的共同诉讼;被告为两人以上的共同诉讼,称为消极的共同诉讼;原告和被告均为两人以上的共同诉讼,称为混合的共同诉讼。按照争议的诉讼标的是否一致,共同诉讼可以分为必要共同诉讼和普通共同诉讼。其中:争议的诉讼标的是同一的共同诉讼,是必要共同诉讼;争议的诉讼标的是同种类的共同诉讼,是普通共同诉讼。

(三) 消费共同诉讼

两个以上消费者充当原告的共同诉讼为消费共同诉讼。消费共同诉讼一般情况下为积极的共同诉讼,普通的共同诉讼。

在消费共同诉讼中,原告消费者的数量众多,少则几十,多则数百、数千。因此,消费共同诉讼往往采取代表人诉讼的形式。所谓代表人诉讼,是指当事人一方人数众多,其诉讼标的是同一种类,由其中一人或数人代表全体相同权益人进行诉讼,法院判决效力及于全体相同权益人的诉讼。因此,确定诉讼代表人就成了消费共同诉讼的关键。

诉讼代表人是指众多当事人的一方,推选出的代表,为维护本方的利益而进行诉讼活动的人。诉讼代表人是本案实体法律关系的主体,而不同于法定代表人和诉讼代理人,具有独立的诉讼地位。代表群体参加诉讼的人,称为诉讼代表人。代表人诉讼可分为人数确定的代表人诉讼和人数不确定的代表人诉讼两种。

在人数确定的代表人诉讼中,代表人由全体或部分当事人民主选举产生。诉讼代表人产生后,就由其代表人数众多的全体当事人在诉讼中行使诉讼权利、履行诉讼义务。一般情况下,代表人本人应当亲自出庭,亲自进行必要的诉讼活动。他(们)在诉讼活动中所实施的诉讼行为对其所代表的全体当事人发生法律效力,不需要他们一一承商,当然,代表人放弃诉讼请求或者承认对方当事人的诉讼请求、进行和解,必须经被代表的当事人同意。另外,人民法院制作的裁判发生法律效力后,其效力不仅及于诉讼代表人本人,而且及于他所代表的本案全部当事人,但对未参加诉讼或另行起诉的当事人不产生效力。

在人数不确定的代表人诉讼中,诉讼代表人的产生方式的特点是它可以由参加登记的当事人推举;推举不出的,人民法院与参加登记的当事人协商确定;经过协商仍确定不了的,由人民法院指定代表人。

代表人产生后,他(们)在诉讼中的代表权限与人数确定的诉讼的诉讼代表人基本相同。但人民法院审理后作出的生效裁判则不仅及于诉讼代表人,以及他们所代表的当事人,且还及于后期(在诉讼时效期内)提出诉讼请求的权利人。人民法院作出裁判后,权利人才向法院提出诉讼请求,人民法院经受理认定其请求成立时,不再进行审理,而是直接作出裁定适用法院就同一案件事实已作出的判决或裁定。

二、团体诉讼

团体诉讼是一种重要的民事诉讼形式。我国《民事诉讼法》第55条对团体诉讼作出了规定。

(一) 团体诉讼的含义

团体诉讼是指符合法定要件的具有社会公益性质的社会团体,在法律规定的领域,为了维护社会公共利益或者社会成员的集体利益,依据特定法律赋予的权利或者社会团体成员授予的权利,可以以自己的名义对侵害者提起不作为诉讼或损害赔偿诉讼,享有独立的诉讼权利并能够承担诉讼义务的一种现代型诉讼机制。

团体诉讼并不是一种一般性的民事诉讼制度或者程序,它是通过在具体的实体法,在特定的法律领域建立的专门性制度或特殊程序。此种团体诉讼主要有两个鲜明特点:一是团体作为适格的当事人以自己的名义起诉或参加诉讼;二是诉讼利益最终归于多数的团体内成员,即团体是为了多数成员的共同利益而提起诉讼和参加诉讼,因此,具有公益诉讼的属性。

(二) 团体诉讼的特征

与其他诉讼相比,团体诉讼具有以下几个明显的法律特征:

第一,团体诉讼适用于特定的领域。团体诉讼与其他的群体诉讼机制不同,它并不能广泛适用于民事诉讼的各个领域,团体诉讼只适用于有特定的实体法律规定的情形,不仅仅是限于民事诉讼法的相关规定。一般而言,适用团体诉讼的内容多由《反不正当竞争法》《环境保护法》《反垄断法》《价格法》《产品质量法》《专利法》《商标法》等实体法加以规定,而不是由《民事诉讼法》规定。因此,团体诉讼并不是由《民事诉讼法》确定的普通诉讼制度,而是以特定的实体法为基础建立起来的专门性诉讼制度。

目前,团体诉讼的适用范围主要有以下几个方面:(1) 消费者权益保护领域;(2) 不正当竞争诉讼领域;(3) 环境侵权纠纷领域;(4) 证券侵权领域;(5) 知识产权领域。

第二,团体诉讼中的团体必须是严格根据法定要件成立的。拥有团体诉讼诉权的团体,是符合法律规定的要件的社会团体,这些团体有一定的组织形式,有自己的章程,团体的宗旨是为了维护整个团体成员的共同利益,而不是为了诉讼的目的临时成立的。

目前,拥有团体诉讼资格的团体,主要是行业协会和消费者协会。这些团体的共同特征是属于自律性和自治性团体,团体与成员的关系不是行政隶属关系。为了消除团体诉讼被滥用的情况出现,应当要求团体诉讼要追求的最终结果必须与团体本身设立的组织宗旨保持一致,因此,由律师组成的团体是不能代表消费者进行诉讼的。团体只有在符合法律明文规定的情况下才能提起团体诉讼。

第三,团体诉讼提出诉讼的类型主要是不作为之诉和撤销之诉。团体提起诉讼的主要类型是不作为之诉。传统的民事诉讼的提起必须是确实存在受到侵害的利益,提起诉讼的当事人与案件有直接的利害关系。而团体诉讼与传统诉讼最大的不同是,团体诉讼可以针对将来可能发生的侵害以团体的名义提起不作为之诉,并不需要实际上受到侵害,对于符合条件的团体,只要有法律的规定,团体可以行使自己的不作为请求权,对可能发生的危害提起诉讼,防患于未然,对未来可能发生的危害起到预防保护的作用。这将改变传统诉讼事后补救的被动性,把危害社会公共利益的行为遏制在萌芽阶段,更好地保护处于弱势群体的社会公众的利益。

随着社会的发展,团体仅仅可以提起不作为之诉已经不能很好地实现团体诉讼的立法本意,因此,团体提起损害赔偿之诉就应运而生。团体提起损害赔偿之诉可以更全面地保护社会的公共利益,用惩罚性赔偿对违法者进行制裁。

第四,团体诉讼的判决结果具有片面扩张性。为了更有效地保护团体成员的合法权益,有必要扩张团体诉讼判决的效力范围。判决效力的扩张在提起不作为之诉和提起损害赔偿之诉中的扩张内容是不同的。

在不作为之诉中,不作为诉讼的判决效力并不是自动的、当然的基于其他非诉讼当事人,而需要消费者主动援引团体诉讼判决结果作为抗辩理由,才会发生团体诉讼判决效力的扩张。如果消费者团体提起不作为诉讼不能胜诉,则消费者就失去了相应的程序保障,团体诉讼判决结果对受害者没有约束力,否则消费者会以失去听审的诉讼权利作为代价。

在损害赔偿之诉中,团体诉讼无论胜诉还是败诉,判决结果都及于团体的成员,这是由于团体成员赋予团体的诉讼实施权。与其他群体诉讼制度相比较,团体诉讼为"小额多数"的受害者提供了一个长期、稳定的救济途径,带有鲜明的社会责任感和公益管理色彩。

(三) 消费团体诉讼

消费团体诉讼属团体诉讼的范畴,但是,与一般的团体诉讼有很大的不同,多国立法都对消费团体诉讼作出了专门的规定。

第一,立法规定。关于消费团体诉讼,我国《民事诉讼法》和《消费者权益保护法》都作出了明确规定。《民事诉讼法》第55条规定:"对污染环境、侵害众多消费者合法权益等损害社会公共利益的行为,法律规定的机关和有关组织可以向人民法院提起诉讼。"《消费者权益保护法》第37条第7款规定:"就损害消费者合法权益的行为,支持受损害的消费者提起诉讼或者依照本法提起诉讼。"

第二,消费团体诉讼的基本特点。同其他团体诉讼相比,消费团体诉讼具有以下几个明显的特征:

(1)原告特定。消费团体诉讼的原告主体只能是消费者协会和其他消费者组织。在诉讼实践中,消费者协会为最主要的诉讼主体。为了维护诉讼的严肃性,确保消费者协会能够代表众多的消费者利益,我们认为,能够提起消费团体诉讼的消费者协会应为省级消费者协会或中国消费者协会。

(2)目的特定。消费者团体诉讼必须是为了保护众多消费者的合法权益而进行的诉讼。消费者协会绝不能为了保护少数消费者权益而提起消费团体诉讼。但是,多少数量的消费者才构成多数消费者,法律、法规却没有明确的规定。我们认为,量的多少应当具体问题具体分析,视个案的不同情况而定,而不能形而上学式地确定一个数量。

(3)性质特定。消费团体诉讼属公益诉讼的范畴,因此,消费者协会或其他消费者组织不得以诉讼为名向消费者收取诉讼费用,也不得以诉讼为名巧立名目向消费者收取或者变相收取其他费用,如调查费、材料费、交通费等。

第三节 公 益 诉 讼

一、公益诉讼

公益诉讼是相对于私益诉讼的一种诉讼,是指有关国家机关、社会团体和公民个人,对侵犯国家利益、社会公共利益的行为,请求人民法院进行纠正和制裁的诉讼活动。

(一)公益诉讼的特征

同私益诉讼相比,公益诉讼具有以下明显的特征:

(1)公益诉讼的原告是不特定的人。一般仅指无利害关系的人。且如果原告为多人,可由人民法院选择适宜的人作为原告。

(2)原告起诉的出发点在于维护社会公共利益,法律尊严及社会公平正义,而非个人一己私利。

(3)公益诉讼涉及的案件范围宽泛,可以是民事侵权行为,也可以是行政违法、刑事犯罪活动。

（4）公益诉讼的地位体现在对国家机关执法能力不足的补充与协助，而非取代国家机关进行执法活动。

（5）原告在胜诉后往往受到一定的物质奖励。

（二）公益诉讼的类型

对于公益诉讼，根据不同的标准，可作不同的分类。

（1）根据诉讼的性质，可分为民事公益诉讼、行政公益诉讼。公益诉讼应当是一种独立的诉讼类型，其最终应当是与现在三大诉讼并列的一种诉讼。但是，考虑到公益诉讼中所提出的诉讼请求的特点，以及与现行诉讼制度和谐发展，可以把诉讼请求基于民事请求权的归结为民事公益诉讼，而起诉被告是行政机关，起诉请求行政机关进行行政行为的为行政公益诉讼。

（2）根据提起公益诉讼的主体情况，可以分为公诉公益诉讼、私诉公益诉讼。公诉公益诉讼是根据法律规定，由检察机关代表国家所提起的公益诉讼；私诉公益诉讼是公民或者社会团体提起的公益诉讼。

（3）根据公益诉讼当事人的确定方式，可分为法定公益诉讼、协议公益诉讼和任意公益诉讼。法定公益诉讼是指根据法律规定，某些主体对于一定范围内的公共利益有保护之责，或者其自身即为权利主体，在该特定公共利益受到侵害时，即以原告身份提起的诉讼；协议公益诉讼是指在公共利益受到侵害时，有权主体根据法律规定，将起诉权利通过协议授予某些社会团体或者公民，由其作为原告起诉。协议公益诉讼最常见的是公益诉讼信托；任意公益诉讼，是指在公共利益受到侵害时，本国公民或者依法成立的社会团体均有权提起诉讼。

（4）根据公益诉讼保护的利益不同，可分为环境公益诉讼、劳动公益诉讼、消费者权益保护公益诉讼、基金公益诉讼和其他公益诉讼。

（5）根据提起公益诉讼的目的不同，分为以实体权益保护为目的的主观公益诉讼，以保护法律秩序和道德秩序为目的的客观公益诉讼。

（三）公益诉讼的主体

我们认为，在我国要构建的公益诉讼中，应当借鉴国外发达国家公益诉讼的实践经验和诉讼自身的规律，将公民和某些社会团体成为公益诉讼原告提起诉讼作为主要模式，检察机关成为公益诉讼原告提起诉讼作为辅助形式。

（1）公民。依我国民事诉讼法和行政诉讼法的规定，公民与案件应当有直接的利害关系，或者法律明确规定的几种对争议权利有管理、保护之责的人才能起诉。这种规定无疑阻碍了公民提起公益诉讼的途径，在法律层面上剥夺了公民提起公益诉讼的原告资格。公益诉讼的目的在于保护或者恢复受到侵害的公共利益，根据公共利益的特点，公共利益是与不特定的多数人相关的，因而不得限制人们维护公共利益的权利，不能阻断通向正义的途径。因此，凡本国公民，在公共利益受到侵害时,均有权以原告身份提起诉讼。

(2)社会团体。在公益诉讼中,有权提起诉讼另一类重要主体就是社会团体。由于社会团体依法成立,具有团体的章程,具有个人不可比拟的良好组织性、法律性,由社会团体作为原告起诉比之公民原告更具有优势。

社会团体成为公益诉讼的原告,概括有两大类情况,其一,就是该社会团体为目的性法人组织,其设立就是为了保护某种特定的公共利益,或者其章程中就有以保护某一公共利益为宗旨的内容,当该利益受到侵害时,其就可依法以原告资格起诉;其二,是该社会团体虽然不具备法定的公益诉讼原告的资格,但是,根据权利主体的授权,以协议方式取得了原告资格。

(3)检察机关。关于在我国应否建立检察机关提起民事诉讼的争论,理论界的意见尚未统一,但在实务中已经开始了这一诉讼形式的探索。在国外,检察机关通过提起诉讼来保护公共利益的现象屡见不鲜。但是,检察机关作为国家检察机关,其主要是为了保护国家利益,其提起公益诉讼应受到限制。

对于下列公益诉讼案件检察机关才有权以原告资格提起诉讼:(1)侵犯公共利益,同时又侵害了国家利益的案件;(2)所侵害之公共利益涉及本国所有的人或者地域特别广阔的;(3)由同级人民代表大会或者上级人民代表大会及其常委会决定,在公共利益受到侵害时,以原告资格起诉。

二、消费公益诉讼

消费公益诉讼是公益诉讼的一种具体形式。我国《民事诉讼法》第55条对消费公益诉讼进行了规定。该条规定:"对污染环境、侵害众多消费者合法权益等损害社会公共利益的行为,法律规定的机关和有关组织可以向人民法院提起诉讼。"

与其他公益诉讼相比,消费公益诉讼更特别和特殊,在具体实施时应当注意解决好以下几个问题:

(一)原告资格问题

在消费公益诉讼中,消费者和消费者协会是最为主要的原告主体,尤其是消费者协会更是通常情况下的消费公益诉讼原告主体。

由消费者协会充当经常性的消费公益诉讼原告主体,主要是基于以下原因:

(1)立法规定。履行公益性职责是消费者协会的法定义务。《消费者权益保护法》第37条对消费者协会履行的公益性职责做了全面、细致的规定,其中第7款就明确规定消费者协会应"就损害消费者合法权益的行为,支持受损害的消费者提起诉讼或者依照本法提起诉讼。"该条,尤其是该款的规定是消费者协会成为最主要的消费公益诉讼主体的法律依据。

(2)诉讼能力。与消费者相比,消费者协会具有较强的诉讼能力。这种较强的诉讼能力主要来自于消费者协会对消费者政策、消费法律的理解和认识,以及较强的经济实力和在消费活动的影响力。在这些方面,消费者的能力都比较弱,无法担当起维护广大消费者合法权益的重任。

(二) 诉权滥用的防止问题

不可避免,公共利益的特点需要公益诉讼的开放性,同时这种开放性极有可能招致滥诉的可能。近些年,"一元钱车票案""十元通话费案"等一些所谓的消费公益诉讼层出不穷。这些诉讼往往都是打着公益诉讼名义进行的私益诉讼,甚至是恶意诉讼①,在一定程度上扰乱了我国正常的诉讼制度。对于可能的诉权滥用,一方面不能因噎废食,全盘否定公益诉讼制度;另一方面,应当设立防止诉权滥用的有效机制。具体办法是:

(1) 针对行政机关提出的行政公益诉讼,应当遵循穷尽行政救济的原则。原告一方应当先行向行政机关提出行政请求或者行政申诉,只有在行政机关不予处理或者处理违法时才得起诉。

(2) 民事公益诉讼中,对于自己并不直接享有权利,或者是以维护公共秩序为由提起的公益诉讼,可通过以下方式解决:第一,由受理法院根据诉讼主张与原告提出的诉讼资料的情况,决定是否要求其提供诉讼担保;第二,由受理法院与原告协商确定诉讼信托人②,由社会团体作为原告进入诉讼;第三,对于滥用诉权的原告,可以由审理法院依照职权,或者根据本诉被告的申请,判决原告承担诉讼侵权的民事责任。

(三) 诉讼费用问题

诉讼费用是指当事人因进行民事诉讼和行政诉讼而向法院交纳和支付的费用,在我国包括案件受理费和其他诉讼费用。

偏高的诉讼收费,高估"争议金额"的风险和胜诉方诉讼费落空的风险,都大大增加了提起公益诉讼的制度成本。

因此,对于公益诉讼案件,不能按照通常的案件收费标准收取费用是必要的,同时,考虑到诉讼费用在一定程度上有抑制滥诉的功能,因此,我们认为,应当按照以下原则确定公益案件的诉讼收费:(1) 采取按件收费和按比例收费相结合的办法;(2) 对于按照比例收取案件受理费的,应当确定最高比率和最高收费数额,其中最高额不宜太高;(3) 对于原告起诉时提供了诉讼担保的,可以免予预交案件受理费;(4) 给予公益诉讼的诉讼费用援助,由公益诉讼基金或者其

---

① 恶意诉讼是指为了达到不正当目的,在明知没有事实根据和正当理由的情况下故意提起诉讼或者滥用其他诉讼权利,致使相对人遭受损害的行为。导致恶意诉讼滋生的原因是多方面的,既有意识上的原因,也有制度上的不足。

② 诉讼信托人是指委托人出于诉讼的目的而设立,由受托人取得有关的财产权利并可以权利人的地位(即以自己的名义)进行诉讼。

他奖金来源予以资助,或者由法院给予减交、免交案件受理费的措施。

（四）判决既判力范围的扩张

既判力是指生效民事判决裁判的诉讼标的对双方当事人和法院所具有的强制性通用力。一般认为,既判力是判决实质上的确定力,是指确定判决对诉讼标的之判断对法院和当事人产生的约束力。

由于公益诉讼所解决的纷争关乎社会公益,对一般社会秩序的维护不无意义,所以在某些例外情况下,既判力应扩张至当事人以外的人。在公益诉讼中,我们认为,既判力主体界限的扩张应当包括主体界限的绝对扩张和相对扩张两种情形。其中,既判力的绝对扩张,是指判决既判力产生对世人的效果,及于所有的案外人。相对扩张,是指判决确定后,对于应当受到赔偿、而未参加诉讼的具体当事人,发生法律效力。

思考题

1. 专门人民法院是我国统一审判体系——人民法院体系中的一个组成部分,它和地方各级人民法院共同行使国家的审判权。专门人民法院包括军事法院、海事法院、森林法院、农垦法院等。同时,我国知识产权法院的设立也在积极筹划之中。

为了显示对消费者权益保护的重视,不少研究者主张,在我国应当尽快设立小额诉讼法院。对于这种主张,请谈谈你个人的看法。

2. 结合团购现状,简析团体购物诉讼的性质、特点以及应当注意的问题。

附:团体购物简介

团体购物(简称团购)是目前非常流行的一种消费形式。所谓团体购物,指认识或不认识的消费者联合起来,加大与商家的谈判能力,以求得最优价格的一种购物方式。

团体购物作为一种新兴的电子商务模式,通过消费者自行组团、专业团购网站、商家组织团购等形式,提升用户与商家的议价能力,并极大程度地获得商品让利,引起消费者及业内厂商、甚至是资本市场关注。